实用运动人体科学基础

SHIYONG YUNDONG RENTI KEXUE JICHU

主 编 赵 雯

华南理工大学出版社
SOUTH CHINA UNIVERSITY OF TECHNOLOGY PRESS
·广州·

图书在版编目（CIP）数据

实用运动人体科学基础/赵雯主编．—广州：华南理工大学出版社，2020.2
（2025.8 重印）
ISBN 978-7-5623-6098-8

Ⅰ．①实…　Ⅱ．①赵…　Ⅲ．①人体运动-人体科学-高等职业教育-教材
Ⅳ．①G804.62

中国版本图书馆 CIP 数据核字（2019）第 188860 号

实用运动人体科学基础
赵雯　主编

出 版 人：房俊东
出版发行：华南理工大学出版社
（广州五山华南理工大学 17 号楼，邮编 510640）
http：//hg.cb.scut.edu.cn　E-mail：scutc13@scut.edu.cn
营销部电话：020-87113487　87111048（传真）
策划编辑：毛润政
责任编辑：王　倩
印 刷 者：广州小明数码印刷有限公司
开　　本：787mm×960mm　1/16　**印张：**20　**字数：**453 千
版　　次：2020 年 2 月第 1 版　2025 年 8 月第 7 次印刷
定　　价：60.00 元

《实用运动人体科学基础》编委会

主　编：赵　雯

副主编：王电生　　谈群林　　潘少敏
　　　　王　琪　　黄晓强　　王　巍
　　　　肖　冰

编　委：曾奕龙　　慕容嘉颖　　沈冬冬
　　　　高晓发　　吴者健　　叶展红
　　　　邓　红　　张成龙　　陈德志

主　审：黄志刚

前言

近年来，随着我国职业教育的蓬勃发展，体育职业院校各专业的学生人数急剧增加，而作为各专业的主干课程或核心课程的运动人体科学基础，其教学也面临深入的改革。运动人体科学基础课程主要由理论和实践两部分组成。以前的教学模式大都对理论知识的讲授比较多，忽视了技能的训练和培养，导致学生学习处于被动地位，学习兴趣不高，不利于发挥学生的能动性和个性，束缚了学生的创新意识和创造力，而且联系体育运动实践以及岗位工作所需知识不够深入。

针对以上问题，本书在编写过程中力求突出教材的适用性、实践性、趣味性、创新性。如专设了“实训环节”和“拓展阅读”部分，以培养学生动手操作能力，激发其学习兴趣，提高其学习能力，拓宽其学习视野。在教材体系设计方面进行改进与提高，将体育职业教育特色基础理论与应用技术紧密结合。

本书主要适用于体育职业院校运动训练、社会体育、体育保健与康复、休闲体育、体育服务与管理等专业，也适用于运动人体科学基础学习爱好者。

希望同学们通过这本书的学习，不仅能学到相关知识，还能激发对人体结构和特征的探究欲望。

在本书撰写过程中，薛立嘉、刘菲芃参与了部分插图的拍摄和制作，曾奕龙、黄富宁、李孟昌、潘思宇作为模特参与了动作拍摄。另外，本书的出版得到了广州体育职业学院各级领导的大力帮助和支持，在此一并表示感谢。

因编者水平有限，书中尚有不妥之处，恳请读者提出宝贵意见。

编 者

2019 年 6 月

目　录

第三部分　人体运动的调节系统

第四部分　应　用

绪　论

学习要点

1. 人体细胞、组织、器官和系统之间的相互关系。
2. 人体九大系统的组成和功能。
3. 常用人体解剖学术语。

运动人体科学是以人体为研究对象，研究人体在运动过程中机能活动的变化规律和特点、与外界环境的关系，以促进人体健康、提高人体机能的一门科学，是生物学、医学和体育学的交叉学科。

一、学习运动人体科学的目的和意义

从宏观上看，人体是由细胞、组织、器官、系统组成。从微观上看，细胞又是由生物大分子、分子、原子等组成。因此，运动人体科学从不同的研究侧面形成了诸如运动解剖学、运动生理学、运动生物化学与分子生物学、运动营养学、体育保健学和运动生物力学等众多学科。作为体育专业高职生，应该掌握相关的运动人体学科的理论和技能，并具备应用这些理论和技能分析问题、解决问题的能力，以便在全民健身中发挥重要的作用。运动人体科学的理论和方法可为增强体质、增进健康、防治疾病及运动康复等提供必要的生物学基础知识及实践技能指导；也可为运动员选材、动作技术分析、机能评定与训练监控、延缓运动性疲劳及促进恢复、合理营养等提供必需的科学依据和方法。

二、人体的基本构成

人体是一个复杂而统一的有机体（图 0 - 1），其基本结构和功能的基本单位是细胞。细胞是构成人体形态结构、行使每个生理机能和完成生长发育的基本单位。

（一）细胞

细胞是构成生物体的最小单位，所有生命活动都是在细胞内进行的。人体是由 60 多兆个细胞构成的。最先发现细胞的人是英国科学家胡克

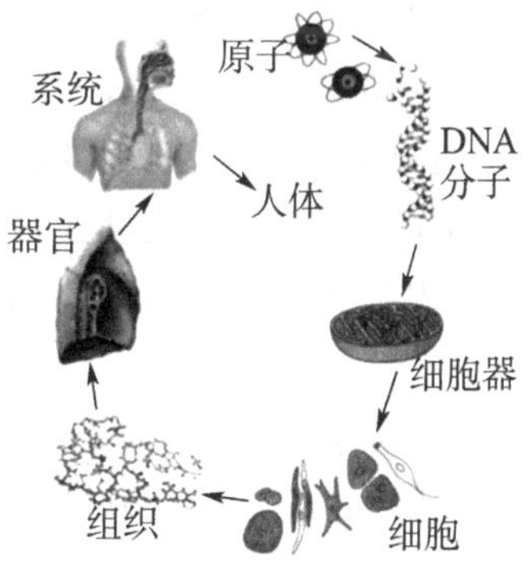

图 0 - 1　人体的基本构成

(Robert Hooke，1635—1703)。胡克用自己制作的显微镜观察软木塞，发现许多像小房间一样聚在一起的形态，就将其取名为“cell（细胞）”。细胞由细胞膜、细胞质、细胞核三部分构成，决定细胞形态和功能的关键因素是核酸和蛋白质等细胞内的生物大分子。

人体内的细胞一般都需借助显微镜才能看到。最小的细胞直径只有 4 μm，如小脑内的颗粒细胞（图 0 - 2）；最大的细胞直径可到 200 μm，如卵母细胞（图 0 - 3）。神经细胞的轴突长达 1 m。（参考文献：《运动解剖学》，北京体育大学出版社 2013 年版）

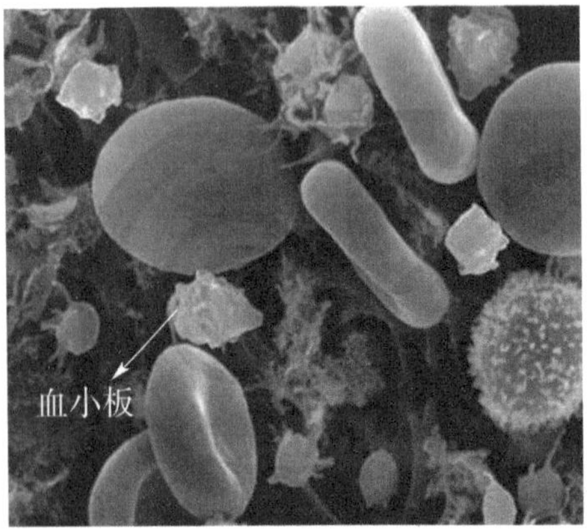

图 0 - 2　小脑内的颗粒细胞

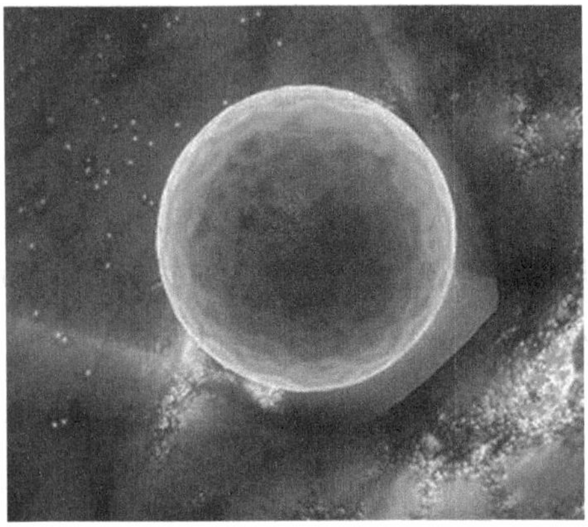

图 0 - 3　卵母细胞

（二）组织

组织是由许多结构和功能相似的细胞按一定的方式结合在一起的细胞群，是构成人体各种器官的基本成分。人体的组织根据构造和功能的不同，可分为上皮组织、结缔组织、肌组织和神经组织四种基本类型。

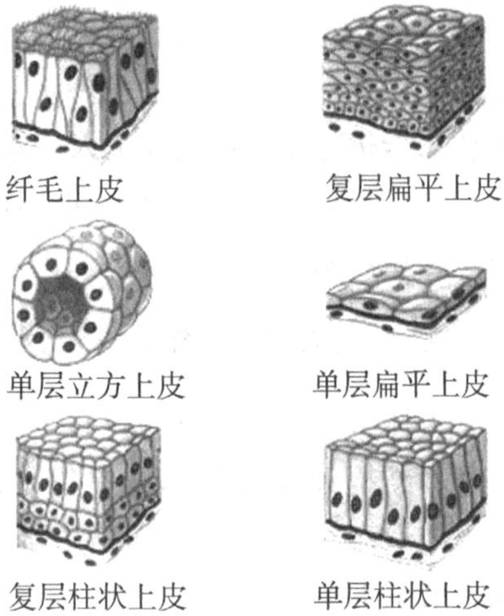

图 0 - 4　上皮组织

(1) 上皮组织（图 0 - 4）。上皮组织是包围人体内表面和外表面的组织。除了有保护身体的作用外，还有吸收营养、分泌消化酶的作用。人体的皮肤、口腔内的上皮、胃肠的内脏表层、眼睛的视网膜等都属于上皮组织。

(2) 结缔组织（图 0 - 5）。结缔组织包括血液、淋巴以及松软的固有结缔组织和较坚固的软骨与骨。结缔组织在体内广泛分布，具有连结、支持、营养、保护等多种功能。按其结构和功能的不同分为疏松结缔组织、致密结缔组织、脂肪组织和网状组织。

图0－5　结缔组织

（3）肌组织（图0－6）。肌组织主要由具有收缩功能的肌细胞组成，有骨骼肌、心肌和平滑肌三种。

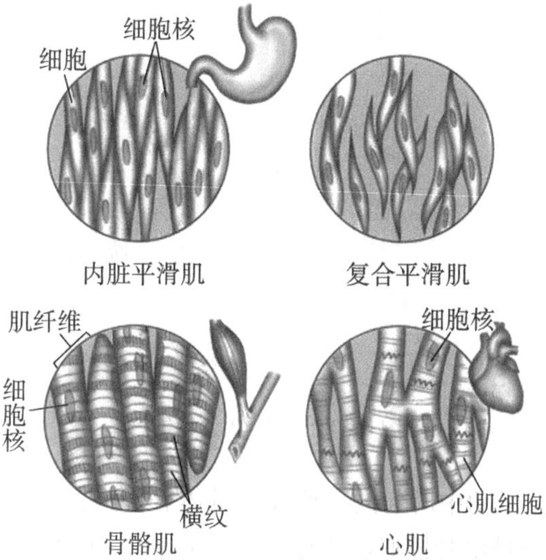

图0－6　肌组织

（4）神经组织（图0－7）。神经组织是神经系统中最主要的成分，由神经细胞和神经胶质细胞组成。神经细胞又称神经元，是神经系统结构和功能的基本单位，具有接受刺激并将刺激转化为神经冲动再传递给其他神经细胞等功能。神经胶质细胞有支持、营养、绝缘和保护等作用，但没有产生和传导神经冲动的功能。（参考文献：《运动解剖学》，北京体育大学出版社2013年版）

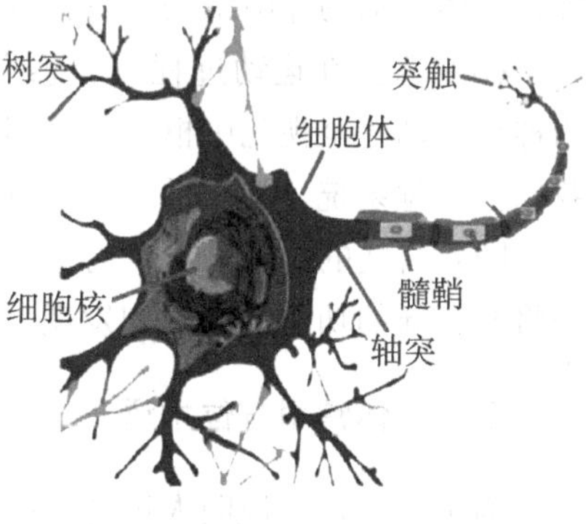

图0－7　神经组织

（三）器官

由多种组织构成的、具有一定的形态、行使一定功能的结构称为器官。人体的器官多种多样，其结构特点与其功能相适应。器官不是孤立存在的，而是参与组成系统，在系统中完成某些特定的生理功能。例如肺、小肠、肾、骨、骨骼肌、大脑等。

（四）系统

人体由九大系统组成（图0－8），分别是运动系统、消化系统、呼吸系统、泌尿系统、生殖系统、循环系统、神经系统、感觉系统、内分泌系统。（参考文献：《运动解剖学》（第5版），人民体育出版社2012年版。）

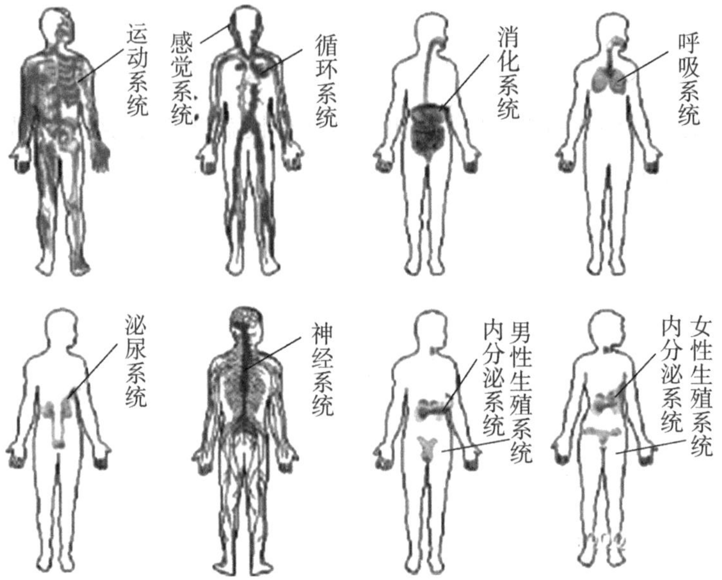

图0－8　人体九大系统

人体九大系统在运动中所起的主要作用具体表现为：

（1）人体的运动是由骨骼肌收缩牵拉相应的骨，使骨绕着关节运动轴活动。所以运动系统是人体运动的执行结构。

（2）人体在运动过程中，运动器官需要消耗氧和能源物质，并产生二氧化碳等代谢废物，这就需要消化系统提供能源物质，呼吸系统提供氧气并排出CO_2，泌尿系统排出代谢废物，循环系统实现各系统之间的联系。因此，上述系统是人体运动的保障结构。

（3）人体在运动过程中，感觉器需要接收身体内外各种信息，并将其转化为神经冲动传至视觉中枢，再通过体液调节和神经调节，使人体完成各种运动。我们把感觉系统、神经系统和内分泌系统称为人体运动的调节结构。

随着科技的日新月异，对生命科学的研究不断深入和拓展，人体很多器官系统将会有新的功能被认识和发现。

三、人体常用方位术语

为了更清楚地说明人体各部的位置及其相互关系乃至人体运动机能，我们在人体上定出三个基本面（图0－9），并在三个基本面相交处定出三个基本轴（人体各部位的运动都是沿着三个基本轴做的），同时从人体直立、双眼平视、手臂下垂、掌心向前、两足并拢、脚尖向前的姿势（称人体解剖学姿势）描述基本面、基本轴和方位。

（一）人体三个基本面（互相垂直）

（1）矢状面。沿身体正中线对称地把身体分割成左右两半，左右相等的切面称正中面。其余和正中面平行的切面，称矢状面。

（2）额状面。沿身体左右方向把人体切成前后两半的一切平面，称额状面。

（3）水平面。把直立的人体横切成与地面平行的面，称水平面。

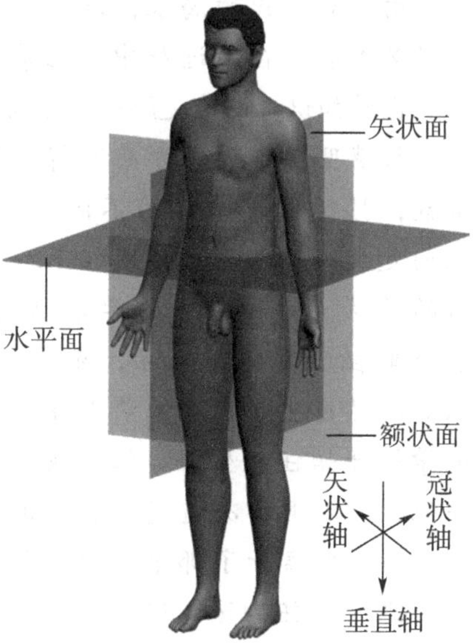

图 0－9　人体的基本面

（二）人体运动的三个基本轴（互相垂直）

（1）额状轴。与矢状面垂直，呈左右方向的轴。关节（人体）沿该轴做屈、伸运动。

（2）矢状轴。与额状面垂直，呈前后方向的轴。关节（人体）沿该轴做内收、外展运动。

（3）垂直轴。与水平面垂直，呈上下方向的轴。关节（人体）沿该轴做旋转运动。

（三）常用方位术语

（1）内侧：靠近正中面的一侧。

（2）外侧：远离正中面的一侧。

（3）近侧：肢体邻近躯干的一侧。

（4）远侧：肢体远离躯干的一侧。

此外，还有腹侧、背侧、深、浅等术语，较容易理解，不另加说明。

拓展阅读

解剖学之父——安德烈·维萨里

安德烈·维萨里（Andreas Vesaliua）（图 0－10）是著名的医生和解剖学家，近代人体解剖学的创始人，与哥白尼齐名，是科学革命的两大代表人物之一。

安德烈·维萨里出生于一个医学世家，他的祖上都是宫廷御医，家中收藏了大量有关医学方面的书籍，他从小就在医学书籍中汲取知识，立志做一名医生。维萨里在巴黎完成大学学业，因为处于一个特殊的时期，当时的大学教育十分落后，当时的医学界被荒谬的宗教思想占领，维萨里虽然非常反感这种现象，但是他始终做不了什么。

由于对知识的渴求，维萨里自学了很多书籍。在此过程中，他掌握了不少医学知识，尤其是解剖学方面。

维萨里在解剖学方面取得了很大成就，引起了守旧派的不满和嫉恨，他们处处为难维萨里，不仅不给他应得的学位，反而把他的学籍取消了。维萨里在巴黎举目无亲，无所依靠，只好黯然离去。之后维萨里在一所新的学校开始任教生涯。但是教会容不下他，维萨里再次遭受打击。迫于无奈，维萨里离开了那个城市，之后他在西班牙担任御医，但是仍然遭到教会的诬陷。

图 0－10　近代人体解剖学的创始人
安德烈·维萨里（1515—1564）

维萨里的《人体构造》于 1543 年出版。这本书是对传统的突破，清晰明了地展现了人体的结构和组织。当时的医学界被盖仑解剖学所统治，没人怀疑这部经典的真实性。维萨里对此却抱有疑问，他利用在自学过程中学到的知识，指出了盖仑解剖学中存在的多处错误。维萨里为了维护真理，亲自动手给学生做示范，而事实也证明维萨里所指出的错误确实存在。维萨里的这一举动，如同蝴蝶效应一样影响广泛而深远，当时的部分人已经意识到这种改变，但守旧派的固执是难以想象的，他们盲目地坚持他们的理论，不愿接受事实。维萨里的一生都在维护真理。

人体断层解剖学中的图谱、骨骼、肌肉、血管和神经等等构造都在维萨里的《人体构造》中有详细且精确的体现。

现代急救方法中，人们最熟悉的就是人工呼吸了。但是很少有人知道这是维萨里最先提出的。维萨里在《人体构造》中的准确描述使得后代的医学发展更加迅速，但他没有得到应有的荣耀。人体结构是他毕生研究的事业，他没有因守旧派的迫害半途而废。现代手术能发展到如今的地步，维萨里的成果是很重要的基础，很多现代医学技术在他的书里都能找到种子，严格来说他不是个医生，却为医生提供了救死扶伤的方法。

（资料来源：www. qulishi. com/news/201706/216166. html.）

第一部分

人体运动的执行系统

第一章　骨

学习要点

1. 骨的分类与构造。
2. 骨的化学成分与物理特性。
3. 体育运动对骨的影响。

第一节　骨总论

骨是一种器官，具有新陈代谢、生长发育、修复、再生等功能。活体骨坚硬而有韧性，由丰富的血管、淋巴管及神经构成。骨的主要结构是骨质，分为骨密质和骨松质。骨外被覆以骨膜，腔内有骨髓。

骨会随着年龄增长发生缓慢的变化，而且在外伤时可发生应激反应。适度、科学的体育锻炼可以促进骨发育或使骨发生良好的变化。

正常成人全身有 206 块骨，它们相互连结形成骨骼（图 1－1），是人体的支架。

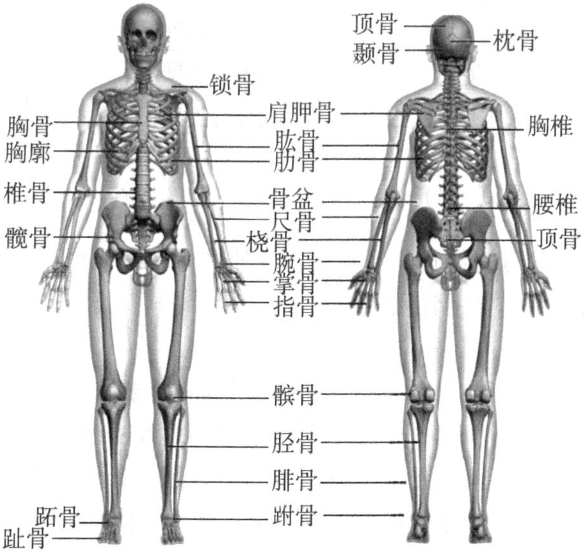

图 1－1　人体骨骼

按部位划分，骨骼可分为中轴骨和附肢骨；按形态划分，骨骼可分为长骨、短骨、扁骨和不规则骨4类（图1－2），其分类特点见表1－1。

此外，还有含气骨（可减轻重量，起发声共鸣作用，如上颌骨）和籽骨（位于肌腱和韧带内的小骨，如髌骨，可改变肌肉牵引方向，减少摩擦和延长力臂）。

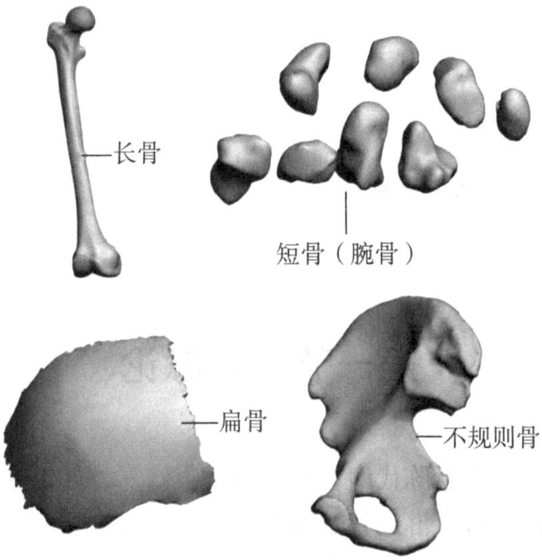

图1－2　骨的形态

表1－1　骨的分类特点

分　类	形态特征	分　布	功　能
长骨	呈长管状，一体两端	四肢	支持、杠杆
短骨	近似立方形	手腕和足跗部	灵活运动
扁骨	板状	颅腔与胸腔的壁等	保护、肌肉附着点
不规则骨	不规则	颅底、躯干、下肢带	保护、支持运动

一、骨的构造（图1－3）

活体骨是有生命力的器官，由骨膜、骨质和骨髓以及血管、神经等组成。实验课中所使用的枯骨主要由骨质构成。

1. 骨膜

骨膜对骨的营养、生长发育和损伤的修复具有重要作用，包括骨外膜和骨内膜。骨外膜被覆于除关节面以外的新鲜骨的表面，由致密结缔组织构成，含有丰富的血管和神经，对骨的营养、再生和感觉有重要作用。骨外膜可分为内、外两层：

（1）外层：致密，有许多胶原纤维束穿入骨质，使之固着于骨面。

（2）内层：疏松，有成骨细胞和破骨细胞。成骨细胞的功能是产生新骨质，而破骨细胞有吸收原骨质的功能，在人的幼年期成骨细胞和破骨细胞都非常活跃，参与骨的生长发育；成年时转为相对静止状态。一旦发生骨折等损伤时，骨外膜重新恢复功能，参与骨折处的修复愈合。如骨外膜剥离太多或损伤过大，则骨折愈合困难。

2. **骨质**

骨质分为骨松质和骨密质，是构成骨的主要成分。

（1）骨松质：分布在长骨两端，短骨、扁骨和不规则骨内，呈大空隙的蜂窝状结构。骨松质之间的空隙称作网眼，内有红骨髓。骨松质由许多针状或片状的骨小梁相互交织而成。骨小梁的配布与承受的压力和张力一致，形成压力曲线和张力曲线，并随压力和张力变化而改变（图1－4）。骨松质中骨小梁的这种配布，使骨以最少材料便可达到最大的坚固性，运动时耗能少。骨小梁的排列并不是一成不变的，当压力（重力）和肌肉拉力方向发生变化时，骨小梁的排列也发生适应性的变化。

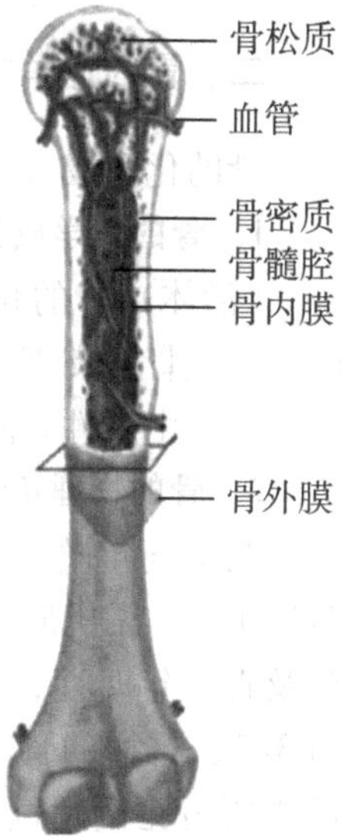

图1－3　长骨的构造

（2）骨密质：活体状态下呈白色，分布在长骨体和短骨、扁骨和不规则骨的外表面，它致密坚硬而富韧性，故有抗拉、抗压和抗扭转能力。骨密质由排列紧密而规则的骨板构成，其中，外环骨板呈同心圆式围绕骨干表面排列，内环骨板位于骨髓腔周围亦呈同心圆式排列。在外环骨板与内环骨板之间有许多哈弗氏系统，即骨单位。哈弗氏系统由若干呈同心圆式排列的哈弗氏骨板及居中的哈弗氏管组成，在哈弗氏管内有血管和神经行走。

颅盖骨表层为密质，分别称外板和内板，外板厚而坚韧，富有弹性，内板薄而松脆，故颅骨骨折多见于内板。二板之间的松质，称板障，内有板障静脉经过。颅骨的这种“薄壳结构”，能承受较大的冲击力，这对颅骨在体育运动中，如足球运动中的头顶球等动作的完成具有重要意义。

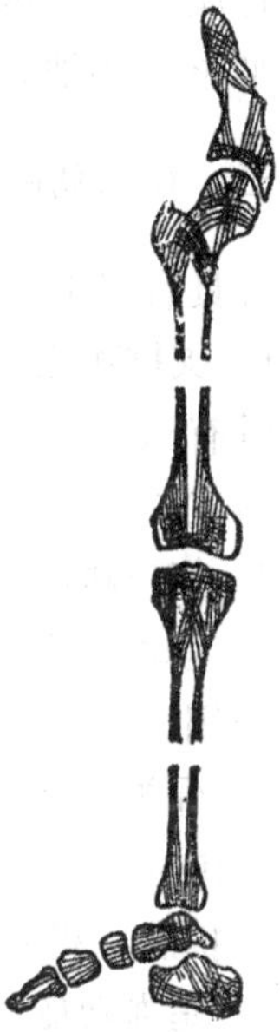
图1－4　骨小梁的配布

3. **骨髓**

骨髓是充填于骨髓腔和骨松质间隙内的软组织，分为红骨髓和黄骨髓两种。红骨髓具有造血功能，胎儿期和新生儿的骨内全是红骨髓；髂骨、肋骨、胸骨及肱骨和股骨的近侧端等骨松质内，始终都是红骨髓。5岁以后，长骨骨干内的红骨髓逐渐被脂肪组织代替，变为黄骨髓，失去造血功能。但如果人体因某些因素大量失血或重度贫血时，黄骨髓可转为红骨髓，恢复造血机能。

二、骨的化学成分与物理特性

骨的化学成分和物理特性研究对象不是试验用枯骨，而是指活体新鲜骨。

1. **骨的化学成分**

（活体）骨的化学成分由有机质和无机质组成。有机质使骨具有韧性和弹性，构成骨的支架。主要由骨胶原纤维束和黏多糖蛋白等构成。无机质使骨坚硬，主要由碱性磷酸钙、碳酸钙、氟化钙及氯化钙、水分等构成。

2. **骨的物理特性**

在不同年龄段，骨内有机质和无机质的比例也有变化。儿童期骨内有机质多达1/2，无机质少，故骨的硬度差，韧性大，可塑性大，因此，在幼儿、儿童及青少年时期，应注意身体姿态的塑造。成年人骨有机质和无机质的比例约为3∶7，这样的骨既有适宜的硬度又有一定的弹性，较为坚韧。老年人的骨无机质所占比例超过75%，脆性较大，易骨折，不易愈合。同时，由于激素水平下降，钙、磷的吸收受到很大影响，骨组织的总量减少，骨质出现多孔性，表现为骨质疏松，因此，老年人在进行体育锻炼时，应以缓慢轻柔的运动为主，选择平整的场地，防止跌倒。

三、骨的功能

骨具有以下功能：

1. **支撑功能**

骨有承担身体重量，形成人体的支架，支持人体的软组织（如肌肉、脏器等）等功能。

2. **杠杆功能**

在运动过程中，骨骼肌收缩，绕关节运动轴转动，产生各种运动，骨起着杠杆的作用。

3. **保护功能**

骨围成的腔隙，保护人体重要的器官。例如胸腔保护心脏、肺等重要器官，颅腔保护脑，椎管保护脊髓等。

4. **造血功能**

红骨髓具有造血的功能。在长骨两端的骨骺及其他一些骨的松质网眼有红骨髓，终生具有造血功能。

5. **钙磷仓库**

骨是人体钙磷的储备仓库，在人体的牙齿和骨组织中钙磷的含量最多。

四、影响骨生长发育的因素

骨和所有的器官一样，它的生长、维持和重建受多种因素的影响，如遗传、种族、机械力、神经、内分泌、营养、疾病，以及其他物理、化学等因素。

遗传和种族因素：遗传和种族因素是影响骨生长发育的内在因素，但是骨的生长发育也可以通过外在因素逐渐改变。

神经系统：神经系统可调节骨的营养过程。神经功能加强时，可使骨新陈代谢加快，促使骨组织生长，骨坚韧粗壮；反之，骨质变得疏松，骨易折而且愈合困难。神经损伤后的瘫痪病人，出现骨脱钙、疏松和骨质吸收，甚至出现自发性骨折。

内分泌激素：内分泌激素对骨的发育有很大影响，幼年时，若垂体生长激素分泌亢进，促使骨过快生长，会形成巨人症；成年后若垂体生长激素分泌亢进，则出现肢端肥大症。若垂体生长激素分泌不足，则人的生长发育停滞导致侏儒症。

维生素：维生素 A 对成骨细胞和破骨细胞的作用进行调节与平衡，保持骨的正常生长。维生素 D 促进肠道对钙、磷的吸收，缺乏维生素 D 时体内钙、磷的吸收减少，影响骨的钙化，在儿童期可造成佝偻病，在成年期可导致骨质软化。

机械力：在骨的骨化过程中，稳定的张力会促进骨质的生成或改变。例如骨由于受肌肉的牵引或其他器官的压迫而造成骨面的结节、压迹或沟、凹等。正常的体力活动和科学的体育锻炼可使骨骼强壮结实，如网球运动员持球拍的手臂骨会较对侧粗壮；不良的生活方式和习惯可能使骨发生形变，甚至使骨出现畸形。

据统计，成年人骨骼中每年约有 10% 的骨组织通过骨的重建进行更新。而骨的重建取决于骨的消除和沉积的平衡，即依赖于破骨细胞和成骨细胞的功能平衡。骨重建的类型和范围则取决于骨的力学负荷。例如在骨折愈合的初期，骨痂非常不规则，经过一定时间的吸收和改建，可基本恢复原有的形态结构。

五、体育运动对骨骼的良好作用

体育运动和劳动对后天骨的生长发育影响很大。适宜的体育运动和劳动可促进骨的生长发育，使骨松质中骨小梁排列更加清晰（如压力曲线和拉力曲线更有规律）；骨密质增厚，肌肉附着处的骨结节和粗隆更加突出，能使骨更好地抗拉、抗压、抗弯曲、抗扭转，还可促进骨增粗、增长。尤其对于青少年，适宜的体育运动更为有利。这是因为骨的增粗由骨膜成骨细胞和骨髓腔内表面的破骨细胞完成，18 岁以前长骨两端的骨骺与骨干之间存在骺软骨，骺软骨细胞不断增生和骨化，使骨的长度不断增加。但是，从事不适宜的体育运动和劳动，会妨碍骨的生长发育，甚至造成骨骼畸形。

进行不同运动项目的训练，对人体各部分骨的影响也不同。如经常进行下肢跑、跳的运动员，对下肢骨的影响明显大于上肢骨；进行举重训练的运动员，对上下肢骨都有明显的影响。进行一侧上肢负荷量较大的投掷、击剑、网球等练习的运动员，负荷量大的那侧上肢骨所受的影响就比较明显；而进行两侧上肢负荷均匀的体操、游泳等练习的运动员，则两侧上肢骨所受的影响相似。当运动训练停止后，对骨的影响也会慢慢消失。所以，体育运动应该经常化、多样化，使骨受到长期的、全面的、良好的影响。

体育训练要讲究方法，运动前必须做一些准备活动，注意动作要领，否则会导致运动损伤。如关节韧带扭伤、肌肉拉伤、胫骨粗隆骨骺炎、关节脱位、骨折等。因此，要科学地进行体育运动训练。

第二节　附肢骨论

附肢骨包括上肢骨和下肢骨。上、下肢骨分别由肢带骨和自由肢骨组成，二者的数目和排列方式基本相同。由于人体直立行走，上、下肢出现分工，上肢从支撑功能中解放出来，变成从事劳动和精巧运动的器官，故而上肢骨比较纤细轻巧；而下肢骨则比较粗壮，以支撑人体直立，承担人体重量和外在负荷，并使人体产生位移运动，实现走、跑、跳等功能。

一、上肢骨

上肢骨由上肢带骨和自由上肢骨组成（图 1－5、图 1－6），左右对称。

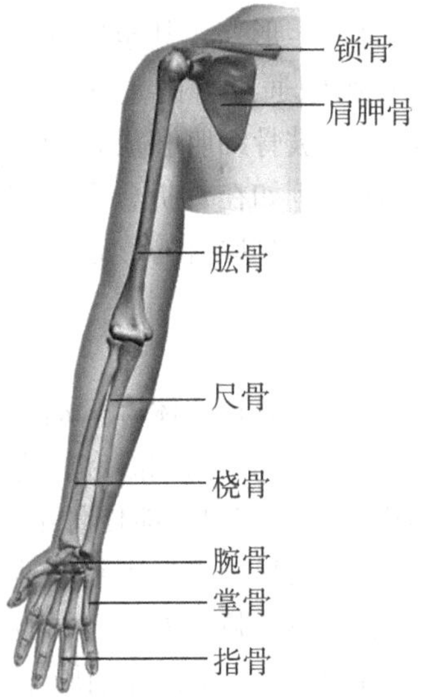

图 1－5　上肢骨（前面）

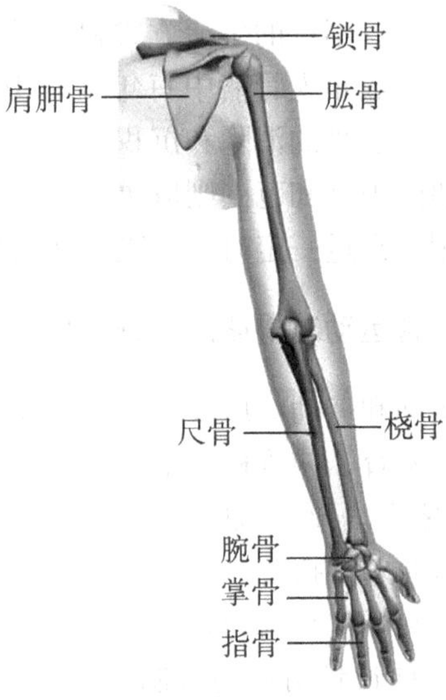

图 1－6　上肢骨（后面）

上肢带骨包括锁骨和肩胛骨；自由上肢骨包括上臂的肱骨，前臂内侧的尺骨和外侧的桡骨，手部的腕骨、掌骨和指骨。

（一）上肢带骨

1. **锁骨（图 1－7）**

锁骨是横向呈 S 形的长骨，位于胸廓前上方，内侧粗大，向前突；外侧扁平，向后突。锁骨分为一体两端，锁骨粗大的内侧端

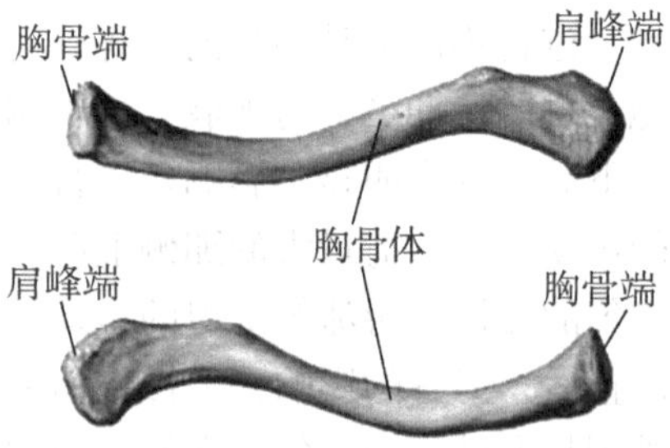

图 1－7　锁骨

与胸骨相连，为胸骨端，与胸骨关节面及胸骨柄相关节。外侧端扁平，为肩峰端，与肩胛骨的肩峰关节面相关节。

2. **肩胛骨**（图1－8）

肩胛骨为三角形扁骨，位于胸廓后上方外侧，介于第2到第7肋之间，分二面、三个角、三个缘。

肩胛骨的两个面分别为前面和后面。前面有一大浅窝，称肩胛下窝；后面有一横嵴，称肩胛冈。冈上、下方的浅窝分别称冈上窝和冈下窝。肩胛冈向外侧延伸的突起称肩峰。肩胛骨的三个角分别为外侧角、上角和下角。上角平第2肋，下角平第7肋，为肋的计数标志。外侧角有一梨形浅窝，称关节盂，与肱骨头相关节。盂上、下方各有一粗糙隆起，分别称盂上结节和盂下结节。肩胛骨的三个缘分别为内侧缘、外侧缘和上缘。上缘短而薄，外侧有指状突起称喙突。内侧缘又称脊柱缘，外侧缘又称腋缘。肩胛冈、肩峰、肩胛骨下角、内侧缘及喙突均可在体表触扪到。

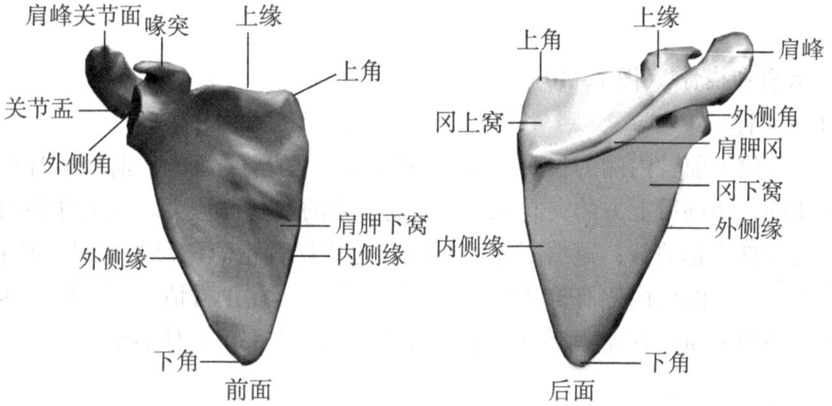

图1－8 肩胛骨

（二）自由上肢骨

自由上肢骨位于上臂，包括肱骨、尺骨、桡骨和手骨（腕骨、掌骨及指骨），分为一体两端，是典型的长骨。

1. **肱骨**（图1－9）

肱骨位于上臂，是上肢中最长的骨，分为一体两端。上端内侧有一半球形的肱骨头，肱骨头外侧前方有两个突起，外侧大的叫大结节，前方小的叫小结节，两结节间有沟。

肱骨体的中部外侧有一粗糙隆起叫三角肌粗隆，粗隆后下方有一斜行的桡神经沟。

肱骨下端前后略扁，两侧各有一突起，内侧的叫内上髁，外侧的叫外上髁。下端下面有内外两个关节面，内侧呈滑车状，叫肱骨滑车，与尺骨构成肱尺关节；外侧呈球状，叫肱骨小头，与桡骨构成肱尺关节。肱骨滑车上方有一小窝叫冠突窝，肱骨小头上方有一浅窝叫桡骨窝，肱骨下端后方有一大窝叫鹰嘴窝，伸肘时容纳尺骨鹰嘴。

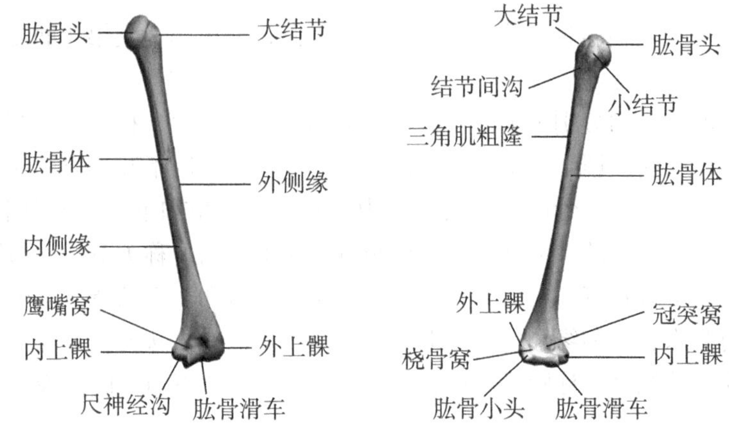

图 1－9　肱骨

2. **尺骨和桡骨**（图 1－10）

（1）尺骨

尺骨是位于前臂内侧的长骨，分为一体两端。近侧端粗大，前面半月形深凹称滑车切迹，切迹后上方的突起称鹰嘴，前下方的突起称冠突。冠突外侧面有桡切迹，与桡骨头相关节；冠突下方的粗糙隆起称尺骨粗隆。尺骨体呈三棱柱形。远侧端在尺骨头的后内侧有锥状突起，称尺骨茎突。在正常情况下，尺骨茎突比桡骨茎突高约 1 cm。鹰嘴、后缘全长、尺骨头和茎突都可在体表触扪到。

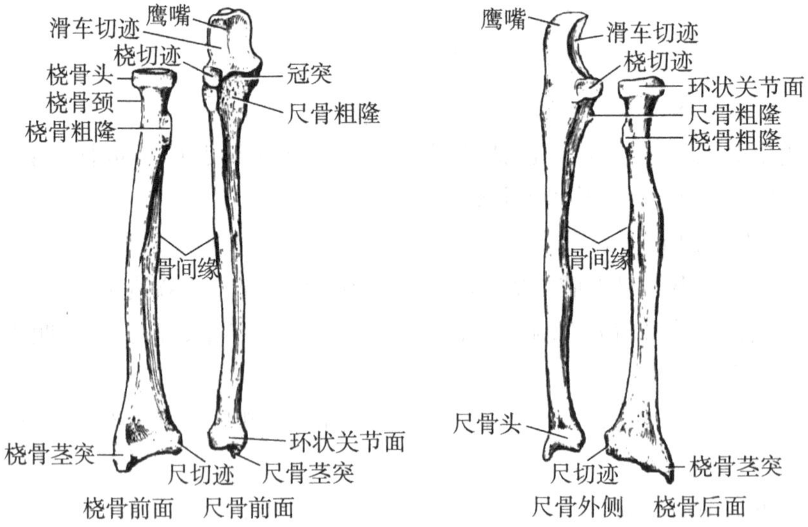

图 1－10　尺骨和桡骨

（2）桡骨

桡骨是位于前臂外侧的长骨，分为一体两端。桡骨上端膨大，呈圆柱形，称桡骨头，头周围有环状关节面，与尺骨构成桡尺近侧关节。头上方的凹窝与肱骨构成肱桡关节；周围的环状关节面与尺骨相关节。头下方较细，称桡骨颈，颈的内下侧有突起的桡骨粗隆。

桡骨体呈三棱柱形，其中内侧缘较为薄锐，称骨间缘。桡骨下端外侧有一向下突起，叫桡骨茎突，下方有腕关节面，关节面内侧有尺切迹。桡骨茎突和桡骨头在体表可触扪到。

3. **手骨**

手骨包括腕骨、掌骨、指骨（图 1－11）。

（1）腕骨

腕骨由位于手腕部的 8 块短骨组成，排成近侧与远侧两列，每列 4 块。近侧列由桡侧向尺侧为：手舟骨、月骨、三角骨和豌豆骨。远侧列为：大多角骨、小多角骨、头状骨和钩骨。8 块腕骨背侧面微隆，不在一个平面上，掌侧面构成一凹陷，称腕骨沟。沟的外侧面是由手舟骨、大多角骨形成的桡侧隆起，沟的内侧面是由豌豆骨和钩骨形成的尺侧隆起。各骨相邻的关节面形成腕骨间关节。腕骨的背侧面、外侧隆起和内侧隆起均可在体表触扪到。

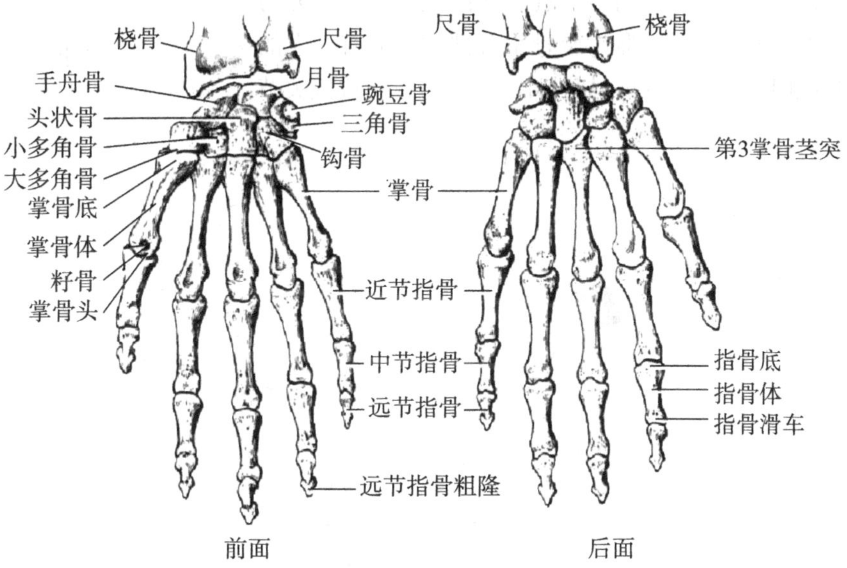

图 1－11 手骨

（2）掌骨

掌骨由位于手掌部的 5 块小长骨组成。由桡侧向尺侧依次为第 1 ～ 5 掌骨。每块掌骨都可以分为头、体和底。近端与腕骨相连结为底；远端接指骨为掌骨头；中间部为体。掌骨背侧面在皮下易触知。

(3) 指骨

指骨由位于手指部的14块长骨组成。除拇指外，其余各指均为三节，分别叫近节指骨、中节指骨和远节指骨。远节指骨远端掌面粗糙，称远节指骨粗隆。近节指骨的底有球窝形的关节窝，与掌骨头相关节。相邻指骨之间有滑车形的关节面，形成滑车形的指间关节。每节指骨的近端为底，中间部为体，远端为滑车。指骨背侧面可以在体表触及。

二、下肢骨

下肢骨左右对称，由下肢带骨和自由下肢骨组成（图1－12）。

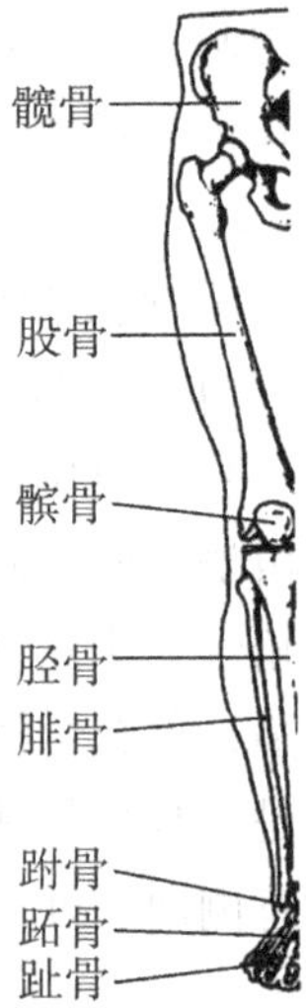

图1－12　下肢骨（前面）

（一）下肢带骨

下肢带骨即髋骨（图1－13），每侧只有1块，属于不规则骨。左右髋骨与骶骨、尾骨连结成骨盆，故髋骨又称盆带骨，男子约16岁以前，女子约13岁以前发育完成。

髋骨在未成年前由髂骨、耻骨、坐骨三块骨借软骨结合在一起，成年后三块骨融合，形成一块完整的髋骨，属不规则骨。髋骨呈"8"字形，上部为髂骨，呈扇形，扁而薄，边缘较厚，下方有一大孔，叫闭孔；孔的前方为耻骨，后方为坐骨。髂、耻、坐骨结合部的外面有一大的深窝，叫髋臼（图1－14），与股骨头相关节，形成髋关节。

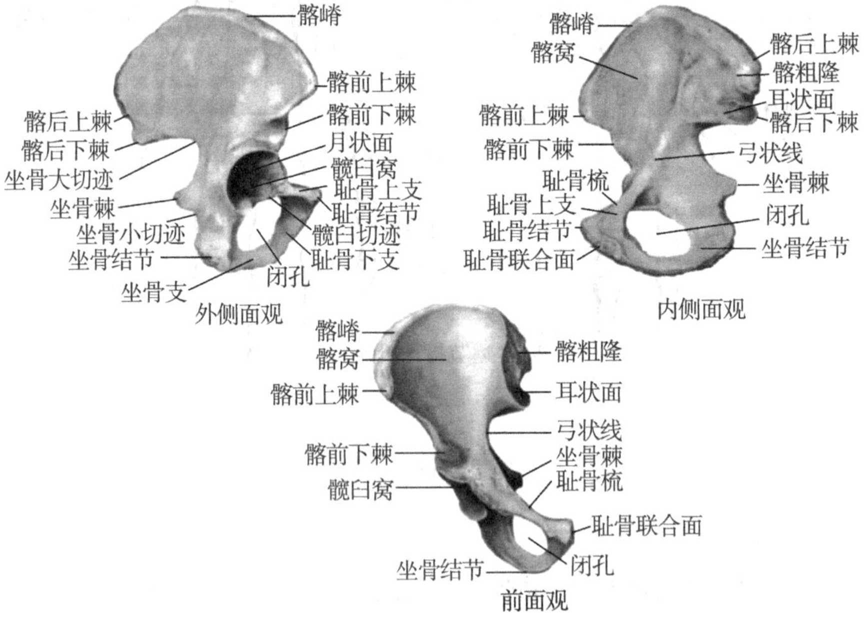

图1－13　髋骨

1. **髂骨**

髂骨上方肥厚的部分叫髂骨翼；下部扁阔的部分称髂骨体。髂峰向外突起，称髂结节，它是重要的体表标志。骨翼内面的浅窝称髂窝，髂窝下界有圆钝骨峰，称弓状线。弓状线后方有耳状关节面与骶骨构成骶髂关节。髂前上棘后 5 ～ 7 cm 处，在髂前、后上棘下方各有一薄锐突起，分别称髂前下棘和髂后下棘。髂后下棘下方有深陷处叫坐骨大切迹。

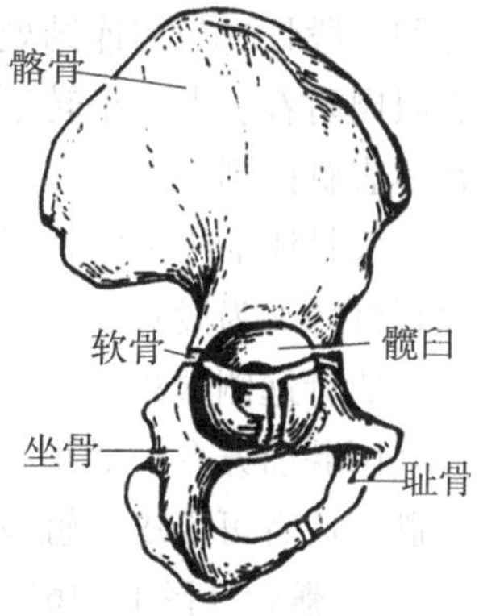

图 1 – 14　小儿髋骨

2. **耻骨**

耻骨位于髋臼的前下部，分为耻骨体和上、下两支。耻骨上下支相互移行处内侧的椭圆形粗糙面，称耻骨联合面，两侧联合面借软骨相接，构成耻骨联合。耻骨与坐骨共同围成闭孔，活体有闭孔膜封闭。

3. **坐骨**

坐骨分为坐骨体和坐骨支，位于髋臼的后下方。坐骨体后下方的粗糙隆起叫坐骨结节，是坐骨最低部，可在体表触扪到。

（二）自由下肢骨

自由下肢骨包括股骨、髌骨、胫骨、腓骨和足骨（跗骨、跖骨和趾骨）。

1. **股骨　（图 1 – 15）**

股骨即大腿骨，是人体最长、最结实的长骨，其长度约为身高的 1/4，分为一体两端。

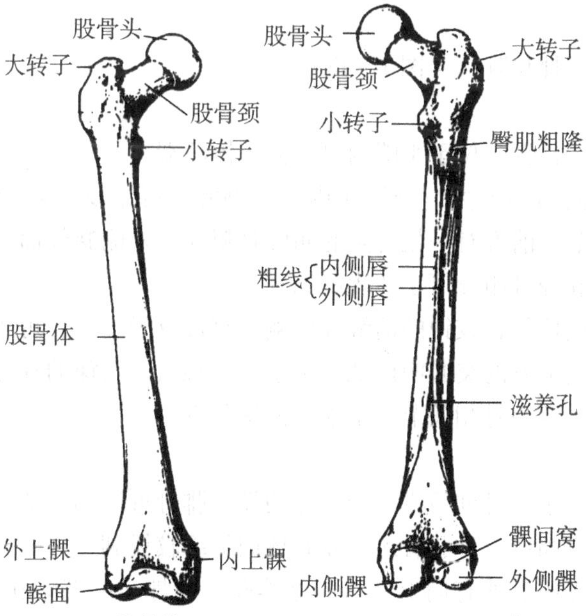

图 1 – 15　股骨

股骨近侧端有球状的股骨头，头上有一凹陷，当与髋臼形成关节时，与髋臼关节面当中的凹陷相对应，避免神经血管受压迫。股骨头向外侧下方有变细的股骨颈，股骨颈与体连结处的外上方有一隆起，称大转子；下方的隆起称小转子，有肌肉附着。大、小转子之间，前面有转子间线。大转子是重要的体表标志，可在体表触扪到。

股骨体上段呈圆柱形，中段呈三棱柱形，下段前后略扁，向前略弓，体面有纵行骨峰，为股骨粗线。

股骨远侧端粗大，内、外侧各有一向下向后的膨大，分别叫内侧髁和外侧髁。两髁前方有一滑车状关节面与髌骨相关节，两髁侧面各有突出的内上髁和外上髁，后者可于皮下触及。

2. **髌骨**（图 1－16）

髌骨即膝盖骨，是人体最大的籽骨，上宽下尖，前面粗糙，皮下可触及。

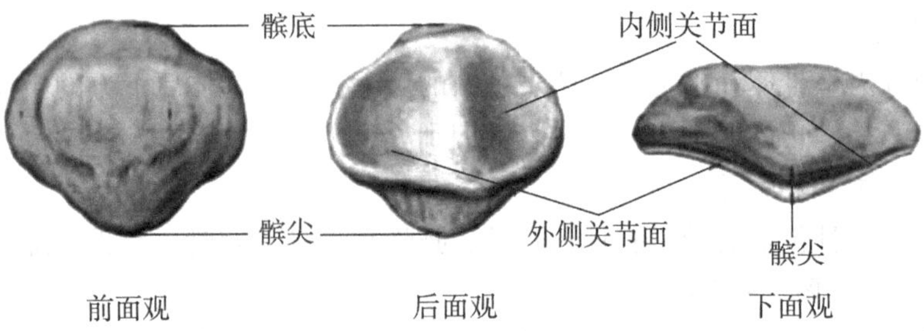

图 1－16　髌骨

3. **小腿骨**

小腿骨包括胫骨和腓骨（图 1－17）。

（1）胫骨

胫骨是粗大的长骨，位于小腿内侧，分一体两端。

胫骨近侧端向两侧膨大，分别叫内、外侧髁，可于皮下触及。上面与股骨内、外侧髁相关节，前方有一粗糙隆起叫胫骨粗隆，外侧髁外面与腓骨小头相关节。内、外侧髁和胫骨粗隆可于体表触扪到。

胫骨体呈三棱柱状，较锐的前缘和内侧面直接位于皮下，可于皮下触及。胫骨远侧端有一向内下方的突起叫内踝，可于皮下触及。内踝的外侧及下端的下面为关节面，与足骨的距骨相关节，下端外面接腓骨。

（2）腓骨

腓骨细长，位于胫骨外后方，分一体两端。腓骨近侧端关节面上端为一膨大的腓骨头，头下方缩窄，称腓骨颈；腓骨体内侧缘较锐利，称骨间缘，有小腿骨间膜附着，内侧近中点处有向上开口的滋养孔。腓骨远侧端略膨大处，叫外踝。外踝内侧有外踝关节面，与距骨相关节。腓骨头和外踝都可在体表触扪到。

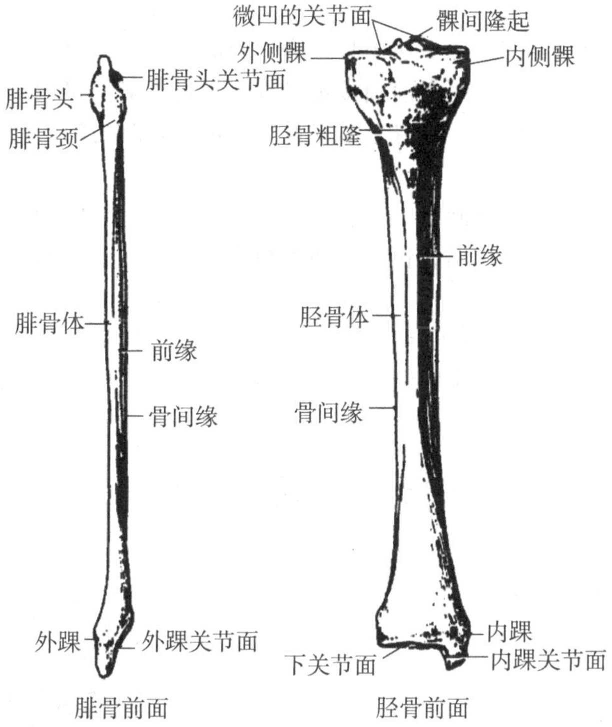

图 1－17　小腿骨

4. **足骨**　（图 1－18）

足骨包括 7 块跗骨、5 块跖骨和 14 块趾骨。

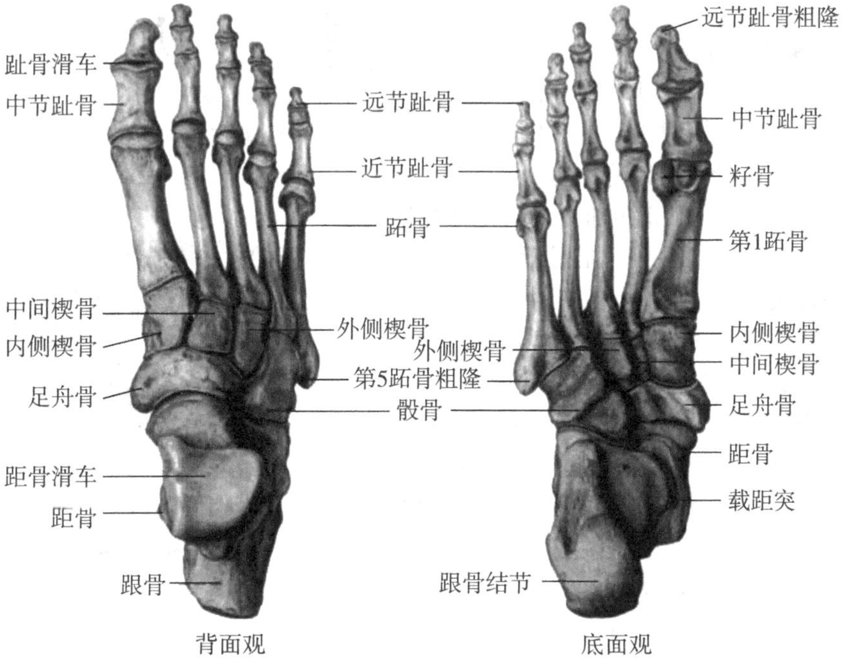

图 1－18　足骨

（1）跗骨

跗骨位于足的后半部，由 7 块短骨构成，分前、中、后三列。跗骨中最大的叫跟骨，跟骨前面接距骨，距骨前面接足舟骨，足舟骨前面接骰骨，骰骨前面接内侧、中间、外侧三块楔骨。跗骨有承受重力、传递弹跳力的作用。

（2）跖骨

跖骨位于附骨与趾骨之间，每侧有 5 块，均属于长骨。内侧的第一跖骨短而粗，外侧第五跖骨底向外突出，称第 5 跖骨粗隆，可在体表触扪到。

（3）趾骨

趾骨由每侧 14 块小长骨组成。第 1 趾骨为 2 节，其余各趾骨均为 3 节。形态和命名与指骨相对应。第 1 趾骨粗壮，其余趾骨细小。

第三节　中轴骨

中轴骨包括躯干骨和颅骨。

一、躯干骨

躯干骨包括椎骨、骶骨、尾骨、胸骨和 12 对肋骨，共 51 块。其中椎骨属于不规则骨，胸骨和肋骨均属于扁骨。

（一）椎骨（图 1－19）

1. 椎骨的结构

椎骨前方有一个形似圆柱的椎体，是椎骨承重的主要部分，其表面的骨密质较薄，内部充满骨松质。

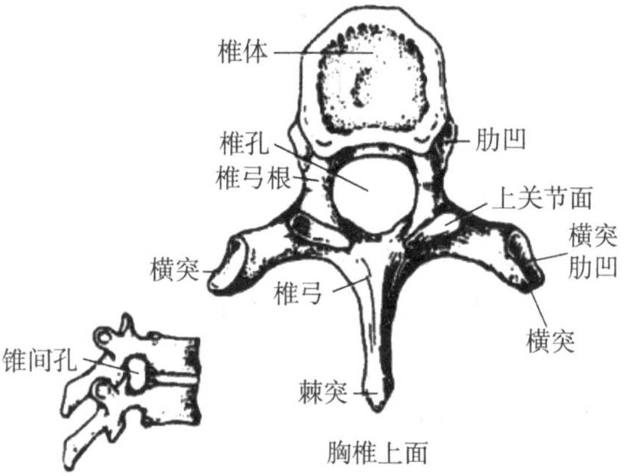

图 1－19　椎骨表面结构

椎骨后方有一弧形的椎弓，与椎体相连的缩窄部分，称椎弓根。椎弓背侧称椎板，椎弓与椎板围成椎孔，上下椎骨的椎孔串联起来形成椎管，管内容纳脊髓。自椎弓上伸出 7 个突起：一对向侧方伸出的横突，一个向后伸出的棘突，在椎弓根部各有一对向上和向下的突起，分别为上关节突和下关节突。上下关节突间形成椎间关节，并于侧方围成椎间孔，脊神经由此穿出。

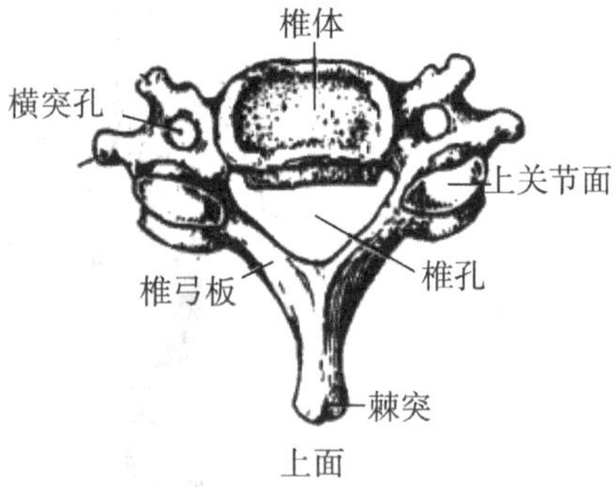

图 1－20　颈椎

2. 各部椎骨的特征

（1）颈椎（图 1－20）

颈椎共有 7 块，主要特征是横突上有孔，棘突分叉，但第 1 颈椎没有椎体、棘突和关节突，呈环形，又称寰椎（图 1－21）；第 2 颈椎的椎体上多一个齿突，又称枢椎（图 1－22）；第 7 颈椎又叫隆椎，棘突长且末端不分叉，可在皮下触及，是计数椎骨序数的重要标志。

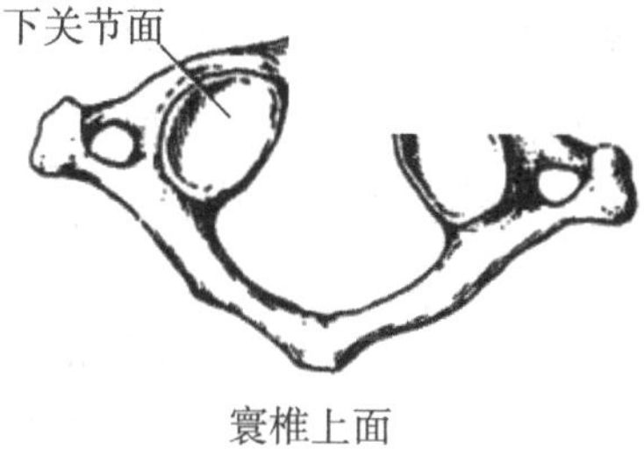

图 1－21　寰椎

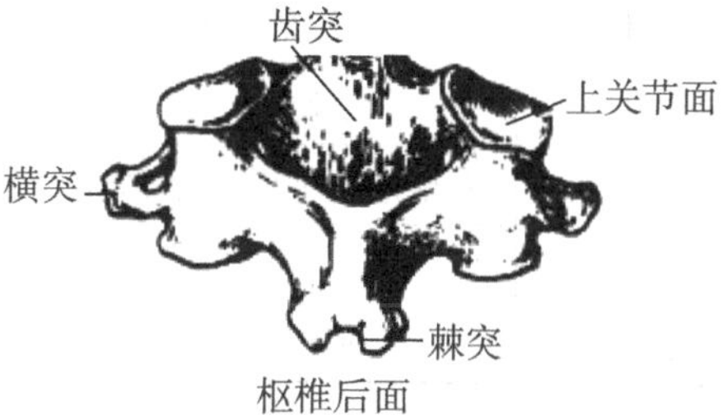

图 1－22　枢椎

（2）胸椎（图 1－23）

胸椎共 12 块，在椎体与椎弓根的上缘和下缘处，各有呈半球形的浅凹，称上、下肋凹，椎体从上向下逐渐增大，前棘突较长，向后下方倾斜，呈叠瓦状排列。

（3）腰椎（图 1－24）

腰椎共 5 块，既没有横突孔，也没有椎体肋凹。特点是椎体大，与承重较大有关。椎棘突呈方形竖板状。

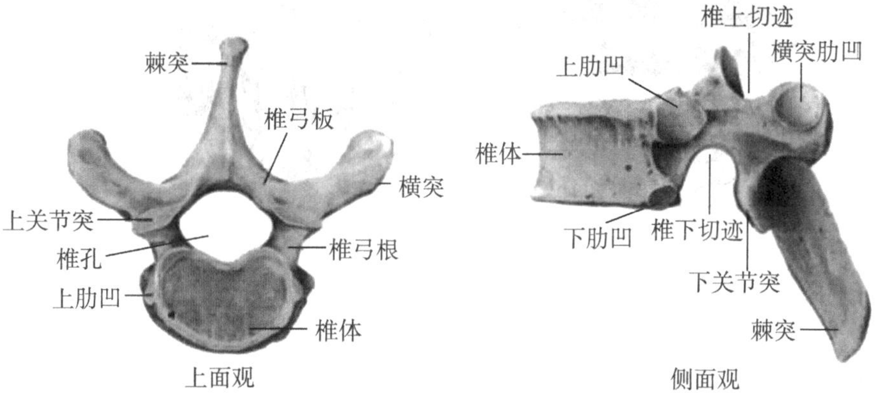

图 1－23　胸椎

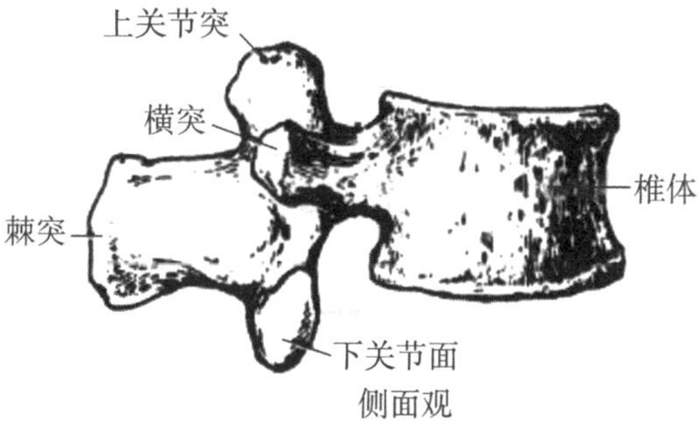

图 1－24　腰椎

颈、胸、腰椎椎骨形态比较见表1－2。

表1－2 颈、胸、腰椎椎骨形态比较

类 别	颈 椎	胸 椎	腰 椎
锥 体	椭圆形，小	心形，中等大	蚕豆形，大
锥 孔	三角形，大	圆形，小	三角形，大
棘 突	末端分叉（2～6颈椎）	叠瓦状，较长	板状，水平向后
横 突	有孔	有横突、肋凹	—
关节突	近似水平	额状位	矢状位

（二）骶骨（图1－25）

成人骶骨由5块骶椎融合而成，似倒置的三角形，前面光滑略凹，有4对骶前孔，后面粗糙，有4对骶后孔，两侧有耳状面与髋骨构成关节。骶骨上面宽，接第5腰椎，下面缩小，接尾骨。骶管裂孔位置的高低是运动员选材时考虑的一个重要指标。骶管裂孔位置越高，骶管内的骶神经根暴露越多，越容易发生运动损伤。

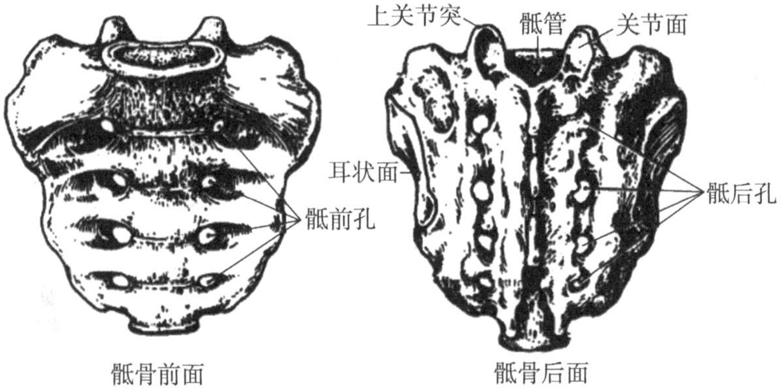

图1－25 骶骨

（三）尾骨（图1－26）

尾骨呈倒置的三角形，由3～4块退化的尾椎融合而成。

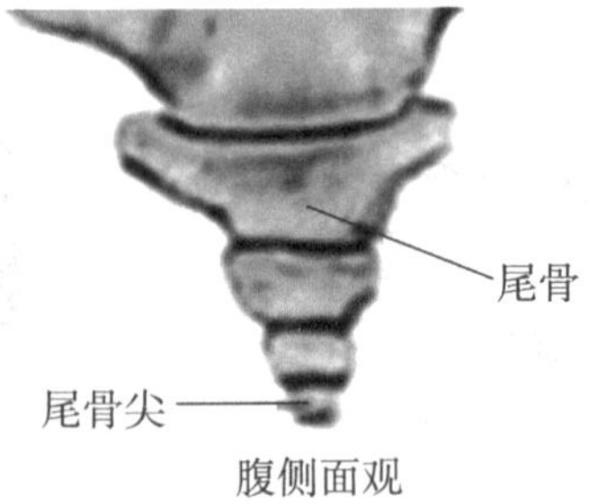

图1－26 尾骨

（四）胸骨（图1－27）

胸骨位于胸廓前面中央部分，是长形扁骨，前凸后凹。胸骨整体分三部分：上方为上宽下窄的胸骨柄，两侧有锁切迹接锁骨；中部为胸骨体；下部为胸骨剑突。胸骨柄和胸骨体两侧有7对肋切迹，接肋软骨。

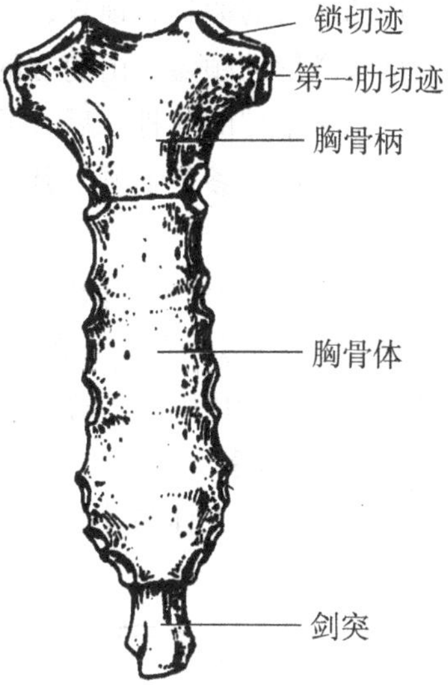

图1－27 胸骨

（五）肋骨（图1－28）

肋骨共12对，左右对称，分为前端、后端和体三部分。后端有肋头、肋颈和肋结节，分别与胸椎椎体和横突相关节。其中第1～7对肋骨的前端与胸骨相连结，称真肋；第8～10对肋骨的前端借助软骨与上位肋软骨连结，形成肋弓，称假肋；第11～12对肋骨的前端游离于腹壁肌层中，称浮肋12。肋骨中以第7、8肋最长，于此处测胸围。

第1肋骨扁宽而短，分上、下面和内、外缘。第2肋骨较细长。第11、12肋骨无肋结节、肋颈及肋角。肋软骨位于各肋骨的前端，由透明软骨构成，终生不骨化。

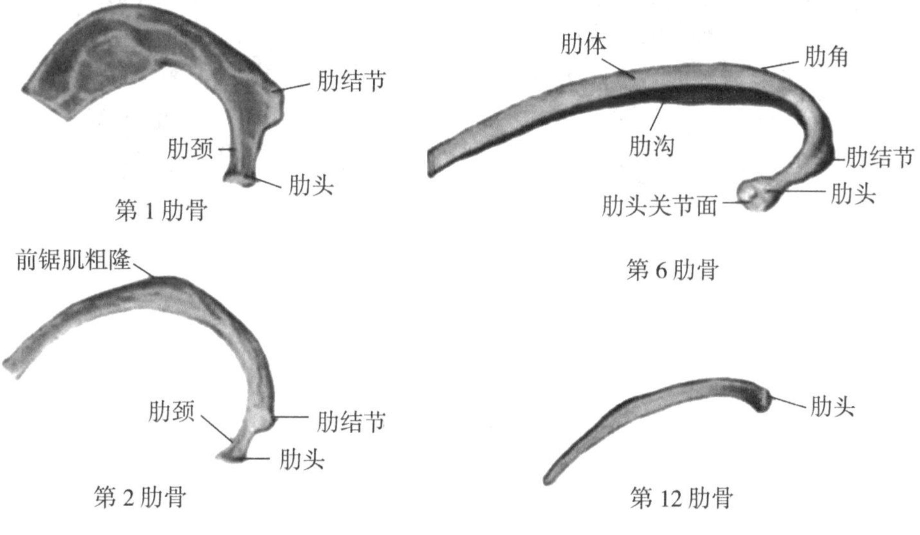

图1－28 肋骨

二、颅

（一）颅骨（图1－29）

颅骨由29块扁骨和不规则骨组成。包括脑颅骨8块、面颅骨15块以及听小骨6块。分为后上部的脑颅和前下部的面颅。

1. **脑颅骨**

脑颅骨位于颅的后上方，由 8 块骨组成，包括不成对的额骨、筛骨、蝶骨、枕骨和成对的颞骨、顶骨，它们彼此连结构成卵圆形的颅腔，容纳脑髓。颅腔的顶是穹隆形的颅盖，由前方的额骨、后方的枕骨和两者之间的顶骨构成。颅腔的底由位于中部的蝶骨、后方的枕骨、两侧的颞骨、前方的额骨和筛骨构成。筛骨只有一小部分参与脑颅，其余大部分参与构成面颅。

2. **面颅骨**

面颅骨由 15 块骨构成。其中不成对的有：1 块下颌骨、1 块犁骨、1 块舌骨；成对的有：2 块上颌骨、2 块额骨、2 块鼻骨、2 块泪骨、2 块腭骨和 2 块下鼻甲骨。面颅骨构成眶腔、鼻腔和口腔。

3. **听小骨**

听小骨是人体最小的骨，位于中耳，每侧各有 1 块锤骨、砧骨和镫骨，共 6 块。

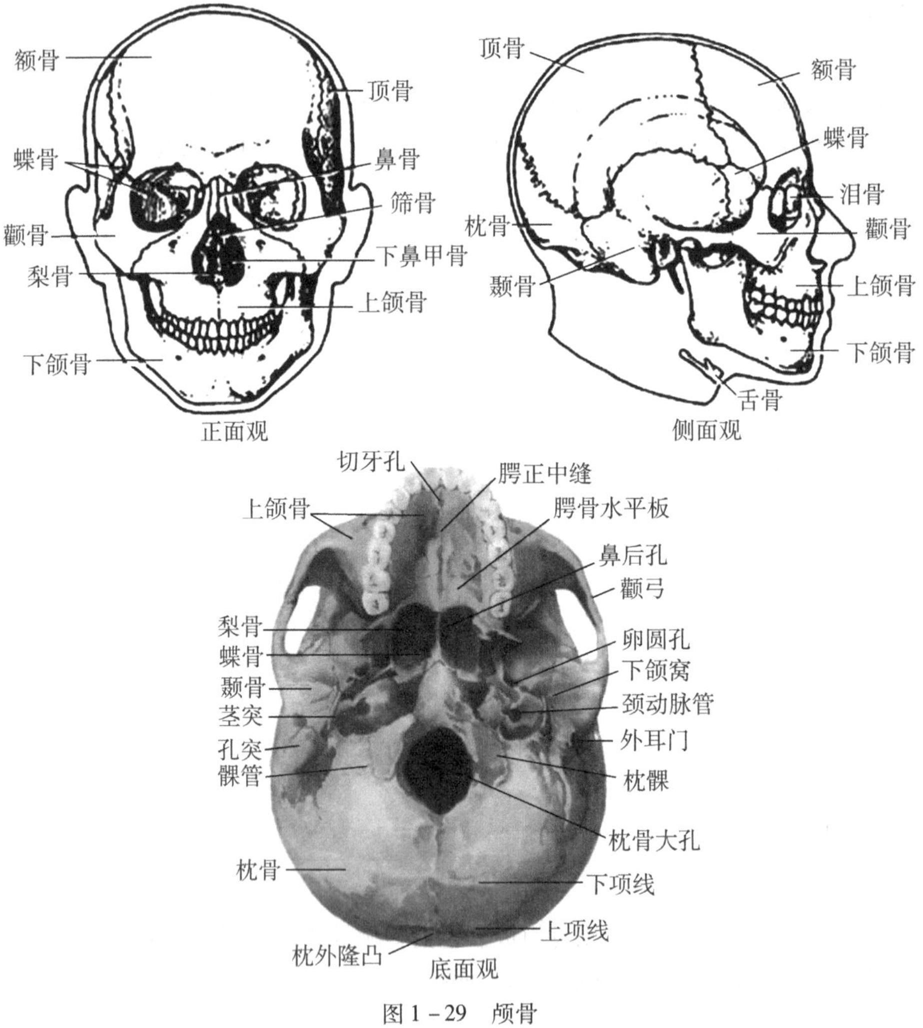

图 1－29　颅骨

（二）颅的整体观

颅位于人体顶端，颅腔内有人体最高中枢脑，也是人体视觉器官、听觉器官和味觉器官感受器所在部位。许多体育动作的准确完成，是以颅的整体运动作为先导的。除下颌骨和舌骨外，颅骨借助结缔组织膜和软骨结合成一整体，如额骨与两侧顶骨连结构成冠状缝；两侧顶骨连结为矢状缝；两侧顶骨与枕骨连结成人字缝等。颅骨间没有运动。

实训环节

实训一　骨的形态观察

一、实训内容

（1）观察长骨、短骨、扁骨、不规则骨的形态结构。

（2）观察骨密质和骨松质的配布和形态。

（3）观察煅烧骨、脱钙骨的外形并比较其物理特性，理解骨的化学成分与物理特性的关系。

二、实训目的

掌握骨的构造；熟悉骨的形态；了解骨的理化特性，理解其功能。

三、实训材料与器具

长骨、短骨、扁骨和不规则骨标本及其剖面标本，骨膜、骨髓腔、骨髓塑化标本或湿标本，脱钙肋骨和煅烧骨，成人肱骨X线片。

四、实训步骤

（一）骨的不同形态特点的观察

取长骨、短骨、扁骨和不规则骨标本各一块，根据各骨的形态特征，区别上述各骨属何种形态的骨，注意4种形态骨的骨密质与骨松质的分布情况。

（二）骨膜、骨质和骨髓的观察

取一长骨塑化标本或湿标本，在骨的外表可见一层纤维性膜，这就是骨膜。再取一纵剖的长骨标本观察，在骨中央有一腔称骨髓腔，其周围的壁外层色白而致密，称骨密质，内部的结构疏松，称骨松质。骨密质在骨干最厚，而趋向两端渐薄。骨松质由骨小梁组成，在骨干甚少，愈趋两端则愈明显。仔细观察骺端的骨松质中骨小梁的排列特点，辨认出压力线和张力线，思考压力线和张力线的功能。再观察塑化骨标本或骨的湿标本，可见在骨髓腔及两端骨松质中充填着骨髓。

（三）骨的化学成分及物理特性的观察

取经过稀盐酸浸泡的脱钙肋骨，可见骨中无机盐类已被脱去，仅含有机物，骨虽保留外形，但变得柔软而富有弹性，可将其弯曲、扭转，甚至可将其打结。

取经过煅烧的跟骨骨炭，可见骨中有机物煅烧后完全被去除，仅含无机盐类，骨虽保持原有外形，但变得异常酥脆、易碎，用手指碾压即成粉末状。

五、实训练习题

(1) 以长骨为例说明骨的构造及其理化特性。

(2) 骨髓存在于何处？说明其年龄变化特点。

(3) 举例说明骨的化学成分中有机物和无机物的特性与骨的弹性、硬度的关系。

拓展阅读

骨质疏松及预防

日常生活中，经常会看到一些弯腰驼背的老年人；有的人常感觉骨头里面疼痛，还有些人轻轻滑倒，就可能导致骨折，甚至用力咳嗽，就可能“咳”断几根肋骨……这些可能都是由骨质疏松症造成的。据专家估算，我国 60 岁以上人口骨质疏松患病率，女性大约为 50%，男性为 20%。据统计，我国老年人骨折发生率为 6.3%～24.4%，女性比男性更容易患骨质疏松症，尤以高龄（80 岁以上）女性为甚。

骨质疏松症是一种骨吸收（丢失）超过骨形成而导致骨质松脆易断的病理状态，可以说，骨质疏松是一种自然的中老年退行性疾病，任何人都可能存在，其发病率随年龄增长而增加。人在 40 岁以后，由于胃肠和肝肾功能逐渐减退，钙的吸收减少而流失增加，体内的钙呈负平衡。45 岁以后，每年骨骼脱钙率为 3%。一般骨量丢失 20% 以上即有可能发生骨折，椎骨、髋骨和前臂骨是骨质疏松症患者最易骨折的部位，其中髋部骨折对老年人的危害最大，有时甚至可能危及生命。

妇女进入更年期（平均年龄是 49 岁左右）后，最大的生理变化就是卵巢功能衰退、雌激素缺乏、绝经。雌激素减少带来的后果之一就是妇女骨骼中钙质的大量流失。我国女性运动量相对较少，牛奶喝得不多，食物中钙摄入和吸收量不足，绝经后 3 至 5 年，平均每年会丢失 2.5% 的钙，从而引发骨质疏松。

预防骨质疏松可采取如下措施。

1. 定期做骨质密度测定

骨质疏松前期往往是静悄悄的，出现骨折时，已是严重阶段。女性 45 岁、男性50岁后应每年测一次骨密度。绝经后女性、有骨质疏松家族史及有骨折经历等高危人群尤应定期检测自身骨骼状况，以提早发现骨质疏松和评价骨折风险。

下列人群应及时到医院检查诊治：体格瘦小者；大量摄取咖啡、茶，不当节食减肥者；运动量少，长期坐办公室者；钙、维生素D摄取不足，不喝牛奶及其他乳类制品者；少年白发者；月经来得早的人及40岁以前停经者、更年期妇女；卵巢、子宫、胃或小肠切除者；饮食过于清淡或偏高蛋白，嗜烟、酗酒者；家族有老年性骨折者；长期服用类固醇激素药物者；糖尿病、甲亢等疾病患者。

2. **补钙**

我国推荐的钙剂量是成人每天800 mg，很多人可以在日常饮食中通过吃富含钙质的食物而获得，不一定要额外补充钙剂。但对于更年期妇女、孕妇、青春期孩子、老年人、服用激素类药物者以及糖尿病、甲亢等疾病患者，应在医生的指导下适当补充钙剂。最好选择钙含量高的制剂，相对而言，合成钙安全性较高，离子状态的钙更容易吸收。因为有胃酸分泌时钙吸收较佳，所以钙片最好与食物一起吃。

食物是最好的自然钙源。牛奶和酸奶的钙含量最高，下列食品也含较多的钙：贝类、鱼、坚果、豆腐。如果没有食用奶制品，那么补充钙剂就能弥补食物中钙的不足。

柠檬酸钙和葡萄糖酸钙含钙元素虽然少，但却更易于吸收。补钙时每天要喝6～8杯水。碳酸钙的有效钙含量最高，但是人体吸收较困难，用餐时服用碳酸钙可以提高钙的吸收。

从儿童期开始，就要注意饮食中钙质的摄入，多吃富含钙质的食物如牛奶、豆腐、虾皮、紫菜等。在婴儿期、青春期应适当补充钙剂。钙在体内吸收必须有维生素D的参与，有些儿童一直在补钙，但检查后还是缺钙，主要原因是补钙的同时，没有补充维生素D。维生素D可以通过日晒在体内激活，也可通过适当补充鱼肝油来获得。

人在35岁以前，骨代谢非常旺盛，摄入的钙很快被吸收进入骨骼中沉淀，骨骼生成迅速，骨钙含量高，骨骼最为强壮。35岁以后，骨丢失将逐渐大于骨形成，体内骨的含钙量将逐年减少。如果在35岁以前让骨骼最大限度地储存更多的钙，可以为中年后减缓骨量丢失打下良好基础。每人一天一杯奶（牛奶和酸奶都可以）有助于骨质健康。另外，补充一些钙剂（正规的、国家批准的）也是可以的。不爱喝牛奶可以改喝酸奶或者其他奶制品。

鱼类多含钙质，100 g沙丁鱼中约含钙220 mg；100 g带皮干虾中含钙200 mg；100 g水豆腐中含钙145 mg；100 g冻豆腐中含钙590 mg；100 g干紫菜中含钙290 mg，100 g干羊栖菜中含钙量达1400 mg，100 g萝卜叶中含钙210 mg。可以多吃以上含钙丰富的食物。

3. **补充维生素 D**

补充维生素 D 是预防骨质疏松的重要方法，最简便实惠的办法就是晒太阳。一般来说，年轻人每周累计晒太阳 40 分钟、老年人每周累计晒太阳 60 分钟就能获得充足的维生素 D，当然，前提是身上要有 15% 的皮肤暴露在阳光下。维生素 D 可以增加小肠对钙的吸收，有利于骨钙的沉积，是骨骼生长发育必不可少的物质。每天 30 分钟的光照时间就可生成适量的维生素 D，对于阳光照射不足的人，应保证膳食中有富含维生素 D 的食物，如动物肝脏、鱼油等都含维生素 D。

饮食中盐的摄入量是钙的排出量多寡的主要决定因素，盐的摄入量越多，人体排出的钙就越多。减少盐的摄入可以减少钙的流失，相当于给身体补充钙。英国科学家还提出了“少吃盐补钙”的说法。口味淡、少吃盐是预防骨质疏松的方式之一，也是骨质疏松患者补钙的重要方式。

4. **适度运动**

适当进行跑步、跳绳等有氧运动，可通过肌肉舒缩刺激骨骼以增强骨骼质量和密度。不过要一直坚持类似运动，才能减少骨量流失，降低骨质疏松发生率。

每天坚持室外体育锻炼，例如走路、慢跑和有氧运动，既可促进体内维生素 D 的生成，促进钙的吸收，又可增加肌肉的负荷，增强肌肉对骨、关节的保护作用。

人在负重活动状态下更能使钙质有效地吸收于骨组织中。缺钙者经常参加适量的运动锻炼，如跑步、爬山、上下楼梯等，使骨骼“承重”，才能有助于防止骨质疏松，提高补钙的效果。

对于中老年人最适宜的运动是太极拳。

5. **养成良好的生活方式**

吸烟、酗酒、高盐饮食、喝大量咖啡、活动过少或过度运动等均是骨质疏松症的危险因素，要尽量避免。

此外，还可以遵循医嘱采用药物进行治疗。

（资料来源：上海第一人民医院网站）

第二章　骨连结

学习要点

1. 关节的主要结构和辅助结构。
2. 人体上、下肢所有关节的名称和结构。
3. 关节的分类和运动。
4. 关节的运动幅度与影响因素。
5. 体育运动对关节的影响。

第一节　骨连结总论

人体全身骨骼借助纤维结缔组织、软骨组织或骨组织相连结。按照骨与骨之间活动情况和连结的结构不同，可分为直接连结和间接连结两大类。

骨与骨之间借助纤维结缔组织、软骨组织或骨组织直接相连，称为直接连结，因两骨之间无间隙，亦称为无腔隙骨连结。此类连结比较牢固，活动幅度很小或完全不能活动，如前臂尺桡骨之间的骨间膜、骶椎之间的椎间盘等。直接连结又可根据连结组织不同分为纤维连结、软骨连结和骨性结合（图 2－1 ～ 图 2－3）。

前臂骨间连结

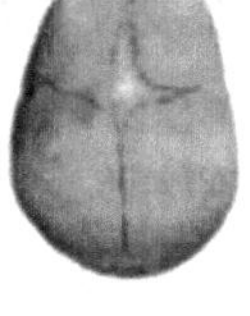

颅骨的缝（婴儿颅）

图 2－1　纤维连结

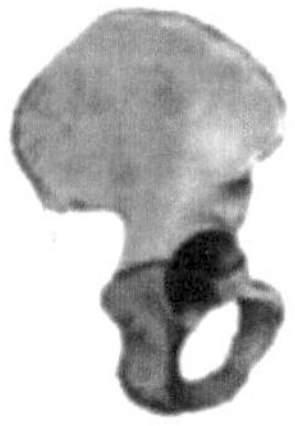

幼儿髋骨

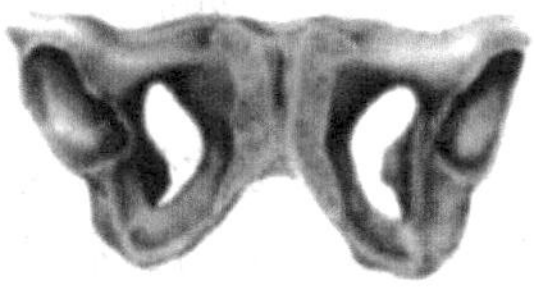

耻骨联合

图 2－2　软骨连结

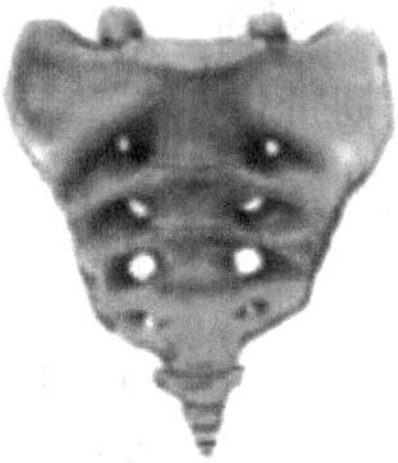

成人骶骨（骶椎愈合）

图 2－3　骨性结合

间接连结又称滑膜关节或关节。此类连结借助周围的结缔组织膜性囊连结，内部有间隙，并充以滑液，活动性较大。关节是人体骨连结的主要形式，多见于四肢，如肩关节、髋关节等。

一、关节的结构

关节的结构分为主要结构和辅助结构两部分。

（一）关节的主要结构（图2-4）

关节的主要结构包括关节面、关节囊和关节腔。关节在肌肉的牵引下，可做各种运动。

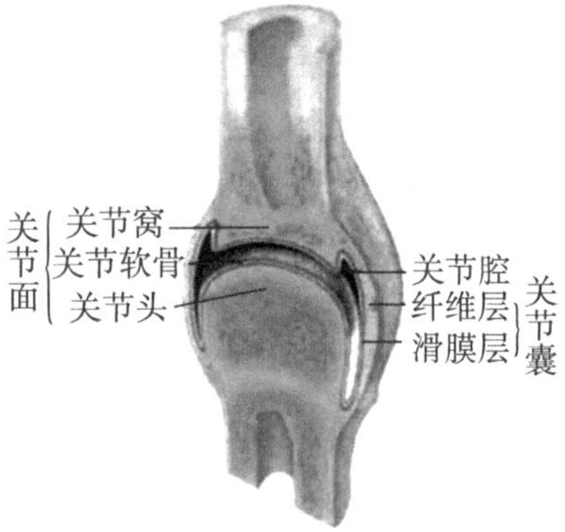

图2-4 关节的主要结构

1. 关节面

关节面是构成关节各相关骨的接触面，由关节头和关节窝组成。

2. 关节囊

关节囊是包绕在相邻的关节面周围的结缔组织囊。从结构上可分为内外两层。

内层为滑膜层，滑膜表面形成许多小突起，称为滑膜绒毛。滑膜层富含血管网，可分泌呈弱碱性的透明蛋白样滑液，不仅可润滑关节面、减少摩擦、增加关节的灵活性，亦可保证关节软骨和半月板等软骨组织的新陈代谢。

外层叫纤维层，主要起连结作用。由致密结缔组织构成，厚而坚韧，含有丰富的血管和神经。纤维层具有稳固关节、保持关节的完整性等作用。

3. 关节腔

关节腔是关节囊和关节软骨围成的密闭腔隙。腔内含有少量滑液，关节腔内的负压对维持关节的稳固有一定的作用。

（二）关节的辅助结构

关节的辅助结构包括韧带、关节软骨、关节唇、滑膜囊、滑膜襞等。主要作用是增大关节的灵活性和加固关节。

1. 韧带

韧带位于关节周围或关节腔内，连于相邻两骨之间，具有连结加固关节、限制关节运动等作用，由致密结缔组织构成，如膝关节侧附韧带、膝交叉韧带等。

2. 关节软骨

关节腔内的软骨称为关节软骨，由纤维软骨构成。其作用是使相邻两关节面相适应和缓冲震动，加大关节活动幅度。关节软骨有两种形状：一种是圆盘形，可将关节腔分成两部分；另一种为月牙形，称半月板，位于膝关节内。

3. 关节唇

关节唇是指附在关节窝周围的纤维软骨环，可加深关节窝，从而使关节更加稳固。肩关节和髋关节均有此结构。

4. **滑膜囊**

滑膜囊位于肌腱与骨之间，是由关节滑膜层向关节囊外突出形成的结构，起减少运动时骨面摩擦的作用。

5. **滑膜襞**

有些关节囊的滑膜层大于纤维层，致使滑膜折叠，并突向关节腔而形成滑膜襞。在关节运动中，当关节腔的压力、形状、容积改变时，滑膜襞可起到填充、调节作用，并可扩大滑膜面积，有利于滑液的吸收和分泌。（参考文献：《运动解剖学》，北京体育大学出版社 2013 年版。）

二、关节的运动（图 2－5）

能绕关节运动的人体的躯干、上下肢或上臂、前臂和大腿等部分称为运动环节，简称环节。关节的运动与关节面的形状关系密切，人体关节一般都是绕着某个轴来进行旋转运动。关节运动的基本形式有屈伸、收展、回旋、环转和水平屈伸五种。

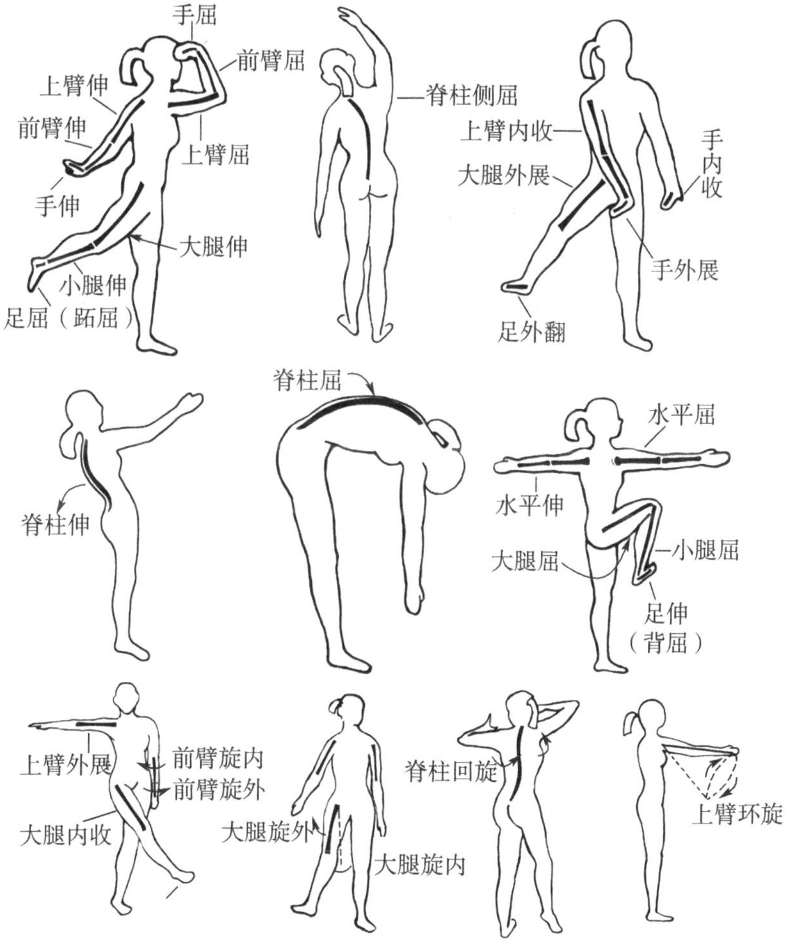

图 2－5　关节的运动

1. **屈伸运动**

屈伸运动通常指人体或肢体绕额状轴在矢状面内做的运动。向前为屈，向后为伸。但也有例外，膝关节及其以下关节则相反，向后为屈，向前为伸。

2. **内收外展运动**

内收外展运动是人体或肢体围绕矢状轴在额状面内做的运动。运动环节靠近正中面为收，远离正中面为展。对于手指而言，常规定以中指和第二指为中轴的靠拢为内收、散开为外展。

3. **回旋运动**

回旋运动是人或肢体围绕垂直轴在水平面内做的运动。向前向内为内旋或旋前，向外向后为外旋或旋后。头和脊柱等环节则为左、右回旋。

4. **环转运动**

环转运动是人或肢体围绕两个以上基本轴及其中间轴做的连续运动，其运动轨迹呈圆锥形。

5. **水平屈伸**

上肢或下肢外展90°后再向前的运动叫水平屈，外展90°后再向后的运动叫水平伸。

整个人体向一侧的运动叫侧屈。

三、关节的分类（图2－6）

按照关节面的形状和运动轴数可将关节分为单轴关节、双轴关节、多轴关节。

（一）单轴关节

单轴关节只能绕一个轴运动。按关节头的形状，分为滑车关节和圆柱（又叫

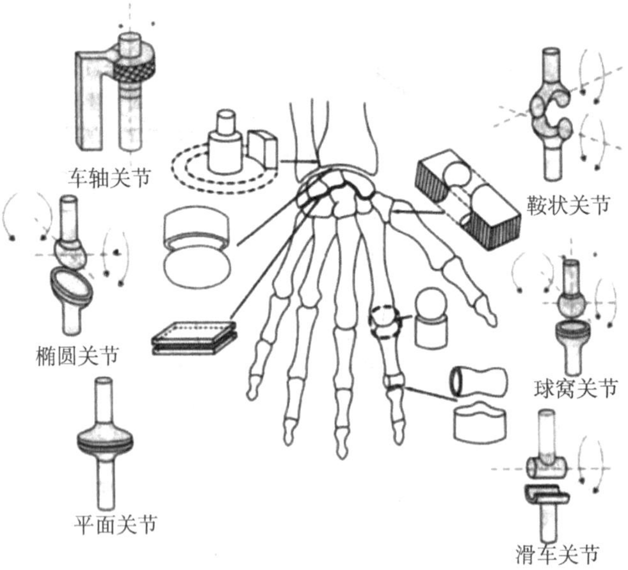

图2－6 关节的分类

车轴）关节两种。

1. **滑车关节**

滑车关节又名屈戌关节，其关节头呈滑车状，关节窝与其相适应。环节可绕额状轴作屈、伸运动，如指关节。

2. **圆柱关节**

圆柱关节由圆柱状的关节头与凹面状的关节窝构成，只能绕垂直轴做回旋运动。如桡尺近侧关节和桡尺远侧关节。

（二）双轴关节

双轴关节可以绕两个轴运动，包括椭圆关节和鞍状关节两种。

1. **椭圆关节**

椭圆关节其关节头呈椭圆体的一部分，与相应的关节窝间只能绕额状轴屈伸，绕矢状轴收展，如桡腕关节。

2. **鞍状关节**

鞍状关节两骨关节面均呈马鞍形，作交叉接合状，绕额状轴屈伸，绕矢状轴收展，如拇指腕掌关节。

（三）多轴关节

多轴关节可绕三个轴运动，包括球窝关节和平面关节。

1. **球窝关节**

球窝关节其关节头为球体的一部分，有一相应的浅窝，可绕三个基本轴做屈伸、收展、回旋和环转运动，比较灵活，如肩关节。

2. **平面关节**

平面关节其关节头和关节窝都可看作很大的球体的一部分，且大小一致，关节囊紧张而坚固，运动范围很小，又叫微动关节，如骶髂关节。

依据构成关节的骨的数目，可将关节分为单关节和复关节。

（一）单关节

单关节由一个关节头和一个关节窝两块骨组成，如肩关节和髋关节。

（二）复关节

复关节由两块以上的骨构成，多个单关节包在一个关节囊内，每个单关节或每块骨都能单独活动，如肘关节。

依据关节的运动方式，可将关节分为单动关节和联合关节。

（一）单动关节

能单独进行活动的关节称为单动关节，如踝关节和肩关节。

（二）联合关节

两个或两个以上独立的关节，必须互相配合才能共同完成一个动作的，叫联合关节。例如，前臂的桡尺近侧关节和桡尺远侧关节，两者共同运动完成前臂的旋内或旋外运动。

四、关节的动脉、淋巴管和神经

关节有着丰富的动脉，围绕关节形成致密的动脉网。韧带和滑膜处的动脉比较丰富，关节软骨无血管。在关节囊各层均有淋巴管网，与附近骨膜的淋巴管吻合；关节囊的淋巴液经输出管汇入附近的淋巴结。关节的神经支配来自运动时此关节肌肉的神经分支，称为关节支，分布于关节囊和韧带或运动范围较大的关节及韧带等部位。

五、体育运动对关节功能的良好影响

关节的灵活性与稳定性是一对矛盾统一体，例如两关节面相差越大，关节运动幅度越大，即关节的灵活性大，必然缺乏稳定性；关节周围的肌腱、韧带越强，关节的稳定性越好，但又限制了关节运动幅度。

长期体育运动可增强关节囊周围肌腱、韧带的延展性和关节周围肌肉的弹性，提高关节的灵活性，从而增大关节的运动幅度；还可以使关节囊周围的肌腱、韧带增粗增厚，关节周围的肌肉力量增强，从而增大关节的稳定性。尤其是柔韧性练习，不但可以加大身体各环节的运动幅度，还可使动作优美协调，对提高运动技术和防止伤害事故都有很大帮助。系统科学的运动训练还可以使承受较大负荷的关节面骨密度增厚，关节面软骨增厚，对增强关节负荷能力和缓冲震荡很有好处。

从事体育运动时，准备活动一定要充分，使关节滑液分泌增加，更好地润滑关节，防止损伤；还要注意训练方法和动作要领，循序渐进科学训练，才能避免关节损伤，增进健康，提高成绩。

第二节　骨连结分论

一、上肢骨的连结

（一）上肢带骨的连结

1. 胸锁关节（图2－7）

胸锁关节是上肢与躯干唯一连结的关节，其关节囊坚韧，关节头为锁骨的胸骨端关节面，关节窝为胸骨柄的锁切迹及第1肋软骨上面，关节面上均覆盖一层纤维软骨。

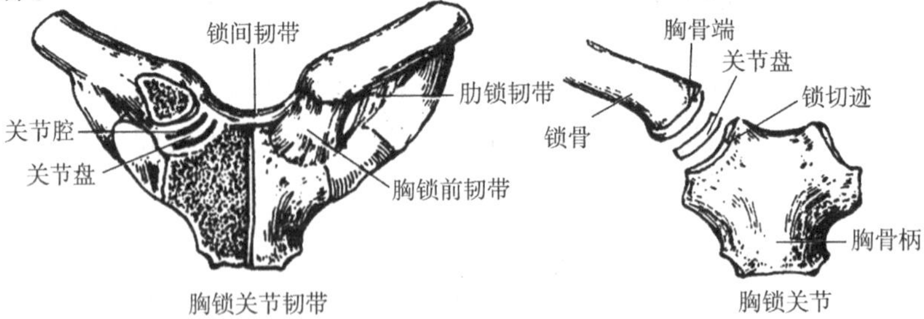

图2－7　胸锁关节

此外，还有使关节头和关节窝彼此更为适应的关节盘和可防止关节前后脱位及锁骨过度上举的韧带。

2. **肩锁关节** （图2－8）

肩锁关节由锁骨的肩峰关节面与肩胛骨肩峰关节面组成，属于平面关节，关节囊上下有韧带紧固，是活动性很小的微动关节。

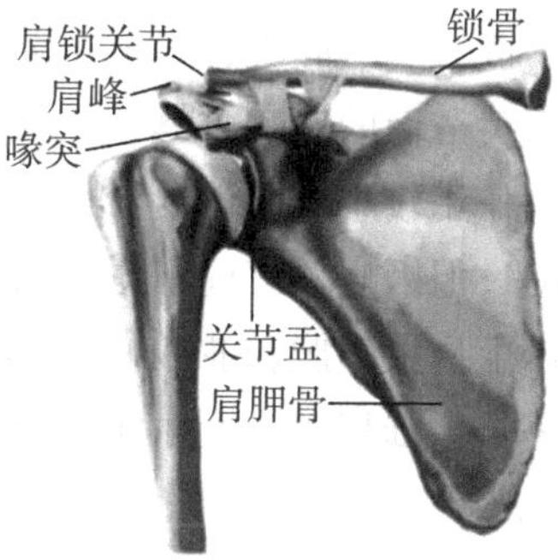

图2－8 肩锁关节

（二）上肢带的整体运动

上肢带肩胛骨的运动可使关节盂与肱骨头始终保持方向一致，有利于控制肱骨在空间的运动和位移，对增加肩关节的运动幅度和灵活性有着重要作用。可将肩胛骨与锁骨视为一个整体，共同绕胸锁关节的各个轴运动。因为肩胛骨的运动较为明显，故常以肩胛骨的运动来表示上肢带的运动。

肩胛骨的运动如图2－9所示。

（1）上提、下降

肩胛骨在额状面内向上移动称为上提，如耸肩动作；向下移动称为下降，如耸肩之后的放肩动作。

（2）前伸、后缩

肩胛骨顺肋骨向前移动，其内侧缘远离脊柱称为前伸或外展，如含胸动作；反之，称为后缩或内收，如扩胸动作、持哑铃飞鸟动作。

（3）上回旋、下回旋

肩胛骨在额状面内绕矢状轴旋转，肩胛骨关节盂的上、下角转向外上方称为上回旋，如上举杠铃等动作；反之称为下回旋，如自由泳的划水动作。

（三）自由上肢骨的连结

自由上肢骨的连结包括肩关节、肘关节、前臂连结和手关节。

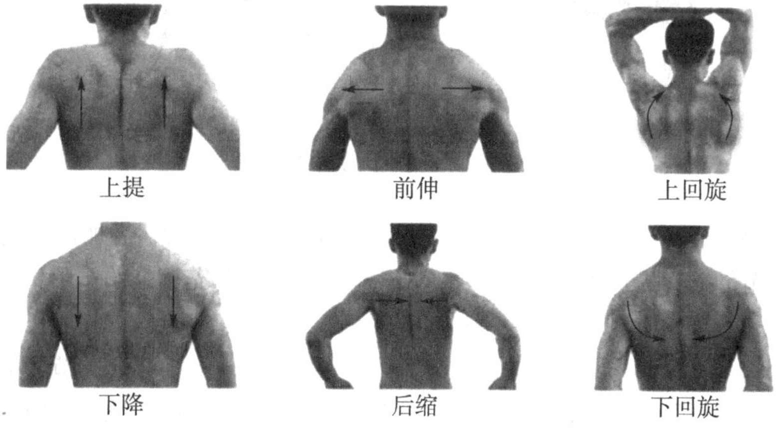

图2－9 肩胛骨的运动

1. **肩关节**

肩关节（图2－10、图2－11）属于球窝关节，由肱骨头和肩胛骨、关节盂组成，关节腔大，关节囊薄而松弛，关节盂小，仅为关节头的1/3 ～1/4，使两个关节面的面积差增大；关节窝（即关节盂）浅，活动时对关节头的阻挡、限制作用较小，所以灵活性好。肩关节的稳定性取决于关节周围众多肌肉的主动收缩，但因肩关节前下方的肌肉较少，关节囊薄弱，所以肩关节的稳固性较差，临床上肩关节脱位损伤中，以前脱位居多。在日常生活中，应加强对肩关节的锻炼，增强肩关节的辅助结构和周围肌肉的力量，这样才能使肩关节既灵活又稳固。

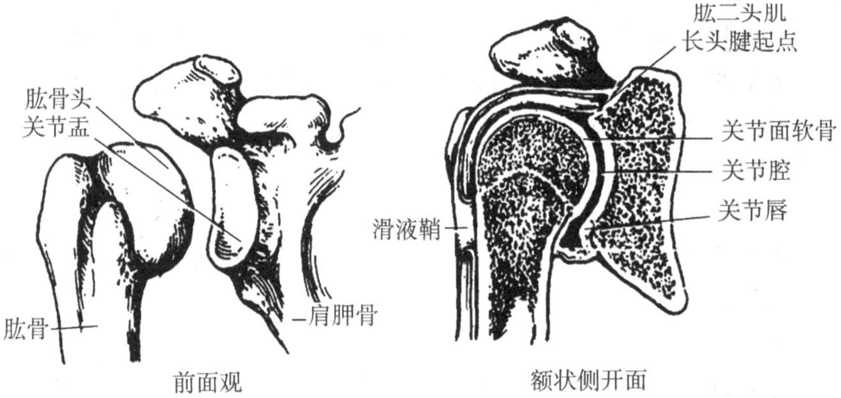

图2－10　肩关节主要结构

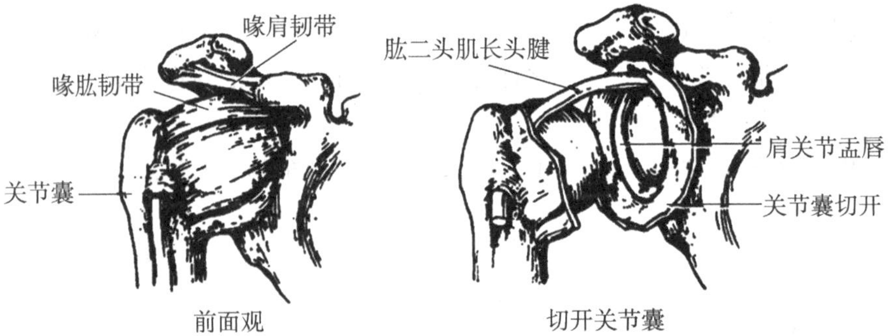

图2－11　肩关节的辅助结构

辅助结构有附着在关节盂周缘的环形纤维软骨即关节唇，可加深、加大关节窝。肩关节的韧带少且弱，主要有：肱二头肌长头腱，起着韧带的作用，有加固肩关节、防止肱骨头向上脱位的作用；肱骨横韧带，主要起固定肱二头肌长头腱的作用；喙肩韧带，可防止肱骨头向内上方脱位；喙肱韧带，具有强化关节囊上部、防止肱骨头向上脱位的作用；盂肱韧带，具有加强关节前壁、防止肱骨头向前脱位的作用。此外，在肩胛下肌深面的滑膜囊，有减少摩擦、利于肌腱活动的作用。

肩关节可绕三个基本轴做屈伸、收展和回旋运动，还可做水平屈伸和环转运动（图 2－12）。

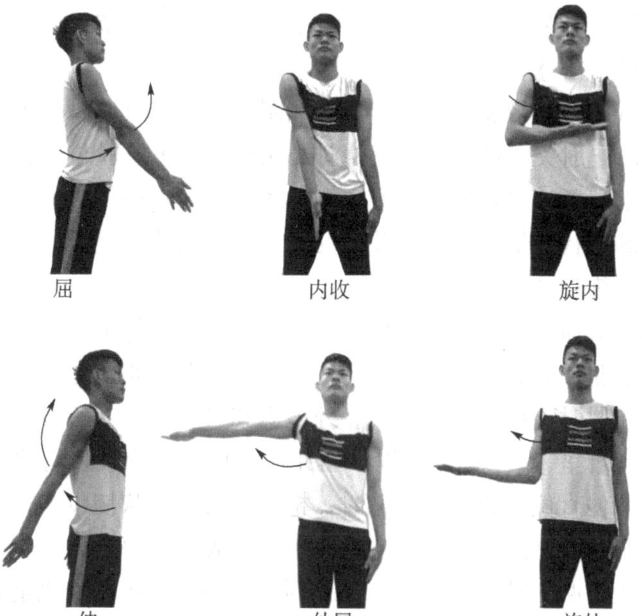

图 2－12　肩关节的运动

2. **肘关节**

肘关节（图 2－13、图 2－14）由肱骨的远侧端和桡、尺骨的近侧端构成，包括肱尺关节、肱桡关节、桡尺近侧关节，属于典型的复关节。其中，每两块骨所构成的单关节都能单独运动，三者包在一个关节囊内，关节腔较大，关节囊前、后薄而松弛，后壁最薄弱，两侧紧厚，有韧带加强。肘关节的常见损伤为桡、尺两骨向后脱位，移向肱骨的后上方。

由于肱尺关节为滑车关节，限制了肱桡关节绕矢状轴的外展与内收运动，所

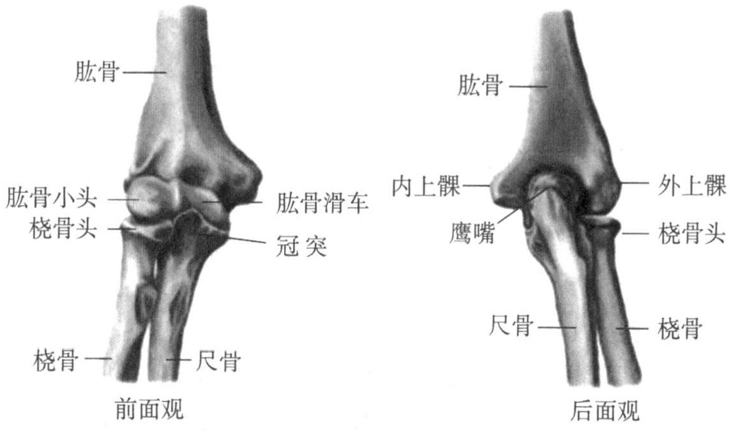

图 2－13　肘关节的构成

以，肘关节只能绕两个基本轴运动——绕额状轴屈伸，由肱尺关节和肱桡关节共同完成，如哑铃弯举等动作；另外还可以绕垂直轴旋内（前）和旋外（后），由肱桡关节和桡尺近侧关节以及前臂骨连结中的桡尺远侧关节共同完成，如乒乓球运动中的正、反手击球动作。

辅助结构有三条韧带加固肘关节：桡侧副韧带，起自股骨外上髁，止于桡骨环状韧带，有防止肘关节被动内收，桡骨小头向外、下方脱位的作用；尺侧副韧带，由肱骨内上髁抵达尺骨半月切迹内侧；还有自尺骨桡切迹前后缘起，呈环状包绕桡骨小头的环状韧带。所有肘关节的韧带均不附着于桡骨，从而保证了桡骨能绕垂直轴做回旋运动。

运动中肘关节损伤比较多见，如投掷、体操、举重等运动常常会伤及尺侧副韧带等。肘关节脱臼也比较常见，学习中应注意观察和触摸活体肘关节正常形态、结构。当屈肘时，可触及肱骨内、外上髁和尺骨鹰嘴，三者呈倒三角形；肘关节伸直时，三者呈一直线。4 岁以下幼儿，因桡骨头尚在发育之中，环状韧带松弛，在肘关节伸直位猛力牵拉前臂时，桡骨头易被环状韧带卡住，或环状韧带部分夹在肱骨与桡骨之间，从而发生桡骨小头半脱位现象。

肘关节只能绕两个基本轴运动，即绕额状轴做屈伸运动和绕垂直轴做旋内和旋外运动。

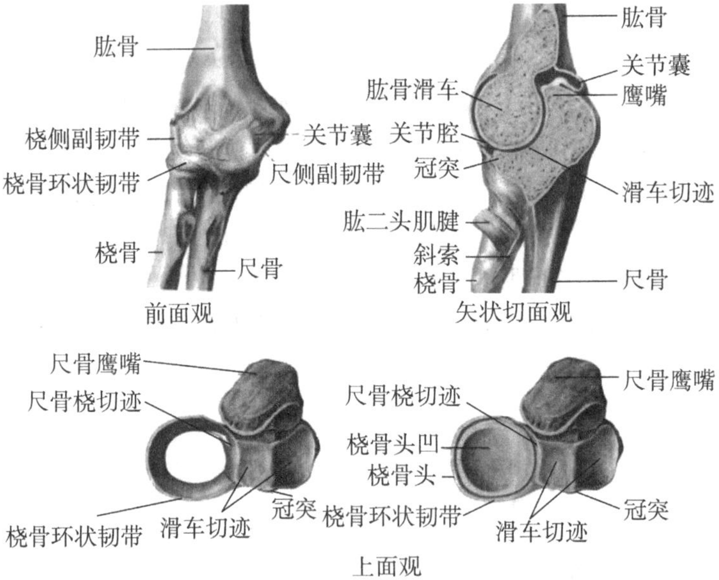

图 2－14 肘关节的关节囊及韧带

3. **前臂骨的连结**（图 2－15）

前臂桡、尺两骨借桡尺近侧关节、桡尺远侧关节和前臂骨间膜相连结，在远侧桡尺关节下方有一三角形，纤维软骨板由桡骨尺切迹伸向尺骨茎突，使桡骨远端与近列腕骨相接的关节面呈椭圆形。桡尺近侧关节与桡尺远侧关节虽然在结构上是彼此独立的，但在机能上却是联合关节，可绕垂直轴做旋内与旋外运动，运动时，桡骨头相对固定自转，桡骨的远侧端和关节盘围绕尺骨头同时旋转。所以，前臂的回旋实质上是桡骨的回旋运动。当桡骨转至尺骨前方并与之相交时，手背向前，称为旋内；与此相反的运动，即桡骨转回到尺骨外侧，称为旋外。当一个关节受损伤时，整个前臂运动也受限。

4. **手关节**

手关节（图2－16）包括桡腕关节、腕骨间关节、腕掌关节、掌指关节和指间关节等。

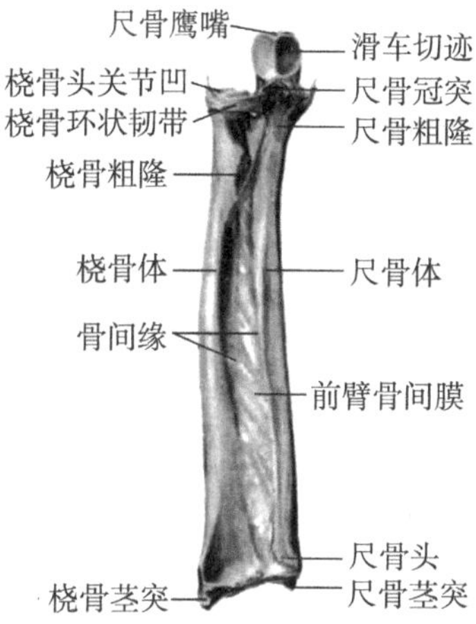

图2－15　前臂骨的连结

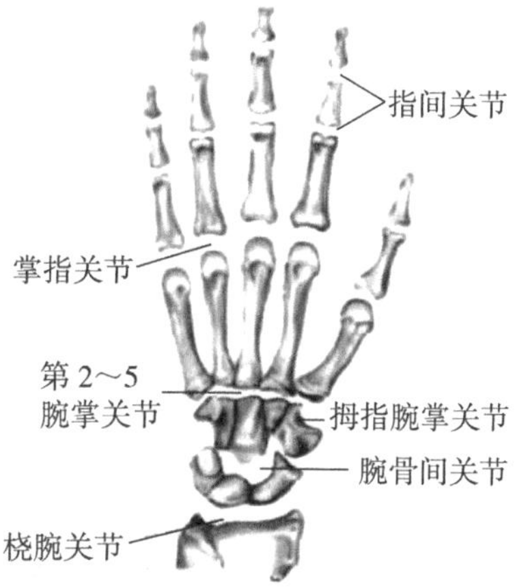

图2－16　手关节组成图

（1）桡腕关节

桡腕关节由桡骨远端关节面与三角关节盘形成的椭圆形关节窝与近侧列腕骨的舟状骨、月骨和三角骨形成的关节头组成。近侧列三腕骨由韧带紧密连结成一整体，尺骨不参加桡腕关节的组成。该关节手掌、手背及两侧均有韧带加固（图2－17），但手掌、手背关节囊松弛，关节绕额状轴做屈伸幅度较大，关节绕矢状轴内收、外展，但外展时有桡骨茎限制，故幅度小于内收。此外，关节还可做环转运动（图2－18）。

运动中摔倒用手撑地是人与生俱来的保护反射，但这样很容易伤及桡腕关节，尤其是造成腕舟骨骨折，如果能及时过渡到滚翻动作则可避免。向后摔倒时撑地手的手形直接影响滚翻动作，如果手尖向后就很难做到，只有手尖向前才容易完成滚翻，如足球运动员倒钩球着地时，都是手尖向前然后身体后倒过渡到后滚翻。所以在学习运动技术时还要注意改变一些习惯性动作。

（2）腕骨间关节

两列腕骨间形成一个关节，即近侧列三个腕骨呈一整体，远侧列四个腕骨也形成一个整体，中间只有一个关节腔。两列腕骨排成穹隆状，掌侧横架一坚韧的腕横韧带，中间形成腕管，可以保护里面通过的神经、血管、肌腱等，并在手撑

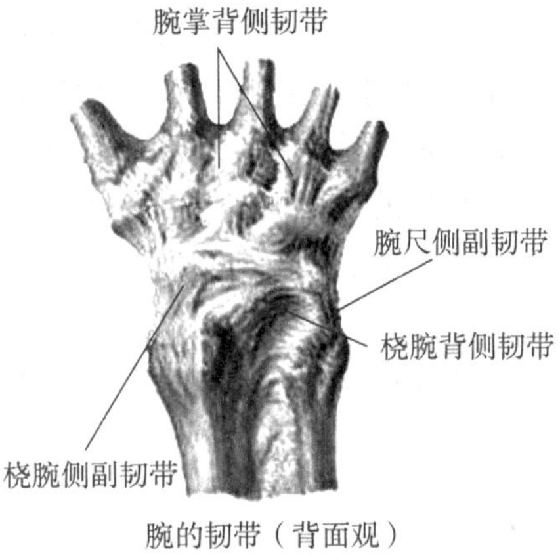

图 2－17　腕关节韧带

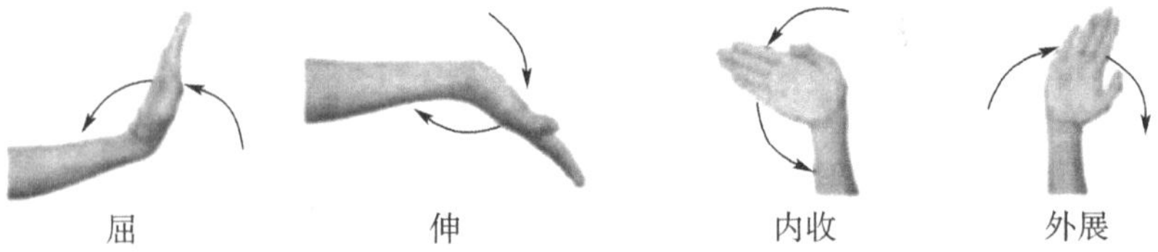

图 2－18　桡腕关节的运动

地时有缓震功能。腕骨间关节和桡腕关节共同构成手关节，近侧列腕骨可视为一个骨性关节盘，可以补充桡腕关节的运动，增加手腕灵活性。

（3）腕掌关节

腕掌关节有两个，一个是远侧列腕骨与 2 ～ 5 掌骨底形成的微动关节；一个是大多角骨和第一掌骨底组成的鞍状关节。

（4）掌指关节

掌指关节是由 5 个掌骨头与 5 个指骨基节底形成的 5 个独立球窝形关节。掌指关节由于受周围韧带限制，又没有回旋肌，故只有额、矢两个运动轴。

（5）指间关节

指间关节共 9 个，拇指 1 个，其余指各 2 个，都是滑车形关节。

二、下肢骨的连结

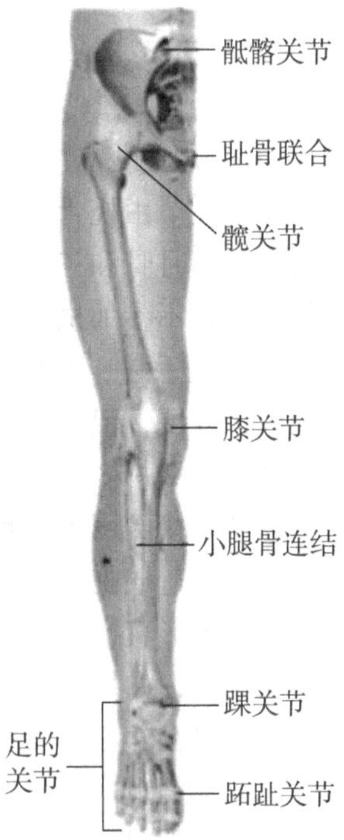

图 2－19　下肢骨的连结

下肢骨的连结包括下肢带骨的连结和自由下肢骨的连结（图 2－19）。人类的下肢主要起保持身体直立、支持体重、稳定重心等作用。与上肢关节灵活性相比，下肢关节稳固性强。

（一）下肢带骨的连结

下肢带骨的连结包括骶髂关节、耻骨联合、髋骨与脊柱间的韧带连结等。

1. **骶髂关节**

骶髂关节是由骶骨和髂骨的耳状面相关节而成（图 2－20）。关节面结合十分紧密，关节囊紧密，并有强有力的韧带加固，故骶髂关节在构造上非常牢固，在跳跃着地时，此关节有缓冲和吸收震荡的作用。

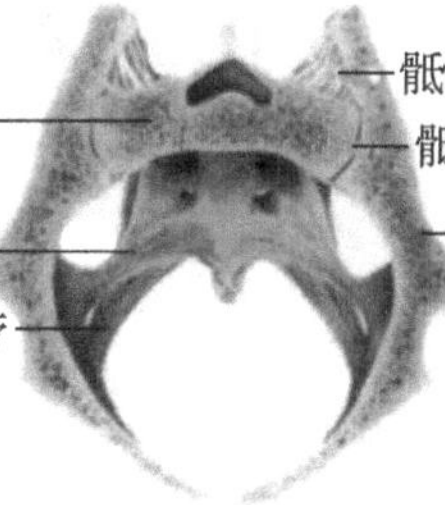

图 2－20　骶髂关节组成

2. **耻骨联合**

耻骨联合是由两侧耻骨联合面借纤维软骨板和韧带以及耻骨间盘紧密结合（图 2－21），软骨板中间有裂隙，可以缓冲震荡。耻骨联合活动很小，但在女性分娩过程中可轻度分离，以增大骨盆的径线，有利于胎儿娩出。耻骨联合还具传导和加固骨盆等功能。

3. **髋骨与脊柱间的韧带连结**

髋骨与脊柱之间借助下列韧带连结与加固：

①髂腰韧带，肥厚坚韧，连结第 5 腰椎横突与髂嵴，可以预防腰椎向下脱位。

②骶结节韧带，起自骶、尾骨的侧缘，止于坐骨结节内侧缘。位于骨盆后方。

③骶棘韧带，起自骶、尾骨的侧缘，止于坐骨棘。位于骶结节韧带的前方。

髂腰韧带、骶结节韧带、骶棘韧带以及骶髂骨间韧带等具有防止骶骨转动和移位的作用。

（二）骨盆形态结构、功能和运动

1. **骨盆形态结构**（图 2－22）

骨盆由 2 块髋骨、1 块骶骨、1 块尾骨借关节和周围的韧带共同组成。以骶骨岬和两侧的弓状线、耻骨梳、耻骨结节及耻骨联合上缘为界，上方称为大骨盆，下方称为小骨盆。大骨盆由第 5 腰椎和髂骨翼组成，其前壁不完整，由腹壁软组织补充。小骨盆则是由骶骨和髂、耻、坐 3 骨围成。小骨盆上口向前倾斜，站立位时呈拱形结构，落地时向上的作用力借拱形及耻骨联合缓冲震动。骨盆侧坐骨支与耻骨下支连成耻骨弓，它们之间的夹角称为耻骨下角。人体站立时，小骨盆上口与水平面之间存在一定角度，即骨盆倾斜角，因性别和身体姿态而不同。男性骨盆倾斜角为 50°～55°、女性为 60°左右。骨盆倾斜角过大或过小皆可导致脊柱畸形。

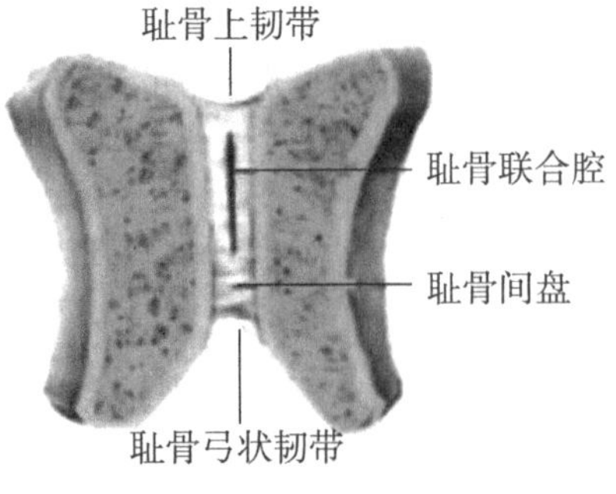

图 2－21　耻骨联合（额状锯开面）

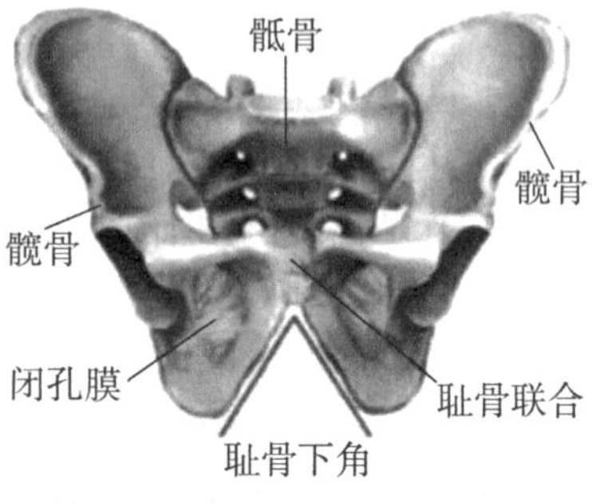

图 2－22　骨盆

男女骨盆在骨盆整体形态、耻骨角大小和小骨盆入口形状等方面有明显差异（图 2－23）。这些差异与生活劳动、男女内分泌功能不同、运动等因素有关，更主要的是女性骨盆的特征与分娩功能相适应。

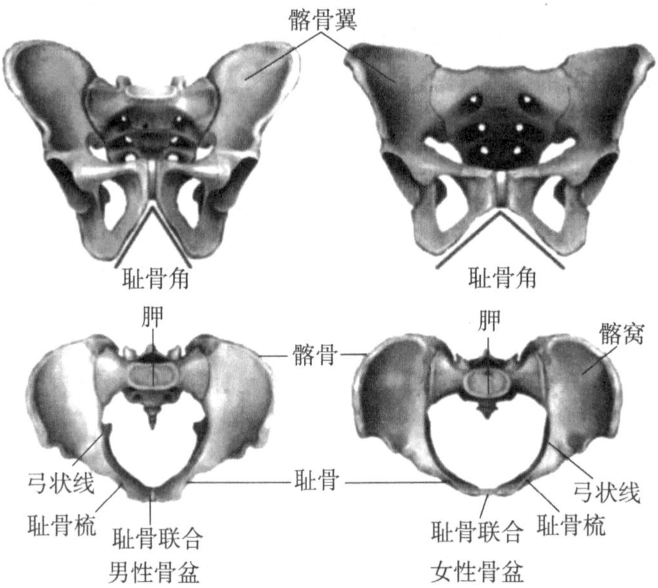

图 2－23　骨盆形态结构的男女差异

2. **骨盆的功能**

骨盆连结躯干与自由下肢，具有支持体重、缓冲震动、传导重力、参与运动、保护脏器、肌肉附着以及参与形成胎儿娩出的通道等作用。骨盆形似拱形结构。拱形结构既坚固又节省材料，还能承受较大载荷，缓冲震动。为实现重力的传递，骨盆在人体直立过程中形成了 4 对骨弓。站立时，重力经第 5 腰椎传至骶骨，经骶髂关节分至两侧的髋骨，再经髋臼传至股骨并传递给下肢，这种力的传递曲线称为股骶弓，即“立弓”；坐位时，重力由骶髂关节传导至两侧的坐骨结节，此种力的传递曲线称为坐骶弓，即“坐弓”（图 2－24）。由于骨盆具有上述材料力学特性，使其在走、跑、跳跃等各种运动中既能承受来自躯干与上肢的负荷，又可有效地向上或向下传导作用力和运动，进而使人体的运动成为一个整体，显著提高人体运动的观赏性。

3. **骨盆运动**

骨盆借腰骶关节与脊柱相连，借髋关节与下肢相连。骨盆可绕三个基本轴运动：绕额状轴做前倾或后倾运动，如仰卧起坐或体前屈动作，身体向前屈时骨盆前倾，背伸时后倾。绕矢状轴做侧倾，如单腿支撑，一腿悬空时骨盆向对侧侧倾。绕垂直轴做回旋，如跑步时，可加大步幅。此外还可以做环转运动，如武术中的涮腰动作。在人体运动时，骨盆常与下肢一起相对脊柱（即以腰骶关节为支点）进行运动：绕额状轴可做后倾（如仰卧收腹举腿动作）、前倾（如双杠支撑后摆动作）；绕矢状轴可做侧屈运动（如鞍马的单腿摆越动作）；绕垂直轴可做回旋运动（如双杠的前摆转体180°动作）。此外，还可做环转运动（如鞍马托马斯全旋动作）。

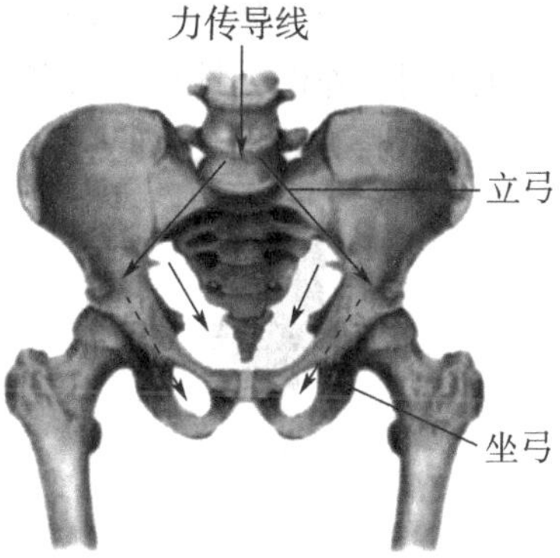

图2－24　骨盆的力传导方向

（三）自由下肢骨的连结

自由下肢骨的连结包括髋关节、膝关节、小腿骨连结和足的关节等。

1. **髋关节**

髋关节（图2－25、图2－26）是由股骨头和髋臼组成的关节，属于典型的球窝关节，关节囊致密坚硬。髋关节的辅助结构包括髋臼唇和韧带等。髋臼唇是关节盂边缘的环形纤维软骨，以增加髋臼的深度，使关节更加稳固。髋关节的韧带强劲有力，主要有髂骨韧带、耻骨韧带、坐骨韧带、股骨头韧带。髂股韧带为人体中最强有力的韧带之一，可限制大腿超伸，对维持人体直立姿势有重要作用。耻股韧带限制大腿的外展和旋外运动。坐股韧带可限制大腿的内收和旋内运动。股骨头韧带有加固髋关节和营养股骨头的功能。

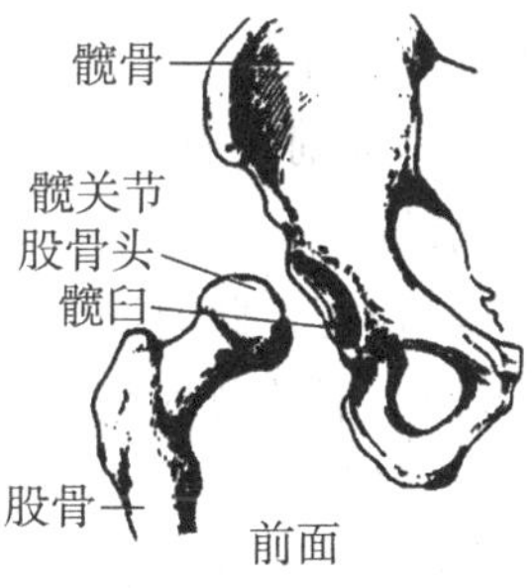

图2－25　构成髋关节的骨

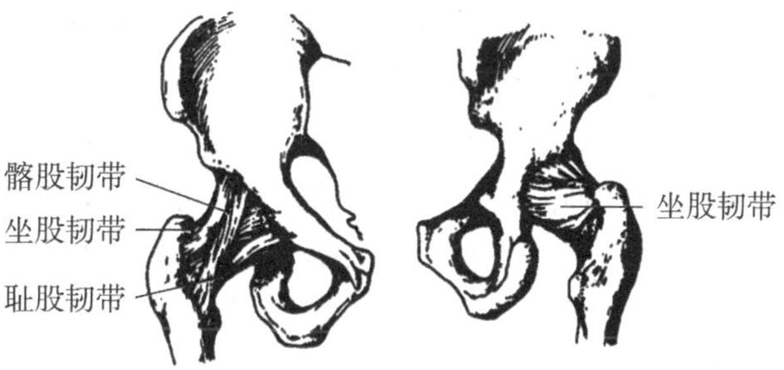

图2－26　髋关节的韧带

髋关节能够绕3个基本轴运动（图2－27）：绕额状轴做屈、伸运动，如向前后踢腿动作；绕矢状轴做内收、外展运动，如向内外侧踢腿动作；绕垂直轴做旋内、旋外运动，如直腿时足做内外八字动作。此外，还可做环转运动。髋关节的关节头和关节窝面积相差不大，故不如肩关节灵活。髋关节脱臼的机会不多，一旦跌倒、外伤、骨折，大多数为股骨颈骨折或股骨体骨折。因髋关节后下方的关节囊薄弱，股骨头有时可从后下部脱出，形成髋关节后脱位。

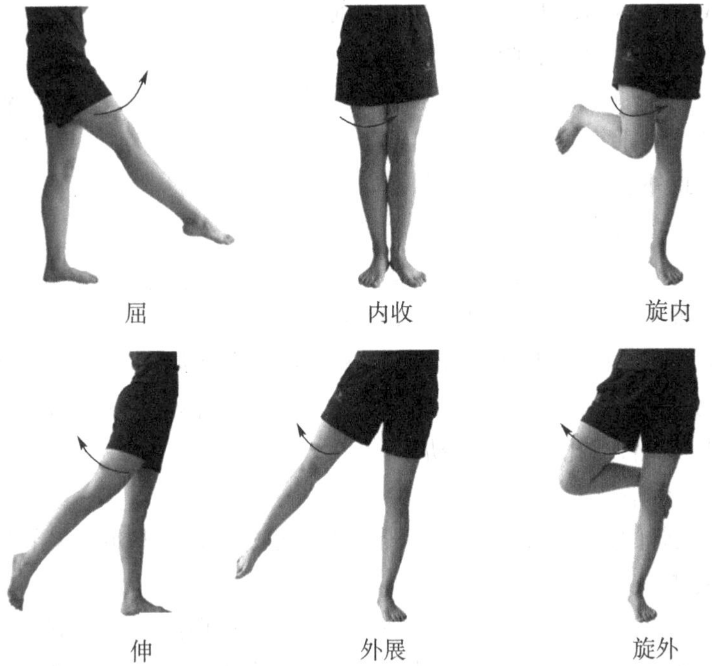

图2－27　髋关节的运动

2. **膝关节**

膝关节（图2－28）是人体最大、最复杂的关节，是由股骨远侧端和胫骨近侧端构成的复关节，包括股胫关节（由股骨的内、外侧髁与胫骨的内、外侧髁构成，为椭圆关节）和股髌关节（由股骨的后面与髌骨的后面构成，为滑车关节），两个关节共同包绕在一个关节囊内，关节囊薄而松弛，但很坚韧。

膝关节辅助结构（图2－29）有半月板（加深关节窝），外面前方有髌韧带，两侧有胫侧副韧带、腓侧副韧带，内腔有交叉韧带和滑膜皱襞等。

膝关节在伸的位置为滑车形关节，可绕额状轴屈伸，且较稳定，此时髌骨做上、下滑动；膝关节处于半屈位时，股骨内外侧髁后方两个椭圆形关节面与胫骨上面形成两个椭圆形关节，可绕垂直轴回旋，此时除前方的髌韧带紧张外，其余韧带及关节囊较松弛，关节稳定性差，从侧方加力时容易造成半月板和侧副韧带损伤。

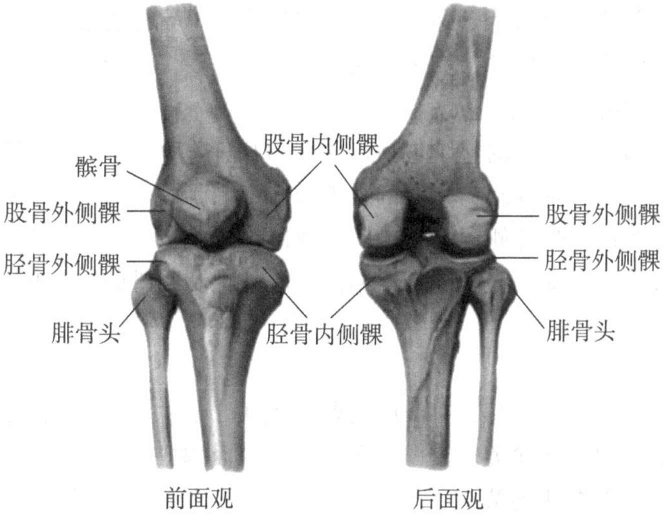

图 2－28 膝关节主要结构

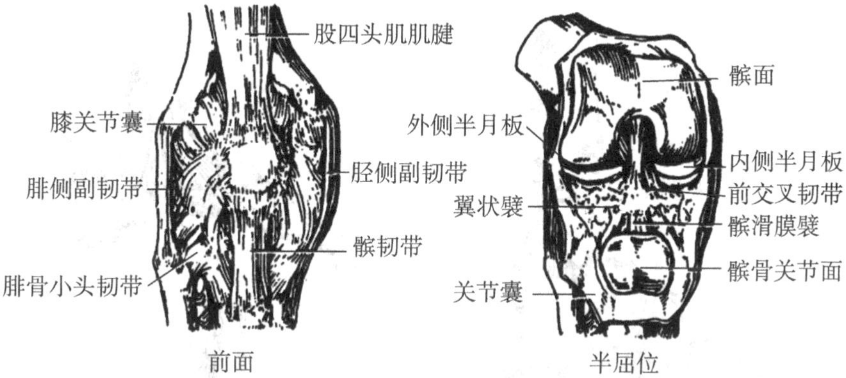

图 2－29 膝关节的辅助结构

膝关节有两个基本轴的运动，以屈伸运动为主，即大腿和小腿绕额状轴均可做屈、伸运动，如脚背踢球等动作；而在膝关节半屈位时，因胫侧副韧带和腓侧副韧带松弛，小腿和大腿还可绕垂直轴做微小的回旋运动，如踢毽子等动作（图 2－30）。

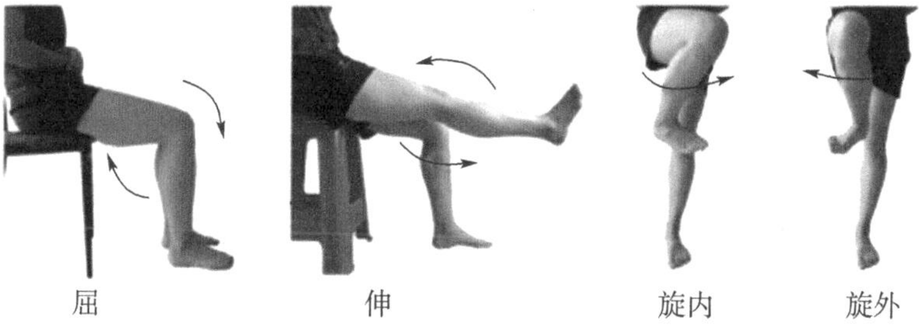

图 2－30 膝关节的运动

此外，膝关节又是最大、承受身体重量较多，周围缺乏肌肉包裹（裸露）的关节，运动中应多加保护，如运动间歇要注意保暖，带护膝等。

3. **小腿骨连结**

小腿胫骨与腓骨之间的连结包括近侧端的胫腓关节、小腿骨间膜和远侧端的胫腓韧带连结。小腿骨间膜为坚韧的纤维膜，连结于胫、腓骨的骨间缘之间。

胫腓关节为由胫骨外侧髁与腓骨头构成的平面关节。关节囊紧，其前后均有韧带加固，故只能微动。胫腓韧带连结由腓骨外踝和胫骨的腓骨切迹借胫腓前后韧带构成。

4. **踝关节**

踝关节（图2－31、图2－32）又称距上关节，由胫骨下端关节面和内踝、外踝关节面共同组成叉状关节窝，与距骨上关节面构成滑车形关节。距骨上关节面属前宽后窄的滑车状关节头，当踝关节跖屈时，窄的一方进入宽松的关节窝。踝关节具有两个以上运动轴，即绕额状轴屈伸，绕矢状轴向两侧运动和环转（图2－33），很不稳定，容易扭伤。

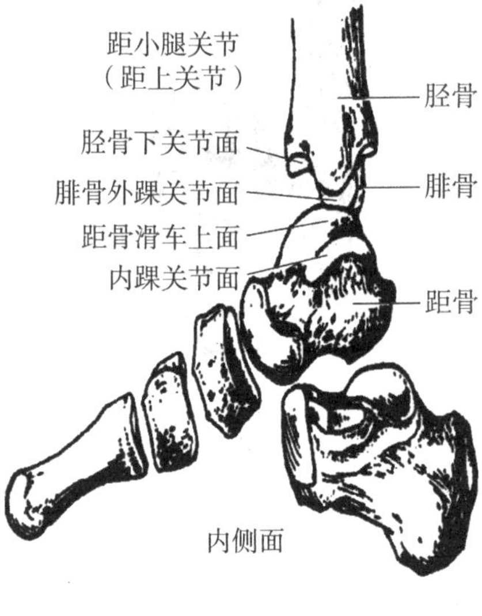

图2－31　构成踝关节的骨

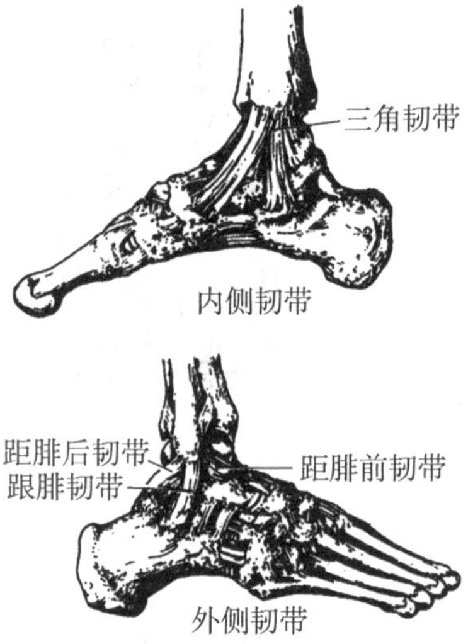

图2－32　踝关节的韧带

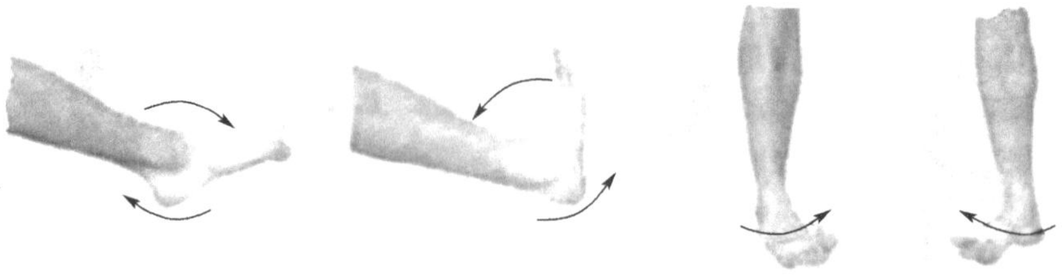

图2－33　踝关节的运动

踝关节两侧有多条韧带加固，足在落地时若处跖屈状态容易伤及外侧前方的韧带（距腓前韧带）。只有脚前掌先落地才安全。

5. **距跗关节**

距跗关节又称距下关节，是由距跟关节和距舟关节组成的联合关节，可以加大足的运动幅度，如足在跖屈时足底朝内（叫足内翻）；足在背屈时足底朝外（叫足外翻）。

6. **下肢和足的其他关节**

小腿两骨间由上端胫腓关节、下端胫腓韧带联合及骨间膜紧密连结，无活动性。

跗骨中除距骨、跟骨、足舟骨外，其余跗骨借韧带连结为跗骨间关节，其余足骨构成跗跖关节、跖趾关节和趾关节。

7. **足弓**（**图2－34**、**图2－35**）

足弓是由7块跗骨、5块跖骨及骨连结、韧带组成的上凸下凹的穹隆状结构，人站立时两侧足弓合成倒扣的碗状空隙。

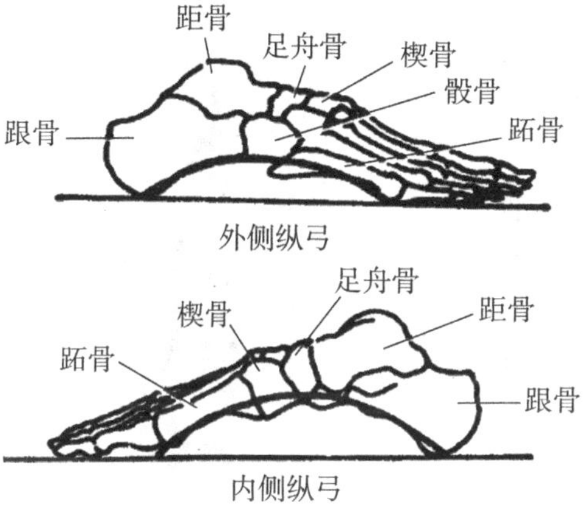

图2－34　足的纵弓

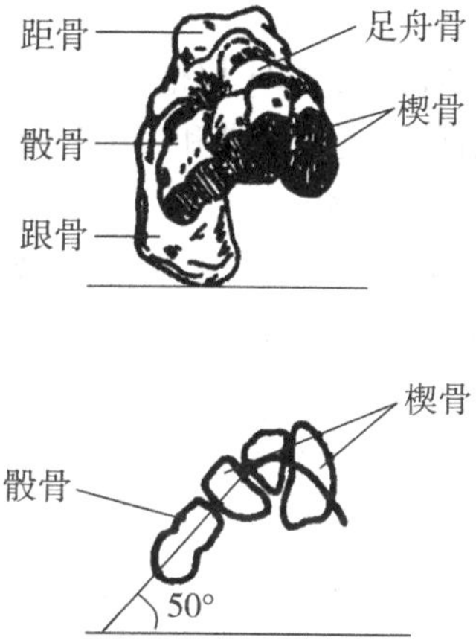

图2－35　足的横弓

足弓分为内侧和外侧两个纵弓及一个横弓。内侧纵弓由跟骨、距骨、足舟骨、3个楔骨和1、2、3跖骨组成，较高，又叫弹性足弓；外侧纵弓由跟骨、骰骨和4、5跖骨组成，较低，又叫支撑足弓；横弓由骰骨和三个楔骨组成。

足弓有许多关节和关节面软骨及大量具有弹性的韧带，肌肉肌腱加固，使足具有轻便、坚固和弹性良好等特点。当人站立时，两足呈两个三脚支架（着力点为跟骨和第一、第五跖骨头），十分稳定；当走、跑、跳跃落地时，足弓的拱形结构起到很好的缓冲作用。

足弓也可因某些先天因素导致后天损伤，尤其是不注意运动后的恢复等会变得低平，称扁平足。测量足弓可用足印法（图2－36）。少年儿童要避免运动负荷过大和注意运动后的恢复，如双脚踩鹅卵石、足底滚木棒等，都可预防足弓塌陷。

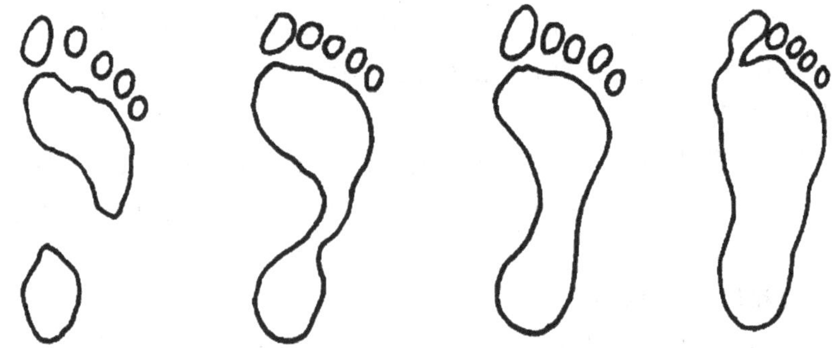

图 2－36　足印

三、躯干骨的连结

躯干骨的连结包括脊柱（椎骨构成）和胸廓（12 对胸椎、12 对肋和一块胸骨连结而成）。

（一）脊柱

脊柱是由 24 块椎骨、1 块骶骨和 1 块尾骨借椎间盘、韧带和关节等结构连结而成。

1. 构成

椎骨主要由 23 个椎间盘将各部位椎骨的椎体连结而成，可分为一般椎骨间的连结（图 2－37）和特殊椎骨间的连结。

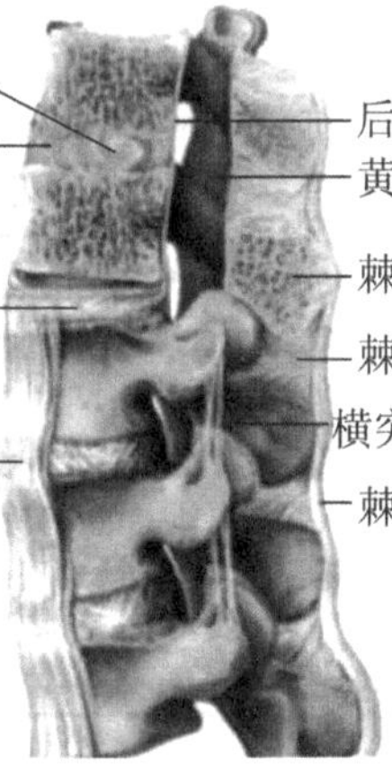

图 2－37　一般椎骨间的连结

一般椎骨间的连结包括椎体间的连结和椎弓间的连结。

① 椎体间的连结：相邻椎体之间借椎间盘、前纵韧带和后纵韧带相连结。

椎间盘是椎体间重要的连结结构，是位于第 2 颈椎至第 1 骶椎相邻椎体之间的纤维软骨盘，由周围的纤维软骨环和中间的髓核构成，成人有 23 个（图 2－38）。髓核位于椎间盘中央，是可变形的胶状物质，由柔软而富有弹性的黏液状胶体物质构成。纤维环呈同心圆环形，位于椎间盘外围，包绕髓核以防其膨出。整个椎间盘坚韧而富有弹性，承受重力，使脊柱运动，增加了关节的运动幅度且能缓冲震动。如脊柱运动时髓核可呈楔形，前屈时被挤压到后方、背伸时被挤压到前方、侧屈时向对侧位移、直立时可被压扁、平卧时又恢复原状。当人弯腰提起重物或提拉杠铃时，必须充分利用下肢蹬伸的力量，否则很容易迫使髓核自纤维环脱出，挤压脊神经，引起腰腿痛，俗称“椎间盘突出症”。椎间盘总厚度相当于脊柱全长的 1/4，同时由于其具有承受压力而厚度变薄的特点，可使人体身高每天早晚有 1 ～ 3 cm 的差异，在测量人体身高时需加以重视。

前纵韧带上起自枕骨大孔，下止于第 1 或第 2 骶椎的前面，是位于椎体前面的宽而坚韧的纤维束，为人体中最长的韧带，有防止脊柱过度后伸与椎间盘向前脱出的作用（图 2 –39）。后纵韧带起自枢椎，止于骶管，是位于椎管内椎体后面的细长而坚韧的纤维束，有限制脊柱过度前屈的作用（图 2 –39）。

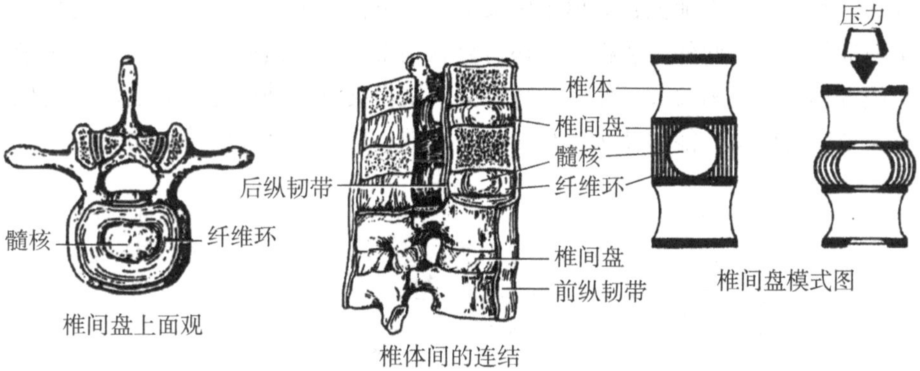

图 2 –38　椎间盘的结构

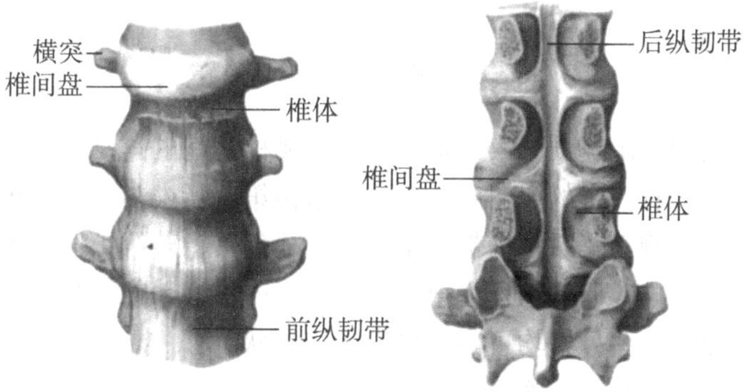

图 2 –39　前纵韧带（左）和后纵韧带（右）

②椎弓间的连结（图 2 –40）：由相邻的上位椎骨的下关节突和下位椎骨的上关节突借关节囊连结而成的关节突关节和连结于椎弓的韧带，包括黄韧带、棘间韧带、棘上韧带与项韧带以及横突间韧带等。关节突关节属于平面关节，数量多，虽然单个关节只做微小运动，但当多个关节同时活动时，能使脊柱产生较大的运动幅度。

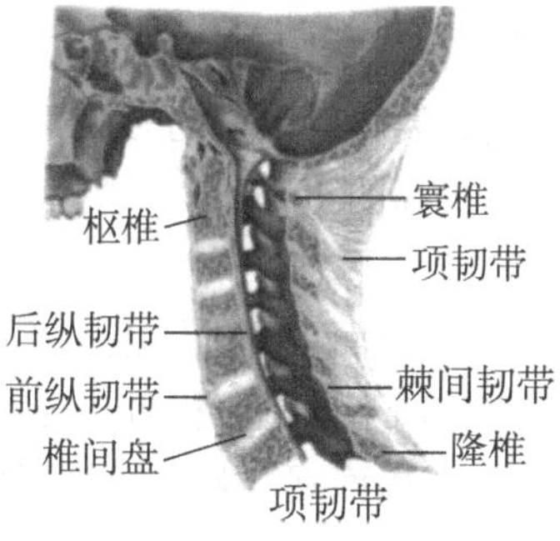

图 2 –40　椎弓间的连结

特殊椎骨间的连结包括寰枕关节、寰枢关节（图 2 –41）、腰骶连结和骶尾连结等。

①寰枕关节：寰枕关节由两侧侧块的上关节凹与枕骨髁构成的联合关节，属于椭圆关节。两侧关节同时活动，可使头绕额状轴做屈伸运动、绕矢状轴做侧屈运动。

②寰枢关节：寰枢关节由2个寰枢外侧关节和1个寰枢正中关节3个独立关节构成。寰枢外侧关节由寰椎侧块的下关节突和枢椎上关节突构成，其关节囊的后部和内侧均有韧带加强；寰枢正中关节则由枢椎齿突和寰椎前弓后方的齿凹及寰椎横韧带构成。此外，寰枢关节还有翼状韧带、寰椎横韧带、寰椎十字韧带以及覆膜等加强。寰枢关节可使头和寰椎共同绕齿突垂直轴进行回旋运动。寰枕与寰枢关节联合活动，能够使头进行屈伸、侧屈、回旋以及环转等运动。

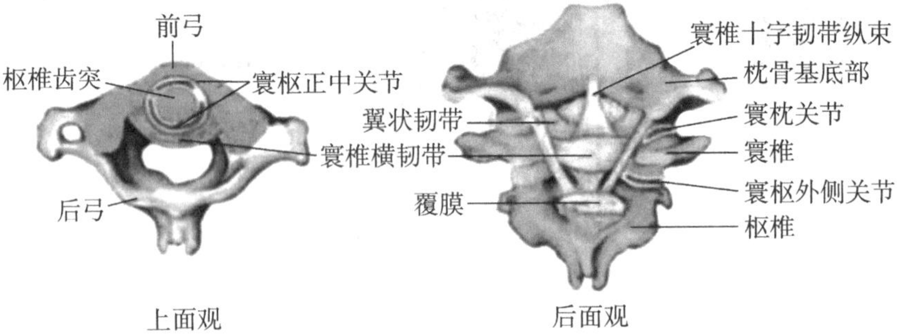

图2－41　寰枕关节、寰枢关节

③腰骶连结和骶尾连结：第5腰椎与第1骶椎之间的连结称为腰骶连结，其椎间盘前部较厚，有一定的弯曲度。骶尾关节由第5骶椎与第1尾椎之间借椎间盘和骶尾前、后、侧等一系列韧带连结而成。成年后，若第1骶椎不与第2骶椎融合，好像第6腰椎，此现象称为第1骶椎腰化；若第5腰椎与骶骨融合，则称为第5腰椎骶化。这些异常均可引起慢性腰痛症状。

2. 脊柱的构造、功能、形态

（1）构造

脊柱（图2－42）是人体承上启下的重要支柱，由24块椎骨、1块骶骨、1块尾骨、23个椎间盘和相应的关节、韧带紧密连结而成。脊柱整体长度受年龄、性别和姿势等因素的影响而略有差异，成年男性约70 cm，女性和老年人略短，约占身高的40%。

（2）形态

① 前面观。椎体上窄下宽，但自第2骶椎向下椎骨变窄，这是由于重力经髋骨传向下肢骨，椎骨已无承重意义，体积逐渐缩小所致。

② 后面观。棘突两侧形成两条纵沟，容纳背部深层肌。颈椎棘突短而分叉，近水平位；胸椎棘突细长，斜向后下方，成叠瓦状排列；腰椎棘突呈板状，水平伸向后方。

③侧面观。成人脊柱有颈、胸、腰、骶四个生理弯曲，其中颈曲和腰曲凸向

前，胸曲和骶曲凸向后。脊柱在胚胎期已经形成胸曲和骶曲，三个月龄婴儿会抬头，出现颈曲，六个月龄婴儿能坐，到会走时，出现腰曲。脊柱生理弯曲是直立行走的人的特征，既可保护内脏，又可缓冲震荡。颈曲支持头的抬起；腰曲使身体重心垂线后移，以维持身体的前后平衡，保持稳固的直立姿势；胸曲和骶曲扩大了胸腔和盆腔的容积。

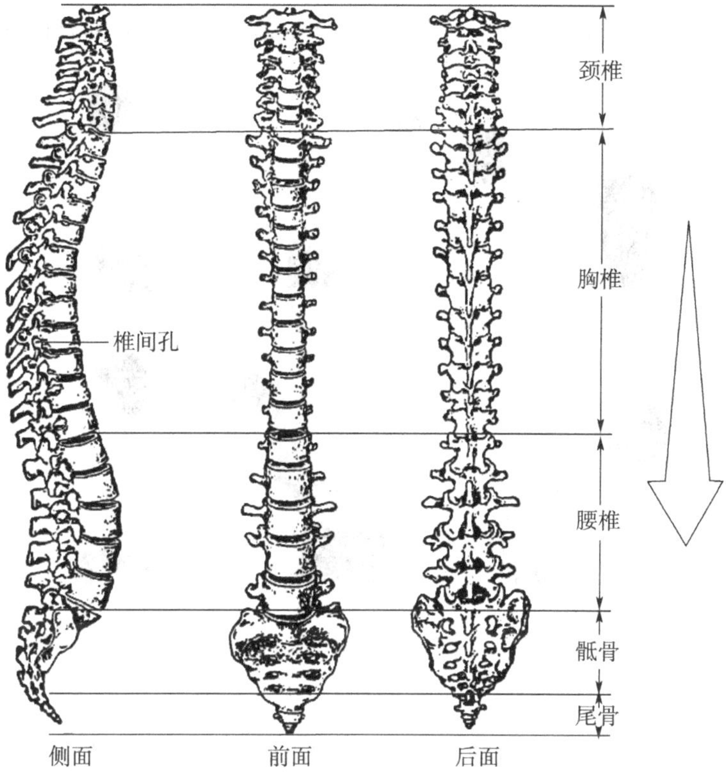

图 2－42　脊柱

长期不良的坐姿或不合理的运动可致脊柱产生病理性弯曲。例如长期弯腰弓背可成驼背；长期背负重物可致直背；长期使用单侧上肢击球或投掷可致脊柱侧弯等。病理性弯曲可在少儿期预防或通过体育锻炼矫正。

椎间盘的存在（它的总厚度约占脊柱长度的 1/4）不但对脊柱的缓冲震动起重要作用，还可因髓核负重大小影响人的身高。一般人一天早、晚身高可相差 1 ～ 3 cm，举重运动员早、晚身高相差可达 5 ～ 7 cm；老年人由于骨质疏松、椎间盘退化，脊柱弯曲加大，可比青年期矮 10 ～ 15 cm；宇航员由于失重，髓核膨胀，身高可有较大增长。故年度阶段性体检时，测量身高应注意定在一天的某个时段里，否则会有较大误差。

（3）功能

脊柱上承头颅，下连骨盆，支持体重，是人体中轴支柱，是构成胸腔、腹腔和盆腔后壁的重要组成部分。脊柱当中的椎管保护脊髓，颈椎的横突孔保护供脑血液的血管。脊柱及其弯曲是一个传递压力和减轻震荡的缓冲装置，脊柱可以增大人体头颈部、上肢和下肢的运动幅度，具有支撑体重、保护脊髓和内脏器官、传递压力、缓冲震动以及为肌肉提供附着和运动等功能。

（4）运动（图 2－43）

脊柱可绕三个基本轴运动，即绕额状轴前屈和后伸；绕矢状轴向两侧侧屈；绕垂直轴向左向右回旋。此外，人体还可在腰部做顺时针和反时针的环转运动。

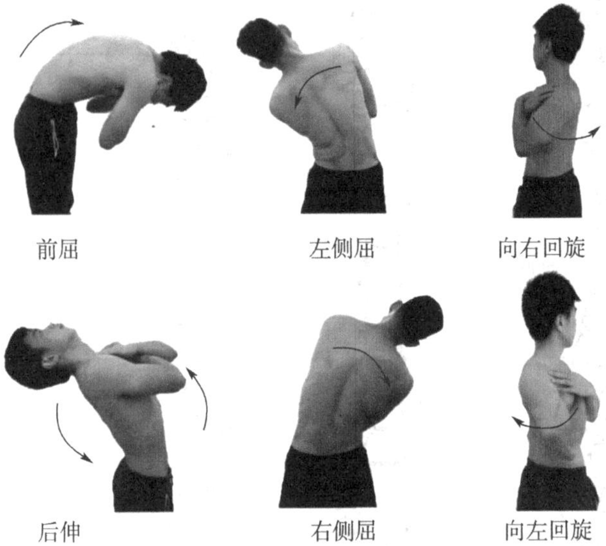

图 2－43　脊柱的运动

（二）胸廓

胸廓由 12 块胸椎、12 对肋和 1 块胸骨借助软骨、韧带和关节连结而成，包括肋椎关节和肋胸连结。

1. **肋椎关节**

肋骨向后与胸椎相连，肋椎关节包括肋头与椎体之间构成的肋头关节及肋结节与横突之间构成的肋横突关节（图 2－44）。

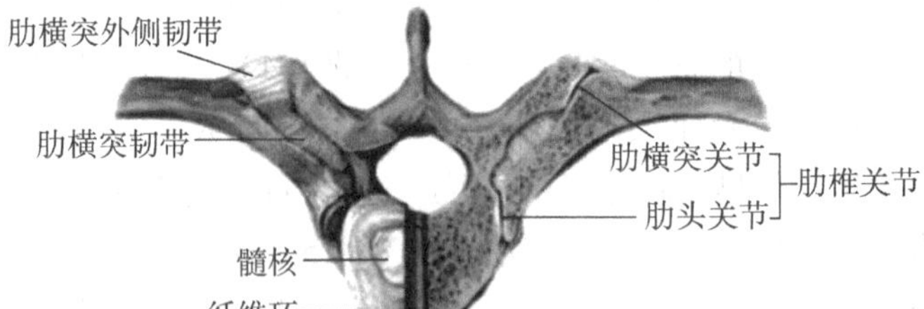

图 2－44　肋椎关节

（1）肋头关节

肋头关节由肋头的关节面与相邻胸椎椎体侧面的肋凹构成，属于微动的平面关节。

（2）肋横突关节

肋横突关节由肋结节关节面与相应椎体的横突肋凹构成，属于微动的球窝关节。肋头关节和肋横突关节在功能上是联合关节，运动时肋骨沿肋头至肋结节的轴线旋转，使肋上升或下降，以增加或缩小胸廓的前后径和横径，从而改变胸腔的容积，有助于呼吸。

2. **肋胸连结**

肋骨的前端借肋软骨与胸骨相连结（图 2－45）。第 1 肋软骨与胸骨柄肋切迹形成第 1 肋胸软骨结合；第 2 ～7 肋软骨分别与胸骨肋切迹构成胸肋关节，为微动关节；第 8 ～10 肋软骨的前端不直接与胸骨相连，而是依次与上位肋软骨形成软骨间连结，由此在两侧各形成一个；第 11 和 12 肋软骨的前端亦不与胸骨相连，游离于腹壁肌肉之中。

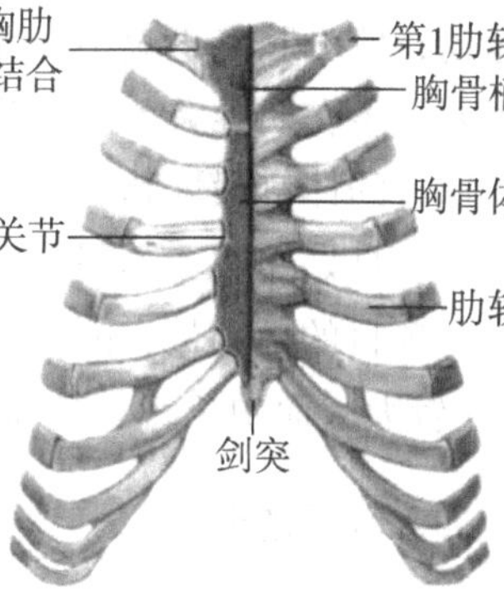

图 2－45　肋胸连结

3. **胸廓的整体观、功能及其运动**

（1）组成

胸廓由 12 个胸椎、12 对肋和 1 块胸骨组成。

（2）形态

胸廓略呈圆锥形，分上口和下口。上口有气管、食管、神经和血管通过，下口由膈封闭。

（3）胸廓的整体观（图 2－46）

成人胸廓近似圆锥形，容纳胸腔脏器。胸廓有上、下两口和前、后、外侧壁。胸廓上口较小，由胸骨柄上缘、第 1 肋和第 1 胸椎椎体围成，是胸腔与颈部的通道。胸廓下口宽而不整，由第 12 胸椎、第 12 及第 11 对肋前端、肋弓和剑突围成，膈肌封闭胸腔底。两侧肋弓在中线构成向下开放的胸骨下角。胸廓前壁最短，由胸骨、肋软骨及肋骨前端构成。后壁较长，由胸椎和肋角内侧部分的肋骨构成。外侧壁最长，由肋骨体构成。相邻两肋之间称肋间隙。胸廓还有 3 个径，即横（左右）径、矢状（前后）径和垂直（上下）径。与动物有别，人类胸廓的横径大于矢状径，这是由人类直立、内脏重力转向腹部盆腔所致。胸

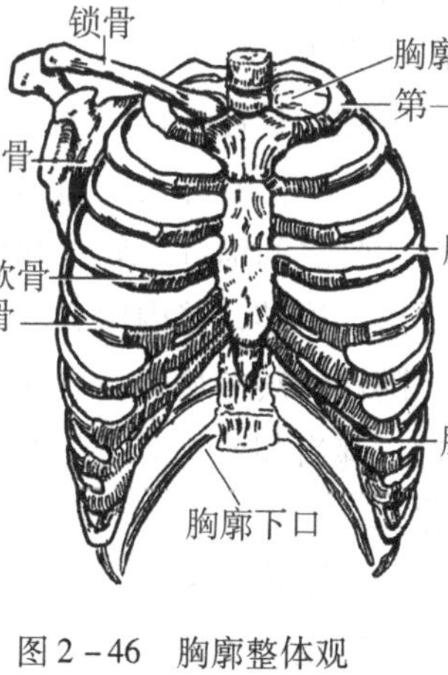

图 2－46　胸廓整体观

廓形状的个体差异显著，其与年龄、性别、健康状况、从事的职业以及运动等因素有关。新生儿的胸廓横径较小，肋平举，呈桶状，此后随年龄的增长及呼吸运动的增强，肋逐渐下降，横径逐渐增大。13 ～ 15 岁时，外形与成人相似，开始出现性别差异，女性胸廓短而下口钝圆，胸骨较短，上口更为倾斜，胸廓容积较男性小；老人胸廓因肋软骨钙化，弹性减小，运动减弱，胸廓下塌而变扁变长。

佝偻病儿童因缺乏钙盐而骨组织疏松，易变形，致胸廓前后径增大，胸骨明显突出，形成“鸡胸”。慢性支气管炎、肺气肿和哮喘病患者，特别是老年患者，胸廓各径增大而形成“桶状胸”。

（4）胸廓的功能与运动

胸廓围成胸腔，具有支持与保护内脏器官、缓冲外力、为肌肉提供附着以及运动等功能。胸廓的运动主要为参与呼吸运动。吸气时，在胸肌作用下，肋的前部抬高，伴以胸骨上升，从而加大了胸腔的矢状径。肋上提时，肋体向外扩展，加大胸腔的横径，使胸腔容积增大。呼气时，在重力和肌肉作用下，胸廓做相反的运动，使胸腔容积减小。胸腔容积的改变，促成了肺呼吸，因此，胸式呼吸运动主要发生在肋椎关节和胸肋关节。

适宜的体育锻炼和运动训练具有促进胸廓正常发育、增大胸腔容积和增强呼吸功能等良好作用。不同项目运动员的胸廓形状存在差异，如从事举重、游泳和投掷等项目的运动员，因其上肢运动负荷较大，而使其胸围指数（胸围/身高 × 100）较大，而中长跑、跳高和艺术体操等项目运动员的胸围指数相对较小。

四、颅骨的连结

颅骨之间大多数是无腔隙的骨连结，以结缔组织或软骨直接连结。有腔隙的骨连结只有一对下颌关节。

下颌关节由下颌骨髁状突与颞骨的下颌窝组成，两侧独立的关节联合运动。下颌关节囊外有韧带加固，关节腔内有关节盘，关节呈球窝形，使下颌骨做上下、左右和前后运动，若一侧关节受损（外伤、骨折、脱位或炎症），对侧关节运动也会受累。

无腔隙的骨连结可分为纤维连结、软骨连结和关节 3 种。

（一）颅骨的纤维连结和软骨连结

各颅骨之间借缝、软骨和骨相连结，彼此之间结合较为牢固。颅骨大部分是以缝的形式连结，缝内留有薄层结缔组织膜，如冠状缝、矢状缝、人字缝和蝶顶缝等。随着年龄的增长，有些缝可发生骨化，在颅底部、各骨之间借软骨相连，如碟枕、碟岩和若枕等之间的软骨结合。随着年龄的增长，这些软骨连结亦可发生骨化。

（二）颅骨的关节

颅骨的连结中以关节形式相连的有颞下颌关节和听小骨的砧锤与砧镫关节，

后者详见感觉器官——耳部分。

颞下颌关节（图 2 – 47）又称下颌关节，由下颌骨的下颌头与颞骨的下颌窝和关节结节构成，其关节面表面覆盖的是纤维软骨。关节囊松弛，囊外有外侧韧带加强。关节腔内有纤维软骨构成的关节盘，呈椭圆形，与关节结节和下颌窝的形状相对应，可使两个关节面更为适合。因有关节盘的存在，颞下颌关节属于拥有 3 个运动轴的似球窝关节；同时两侧的颞下颌关节还属于联合关节，所以下颌骨可做上提、下降、前进、后退和侧方运动。

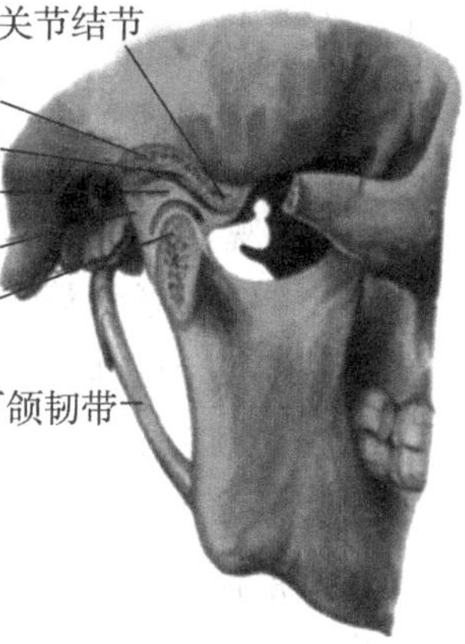

图 2 – 47　颞下颌关节

脑是人体一切活动的指挥中心，虽有坚硬的颅骨外壳以及脑周围的脑膜和脑脊液保护，但直接打击或碰撞仍会发生脑损伤，如脑震荡等。体育运动中不乏对颅脑不利的情况，如由较高处落地的跳跃运动等。只要落地姿势正确，即用脚前掌着地，下肢依次弯曲，上体略为前倾，保持平衡，即使多次重复也不会损伤颅脑，这是因为人体本身存在一套良好的缓震机制。

实训环节

实训二　人体主要骨连结及其运动的观察

一、实训内容

观察主要上、下肢带骨连结和自由上下肢骨连结的组成、结构及运动。

二、实训目的

（1）掌握主要上、下肢带骨连结和自由上、下肢骨连结的组成。

（2）观察胸锁关节和肩锁关节标本，了解其组成、结构特点，理解上肢带运动对整个上肢运动的重要意义。

（3）观察骨盆标本或模型，了解其组成、结构特点，理解骨盆运动对整个下肢运动的重要意义。

（4）观察肩关节、肘关节、桡腕关节、髋关节、膝关节、足关节标本，掌握其组成及结构特点，熟悉各关节的运动。

三、实训材料与器具

人体骨架，上、下肢骨标本，胸锁关节、肩关节、肘关节和桡腕关节、骨盆标本，髋关节、骶髂关节、膝关节、踝关节的塑化标本或湿标本（切开和未切开关节囊两种）。

四、实训步骤

（一）观察上肢带的连结

在骨架上观察和辨认上肢带连结中的胸锁关节和肩锁关节。思考胸锁关节在整个上肢与躯干连结中的作用。

(1) 胸锁关节的观察。

(2) 肩锁关节的观察。

取锁骨和肩胛骨，将锁骨的肩峰端关节面与肩胛骨的肩峰关节面相连结，了解该关节面的形状。

（二）观察下肢带的连结

在骨架上观察和辨认下肢带连结包括的骶髂关节和耻骨联合。思考骶髂关节在整个上肢与躯干连结中的作用。

取骶骨与两侧髋骨，并将骶骨与髋骨的耳状面相连结，了解下肢带连结的骶髂关节的组成。将两侧髋骨的耻骨联合面相连结，观察耻骨联合的组成。

取骨盆标本，观察大、小骨盆的分界线及其拱形结构，并思考其功能。分辨男、女骨盆的上口、下口、耻骨角、耻骨联合等形态上的差异。

取骶髂关节标本，可见该关节囊紧厚，其后上方的骶髂骨间韧带和前下方的骶棘韧带与骶结节韧带对防止骶骨在重力作用下向前向下滑动或转动起重要作用。

（三）观察自由上肢骨的连结

1. 肩关节的观察

取肩胛骨和肱骨，将肩胛骨关节盂和肱骨的肱骨头相连结，了解该关节的组成。

取有关节囊的肩关节标本，视关节囊较松而薄，辨认关节囊前上方的喙肱韧带和前方的盂肱韧带。

2. 肘关节的观察

取肩关节冠状切开标本，视肱二头肌长头腱的走向，思考其作用。取去肱骨头的肩关节标本，辨认关节盂唇，思考关节盂唇的作用。

3. 桡腕关节的观察

取桡骨和手骨标本，将桡骨的腕关节面与近侧列腕骨的手舟骨、月骨、三角骨近侧面共同构成的椭圆形凸起相连结，了解桡腕关节的组成。观察腕骨间关节、腕掌关节、掌指关节和指间关节的组成和关节面形状。了解手关节的组成。

取腕部冠状切的手关节标本，观察桡腕关节的组成，着重观察桡骨腕关节面与关节盘（三角软骨）共同构成的椭圆形关节窝。

（四）自由下肢骨连结的观察

（1）髋关节的观察。

（2）膝关节的观察

（3）踝关节的观察。

（五）上肢各关节运动的实践与观察

1. 上肢带连结的整体运动实践与观察

学生左手于背侧触摸右侧肩胛骨下角，观察并体会做耸肩运动时肩胛骨上提，还原时肩胛骨下降。

学生左手触摸右侧肩胛骨内侧缘，观察体会做含胸动作时，肩胛骨做前伸运动，做扩胸运动时，肩胛骨则做后缩运动。

学生左手触摸右侧肩胛骨下角，观察体会右臂外展至180°时，肩胛骨的上回旋运动；观察体会右臂由外展上举位至内收运动时肩胛骨的下回旋运动。

2. 肩关节运动的实践与观察

学生站立，做臂前、后摆动（或跑步的前、后摆臂）动作，观察体会上臂绕肩关节的屈伸。

学生在正常解剖学位置做两臂向侧举至上举位动作，观察体会上臂绕肩关节的外展运动，还原动作则为上臂绕肩关节的内收运动。

学生两臂向前向内旋动（或乒乓球正手拉弧圈球动作），观察体会上臂绕肩关节的旋内运动。两臂向后向外旋动（或乒乓球反手拉弧圈球动作），观察体会上臂绕肩关节的旋外运动。

学生做两臂由侧平举至前平举动作（或掷铁饼出手动作），观察体会上臂绕肩关节的水平屈运动。做两臂由前平举至侧平举的扩胸动作（或掷铁饼预摆动作），观察体会上臂绕肩关节的水平伸运动。

学生做直臂绕环运动，观察体会上臂绕肩关节的环转运动。

3. 观察体会上肢带运动与肩关节运动的相互关系

学生左手触扪右侧肩胛骨，当右侧肩关节进行外展运动时，观察体会肩胛骨伴随产生上回旋运动；当肩关节进行屈运动时，体会肩胛骨伴随产生前伸及上回旋运动；当肩关节进行旋内、旋外（或水平屈、水平伸）运动时，体会肩胛骨分别伴随产生前伸和后缩运动。当肩胛骨运动的幅度加大时，可发现肩关节运动幅度随之加大。

4. 肘关节运动的实践与观察

学生手持物体做弯举动作，观察体会前臂绕肘关节进行屈的运动，还原动作则为前臂绕肘关节进行伸的运动。

学生屈肘90°（以右侧为例），前臂做逆时针旋转动作，观察体会前臂的旋内运动；前臂做顺时针旋转动作，观察体会前臂的旋外运动。

5. 桡腕关节运动的实践与观察

学生手持笔做屈腕和翻腕动作，观察体会屈腕时手绕桡腕关节进行屈的运动，翻腕时手绕桡腕关节进行伸的运动。

观察体会学生立掌时，手绕桡腕关节进行的外展运动，劈掌时手绕桡腕关节进行的内收运动。手做绕环运动（或跳绳时的摇绳动作）时，即为手绕桡腕关节进行的环转运动。

（六）下肢各关节运动的实践与观察

1. 骨盆运动的实践与观察

学生取站立位，做体前屈、后伸动作，观察体会前屈即骨盆前倾，后伸则骨盆后倾的情况。

学生取站立位，做左、右体侧屈动作，观察体会此时骨盆左、右侧倾的情况。

学生取站立位，做体转动作，观察体会此时骨盆左、右回旋的情况。

学生取站立位，做腰绕环（涮腰）动作，观察体会此时骨盆的环转运动情况。

2. 髋关节运动的实践与观察

学生站立，做前、后摆腿动作，观察体会大腿绕髋关节的屈、伸运动。

学生做侧向摆腿动作，观察体会大腿绕髋关节的外展运动，还原动作则为大腿绕髋关节的内收运动。

学生从解剖学标准姿势站立位转为“立正”姿势，观察体会大腿绕髋关节的旋外运动，然后恢复解剖学标准姿势，观察体会大腿绕髋关节的旋内运动。

学生做武术的里合腿动作，观察体会大腿绕髋关节的环转运动。

3. 膝关节运动的实践与观察

学生做正脚背踢球的预备和踢球动作，观察体会预备时小腿绕膝关节屈的运动，踢球时小腿绕膝关节伸的运动。

学生分别做外脚背踢球和内脚背踢球动作，观察体会前者为膝关节屈位的旋内运动，后者为旋外运动。

4. 足关节运动的实践与观察

学生做绷脚和勾脚动作，观察体会前者为足屈（跖屈）的运动，后者为足伸（背屈）的运动。

学生做内、外脚背踢球预备姿势，观察体会前者为足外翻的运动，后者为足内翻的运动。

学生分别在绷脚和勾脚情况下做足内收、外展动作，比较足外展、内收动作的幅度差异，并思考其原因。

五、实训练习题

（1）以肩关节为例说明关节的构造与运动方式。

（2）试述胸锁关节位置的重要性以及整个上肢带运动以肩胛骨运动表示的

原因。此运动主要绕何关节进行？

（3）骨盆是由哪几个部分组成的？男、女骨盆有何不同？

（4）足部运动损伤中，为何多伤及踝关节外侧韧带？

（5）试以肩关节和髋关节的结构为例比较上、下肢关节的灵活性和稳固性的特点。

（6）试述半月板的结构特点及其功能。

拓展阅读

运动与关节健康

很多人对于运动会对膝骨关节炎病人造成不利影响提出疑问，其实锻炼对于骨关节炎是有益处的。锻炼可以减轻疼痛、改善身体功能、增强肌肉力量、改善机体平衡、改善心血管健康、控制体重、改善心态，无论是国外还是国内，诸多骨关节炎的治疗指南都将自主运动管理作为第一条治疗建议。可每日进行中等强度的运动，无论是娱乐性还是竞技型。

骨关节炎是一种以关节软骨退行性变和继发性骨质增生为特征的慢性关节疾病。病因尚不明确，其发生与年龄、肥胖、炎症、创伤及遗传因素等有关。病理特点为：关节软骨变性破坏、软骨下骨硬化或囊性变、关节边缘骨质增生、滑膜增生、关节囊挛缩、韧带松弛或挛缩、肌肉萎缩无力等。

运动可以改善关节软骨运动，增强滑液循环，改善软骨营养和代谢，增加软骨体积。一定强度的周期性压力对软骨的营养和代谢至关重要，在运动中，强壮的肌肉可以分散关节面的应力，控制关节软骨的压力，减少损伤的危险性。

运动可以增加关节的稳定性。维持关节稳定的结构有静态稳定结构如骨、韧带，还有动态稳定结构如肌肉及肌腱，肌肉强度增加有利于分散关节承受力，改善本体感觉，增强肢体平衡。

老百姓常说的“骨刺”，其实是一种保护性的生理反应，通过增加受力面积、增加松弛韧带的张力（减少了弹性），减少关节的活动以加强稳定性。

运动不会对膝关节造成不利影响，前提是运动的方式要正确。膝骨关节炎患者最重要的运动锻炼包括有氧运动训练和肌力训练。

膝骨关节炎患者可在专业医师的指导下进行下肢肌肉和腰腹核心肌肉锻炼。膝骨关节炎患者还可能会出现关节活动度受限，所以进行主动牵伸也是必要的。如在仰卧位下，进行抱腿牵伸；或在坐位时，前方放一把椅子，进行伸直膝盖的牵伸。

膝骨关节炎患者应以自身耐受为标准，采取循序渐进的方式进行有氧运动如行走、慢跑、骑自行车等中等强度的耐力锻炼；还可以在水中行走或者推车行走，以减轻膝关节负荷。有氧运动训练还可以减轻体重、减小下肢负荷，从而起到减轻疼痛的作用。

爬山、爬楼，膝盖越弯，膝关节跟骨头接触面积越小，承受的压力就越大。因此，平时爬山、爬楼时，背部要挺直，重心不要过早前移，膝盖弯曲的程度不要超过脚尖，应使用大腿及臀部的力量推进，全脚掌着地，提供可靠的远固定；避免内外八字脚，以第二脚趾对准膝盖为最佳，这样才不易造成膝关节损伤。

适度运动不会导致关节炎，反而可以让关节更健康。运动可以预防或延缓关节炎的发生。对于膝骨关节炎患者，在专业人员的监控和指导下进行运动（运动疗法），可以明显改善关节功能，缓解疼痛。

（资料来源："无锡名医团"公众号）

第三章 肌 肉

学习要点

1. 肌肉的主要结构和辅助结构有哪些?
2. 人体主要肌肉的起止点及训练方法。
3. 体育锻炼使肌肉产生的良好变化有哪些?

人体共有 400 ～600 块肌肉，其数目因统计方式不同而有所差异，大多数附着于骨骼上，故称骨骼肌。全身肌肉呈对称分布，具有一定的形态结构，有血液供应和神经支配，并执行一定的功能。

第一节 骨骼肌总论

人体有三种肌，分别是骨骼肌、平滑肌和心肌。通称的肌肉（图 3－1、图 3－2）指骨骼肌，由它牵引骨和关节产生人体各种运动。在运动中常用的肌肉约有 75 对。成年男性肌肉约占体重的 40%，女性为 35%。四肢肌约占全身肌肉总重量的 80%，其中下肢肌约占 50%，上肢肌约占 30%。

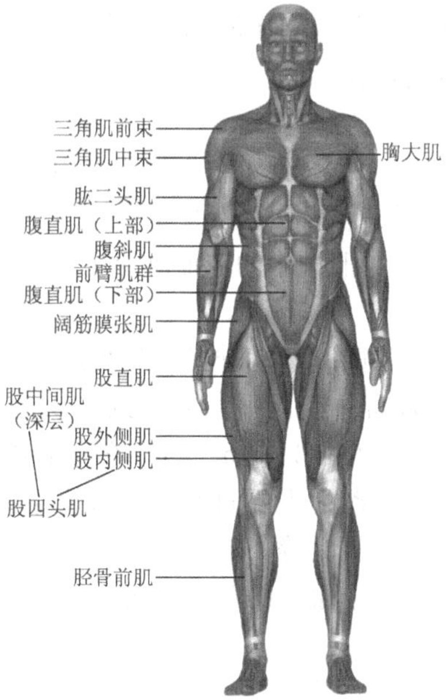

图 3－1 人体肌肉（前面）

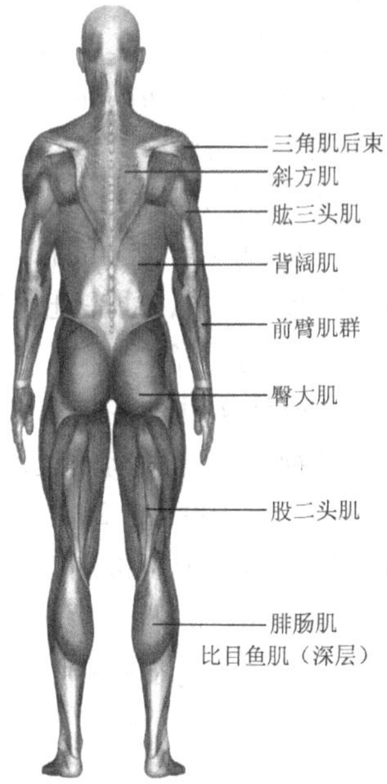

图 3－2 人体肌肉（后面）

一、肌肉的构造

（一）肌肉的主要结构（图3－3）

肌肉主要分为肌腹和肌腱两部分，由肌纤维（即肌细胞）和结缔组织组成，有丰富的血管和神经分布，所以一块肌肉就是一个器官。

（1）肌腹

肌腹位于肌肉中部，较肥厚，呈红色，主要由肌纤维组成，具有收缩性。肌纤维外面包有一层结缔组织膜称为肌内膜。数条肌纤维集合成小肌束，小肌束再集合成较大的肌束，由若干肌束集合成整块肌腹，肌腹外面包有肌外膜。所有的肌内膜、肌束膜和肌外膜都是由结缔组织构成，对肌纤维起支持、保护和调节作用。

图3－3　肌肉的构造

（2）肌腱

肌腱位于肌肉两端，呈银白色。由大量的胶原纤维束构成，极强韧，没有收缩性，一端连于肌腹，另一端附着于骨。肌腱的构造与肌腹相似，由腱纤维、腱纤维束、腱表膜和腱外膜等构成。肌腱内的胶原纤维交织成辫状的腱纤维束，交织成网状。因为肌纤维与肌腱的纤维不直接相连，仅仅在肌膜末端增厚部分与肌腱的纤维相连，所以若肌肉突然猛力收缩，可导致肌纤维断裂，但是肌腱本身少有断裂。

肌腱虽然没有收缩能力，但有很强的张力和韧性，不易疲劳。它将肌腹产生的收缩力传导至骨，以产生杠杆运动。

肌纤维无增生能力，充分的准备活动可改善肌肉血液和氧气等的供应，使体温升高，减少肌纤维之间的摩擦，预防肌肉拉伤。

（3）肌肉中的血管

肌肉中的血管非常丰富，尤其是毛细血管。据统计，在人的肌肉中，每平方毫米约有毛细血管3000条，全部肌肉毛细血管长度约为10万公里。在静息时，肌肉中的毛细血管部分开放，而在进行激烈运动时，肌肉中的毛细血管几乎全部开放。

（4）肌肉中的神经

肌肉中有躯体运动神经、躯体感觉神经和内脏运动神经三类神经。

躯体运动神经支配肌肉的运动。一个运动神经元平均支配约150根肌纤维，较大的运动单位有1000～2000条肌纤维，较小的只有6～12条肌纤维。

躯体感觉神经起于肌梭和腱梭等本体感受器，主要向神经中枢传导肌肉的张力；另外，还传导肌肉的痛觉、触觉和温觉、压觉等一般感觉。

内脏运动神经中的交感神经可以调节肌肉中血管的开合状态，调整肌肉的血液供应。

（二）肌肉的辅助结构

肌肉的辅助结构主要有筋膜、滑膜囊、腱鞘和籽骨，它们对肌肉起支持保护作用，便于肌肉快速和独立收缩或增大肌肉力臂，增加肌力等。

（1）筋膜（图3－4）

图3－4 筋膜

筋膜是包在肌肉周围的结缔组织膜，有深筋膜和浅筋膜两种。深筋膜由致密结缔组织构成，包绕每块肌肉或在肌群间形成肌间隔，以保证肌肉和肌群单独活动；也可供肌肉附着，增大附着面以增加肌力。大腿的深筋膜又叫阔筋膜，于大腿外侧增厚形成髂胫束，附着在髂骨到胫骨外侧髁之间，不但对大腿外侧肌起保护支持作用，而且在人体"稍息"站立时绷紧，支持腿肌肉放松，减少体能消耗。筋膜在手腕、足踝部增厚，约束肌腱，宛如运动员的"护腕"和"护踝"。浅筋膜即皮下组织，内含浅静脉、皮下神经和脂肪等，有保护肌肉和维持体温的作用。

（2）滑膜囊

滑膜囊是由扁形薄层结缔组织形成的小囊，有的密闭，有的与关节腔相通。内含滑液，一般位于肌肉或韧带连结处，可以减少肌腱与骨和肌肉相互间的摩擦。滑膜囊炎症可致局部疼痛和功能障碍。

（3）腱鞘（图3－5）

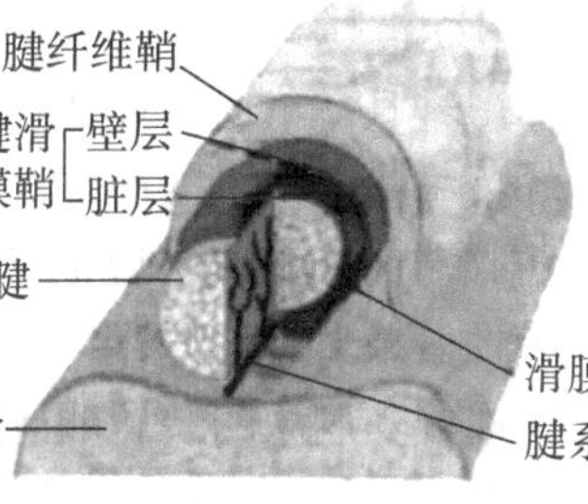

图3－5 腱鞘

腱鞘是包在手、足长腱周围的双层结缔组织长套管，主要分布在手、足等活动性较大的部位。

腱鞘呈双层套管状，由外层和内层组成。外层厚而韧，称腱纤维鞘。内层称腱滑膜鞘，其又分为壁层和脏层，壁层贴于腱纤维鞘内面，脏层贴于肌腱表面，内、外两层在鞘的两端互相移行，形成一个密闭的腔隙，内含少量滑液，可减小肌腱活动时与骨面之间的摩擦，并具有固定肌腱的作用。

在腱滑膜鞘脏层和壁层的移行处，形成腱系膜，供应腱的血管、神经由此出入。

（4）籽骨

籽骨通常位于肌肉止点腿与骨之间，由肌腱骨化而成。人体最大的籽骨为髌骨。籽骨可以增大肌肉的肌拉力角，从而增大肌肉工作的力臂，有利于提高肌肉工作的力量。在击剑运动员的手指、足球运动员的脚趾部位籽骨都较多。

二、肌肉的特性

（一）物理特性

肌肉的主要物理特性包括张力的可变性、伸展性和弹性、黏滞性。

1. 张力的可变性

张力的可变性是指肌肉内部的张力会随着肌纤维的收缩或舒张而产生变化。肌纤维长度最多可缩短1/3 ～1/2。即使在静息状态，也会有少量运动单位轮流进行收缩，使肌肉保持一定的张力，维持人体不同姿势。

2. 伸展性和弹性

肌肉在外力作用下可被拉长，即肌肉的伸展性；当外力去除后，肌肉又恢复原来长度，即弹性。在生理范围内，肌肉被拉得越长，弹力就越大，如投掷运动中的最后用力和纵跳前的屈膝下蹲，都是预先拉长参加工作的肌肉，以增加肌肉工作中的肌力。加强肌肉伸展性练习可以增大关节运动幅度，增强柔韧素质；肌肉的伸展性好还可防止肌肉拉伤。

3. 黏滞性

肌肉收缩时，肌纤维之间、肌纤维内部胶体物质分子间摩擦产生一种阻力，表现为黏滞性。肌肉的黏滞性既妨碍肌肉快速收缩，也是肌肉拉伤的原因。肌肉黏滞性随温度而变化，温度低黏滞性大，反之，则黏滞性降低。所以外界气温降低时，更应注意做好准备活动，防止肌肉拉伤。青少年和运动员肌肉活动能力强，黏滞性一般较低；而老年人的黏滞性则较大。某些疾病由于软组织粘连，表现出来的黏滞性也很大。

关于上述肌肉的物理特性，在体育运动和生活中需要注意。

（二）生理特性

肌肉具有兴奋性、传导性和收缩性。每块肌肉都受神经支配，当适宜的刺激由神经传至肌肉，肌肉产生反应的特性叫兴奋性；肌肉兴奋时能产生缩短反应的特性叫收缩性；这种反应能从局部很快传至整块肌肉（从而引起收缩）的特性叫传导性。

肌肉接受刺激的装置叫感受器，将刺激从感受器传向神经中枢的神经叫感觉神经（传入神经），中枢神经对刺激进行分析综合后，通过运动神经（传出神经）将冲动传到效应器，支配肌肉收缩。运动神经包含许多神经纤维，每根神经纤维的末梢又有许多分枝，分枝末端膨大为运动终板（肌肉的效应器，又叫神经肌肉接头），后者到达每根肌纤维。通常把每根运动神经纤维及其运动终板所支配的一组肌纤维，叫作一个运动单位。当肌肉收缩时，运动员的运动单位越多，肌肉产生的肌力越大。在生理范围内，运动员的能力取决于刺激的强度。

三、肌肉的工作术语

1. 起点和止点

一般一块肌肉的两端都要越过一个或几个关节附着于骨上。对于躯干肌，通常靠近身体正中面的一端叫起点，远离身体正中面的一端叫止点；对于四肢肌，处于近侧端的为起点，处于远侧端的为止点。肌肉起止点是固定不变的，可以确定肌肉在身体上的作用和位置。

2. **定点和动点**

肌肉收缩时，大部分动作是其附着的某一块骨的位置相对固定，而其附着的另一块骨相对移动。相对固定的一端附着点称为定点，相对移动的一端附着点称为动点；定点和动点随肌肉工作的不同有所变化。例如，在完成引体向上动作中，前臂相对固定，定点在尺骨；肱肌收缩引起上臂绕肘关节向前臂运动，动点在尺骨。而在手持哑铃弯举动作中，上臂的肱骨相对固定，定点在肱骨；肱肌收缩引起前臂绕肘关节向上臂运动，动点在尺骨。

3. **近固定与远固定**

在四肢肌肉收缩时，肌肉的近侧端附着点相对固定的称近固定（或近侧支撑）；肌肉的远侧端附着点相对固定的称远固定（或远侧支撑）。例如，手持重物在肘关节处做屈的动作时，前臂向上臂靠拢，肱二头肌是在近固定条件工作，此时的动点为止点，定点为起点（图 3－6）。做“引体向上”动作时，肘关节屈，上臂向前臂靠拢，此时的肱二头肌是在远固定条件下工作，此时的动点为起点，定点为止点（图 3－7）。

图 3－6　负重弯举（近固定）

图 3－7　引体向上（远固定）

4. **上固定与下固定**

在躯干和头颈肌肉收缩时，肌肉的上端附着点相对固定的称上固定（或上支撑）；肌肉的下端附着点相对固定的称下固定（或下支撑）。例如，在做仰卧举腿动作时，腹直肌是上固定工作（图 3－8）；在做仰卧起坐动作时，腹直肌则是下固定工作（图 3－9）。

5. **无固定**

在躯干和头颈肌肉收缩时，若肌肉两端的附着点都不固定且相互靠拢，称无固定（或无支撑），例如仰卧两头起动作中，腹直肌是无固定工作（图 3－10）。

图 3－8　仰卧举腿（上固定）

图 3－9　仰卧起坐（下固定）

图 3－10　仰卧两头起（无固定）

四、体育运动对肌肉的良好作用

长期从事体育运动能使肌肉在形态结构和生理机能方面都产生明显良性变化，具体如下。

（1）肌纤维变粗。肌纤维周围的结缔组织增厚，整体肌肉体积变大，肌腱变粗，显得肌肉发达，外形美观，结实有力。

（2）肌纤维中的线粒体增多。线粒体是肌纤维中的细胞器，产生三磷酸腺苷（ATP），是肌肉的供能中心，尤其对从事肌肉快速收缩的短跑、短距离游泳、举重等项目的运动员（他们肌肉里白色快收缩肌比例高）十分重要。

（3）肌纤维中肌糖原含量增多。肌糖原是重要的能源物质，这对从事长距离跑、竞走、公路自行车运动等耐力项目的运动员（他们肌肉里红色的慢收缩肌比例高）比较重要。

（4）肌肉里毛细血管增多。肌纤维里肌红蛋白含量增多，肌红蛋白是结合和储备氧的物质，通过丰富的血运可以提高运动员的耐久力（包括速度耐力）。

（5）肌纤维里的收缩蛋白——肌球蛋白和肌动蛋白增加，使肌肉收缩更加有力。

（6）肌肉表面和肌肉之间的脂肪含量减少，能减小肌肉收缩时的摩擦阻力，提高肌肉工作效率，对耐力性项目运动员十分有利。

（7）动员肌纤维参加活动的能力增强。训练水平低的运动员能快速动员60%的肌纤维参加活动，有训练的高水平运动员可快速动员90%的肌纤维参加活动，肌肉发力更大。这对举重、摔跤、跆拳道等项目运动员更显重要。

第二节　骨骼肌各论

一、上肢肌

上肢肌按部位可分为上肢带肌、上臂肌、前臂肌和手肌（图 3－11 ～ 图 3－13）。

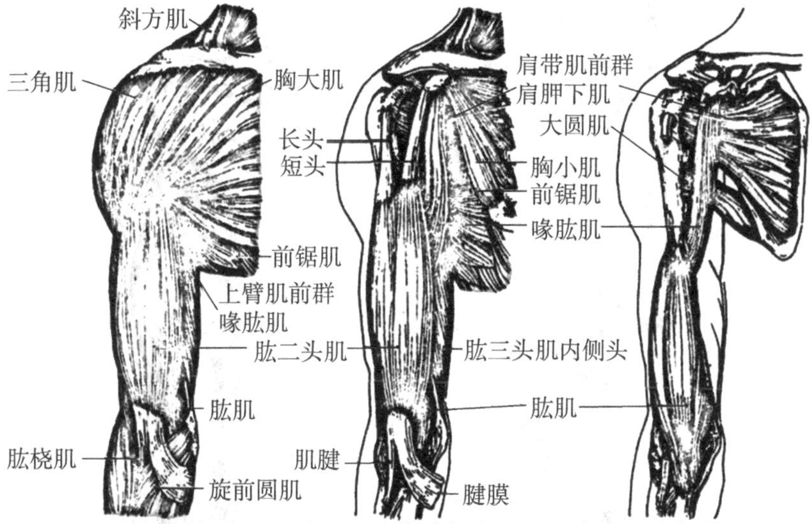

图 3－11　肩和上臂前群肌

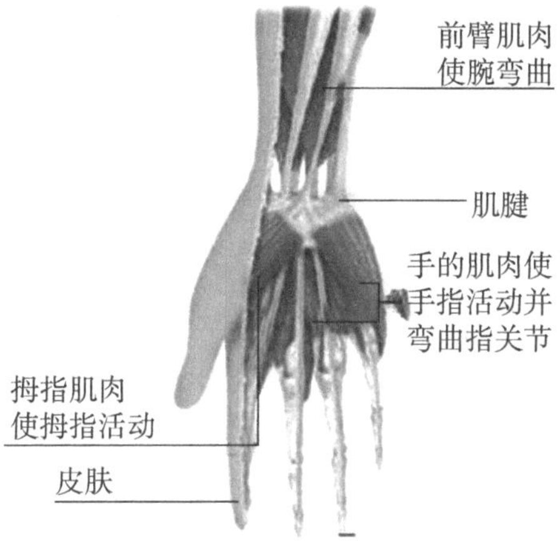

图 3－12　前臂和手的肌肉

（一）上肢带肌

上肢带肌又称肩带肌，起自上肢带骨（肩胛骨和锁骨），跨越肩关节，止于肱骨近侧端。上肢带肌包括三角肌、冈上肌、冈下肌、小圆肌、大圆肌和肩胛下肌，起到运动肩关节和增强关节稳定性的作用。因上肢带肌处肌肉滑膜囊较多，所以是滑囊炎的多发部位。

（1）三角肌

位置与形态：三角肌围绕着肩关节，位于肩部皮下，呈三角形，分前、中、后三部（图 3－14）。

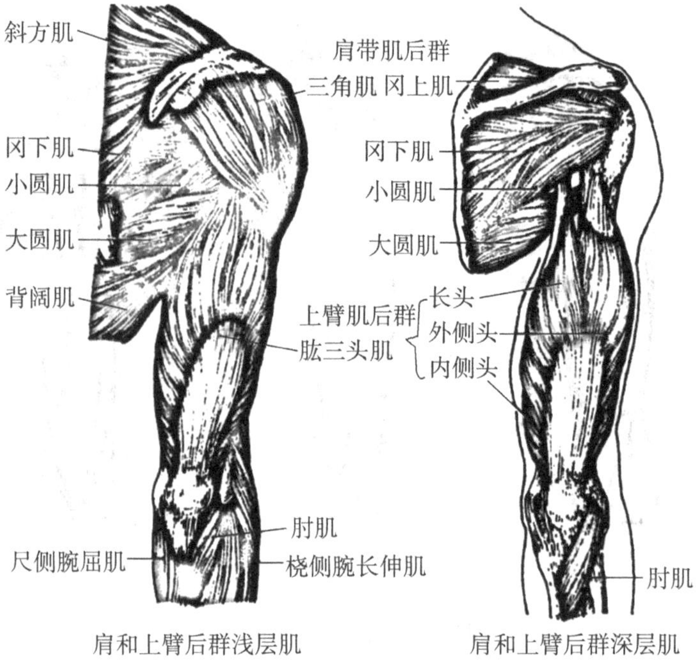

图 3－13　肩和上臂后群肌

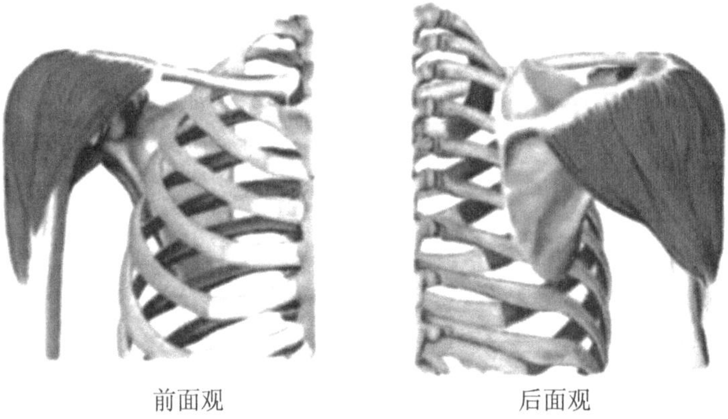

图 3－14　三角肌

起点：起自锁骨外侧段、肩峰和肩胛冈。

止点：止于肱骨体外侧面的三角肌粗隆。

功能：近固定时，使上臂屈、内收、旋内；后部纤维使上臂伸、内收、旋外。三角肌是使肩关节外展的主要肌肉，当上臂外展在 90°～180°之间时收缩效果最好。

发展三角肌力量方法：做上臂外展在 90°～180°之间的负重直臂侧举、胸前提拉杠铃等练习。将合适的弹力带踩在脚下，直臂向上提拉也有同样效果。

（2）冈上肌

位置与形态：冈上肌是斜方肌的深面，位于肩胛骨冈上窝内，是羽状肌。

起点：肩胛骨冈上窝。

止点：肌纤维水平向外止于肱骨大结节。

功能：近固定时，使上臂外展。该肌也称肩关节外展的启动肌，因只在肩关节外展时上臂由下垂位至外展20°以内起作用。

发展冈上肌力量方法：做下垂位至外展不超过20°的负重直臂侧举。

（3）冈下肌和小圆肌

位置与形态：冈下肌近似三角形，位于肩胛骨冈下窝内；小圆肌为圆柱形。

起点：冈下肌起自肩胛骨冈下窝内侧；小圆肌起自肩胛骨外侧缘背面。

止点：两肌向外前上方走行，止于肱骨大结节。

功能：近固定时，两肌都可使上臂伸、内收和旋外。

发展冈下肌和小圆肌力量方法：向后拉拉力器或拉弹力带可发展此两块肌群力量。压肩和单杠悬垂可发展柔韧性。

（4）大圆肌和肩胛下肌

位置与形态：大圆肌位于小圆肌的外侧下方，呈圆形。肩胛下肌位于肩胛骨肩胛下窝内，呈多羽状。

起点：大圆肌起自肩胛骨下角背面，肩胛下肌起自肩胛下窝。

止点：肱骨小结节肌。

功能：近固定时，使上臂内收和旋内，大圆肌还可使上臂伸。

冈上肌、冈下肌、小圆肌和肩胛下肌的肌腱均附着于肱骨大结节，与肩关节囊紧密相连，此肌腱包绕合体称为肩袖。肱骨头的上方为冈上肌，后方为冈下肌和小圆肌，这些肌腱的运动使肩关节产生外展、旋内、旋外运动，并使肱骨头稳固附于肩胛骨关节盂上，对维持肩关节的稳定起着非常重要的作用。

发展大圆肌和肩胛下肌力量方法：十字支撑、引体向上、向后拉拉力器等动作可发展该肌肉群力量。

（二）上臂肌

上臂肌主要作用于肘关节，分前、后两群，位于肱骨周围。前群包括肱二头肌和肱肌等屈肌；后群包括肱三头肌和肘肌等伸肌。

（1）肱二头肌

位置与形态：位于上臂前面浅层，肌腹呈梭形，屈肘时，其轮廓清晰可见。该肌有长、短二头，肌束平行排列，为双关节肌。

起点：长头起自肩胛骨盂上结节，穿过肩关节囊经结节间沟下行；短头起自肩胛骨喙突。

止点：桡骨粗隆和前臂筋膜。

功能：近固定时，使上臂在肩关节处屈，使前臂在肘关节处屈和旋外。远固定时，能使上臂向前臂靠拢。

发展肱二头肌力量方法：负重弯举和引体向上等动作可发展肱二头肌力量。

（2）肱肌

位置与形态：位于肱二头肌下半部的深面，为扁平梭形的羽状肌。

起点：起于肱骨前面下半部。

止点：止于尺骨粗隆。

功能：近固定收缩时，能使前臂在肘关节处屈；远固定收缩时，能使上臂在肘关节处屈。

（3）肱三头肌

位置与形态：位于肱骨后面。用力伸肘时，该肌的轮廓清晰可见。该肌分长头、内侧头和外侧头。其中长头为双关节肌，内侧头与外侧头为单关节肌。

起点：长头起自肩胛骨盂下结节，外侧头起自肱骨体后面桡神经沟外上方骨面，内侧头起自肱骨体后面桡神经沟内下方骨面。

止点：三头合成一个肌腹，以一个公共腱止于尺骨鹰嘴。

功能：近固定，长头使上臂在肩关节处伸，三头共同收缩使前臂在肘关节处伸。远固定时，使上臂在肘关节处伸。

发展肱三头肌力量方法：负重臂屈伸、倒立推等方法可发展其力量，屈肘臂上举可发展伸展性。

（4）肘肌

位置与形态：位于桡骨近侧端后面皮下，呈三角形。

起点：起于肱骨外上髁后方。

止点：肌束呈放射状行向内侧，止于尺骨背面上部。

功能：近固定时，使肘关节伸并加固肘关节；远固定时，助上臂在肘关节处伸。

（三）前臂肌

前臂肌位于桡、尺骨的周围，多数起于肱骨的远侧端，分为前后两群。

1. **前群肌**（图 3－15）

（1）肱桡肌

位置与形态：位于前臂前面桡侧，为长而扁的梭状肌，用力屈肘时可现此肌轮廓。

起点：肱骨外上髁上方。

止点：桡骨茎突。

功能：近固定，前臂位于旋内位时，该肌可使其旋外；前臂位于旋外位时，该肌有旋内作用。正常情况下，此肌肉使前臂保持“正中”位置。远固定时，可使肘关节上臂向前臂靠拢。

发展肱桡肌力量方法同肱二头肌。

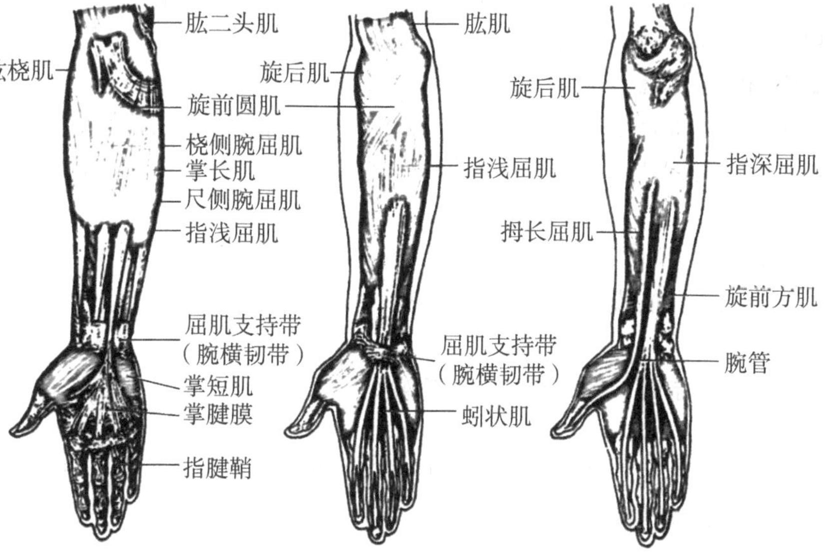

图 3－15　前臂前群肌

（2）旋前圆肌

位置与形态：位于肘关节前面，为圆锥状长肌，肌束从前臂内上斜向外下方平行排列。

起点：起于肱骨内上髁。

止点：止于桡骨外侧面中部。

功能：近固定时，使前臂旋内，辅助屈肘关节；远固定时，辅助肘关节上臂向前臂靠拢。

发展旋前圆肌力量方法：负重弯举和引体向上可发展该肌肉力量，后压臂练习提高伸展性。

（3）桡侧腕屈肌、掌长肌、指浅屈肌

位置与形态：前臂下部，为梭形肌。

起点：肱骨内上髁和前臂筋膜。

止点：掌骨、指骨掌面。

功能：近固定时，可使桡腕关节屈，参与手关节外展，辅助屈肘及前臂旋内。

发展该肌群力量方法：反握负重腕屈伸或反缠重锤可发展屈腕肌群力量。

2. **后群肌**（图 3－16）

（1）浅层肌

浅层肌由桡侧向尺侧排列依次为桡侧腕长伸肌、桡侧腕短伸肌、指伸肌、小指伸肌和尺侧腕伸肌。

①桡侧腕长伸肌。

桡侧腕长伸肌为梭形肌，起自肱骨外上髁，止于第 2 掌骨底。

功能：近固定时，使桡腕关节伸和外展。

②桡侧腕短伸肌。

桡侧腕短伸肌为梭形肌，起自肱骨外上髁，止于第 3 掌骨底。

功能：近固定时，使桡腕关节伸和外展。

③指伸肌。

指伸肌为梭形肌，起自肱骨外上髁及前臂筋膜，下行分 4 腱至手背，移行于第 2 ～5 指的指背筋膜，并向远侧分 3 束，中间束和两侧束分别止于中节和远节指骨底。

功能：近固定时，使桡腕关节伸及第 2 ～5 指。

④小指伸肌。

小指伸肌是一条细长的肌肉，位于指伸肌内侧，起自肱骨外上髁，止于小指中节、远节指骨底背面。

功能：伸小指。

⑤尺侧腕伸肌。

尺侧腕伸肌为梭形肌，起自肱骨外上髁、前臂筋膜及肘关节囊，止于第 5 掌骨底。

功能：近固定时，使腕关节伸和内收。

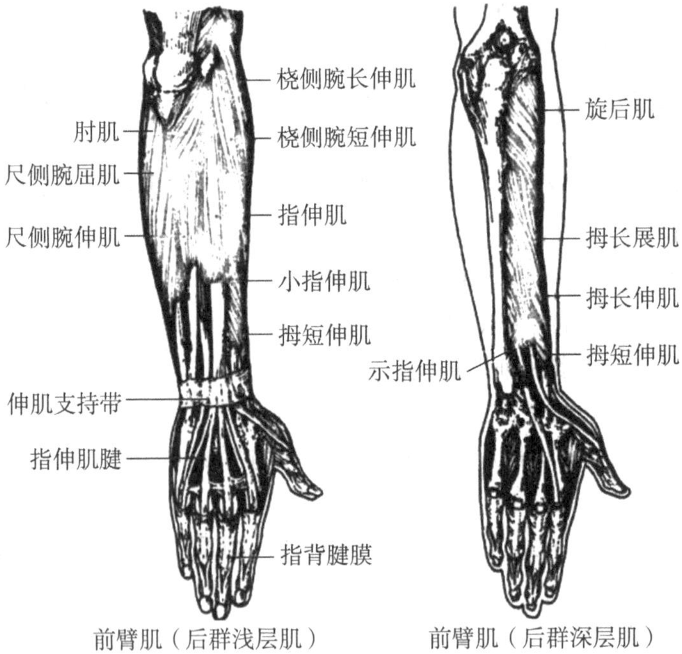

图 3 –16　前臂后群肌

(2）深层肌

深层肌由桡侧向尺侧排列依次为旋后肌、拇长展肌、拇长伸肌、拇短伸肌和示指伸肌。

①旋后肌。

旋后肌位于前臂背面上 1/3 深层，为短而扁的肌肉。起于肱骨外上髁和尺骨上端后面，肌束由内上斜向外下，止于桡骨上 1/3 处的后面。

功能：近固定时，使前臂旋外。

②拇长展肌。

拇长展肌为梭形肌，起于桡骨、尺骨的后面和前臂骨间膜，止于第 1 掌骨底。

功能：近固定时，使拇指外展和伸，参与桡腕关节外展。

③拇长伸肌。

拇长伸肌起自尺骨背面中部及骨间膜，止于拇指远节指骨底。

功能：近固定时，伸拇指，参与桡腕关节伸及拇指外展。

④拇短伸肌。

拇短伸肌为梭形肌，起自桡骨的背面中部及骨间膜，止于近节指骨底。

功能：近固定时，伸拇指，参与桡腕关节伸及拇指外展。

（四）手肌（图 3－17、图 3－18）

手和手指的用力运动主要来自前臂的长肌，而手的精细的技巧性动作则主要由手肌来完成。手肌是一些短小的肌肉，集中分布于手的掌侧面，主要功能为运动手指，可分为外侧、内侧和中间三群。

1. 外侧肌群

外侧肌群在拇指侧形成一个隆起，称为鱼际，包括 4 块肌。浅层外侧为拇短展肌，内侧为拇短屈肌；深层外侧为拇对掌肌，内侧为拇收肌。各肌功能与名

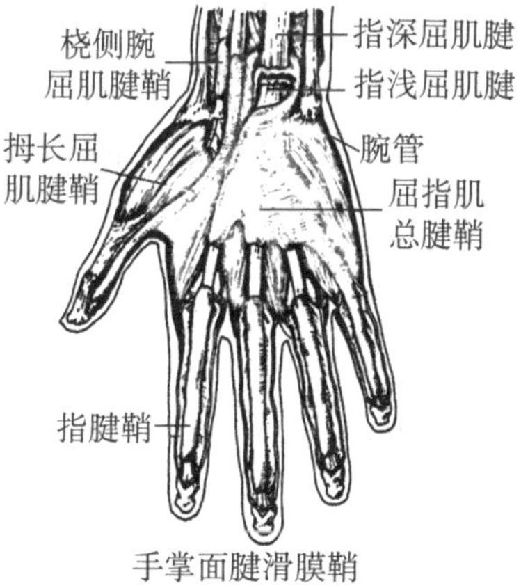

图 3－17　手的肌肉（掌面）

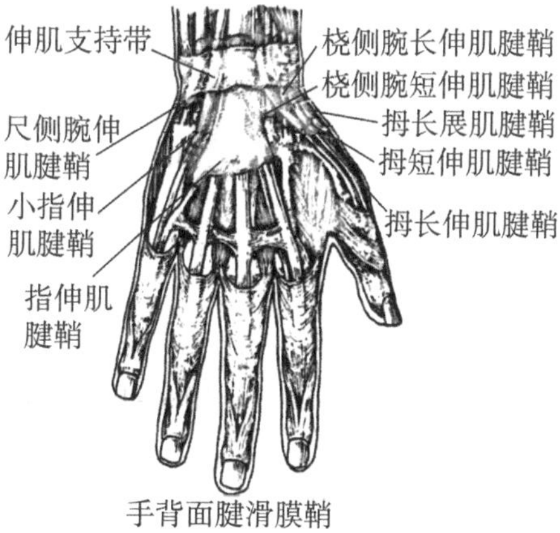

图 3－18　手的肌肉（背面）

称相同。

2. 内侧肌群

内侧肌群在小指侧也形成一个隆起，叫小鱼际，包括3块小肌，浅层内侧为小指展肌，外侧为小指短屈肌；深层为小指对掌肌。各肌功能与名称相同。

3. 中间肌群

中间肌群位于手掌中间部分，包括11块小肌：蚓状肌4块，可屈第2～5掌指关节、伸指间关节；骨间掌侧肌3块，可使第2、4、5指内收（向中指靠拢）；骨间背侧肌4块，可使第2、4、5指外展（远离中指）。

二、下肢肌

下肢肌按部位可分为下肢带肌、大腿肌、小腿肌和足肌。与上肢肌相比，下肢肌数目较少，比较粗壮，在人体中主要起支持和运动的作用。

（一）下肢带肌

下肢带肌又称盆带肌，大多起自骨盆的内、外面，跨过髋关节，止于股骨上部。下肢带肌可分为前、后两群。

1. 前群（内侧群）（图3－19、图3－20）

前群主要包括髂腰肌和梨状肌。

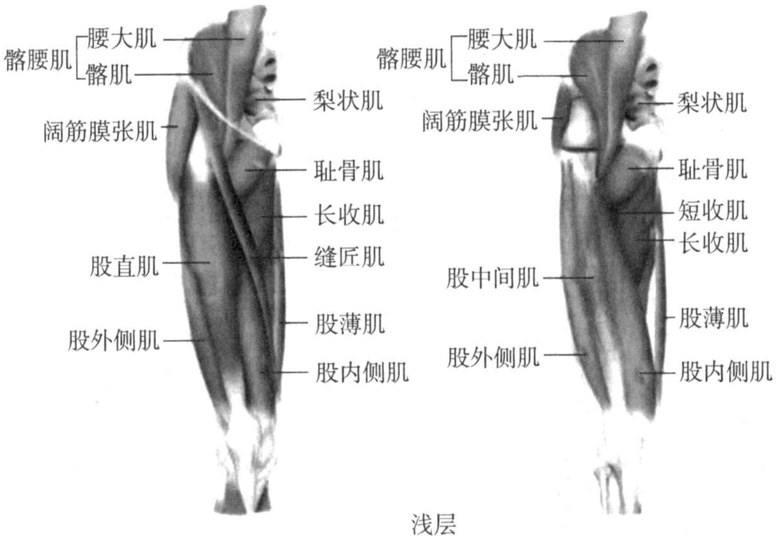

图3－19　盆带肌和大腿肌（前群）

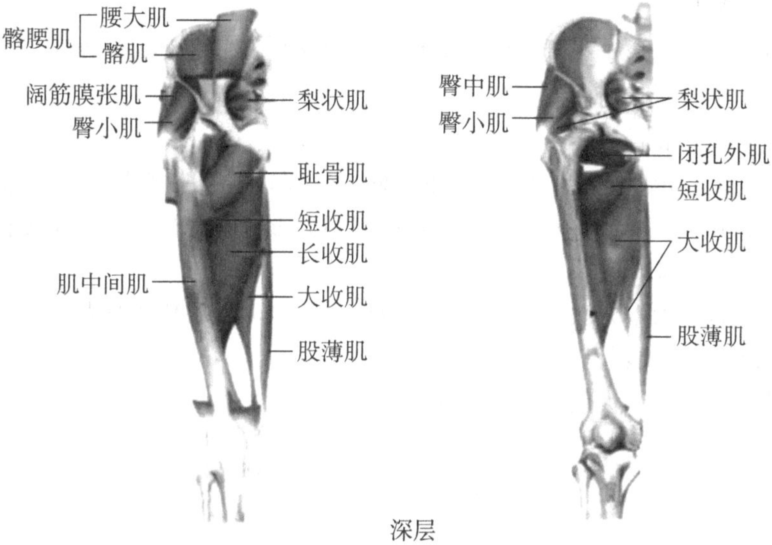

深层

图 3－20　盆带肌和大腿肌（前群）

（1）髂腰肌

位置与形态：由腰大肌和髂肌组成。腰大肌是单羽肌，位于脊柱腰段两侧；髂肌呈扇形，位于骨盆内侧面。

起点：腰大肌起于第 12 胸椎和第 1 ～ 5 腰椎体侧面和横突；髂肌起于髂窝。

止点：两肌向下相互结合，经腹股沟韧带深面和微关节的前内侧，止于股骨小转子。

功能：近固定时，使大腿屈、旋外。远固定时，一侧髂腰肌收缩使脊柱向同侧屈；两侧同时收缩，使脊柱前屈、骨盆前倾。

发展髂腰肌力量方法：负重高抬腿跑、肋木悬垂举腿（图 3－21）、仰卧举腿等可发展此肌肉力量。跪撑后倒（图 3－22）、后压腿可以提高其伸展性。

图 3－21　肋木悬垂举腿

图 3－22　跪撑后倒

（2）梨状肌

位置与形态：位于小骨盆内，呈梨形，向外穿出坐骨大孔至股骨上端。

起点：起于骶骨前面。

止点：止于股骨大转子。

功能：近固定时，使大腿外展和旋外。远固定时，一侧收缩使骨盆向对侧倾，由于它和坐骨神经一同出骨盆，若有损伤会影响坐骨神经，引起腰腿疼，即梨状肌损伤综合征。

发展梨状肌力量方法：负重侧踢腿或侧控腿髁可发展梨状肌力量。

2. **后群（外侧群）（图3－23、图3－24）**

后群主要包括臀大肌、臀中肌和臀小肌。

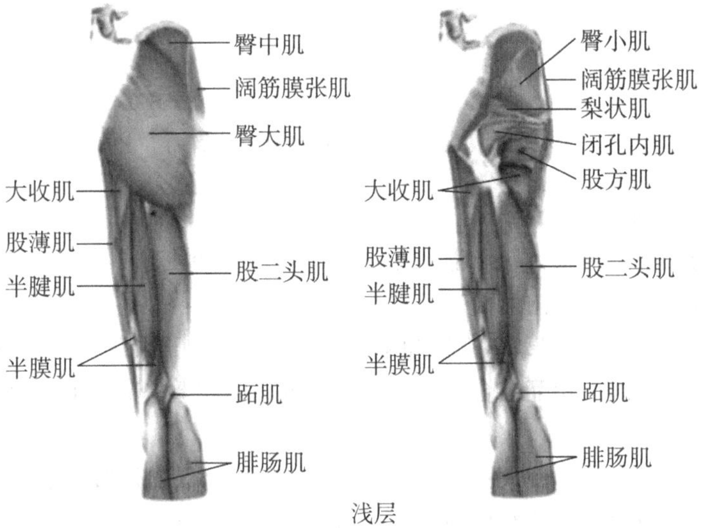

图3－23　盆带肌和大腿肌（后群）

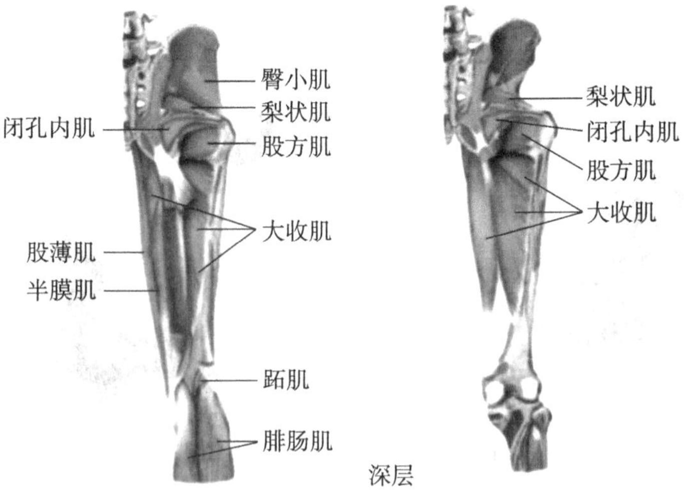

图3－24　盆带肌和大腿肌（后群）

（1）臀大肌

位置与形态：臀大肌位于臀部皮下浅层，是人体中最发达有力的肌肉，为四方形扁肌，形成臀部膨隆的外形。分为上下两部。

起点：髂骨翼外面后部和骶骨、尾骨背面。

止点：止于股骨的臀肌粗隆和髂胫束。

功能：近固定时，使大腿伸、旋外；上部使大腿外展，下部使大腿内收。远固定时，一侧收缩使骨盆向对侧回旋；两侧同时收缩使骨盆后倾。

发展臀大肌力量方法：俯卧上举腿（图 3－25）、蛙跳、后蹬跑、斜坡跑可发展此肌肉力量。正压腿（图 3－26）可以发展其柔韧性。

图 3－25　俯卧上举腿

图 3－26　正压腿

（2）臀中肌和臀小肌（图 3－27）

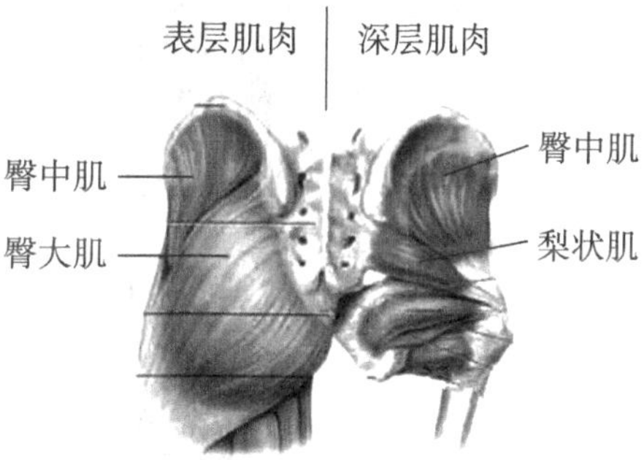

图 3－27　臀部肌肉

位置与形态：位于臀部外上方，大部分被臀大肌所覆盖，臀小肌位于臀中肌深层。两肌呈扇形，分为前、后两部分。

起点：两肌均起于髂骨翼外面。

止点：止于股骨大转子。

功能：近固定时，使大腿在髋关节处外展；前部使大腿在髋关节处屈和旋内，后部使大腿在髋关节处伸和旋外。远固定时，一侧收缩使骨盆向同侧倾；前部纤维两侧同时收缩使骨盆前倾，一侧收缩使骨盆向同侧回旋；后部两侧同时收缩使骨盆后倾，一侧收缩使骨盆向对侧回旋。后部使大腿在髋关节处伸和旋外。

发展臀中肌和臀小肌力量方法：负重侧摆腿可以发展其力量。侧压腿可以发展其伸展性。

（二）大腿肌

大腿肌分布在股骨周围，主要作用于髋关节和膝关节，分前外侧群、后群和内侧群（图3－28）。

1. **前外侧群**

前外侧群包括股四头肌、缝匠肌和阔筋膜张肌。

（1）股四头肌

位置与形态：位于大腿前面，是人体中体积最大的肌肉之一。该肌共有四个头，即股直肌、股中肌、股外侧肌和股内侧肌。股直肌位于大腿前面皮下，股中肌位于股直肌深层，股外侧肌位于大腿前外侧，股内侧肌位于大腿前内侧。四头均为羽状肌。其中股直肌属双关节肌。

起点：股直肌起于髂前下棘，股中肌起于股骨体前面，股外侧肌起于股骨粗线外侧唇，股内侧肌起于股骨粗线内侧唇。

止点：四头下行合并为一腱，包绕髌骨的前面和两侧，继而向下延续为髌韧带，止于胫骨粗隆。

功能：近固定时，使小腿在膝关节处伸，股直肌可使大腿在髋关节处屈；远固定时，使大腿在膝关节处伸，维持人体直立姿势。

发展股四头肌力量方法：负重深蹲、负重伸小腿可发展其力量，跪撑后倒发展其伸展性。

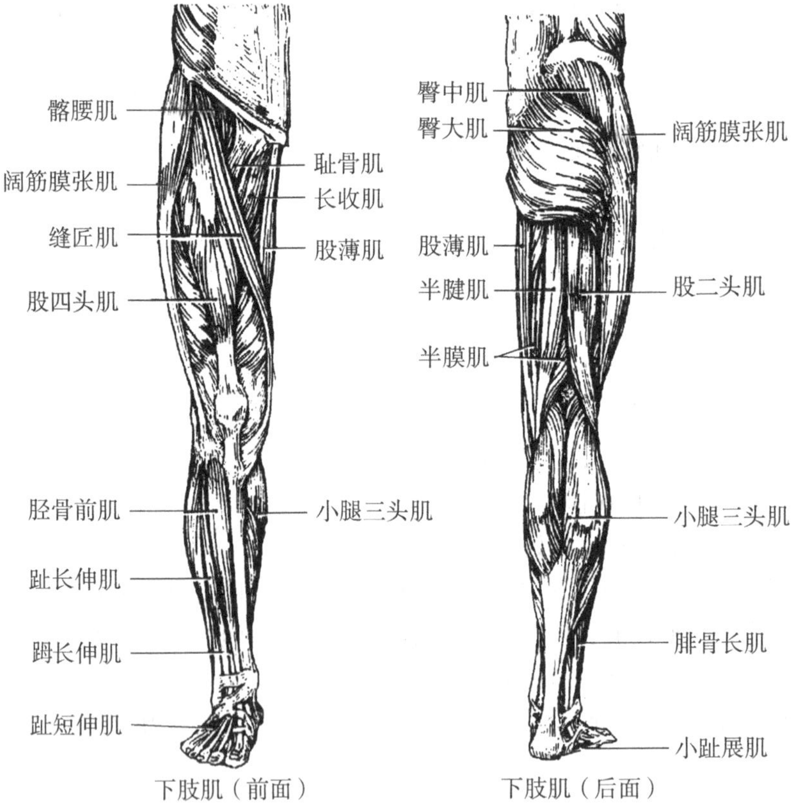

图3－28　下肢肌前面及后面整体观

（2）缝匠肌

位置与形态：位于大腿前、内侧面皮下浅层，呈扁带状，从大腿外上方向内下方斜行，是全身中最长的肌。

起点：起于髂前上棘。

止点：止于胫骨粗隆内侧面。

功能：近固定时，使大腿在髋关节处屈和旋外，并使小腿在膝关节处屈和旋内；远固定时，两侧同时收缩使骨盆前倾。

发展缝匠肌力量方法：踢毽子可发展其力量，跪撑后倒可发展其伸展性。

（3）阔筋膜张肌（图 3－29）

位置与形态：位于大腿上部前外侧，被阔筋膜包裹，为梭形肌。

起点：起于髂前上棘。

止点：向下移行于髂胫束，止于胫骨外侧髁。

功能：近固定时，使阔筋膜紧张并使大腿屈、外展和旋内。远固定时，一侧收缩使骨盆向同侧倾，两侧同时收缩使骨盆前倾。

阔筋膜张肌力量虽较臀中肌小，但其力臂比臀中肌长许多，因此其为直立体位中髋关节有力的外展肌，有稳定骨盆的作用。

发展阔筋膜张肌力量方法：悬垂举腿、仰卧起坐、仰卧剪腿、负重高抬腿跑等。跪撑后倒、纵劈腿、后耗腿、后压腿、后踢腿等可发展阔筋膜张肌伸展性。

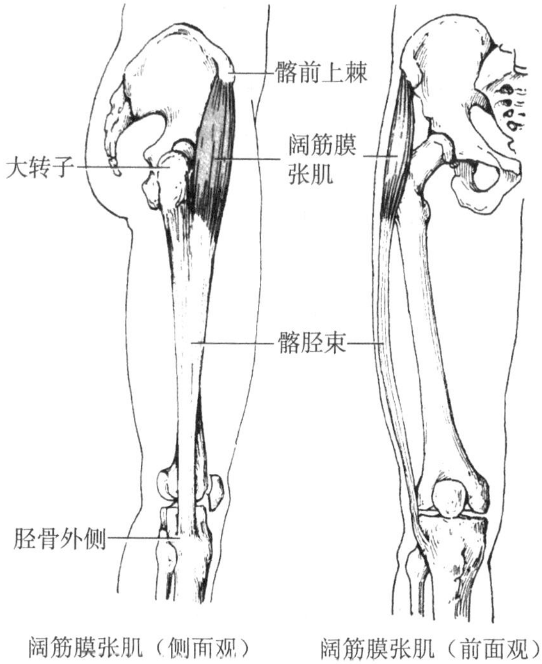

图 3－29　阔筋膜张肌

2. **后群**

后群包括股二头肌、半腱肌和半膜肌，均为双关节肌。

(1) 股二头肌

位置与形态：位于大腿后面外侧，呈梭形，有长、短两个头，肌束平行排列。

起点：长头起于坐骨结节，短头起于股骨粗线外侧唇下部。

止点：两头合并以长腱止于腓骨头。

功能：近固定时，长头使大腿在髋关节处伸；长、短头使小腿在膝关节处屈和旋外。远固定时，两侧同时收缩使骨盆后倾，一侧收缩使大腿在膝关节处屈。

发展股二头肌力量方法：后蹬跑、立定跳远、纵跳等。

(2) 半腱肌和半膜肌

位置与形态：半腱肌位于大腿后面内侧浅层，肌腱细而长，几乎占据肌长的下半段。半膜肌位于半腱肌深层，上半为腱膜。半腱肌和半膜肌均为单羽肌。

起点：以扁薄腱起自坐骨结节。

止点：半腱肌止于胫骨粗隆内侧面，半膜肌止于胫骨内侧髁内侧面。

功能：近固定时，使大腿在髋关节处伸，小腿在膝关节处屈并旋内。远固定时，两侧同时收缩使骨盆后倾，一侧收缩使大腿在膝关节处屈。

发展半腱机和半膜肌力量方法：同股二头肌。

3. **内侧群**

内侧群包括耻骨肌、长收肌、短收肌、股薄肌和大收肌，位于大腿的内侧，分层排列。浅层自外侧向内侧为耻骨肌、长收肌和股薄肌；在耻骨肌和长收肌的深面，为短收肌；在上述肌的深面有呈三角形的宽而厚的大收肌。

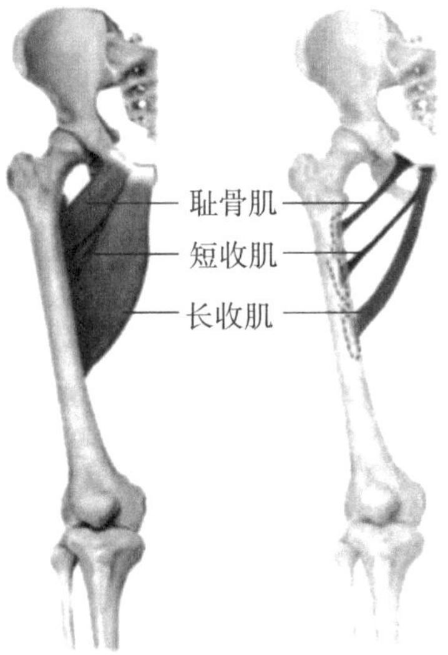

图 3－30　耻骨肌、长收肌、短收肌

(1) 耻骨肌（图 3－30）

位置与形态：位于大腿内侧上部，为长方形短肌。

起点：起于耻骨上支。

止点：止于股骨粗线内侧唇上部。

功能：近固定时，使大腿在髋关节处屈、内收。远固定时，两侧同时收缩使骨盆前倾。

(2) 长收肌（图 3－30）

位置与形态：位于耻骨肌内侧，为三角形扁肌。

起点：起于耻骨上支。

止点：止于股骨粗线内侧唇中部。

功能：近固定时，使大腿在髋关节处内收、屈。远固定时，两侧同时收缩使骨盆前倾。

(3) 短收肌（图3－30）

位置与形态：位于耻骨肌与长收肌深面，较长收肌短而厚，为三角形扁肌。

起点：起于耻骨下支。

止点：止于股骨粗线内侧唇中部。

功能：近固定时，使大腿在髋关节处内收、屈。远固定时，两侧同时收缩使骨盆前倾。

(4) 股薄肌（图3－31）

位置与形态：位于大腿内侧浅层，为带状长条肌。

起点：起于耻骨下支，肌束下行自膝关节后方转至前方。

止点：止于胫骨粗隆内侧。

功能：近固定时，使大腿在髋关节处内收，使小腿在膝关节处屈、旋内。远固定时，两侧同时收缩使骨盆前倾。

(5) 大收肌（图3－31）

位置与形态：位于短收肌深层，为最大的内收肌，呈三角形。

起点：起于坐骨结节、坐骨支和耻骨下支。

止点：止于股骨粗线内侧唇上2/3处及股骨的收肌结节。

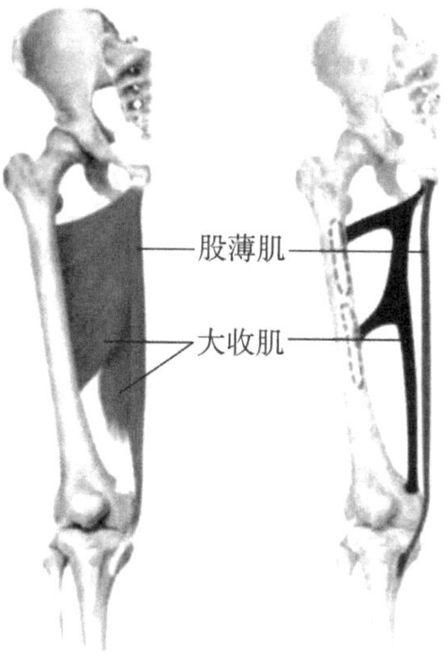

图3－31　股薄肌和大收肌

功能：近固定时，使大腿在髋关节处内收、伸。远固定时，两侧同时收缩使骨盆后倾。

(三) 小腿肌

小腿肌分布于胫骨和腓骨周围，其分化程度不如前臂，肌数目较少，但一般比较粗大，参与维持人体的直立姿势和移动。小腿肌可分为三群：前群位于小腿骨间膜的前面，后群位于小腿骨间膜的后面，外侧群分布在腓骨的外侧面。

1. 前群

前群肌由内侧向外侧排列，包括胫骨前肌、趾长伸肌和蹈长伸肌3块肌肉（图3－32）。

(1) 胫骨前肌

位置与形态：位于胫骨前外侧浅层，为三角形的长肌。

起点：起于胫骨外侧面。

止点：肌腱向下经小腿横韧带和交叉韧带深面，过踝关节前方，斜行转至足的内侧缘，止于内侧楔骨及第1跖骨底，并与腓骨长肌形成“腱环”，共同维持足横弓。

功能：近固定时，使足在踝关节处伸、内翻；远固定时，使小腿在踝关节处伸。

发展胫骨前肌力量方法：负重勾脚尖可发展该肌肉群力量，绷脚面跪撑后倒可发展其伸展性。

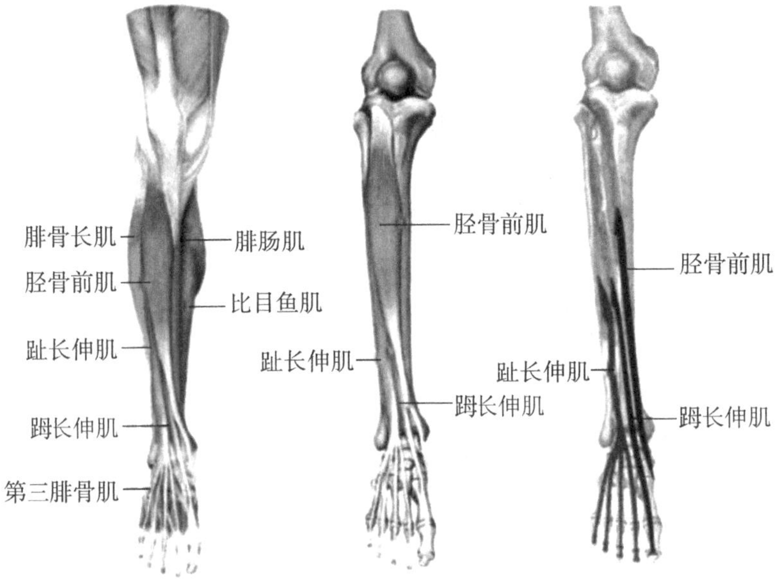

图 3－32 小腿肌（前群）

（2）趾长伸肌

位置与形态：位于胫骨前肌外侧，为羽状肌。

起点：起于胫骨内侧面的上 2/3 和小腿骨间膜。

止点：其长腱通过踝关节前外侧转至足背，分为 4 条肌腱，分别止于第 2 ～ 5 足趾的中节和远节趾骨底。由此肌另外分出一个腱，经足背外侧止于第 5 趾骨底，称为第三腓骨肌。

功能：近固定时，使足伸和外翻，并伸第 2 ～ 5 趾；远固定时，使小腿在踝关节处伸。

（3）踇长伸肌

位置与形态：位于胫骨前肌与趾长伸肌之间。

起点：起自腓骨内侧面的中部和骨间膜。

止点：止于踇趾远节趾骨底。

功能：伸踝关节，伸踇趾。

2. 外侧群

外侧群包括腓骨长肌和腓骨短肌（图 3－33）。

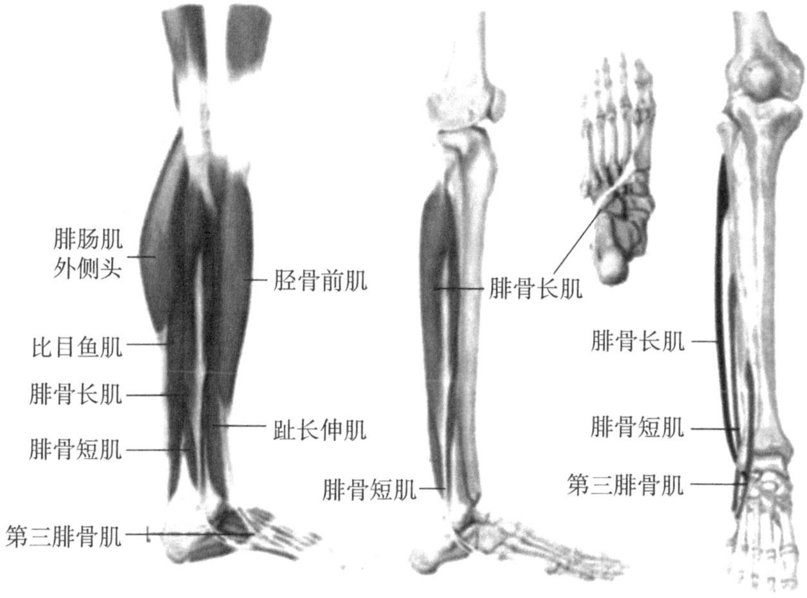

图 3－33 小腿肌（外侧群）

（1）腓骨长肌

位置与形态：位于小腿外侧浅层，为羽状肌。

起点：起于腓骨外侧面上部，肌腱经外踝后面转至足底。

止点：止于内侧楔骨及第 1 趾骨底。

功能：近固定时，使足外翻，并协助足在踝关节处屈；远固定时，使小腿在踝关节处屈，参与维持站立姿势。此外，腓骨长肌腱和胫骨前肌腱在足底共同形成“腱环”，有维持足横弓及外侧纵弓的功能。

（2）腓骨短肌

位置与形态：位于腓骨长肌深层，为羽状肌，较腓骨长肌短。

起点：起于腓骨外侧面下部，肌腱经外踝后面转至足底。

止点：止于第 5 趾骨底。

功能：近固定时，使足外翻，并协助足在踝关节处屈；远固定时，使小腿在踝关节处屈。维持站立姿势。

3. **后群**

后群包括小腿三头肌、趾长屈肌、蹞长屈肌和胫骨后肌（图 3－34）。

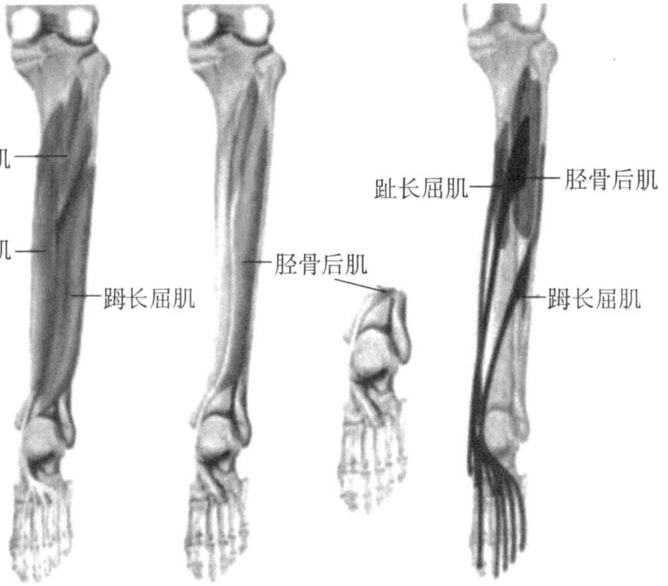

图 3－34　小腿肌（后群深层）

（1）小腿三头肌（图 3－35）

位置与形态：位于小腿后面浅层的膨隆肥大部分，包括浅层的腓肠肌和深层的比目鱼肌。该肌有 3 个头，腓肠肌两个头为双关节肌；比目鱼肌为羽状肌。

起点：腓肠肌的内、外两个头分别起于股骨的内、外侧髁后面；比目鱼肌起于胫骨的比目鱼肌线和腓骨上部的后面。

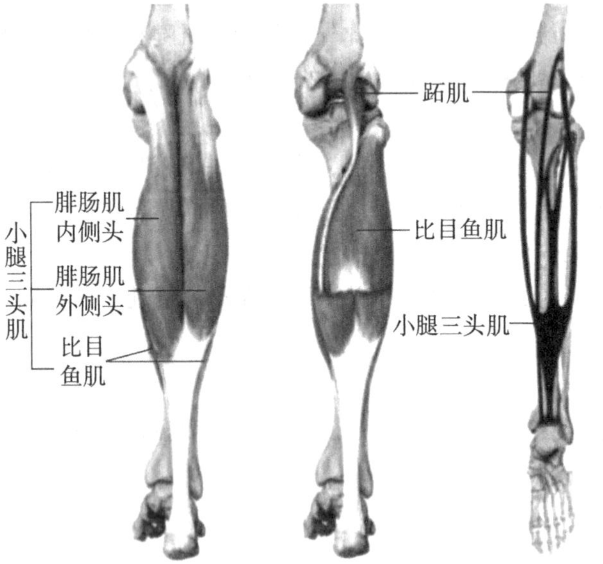

图 3－35　小腿三头肌

止点：三头会合，向下移行至跟腱处，止于跟结节。

功能：近固定时，使足在踝关节处屈，腓肠肌还能使小腿在膝关节处屈。远固定时，可使小腿在踝关节处屈，腓肠肌可拉大腿下端向后，协助伸腾，以维持人体直立姿势。当膝关节屈至90°以上时，该肌仅有比目鱼肌屈踝关节。

发展小腿三头肌力量方法：负重半蹲跳起、负重提踵（图3－36）和杠铃压腿提踵等，可以发展肌肉力量；前压腿（图3－37）可发展小腿三头肌柔韧性。

图3－36　负重提踵

图3－37　前压腿

（2）趾长屈肌

位置与形态：位于小腿三头肌深层内侧，为羽状肌。

起点：起于胫骨体后面中部。

止点：肌腱经内踝后方转至足底分为4条肌腱，分别止于第2～5趾的远节趾骨底。

功能：远固定时，使小腿在踝关节处屈，维持足尖支撑姿势。该肌还参与维持足弓，防止扁平、外翻足的发生。近固定时，使足在踝关节处屈、屈第2～5趾，并协助足内翻。

（3）踇长屈肌

位置与形态：位于小腿三头肌深层外侧，为羽状肌。

起点：起于腓骨体后下部。

止点：长腱经内踝后至足底，止于踇趾远节趾骨底。

功能：远固定时，使小腿在踝关节处屈，维持足支撑姿势。近固定时，使足在踝关节处屈，屈趾，并协助足内翻。

（4）胫骨后肌

位置与形态：位于小腿三头肌深层，踇长屈肌和趾长屈肌之间，为羽状肌。

起点：起于胫、腓骨后面和小腿骨间膜。

止点：肌腱经内踝后方转至足底，止于足舟骨和楔骨内侧、中间及外侧。

功能：远固定时，使小腿在踝关节处屈，保持站立。近固定时，使足内翻，并协助足在踝关节处屈。是维持足弓的重要肌肉之一。

（四）足肌

足肌分为足背肌和足底肌（图 3－38、图 3－39），足背肌较弱小，为伸蹲趾和第 2～5 趾的小肌。足底肌的配布和作用与手掌肌相似，也分为内侧群、外侧群和中间群，但没有与蹲趾和小趾相当的对掌肌。

内侧群有踇展肌、踇短屈肌和踇收肌；外侧群有小趾展肌和小趾短屈肌；中间群由浅入深排列有趾短屈肌、足底方肌、4 条蚓状肌、3 块骨间足底肌和 4 块骨间背侧肌。足底方肌与其他足底肌一起维持足弓，骨间足底肌和骨间背侧肌使踇趾相互靠拢或彼此分开（内收或外展）。

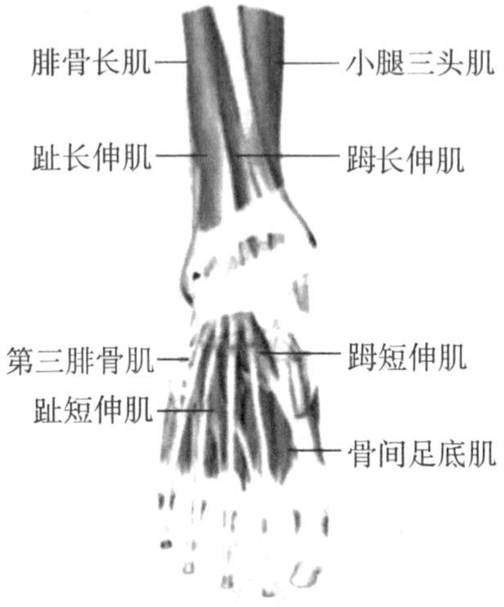

图 3－38　足背肌

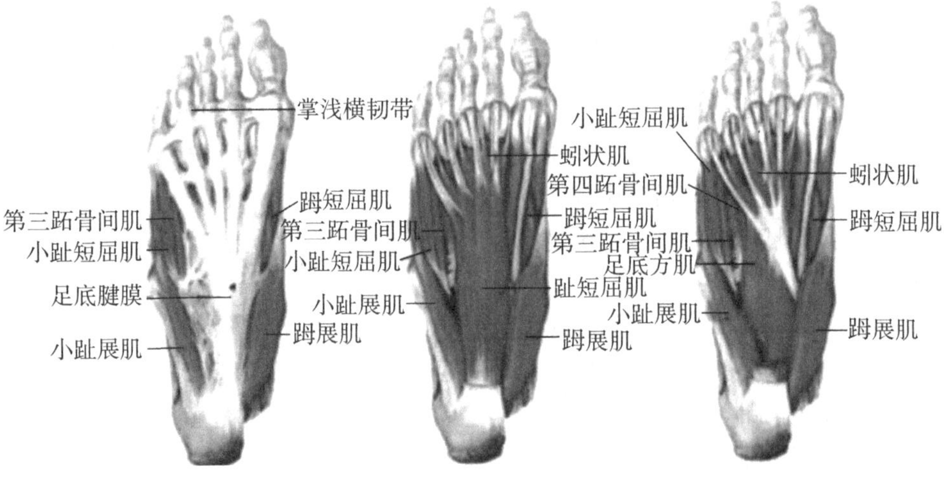

图 3－39　足底肌

三、躯干肌

若肌肉的主体部分位于躯干，且至少有一端附着于躯干骨上，则此类肌肉称为躯干肌。躯干肌肉大多扁而阔，按部位分为背肌、胸肌、膈肌、腹肌和盆底肌（图 3－40、图 3－41）。

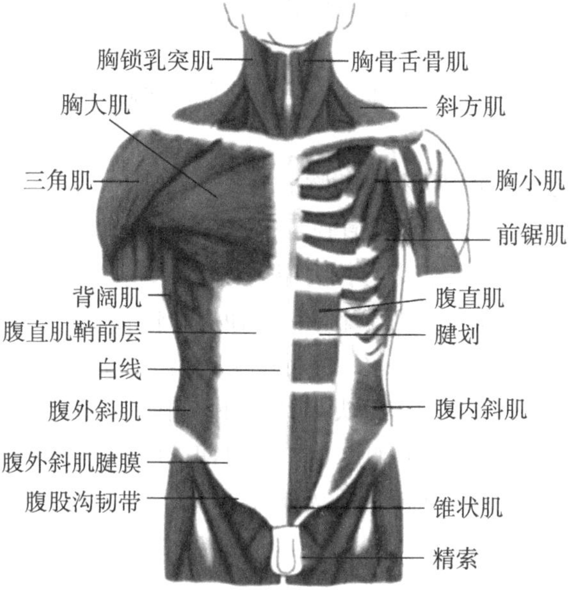

图 3－40　躯干肌前面观

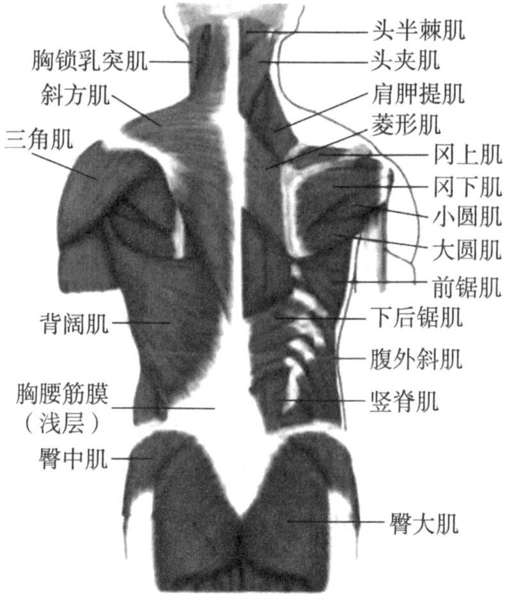

图 3－41　躯干肌后面观

（一）背肌

背肌位于躯干背面，分为浅、深两层。

1. **背浅层肌**

背浅层肌位于躯干背面浅层，主要包括斜方肌、背阔肌、菱形肌和肩胛提肌等，它们均起于脊柱，止于上肢带骨或肱骨。

(1) 斜方肌（图3-42）

位置与形态：位于颈部和背上部，呈三角形，两侧合在一起为斜方形。肌束分为上、中、下三部分。

起点：枕外隆凸、颈韧带和全部胸椎的棘突。

止点：锁骨外侧1/3、肩峰和肩胛冈。

功能：近固定时，上部肌束的拉力指向内上方，其旋转分力使肩胛骨上提、后缩和上回旋；中部肌束的拉力水平向内，使肩胛骨后缩；下部肌束的拉力指向内下方，其旋转分力使肩胛骨下降、后缩、上回旋。三部分肌束同时收缩，使肩胛骨后缩。远固定时，一侧收缩使头和脊柱向同侧屈和向对侧回旋；两侧同时收缩，使头和脊柱颈胸段伸直。因此，在少年时期，可以通过发展斜方肌的力量来预防、纠正驼背和含胸等不正确的身体姿势。

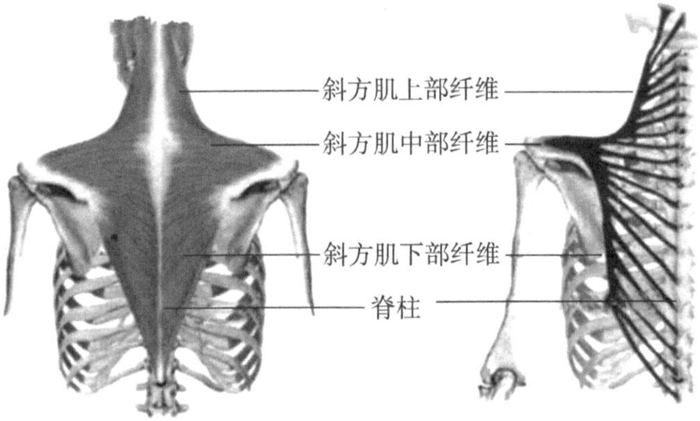

图3-42　斜方肌

发展斜方肌力量方法：负重侧上举（图3-43）、持哑铃扩胸等。

(2) 背阔肌（图3-44）

位置与形态：位于腰背部和胸部后外侧，上部被斜方肌覆盖。为三角形扁肌，是全身最大的扁肌。

起点：以腱膜起于第7～12胸椎和全部腰椎的棘突、骶正中峰、髂峰后部和第10～12肋骨的外侧面。

止点：肌束向外上方集中，经腋窝后壁移向上臂的前内侧，止于肱骨小结节峰。

功能：近固定时，向后内下方拉引肱骨，使肩关节伸、内收和旋内。远固定时，拉引躯干向上臂靠拢（如引体向上动作）或提肋助吸气。

发展背阔肌力量方法：爬绳、爬杆、单杠引体向上等。臂上举后震、肋木压肩可发展其柔韧性。

图 3－43　负重侧上举

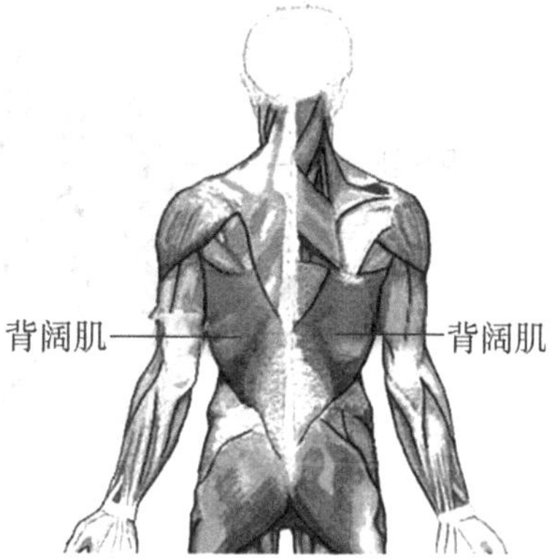

图 3－44　背阔肌

（3）菱形肌（3－45）

位置与形态：位于斜方肌深层，肩胛骨内侧缘和脊柱之间，呈菱形。

起点：起于第 6 ～7 颈椎和第 1 ～4 胸椎的棘突。

止点：止于肩胛骨的内侧缘。

功能：近固定时，拉力向内上方，使肩胛骨后缩、上提、下回旋。远固定时，两侧同时收缩使脊柱伸。

发展菱形肌力量方法：同斜方肌。

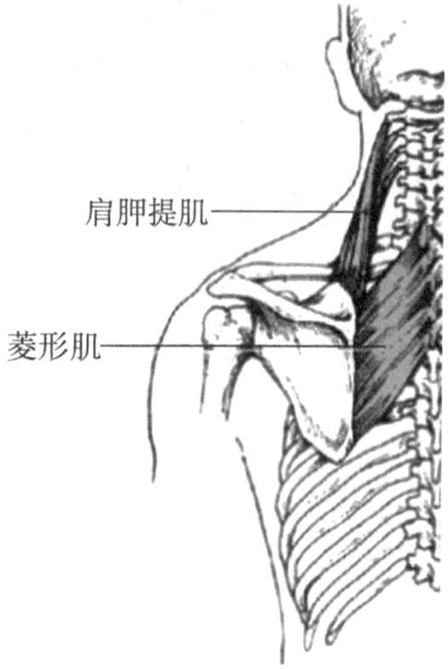

图 3－45　菱形肌

（4）肩胛提肌（3－46）

位置与形态：位于斜方肌上部深层，为带状长肌。

起点：起于第 1 ～4 颈椎的横突。

止点：止于肩胛骨的上角。

功能：近固定时，使肩胛骨上提和下回旋。远固定时，一侧收缩使脊柱颈段向同侧侧屈和回旋，两侧同时收缩使脊柱颈段伸。

发展肩胛提肌力量方法：同斜方肌。

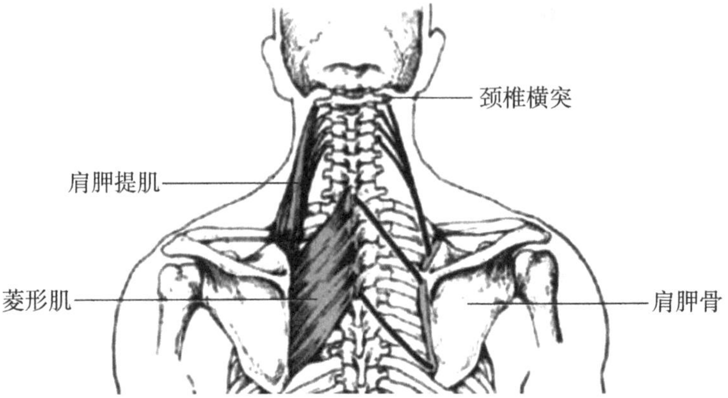

图 3－46　肩胛提肌

2. **背深层肌**

背深层肌位于躯干背面深层，分布于脊柱两侧的纵沟内，为数众多，其浅层主要是竖脊肌和夹肌，深层为节段性明显的许多短肌。

（1）竖脊肌（图 3－47）

位置与形态：为背肌中最长、最大的肌肉，纵列于躯干背面脊柱两侧的沟内，分为棘肌、最长肌和髂肋肌三部分。

起点：起于骶骨背面、髂峰后部、腰椎棘突和胸腰筋膜。

止点：止于颈椎和胸椎的棘突与横突、颞骨乳突和肋骨的肋角。

功能：下固定时，两侧同时收缩，使头和脊柱伸；侧收缩，使脊柱侧屈。

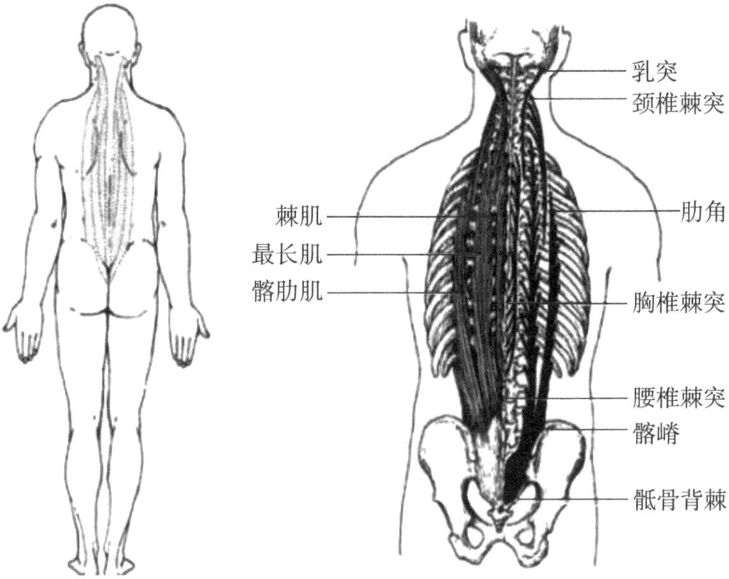

图 3－47　竖脊肌

（2）夹肌

位置与形态：位于背部深层，斜方肌和菱形肌的深面，形态同竖脊肌。

起点：起于第3～7颈椎和第1～6胸椎的棘突。

止点：纤维向外上走行，止于第1～3颈椎横突和颞骨乳突。

功能：下固定时，一侧收缩使头颈向同侧屈和回旋；两侧同时收缩使头颈后伸。

（3）背短肌

背短肌为竖脊肌深部的许多小肌，呈明显的节段性，连于相邻两个椎骨或数个椎骨之间，分为横突棘肌、棘突间肌和横突间肌，其位置与形态，起、止点同竖脊肌。

功能：除参与脊柱伸、侧屈和回旋之外，还可加强椎骨之间连结的稳固性和脊柱运动的灵活性。

发展背深层肌力量方法：负重体屈伸、提拉杠铃。屈体运动可发展其伸展性。

（二）胸肌

胸肌分为胸上肢肌和胸固有肌。

1. 胸上肢肌

胸上肢肌均起自胸廓外面，止于上肢带骨或肱骨，包括胸大肌、胸小肌、前锯肌等。

（1）胸大肌（3－48）

位置与形态：位置浅表，覆盖胸廓前壁的大部，呈扇形，宽而厚。

起点：起自锁骨的内侧1/2处，胸骨和第1～5肋软骨前面及腹直肌鞘前壁上部。

止点：各部肌束聚合向外，以扁腱止于肱骨大结节嵴。

功能：近固定时，向前内拉引肱骨，使上臂屈、内收和旋内。远固定时，拉

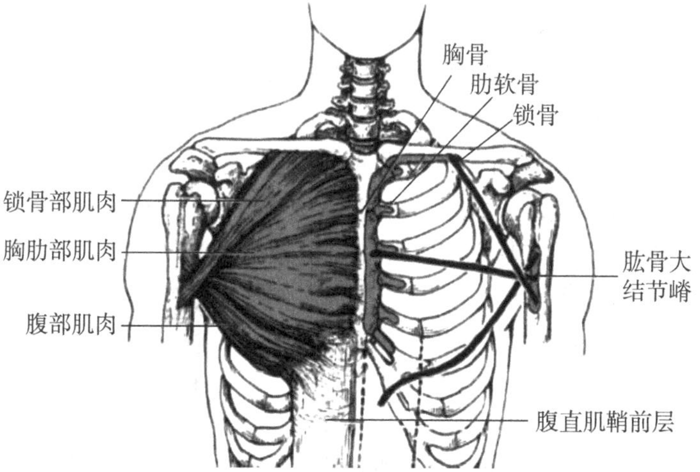

图3－48　胸大肌

引躯干向上臂靠拢，或提肋辅助吸气。

发展胸大肌力量方法：俯卧撑（图 3－49）、卧推等。

（2）胸小肌（图 3－50）

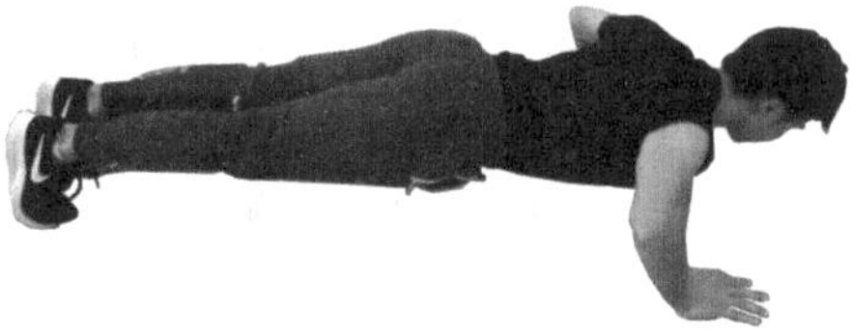

图 3－49　俯卧撑

位置与形态：位于胸大肌深面，呈三角形。

起点：起自第 3 ～ 5 肋骨的前面，肌束向外后上方走行。

止点：止于肩胛骨喙突。

功能：近固定时，拉力方向指向前内下方，其旋转分力使肩胛骨下降、前伸和下回旋。远固定时，拉力方向指向后外上方，能提肋辅助吸气。

发展胸小肌力量方法同胸大肌。

（3）前锯肌

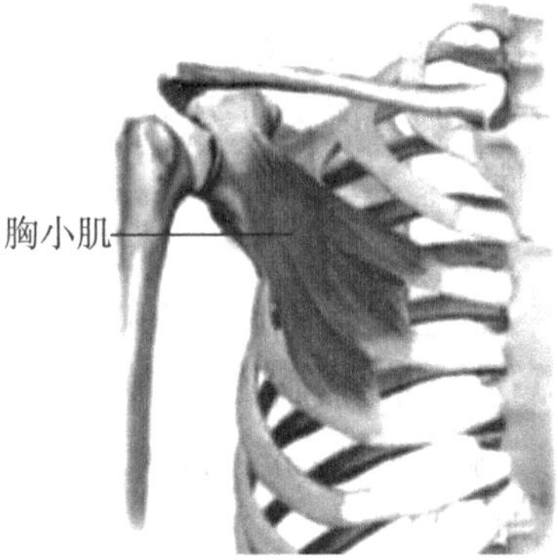

图 3－50　胸小肌副本

位置与形态：位于胸廓的外侧面浅层，前上部被胸大肌和胸小肌覆盖，为锯齿状的扁肌。

起点：以数个肌齿起自上位 8 或 9 块肋骨的外侧面。

止点：止于肩胛骨内侧缘和下角的前面。

功能：近固定时，使肩胛骨前伸，下部肌束使肩胛骨下降和上回旋。远固定时，能提肋辅助吸气。

发展前锯肌力量方法：采用实力推和俯卧撑可发展其力量，扩胸运动可发展其柔韧性。

2．**胸固有肌**

胸固有肌指两端均附着于胸廓表面的肌肉，主要包括肋间外肌和肋间内肌等。

（1）肋间外肌（图 3－51）

位置与形态：位于各肋间隙的浅层，为扁肌，共 11 对。

起点：起自上位肋骨的下缘。

止点：纤维斜向前下，止于下位肋骨的上缘。

功能：仅在上固定时，上提肋骨，参与吸气，且与肋间内肌协同发挥作用。

（2）肋间内肌（图 3－51）

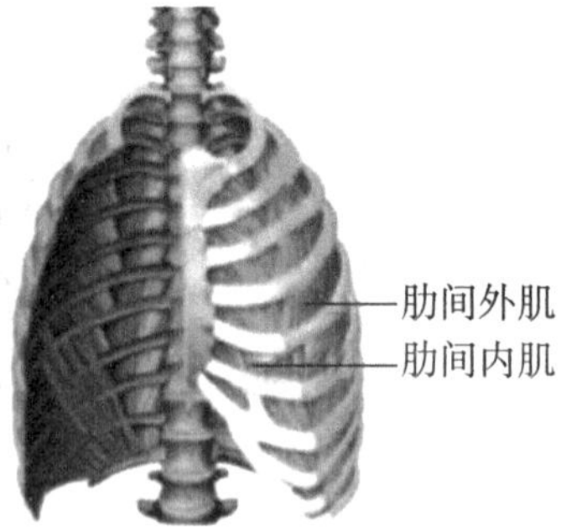

图 3－51　肋间外肌和肋间内肌

位置与形态：位于肋间外肌的深面，为扁肌，共 11 对。

起点：起自下位肋骨的上缘。

止点：纤维斜向前上，止于上位肋骨的下缘。

功能：仅在下固定时，使肋骨下降，参与呼气，且与肋间外肌协同发挥作用。

（三）膈肌（图 3－52）

位置与形态：位于胸、腹腔之间，构成胸腔的底和腹腔的顶，为凸向上、穹隆形的扁薄阔肌。膈有 3 个裂孔；在第 12 胸椎前方为主动脉裂孔，有降主动脉和胸导管通过，在主动脉裂孔的左前方，约平第 10 胸椎高度有食管裂孔，食管和迷走神经通过该孔。在食管裂孔的右前方，约平第 8 胸椎高度有腔静脉孔，孔内通过下腔静脉。

起点：起自胸廓下口，即胸骨剑突后面、下 6 对肋的内面以及上位的 3 个腰椎体前面。

止点：肌束向中央汇聚，移行为腱膜，称为中心腱。

功能：膈肌为主要的呼吸肌，收缩时膈穹隆下降，增大胸腔容积以产生吸气；松弛时膈穹隆上升恢复原位，胸腔容积减小以产生呼气。膈肌与腹肌同时收缩，可增加腹压，以协助排便、分娩及呕吐等活动。

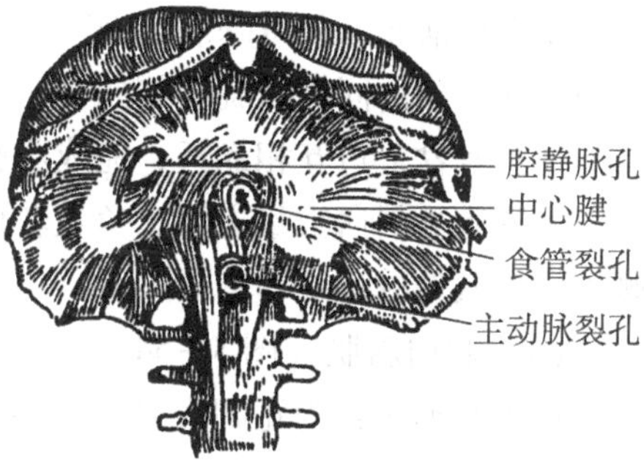

图 3－52　膈肌

（四）腹肌

腹前壁、侧壁和后壁的大部分均由腹肌构成。腹肌上附着于胸廓，下附着于骨盆。腹肌分为前外侧群和后群。

1. **前外侧群**

前外侧群形成腹腔的前外侧壁，包括腹直肌、腹外斜肌、腹内斜肌和腹横肌。

（1）腹直肌（图 3－53）

位置与形态：位于腹前壁正中线的两旁，居腹直肌鞘内，为上宽下窄的带形多腹肌，全长被 3 ～ 4 条横行的腱划分成多个肌腹，腱划由结缔组织构成，与腹直肌鞘的前壁紧密结合，可防止腹直肌收缩时移位。

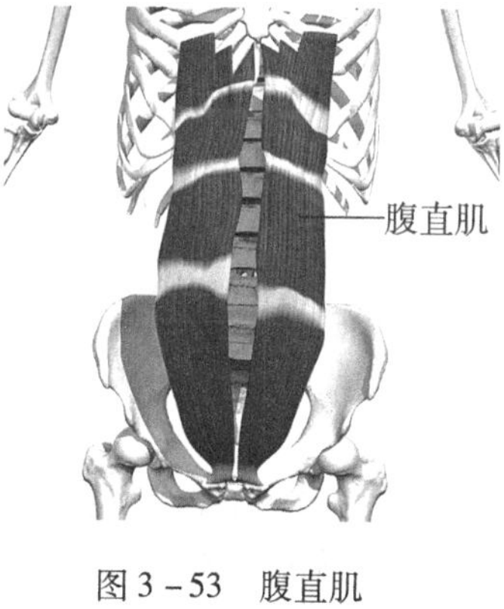

图 3－53　腹直肌

起点：起自耻骨联合上缘。

止点：肌束向上止于胸骨剑突和第 5 ～ 7 肋软骨的前面。

功能：下固定时，一侧收缩，使脊柱向同侧侧屈；两侧同时收缩，使脊柱前屈，并可降肋辅助呼气。上固定时，一侧收缩使骨盆向同侧侧倾，脊柱向同侧侧屈；两侧同时收缩，使骨盆后倾。无固定时，使胸廓下口和骨盆上口互相靠近，完成收腹团身动作。

发展腹直肌力量方法：哑铃体侧屈、斜板仰卧起坐。体操“桥”和跪撑后倒可发展其伸展性。

（2）腹外斜肌（图3－54）

位置与形态：为宽阔扁肌，位于腹前外侧壁的浅层，肌束由外上方向前内下方斜行。

起点：以锯齿状肌束起自第5～12肋骨的外侧面。

止点：后部肌束向下，止于髂嘴。前部肌束移行为腱膜，参与形成腹直肌鞘前层，止于腹白线。下缘止于髂前上棘和耻骨结节，形成腹股沟韧带。

功能：下固定时，一侧收缩，使脊柱向同侧侧屈和向对侧回旋；两侧同时收缩，使脊柱前屈，并可降肋辅助呼气。上固定时，一侧收缩使骨盆向同侧回旋及侧倾，使脊柱向同侧回旋及侧屈；两侧同时收缩，使骨盆后倾。无固定时，使胸廓下口和骨盆上口互相靠近，完成收腹团身动作。

发展腹外斜肌力量方法：负重转体可发展该肌群力量。体操“桥”、直立扭腰可发展其伸展性。

（3）腹内斜肌（图3－54）

位置与形态：为宽阔扁肌，位于腹外斜肌的深面，肌束由外下方向前内上方斜行。

起点：起自胸腰筋膜、髂峰和腹股沟韧带外侧。

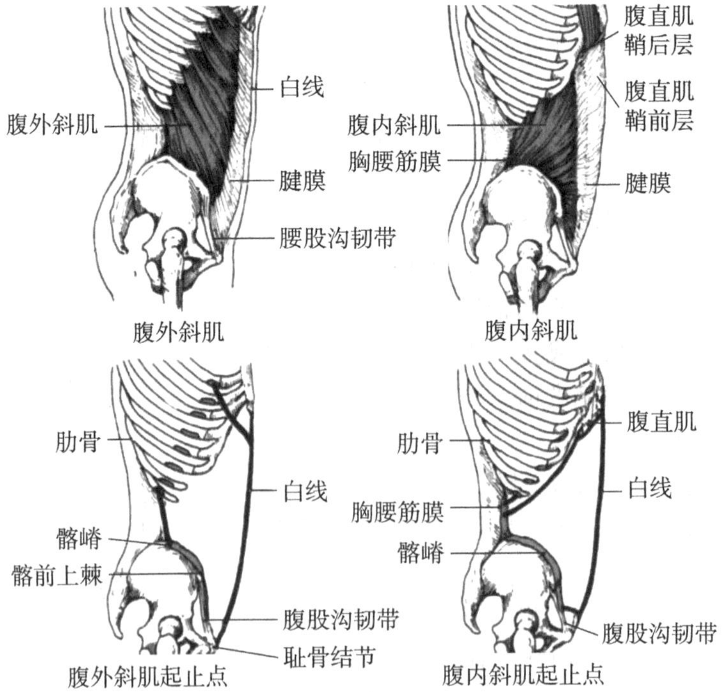

图3－54　腹外斜肌与腹内斜肌

止点：后部肌束几乎垂直上升，止于第 10 ～ 12 肋骨下缘。前部肌束移行为腱膜，参与形成腹直肌鞘前层和后层，止于腹白线。

功能：下固定时，一侧收缩，使脊柱向同侧侧屈和向同侧回旋；两侧同时收缩，使脊柱前屈，并可降肋辅助呼气。上固定时，一侧收缩使骨盆向对侧回旋及向同侧侧倾，使脊柱向对侧回旋及向同侧侧屈；两侧同时收缩使骨盆后倾。无固定时，使胸廓下口和骨盆上口互相靠近，完成收腹团身等动作。

发展腹内斜肌力量方法：同腹外斜肌。

（4）腹横肌（图 3－55）

位置与形态：为宽阔扁肌，位于腹内斜肌的深面，肌束向前内方横行。

起点：起自胸腰筋膜、第 7 ～ 12 肋骨内面和腹股沟韧带外侧。

止点：肌束移行为腱膜，参与形成腹直肌鞘后层，止于腹白线。

功能：收缩时，可增加腹压，协助完成排便、分娩、呕吐和咳嗽等生理功能。

发展腹横肌力量方法：深呼吸。

2. **后群**

后群有腰方肌和腰大肌，腰大肌见下肢肌中叙述。

腰方肌（图 3－56）位置与形态：位于腹后壁，在脊柱两侧，是呈不规则的四方形扁肌，其后方为竖脊肌，内侧为腰大肌。

起点：起自髂嵴的后部。

止点：向上止于第 12 肋骨和第 1 ～ 4 腰椎横突。

功能：下固定时，一侧收缩，使脊柱向同侧侧屈；两侧同时收缩，可下降第 12 肋，辅助呼气，并可增加腹压。

（五）盆底肌

盆底肌是指封闭小骨盆下口处的相应肌肉，包括位于后部的肛提肌和尾骨肌，以及位于前部的会阴浅横肌和会阴深横肌等。这些肌肉具有承托盆腔器官、括约肛管和阴道以及调节腹压的作用。

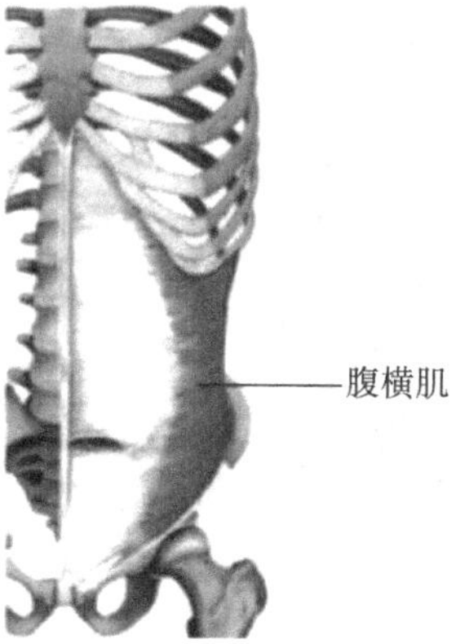

图 3－55　腹横肌

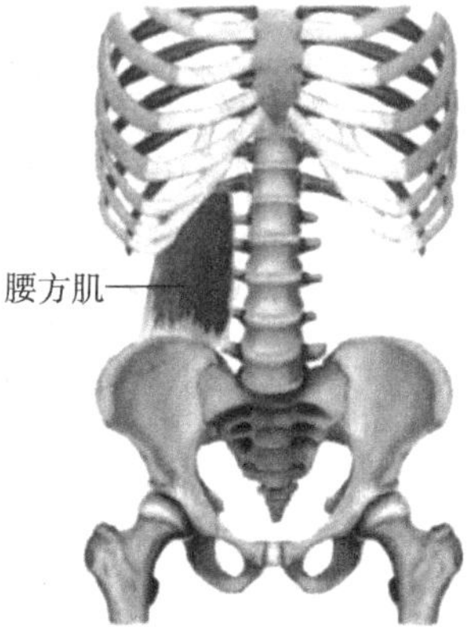

图 3－56　腰方肌

四、头颈肌

若肌肉的主体部分附着于颅骨和颈椎，并且主要引起头颈部运动，则通常称为头颈肌。头颈肌按部位又分为头肌和颈肌。

（一）头肌

头肌可分为颅面肌和咀嚼肌。

（1）颅面肌（图 3－57）

颅面肌亦称表情肌，属于皮肌，包括额肌、颊肌、眼轮匝肌、口轮匝肌、鼻肌、耳廓肌等。位置较浅，起自颅骨或筋膜，止于皮肤，主要集中于面部的眼、耳、鼻、口周围。表情肌收缩笑肌时拉紧面部皮肤，改变五官的形状和外观，产生喜、怒、哀、乐等各种表情，对咀嚼、吸吮、吹奏和歌唱等活动也产生作用。

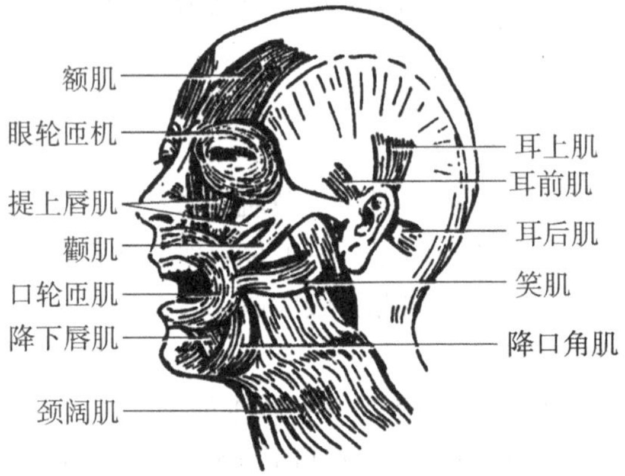

图 3－57　颅面肌

（2）咀嚼肌（图 3－58）

咀嚼肌主要指一端附着于下颌骨的肌肉，其收缩时可活动下颌骨，产生咀嚼运动。咀嚼肌包括咬肌、颞肌等。

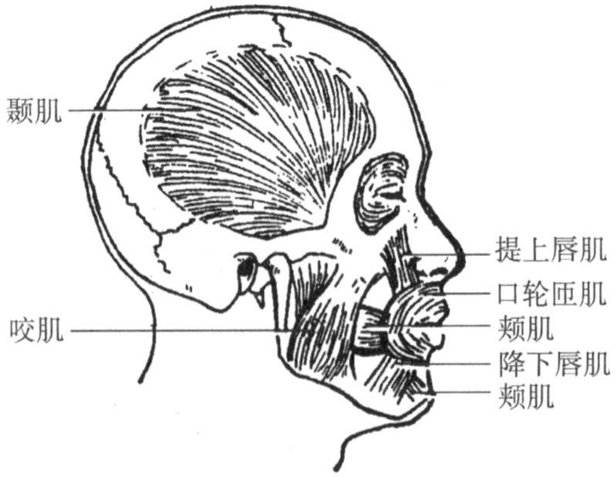

图 3－58　咀嚼肌

（二）颈肌

颈肌可依其所在位置分为颈浅层肌、颈中层肌和颈深层肌。

1. **颈浅层肌**

颈浅层肌包括颈阔肌和胸锁乳突肌。

（1）颈阔肌

位置与形态：位于颈部浅筋膜中，薄而宽阔，属于皮肌。

起点：起自胸大肌和三角肌上部表面的筋膜。

止点：向上内止于口角、下颌骨下缘及面部皮肤。

功能：拉口角及下颌向下，做惊讶、恐怖表情，并使颈部皮肤出现皱褶。

（2）胸锁乳突肌（图3－59）

位置与形态：位于颈部前外侧。肌肉粗壮强劲，大部被颈阔肌所覆盖。左右两侧的胸锁乳突肌形成“V”字形。

起点：胸骨柄前面和锁骨胸骨端。

止点：颞骨乳突。

功能：下固定时，一侧收缩，可使头向同侧侧屈，并转向对侧；两侧同时收缩时，可使头后仰。上固定时，可上提胸廓，辅助吸气。

发展胸锁乳突肌力量方法：负重颈屈伸等练习可发展其力量；头向对侧侧屈并向同侧回旋的动作可发展其伸展性。

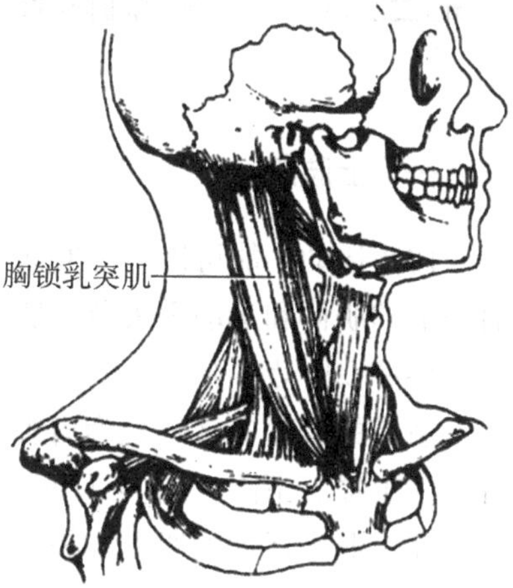

图3－59 胸锁乳突肌

2. **颈中层肌**

颈中层肌即舌骨肌（图3－60），附着于舌骨，又分舌骨上、下肌群。其功能是参与舌骨和下颌骨活动，配合吞咽和发音。

3. **颈深层肌**

颈深层肌位于脊柱颈段前外侧（图3－61），分外侧群和内侧群。其功能是使头屈或侧屈。

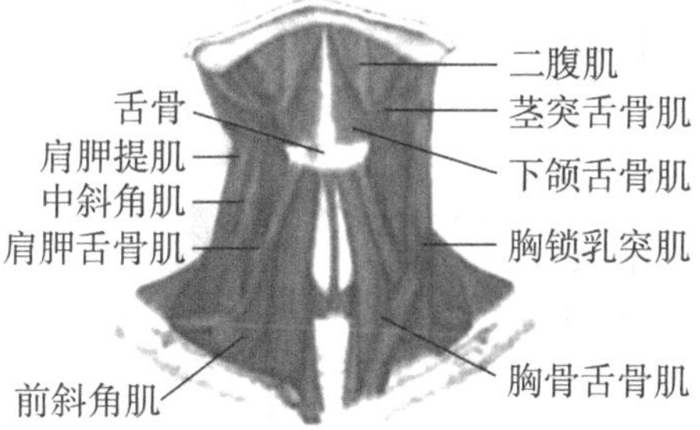

图3－60 颈中层肌（前面）

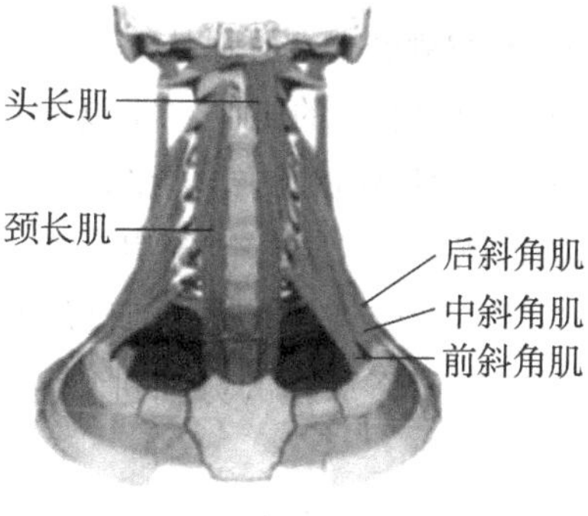

图3－61 颈深层肌（前面）

（1）外侧群

外侧群颈深层肌位于脊柱颈段的两侧，包括前、中和后斜角肌。各肌均起自颈椎横突，其中前、中斜角肌止于第1肋，后斜角肌止于第2肋。一侧收缩使颈侧屈；两侧同时收缩可上提第1、2肋助深吸气。

（2）内侧群

内侧群颈深层肌位于脊柱颈段的前方，有头长肌和颈长肌等，合称椎前肌。椎前肌能屈头、屈颈。

第三节　全身肌肉的功能分群与发展力量练习方法

一、上肢肌

按照运动功能可以将上肢肌分为运动肩带的肌群、运动肩关节的肌群、运动肘关节的肌群和运动手关节的肌群。

（一）运动肩带的肌群

肩带的运动通常表现为肩胛骨的运动。运动肩带的肌群其主要功能为使肩胛骨产生上提、下降、前伸（外展）、后猫（内收）、上回旋和下回旋运动。

使上肢带运动的肌群如表3－1所示。

表3－1　使上肢带运动的肌群

肩胛骨的运动	上　提	下　降	内　收	外　展	上回旋	下回旋
肌肉名称	斜方肌上部 菱形肌 肩胛提肌 胸锁乳突肌	斜方肌下部 前锯肌下部	斜方肌 菱形肌	前锯肌 胸大肌 胸小肌	斜方肌上、 下部肌纤维 前锯肌下部肌纤维	菱形肌 胸小肌 肩胛提肌

由表3－1可以看出，在肩带运动的肌肉里，参与最多的是斜方肌和前锯肌。

1. 使肩胛骨上提的肌群

使肩胛骨上提的肌群主要包括斜方肌上部、菱形肌、肩胛提肌和胸锁乳突肌。

负重侧上举、提杠铃耸肩（图3－62）、肩上推举等辅助练习可发展该肌群的力量；向使肩胛骨产生下降动作的方向进行拉伸可发展其伸展性。

图3－62　提杠铃耸肩

2. 使肩胛骨下降的肌群

使肩胛骨下降的肌群主要包括斜方肌下部

和前锯肌下部肌纤维。

滑轮下拉（图3－63）、下斜卧推、引体向上等练习可发展该肌群的力量；向使肩胛骨产生上提动作的方向进行拉伸可发展其伸展性。

3．**使肩胛骨外展的肌群**

使肩胛骨外展的肌群主要包括前锯肌、胸大肌和胸小肌。

平板卧推（图3－64）、仰卧飞鸟、蝴蝶肌夹胸、俯卧撑等练习可发展肩胛骨前伸肌群的力量；向使肩胛骨产生后缩动作的方向进行拉伸可发展其伸展性，如扩胸或单手握肋木向对侧转体等。

图3－63　滑轮下拉

图3－64　平板卧推

4．**使肩胛骨内收的肌群**

使肩胛骨内收的肌群主要包括斜方肌和菱形肌。

负重扩胸、俯立划船等练习可发展肩胛骨内收肌群的力量；向使肩胛骨产生前伸动作的方向进行拉伸可发展其伸展性，如含胸抱肩或单手握肋木向同侧转体等。

5．**使肩胛骨上回旋的肌群**

使肩胛骨上回旋的肌群主要包括斜方肌上、下部肌纤维和前锯肌下部肌纤维。

负重侧上举（图3－65）、肩上推举（图3－66）等练习可发展肩胛骨上回旋肌群的力量；向使肩胛骨产生下回旋动作的方向进行拉伸可发展其伸展性。

图3－65　负重侧上举

图 3－66　肩上推举

6. **使肩胛骨下回旋的肌群**

使肩胛骨下回旋的肌群主要包括菱形肌、胸小肌和肩胛提肌。

滑轮下拉、爬绳、引体向上等练习可发展该肌群的力量；向使肩胛骨产生上回旋动作的方向进行拉伸可发展其伸展性，如悬垂吊肩。

（二）运动肩关节的肌群

运动肩关节的肌群，其主要功能为使肩关节产生屈、伸、外展、内收、旋外和旋内运动，如表 3－2 所示 。

表 3－2　肩关节的运动和参与的肌肉

上臂在肩关节处的运动	屈和水平屈	伸和水平伸	内　收	外　展	旋　内	旋　外
肌肉名称	胸大肌 三角肌前部纤维 肱二头肌长头 喙肱肌	背阔肌 三角肌后部 冈下肌 小圆肌 大圆肌 肩胛下肌	胸大肌 背阔肌 冈下肌 小圆肌 大圆肌 肩胛下肌	三角肌 冈上肌	胸大肌 背阔肌 三角肌前部 肩胛下肌 大圆肌	三角肌后部 冈下肌 小圆肌

1. **使肩关节屈的肌群**

使肩关节屈的肌群主要包括胸大肌、三角肌前部肌纤维、肱二头肌长头和喙肱肌。

卧推、负重前平举、俯卧撑（3－67）等辅助练习可发展该肌群的力量；向使肩关节产生伸动作的方向进行拉伸可发展其伸展性，如向后拉肩（图 3－68）。

图 3－67 俯卧撑

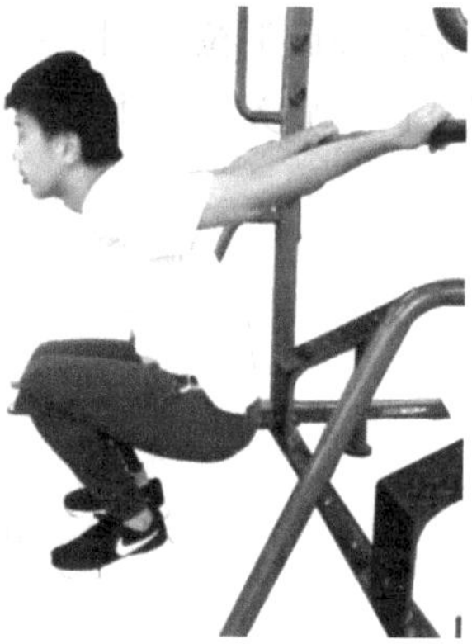

图 3－68 向后拉肩

2. **使肩关节伸的肌群**

使肩关节伸的肌群主要包括三角肌后部肌纤维、背阔肌、冈下肌、小圆肌、大圆肌和肩胛下肌。

卧拉（图 3－69）、俯立划船、负重扩胸等练习可发展该肌群的力量；向使肩关节产生屈动作的方向进行拉伸可发展其伸展性，如含胸抱肩或向前压肩等。

图 3－69 卧拉

3. **使肩关节外展的肌群**

使肩关节外展的肌群主要包括三角肌和冈上肌。

负重侧平举（图 3－70）、杠铃直立划船、肩上推举等练习可发展该肌群的力量；向使肩关节在屈位和伸位产生内收动作的方向进行拉伸可发展其伸展性，如直臂做向前内、后内侧的转肩。

图 3－70 负重侧平举

4. **使肩关节内收的肌群**

使肩关节内收的肌群主要包括肩胛下肌、胸大肌、背阔肌、冈下肌、小圆肌、大圆肌。

滑轮颈后下拉（图3－71）、爬绳、宽握距引体向上等练习可发展该肌群的力量；向使肩关节产生外展动作的方向进行拉伸可发展其伸展性，如悬垂吊肩。

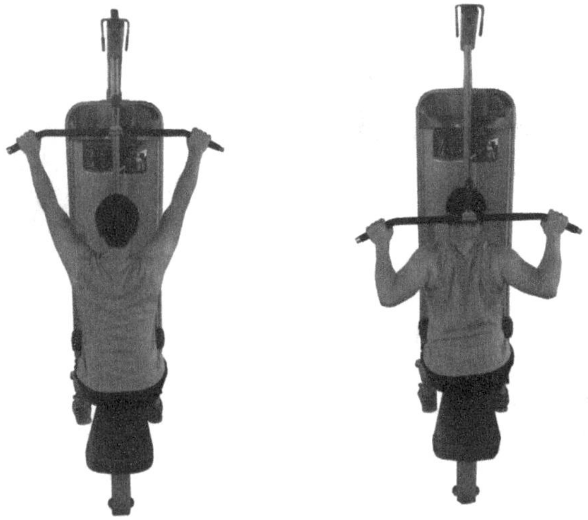

图3－71　滑轮颈后下拉

5. **使肩关节旋外的肌群**

使肩关节旋外的肌群主要包括三角肌后部、冈下肌和小圆肌。

上臂旋外拉弹力带等练习可发展该肌群的力量；向使肩关节产生旋内动作的方向进行拉伸可发展其伸展性，如含胸抱肩。

6. **使肩关节旋内的肌群**

使肩关节旋内的肌群包括三角肌前部、胸大肌、背阔肌、肩胛下肌和大圆肌。

上臂旋内拉弹力带等练习可发展该肌群的力量（图3－72）；向使肩关节产生旋外动作的方向进行拉伸可发展其伸展性，如肩旋外挺胸。

图3－72　上臂旋内拉弹力带

（三）运动肘关节的肌群

肘关节只能使前臂绕肘关节额状轴屈伸，使前臂在肘关节处绕垂直轴旋前和旋后（即内旋和外旋）。使肘关节运动的肌肉大部分在上臂周围（屈肘、伸肘），也有一部分在前臂上（前臂旋前和旋后），如表3－3所示。

表3-3 肘关节的运动和参与的肌肉

前臂在肘关节的运动	屈	伸	旋 内	旋 外
肌肉名称	肱肌 肱二头肌 肱桡肌 旋前圆肌	肱三头肌 肘肌	旋前圆肌 旋前方肌 肱桡肌	肱二头肌 肱桡肌 旋后肌

1. 使肘关节屈的肌群

使肘关节屈的肌群主要包括肱肌、肱二头肌、肱桡肌和旋前圆肌。

负重弯举、引体向上等辅助练习可发展该肌群的力量（图3-73、图3-74）；向伸肩和伸肘的运动方向进行拉伸可发展其伸展性，如后压臂。

图3-73 负重弯举

图3-74 引体向上

2. 使肘关节伸的肌群

使肘关节伸的肌群主要包括肱三头肌和肘肌。

杠铃颈后弯举、俯立臂屈伸等辅助练习可发展该肌群的力量；向屈肩和屈肘运动的方向进行拉伸可发展其伸展性，如屈肘臂上举。

3. 使肘关节旋外的肌群

使肘关节旋外的肌群主要包括旋后肌、肱二头肌和肱桡肌（注：后两块肌肉是在前臂旋内情况下产生使其旋外的作用）。

前臂旋外拉弹力带等辅助练习可发展该肌群的力量；向肘关节旋内运动的方向进行拉伸可发展其伸展性，如向后拉肩加前臂旋内的练习。

4. 使肘关节旋内的肌群

使肘关节旋内的肌群主要包括旋前圆肌、旋前方肌和肱桡肌（注：肱桡肌是在前臂旋外情况下产生使其旋内的作用）。

前臂旋内拉弹力带等辅助练习可发展该肌群的力量；向肘关节旋外的运动方向进行拉伸可发展其伸展性，如向后拉肩加前臂旋外的练习。

(四) 运动手关节的肌群

运动手关节的肌群，其主要功能为使手关节产生屈、伸、外展和内收运动。

1. 使手关节屈的肌群

使手关节屈的肌群主要包括桡侧腕屈肌、掌长肌、尺侧腕屈肌、指浅屈肌和指深屈肌等。

屈腕缠重锤或屈腕弯举哑铃等辅助练习可发展该肌群的力量（图3－75）；向手关节伸的运动方向进行拉伸可发展其伸展性，如手掌伸位下压。

图3－75 屈腕弯举哑铃

2. 使手关节伸的肌群

使手关节伸的肌群主要包括桡侧腕长伸肌、桡侧腕短伸肌、尺侧腕伸肌、指伸肌和示指伸肌等。

伸腕缠重锤或伸腕弯举哑铃等辅助练习可发展该肌群的力量；向手关节屈的运动方向进行拉伸可发展其伸展性，如手背屈位下压。

3. 使手关节外展的肌群

使手关节外展的肌群主要包括桡侧腕屈肌、桡侧腕长伸肌、桡侧腕短伸肌和示指伸肌等。

负重腕外展等辅助练习可发展该肌群的力量；向手关节内收的运动方向进行拉伸可发展其伸展性，如向内压腕。

二、下肢肌

按照运动功能可以将下肢肌分为运动髋关节的肌群、运动膝关节的肌群和运动足关节的肌群。

(一) 运动髋关节的肌群

运动髋关节的肌群，其主要功能为使髋关节产生屈、伸、外展、内收、旋外和旋内运动，如表3－4所示。

表3－4 髋关节的运动和参与的肌肉

髋关节的运动	屈大腿	伸大腿	内收	外展	旋内	旋外
肌肉名称	髂腰肌 股直肌（见后） 缝匠肌 阔筋膜张肌 耻骨肌等	臀大肌 大收肌 股二头肌（见后） 半膜肌（见后） 半腱肌（见后）	大收肌 长收肌 短收肌 臀大肌下部 股薄肌 耻骨肌	臀大肌上部 臀中肌 臀小肌 阔筋膜张肌 梨状肌	臀中肌前部 臀小肌前部 阔筋膜张肌	髂腰肌 臀大肌 梨状肌 臀中肌后部 臀小肌后部 缝匠肌

1. **使髋关节屈（屈大腿）的肌群**

使髋关节屈的肌群主要包括髂腰肌、股直肌、缝匠肌、阔筋膜张肌和耻骨肌。

悬垂举腿、仰卧举腿（图 3－76）、负重高抬腿等练习可发展该肌群的力量；向髋关节伸的运动方向进行拉伸可发展其伸展性，如后压腿、弓箭步压腿、跪撑后倒。

2. **使髋关节伸的肌群**

使髋关节伸的肌群主要包括臀大肌、股二头肌、半腱肌、半膜肌和大收肌。

负重后摆腿、俯卧背腿（图 3－77）、后蹬跑等练习可发展该肌群的力量；向髋关节屈的运动方向进行拉伸可发展其伸展性，如正压腿（图 3－78）、仰卧屈髋等。

图 3－76　仰卧举腿

图 3－77　俯卧背腿

3. **使髋关节外展的肌群**

使髋关节外展的肌群主要包括臀中肌、臀小肌、阔筋膜张肌、臀大肌上部和梨状肌等。

负重侧摆腿（图 3－79）、侧卧举腿等练习可发展该肌群的力量；向使髋关节在屈位和伸位产生内收动作的方向进行拉伸可发展其伸展性，如体侧屈、侧卧前压腿、侧卧后压腿。

图 3－78　正压腿

图 3－79　负重侧摆腿

4. 使髋关节内收的肌群

使髋关节内收的肌群主要包括大收肌、长收肌、短收肌、臀大肌下部、股薄肌和耻骨肌等。

图3-80 横劈叉

抗阻力夹腿、抗阻力内摆腿等练习可发展内收肌的力量；向使髋关节产生外展动作的方向进行拉伸可发展其伸展性，如侧压腿、横劈叉（图3-80）。

5. 使髋关节旋外的肌群

使髋关节旋外的肌群主要包括髂腰肌、臀大肌、梨状肌、臀中肌后部、臀小肌后部和缝匠肌等。

大腿旋外拉弹力带等练习可发展该肌群的力量；向使髋关节产生旋内动作的方向进行拉伸可发展其伸展性，如侧卧前压腿。

6. 使髋关节旋内的肌群

使髋关节旋内的肌群主要包括臀中肌前部、臀小肌前部和阔筋膜张肌等。

大腿旋内拉弹力带等练习可发展该肌群的力量：向使髋关节产生旋外动作的方向进行拉伸可发展其伸展性，如侧卧后压腿。

（二）运动膝关节的肌群

运动膝关节的肌群，其主要功能为使膝关节产生屈、伸、旋外和旋内运动，如表3-5所示。

表3-5 膝关节的运动和参与的肌肉

小腿在膝关节处的运动	小腿伸	小腿屈	小腿屈曲旋内	小腿屈曲旋外
肌肉名称	股四头肌	股二头肌 半膜肌 半腱肌 股薄肌 缝匠肌 腓肠肌（见后）	半膜肌 半腱肌 股薄肌 缝匠肌 腓肠肌内侧头	股二头肌 腓肠肌外侧头

1. 使膝关节屈的肌群

使膝关节屈的肌群主要包括股二头肌、半腱肌、半膜肌、缝匠肌、股薄肌和腓肠肌。

俯卧抗阻屈小腿（图3-81）、后踢腿跑等辅助练习可发展该肌群的力量；向伸膝的运动方向进行拉伸可发展其伸展性，如正压腿。

图 3－81　俯卧抗阻屈小腿

2. 使膝关节伸的肌群

使膝关节伸的肌群主要为股四头肌，腓肠肌在远固定条件下可协助伸膝。

负重蹲起、坐姿蹬腿、腿举（图 3－82）等辅助练习可发展该肌群的力量；向屈膝和伸髋的运动方向进行拉伸可发展其伸展性，如俯卧反弓展体、后压腿（图 3－83）、跪撑后倒（图 3－84）。

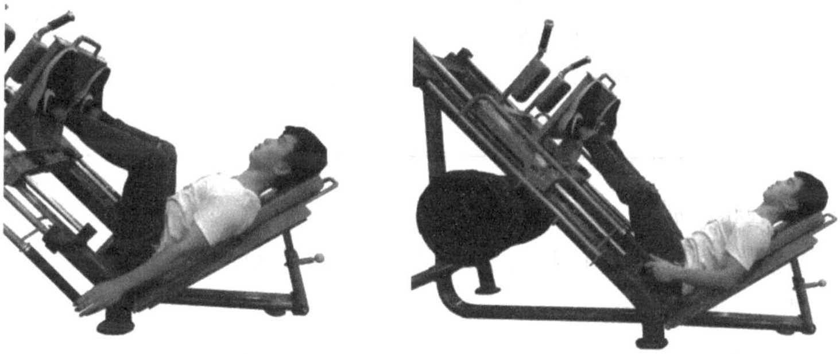

图 3－82　腿举

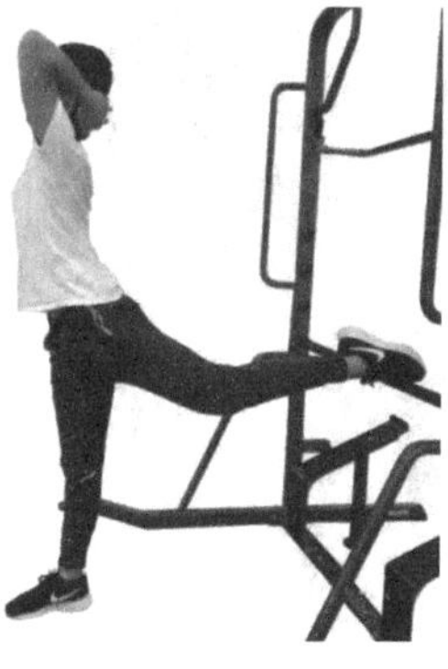

图 3－83　后压腿

图 3－84　跪撑后倒

3. **使膝关节旋外的肌群**

使膝关节旋外的肌群主要包括股二头肌和腓肠肌外侧头。

屈膝位小腿旋外拉弹力带等辅助练习可发展该肌群的力量；向膝关节旋内的运动方向进行拉伸可发展其伸展性，如屈膝位小腿旋内的练习。

4. **使膝关节旋内的肌群**

使膝关节旋内的肌群主要包括缝匠肌、半腱肌、半膜肌、股薄肌和腓肠肌内侧头。

屈膝位小腿旋内拉弹力带等辅助练习可发展该肌群的力量；向膝关节旋外的运动方向进行拉伸可发展其伸展性，如屈膝位小腿旋外的练习。

（三）运动足关节的肌群

运动足关节的肌群，其主要功能为使足关节产生屈、伸、外翻和内翻运动，如表 3－6 所示。

表 3－6　小腿肌肉功能与分群

小腿肌的功能	屈足、屈跖趾关节和趾关节		伸足、伸跖趾和趾关节
小腿肌的分群	后　群	外侧群	前　群
肌肉名称	小腿三头肌 胫骨后肌 踇长屈肌 趾长屈肌	腓骨长肌 腓骨短肌	胫骨前肌 踇长伸肌 趾长伸肌

1. **使足关节屈的肌群**

使足关节屈的肌群主要包括小腿三头肌、踇长屈肌、趾长屈肌、胫骨后肌、腓骨长肌和腓骨短肌。

负重提踵（图 3－85）、跳绳、脚掌蹬拉弹力带等辅助练习可发展该肌群的力量；向足关节伸的运动方向进行拉伸可发展其伸展性，如勾脚正压腿等。

图 3－85　负重提踵

2. **使足关节伸的肌群**

使足关节伸的肌群主要包括胫骨前肌、踇长伸肌和趾长伸肌等。

脚掌勾拉弹力带等辅助练习可发展该肌群的力量；向足关节屈的运动方向进行拉伸可发展其伸展性，如跪坐压足背。

3. **使足关节外翻的肌群**

使足关节外翻的肌群主要包括腓骨长肌、腓骨短肌和第三腓骨肌。

足外翻勾拉弹力带等辅助练习可发展该肌群的力量；向足关节内翻的运动方向进行拉伸可发展其伸展性，如内翻压足背。

4. **使足关节内翻的肌群**

使足关节内翻的肌群主要包括长屈肌、趾长屈肌、胫骨前肌和胫骨后肌等。

足内翻勾拉弹力带等辅助练习可发展该肌群的力量；向足关节外翻的运动方向进行拉伸可发展其伸展性，如外翻压足背。

三、躯干肌

按照运动功能可以将躯干肌分为运动脊柱的肌群和产生呼吸运动的肌群。

(一) 运动脊柱的肌群

运动脊柱的肌群，其主要功能为使脊柱产生屈伸、侧屈和回旋运动，如表 3 –7 所示。

表 3 –7　脊柱的运动和参与的主要肌肉

脊柱的运动	前　屈	后　伸	侧　屈	回　旋
肌肉名称	腹直肌 腹外斜肌 腹内斜肌 胸锁乳突肌 髂腰肌	竖脊肌 斜方肌 菱形肌等	同侧竖脊肌 腹直肌 腹内斜肌 腹外斜肌 髂腰肌等	转动方向同侧的 腹内斜肌 对侧腹内斜肌

1. **使脊柱屈的肌群**

使脊柱屈的肌群，其肌肉的长轴均从脊柱额状轴的前方跨过，因此可使脊柱屈，主要包括腹直肌、腹外斜肌、腹内斜肌、胸锁乳突肌和髂腰肌等。

仰卧起坐（图 3 –86）、悬垂举腿、仰卧两头起、负重体侧屈、负重转体等练习可以发展脊柱屈肌群的力量；做体操“下桥”动作（图 3 –87）可发展其伸展性。

图 3－86　仰卧起坐

图 3－87　下桥

2. **使脊柱伸的肌群**

使脊柱伸的肌群，其肌肉的长轴均从脊柱额状轴的后方跨过，因此可使脊柱伸，主要包括竖脊肌、斜方肌、菱形肌和臀大肌等。

杠铃硬拉、负重体屈伸、背向抛球和俯卧臂腿上振等练习可发展脊柱伸肌群的力量，屈体运动和仰卧举腿可发展其伸展性，见图 3－88、图 3－89、图 3－90。

图 3－88　负重体屈伸

图 3－89　背向抛球

图 3－90　俯卧臂腿上振

3. **使脊柱侧屈的肌群**

使脊柱侧屈的肌群，其肌肉的长轴均从脊柱矢状轴的侧方跨过，因此可使脊柱侧屈，主要包括脊柱同侧屈、伸的肌群（胸锁乳突肌、腹直肌、腹外斜肌、腹内斜肌、斜方肌、夹肌、竖脊肌、肩胛提肌、横突棘肌以及腰方肌、髂腰肌等）。

侧卧抬上体和直立负重体侧屈等练习可发展脊柱侧屈肌群的力量，坐姿或站姿的体侧屈、侧屈振腰等练习可发展其伸展性，见图 3－91、图 3－92。

图 3－91　侧卧抬上体

图 3－92　直立负重体侧屈

4. **使脊柱回旋的肌群**

使脊柱回旋的肌群，其肌肉的长轴均从脊柱垂直轴的侧方跨过，因此可使脊柱回旋，主要由同侧的腹内斜肌、肩胛提肌、夹肌、斜方肌和对侧的腹内斜肌、胸锁乳突肌等在下固定时协同收缩实现脊柱的回旋。

负重转体、斜坡仰卧起坐转体等练习可发展回旋脊柱肌群的力量，坐姿或站姿的转体牵拉练习可发展其伸展性，见图 3－93、图 3－94。

图 3－93　负重转体

图 3－94　斜坡仰卧起坐转体

（二）产生呼吸运动的肌群

1. **固有呼吸肌**

固有呼吸肌指只参与呼吸，不参与身体其他运动的肌肉，包括膈肌、肋间外肌、肋间内肌和胸横肌等。

2. **辅助呼吸肌**

辅助呼吸肌指主要功能为产生身体运动，但又具有提肋、降肋功能，参与呼吸的肌肉。胸大肌、胸小肌和胸锁乳突肌等肌肉为辅助吸气肌，腹直肌、腰方肌和髂肋肌等肌肉为辅助呼气肌。

人是一个整体，在运动中，全身骨骼肌或多或少、或主或次、或先或后都要参与工作，协调配合。以下着重介绍转体动作中的身体肌肉螺旋线，为读者在今后学习和工作中提供参考。

以掷标枪出手前的瞬间动作为例，运动员前脚着地，下肢肌处在下固定工作状态，膝关节微屈，髋关节伸，骨盆后倾，脊柱向掷枪的反方向旋转并后伸，头和上体随持枪臂侧屈和旋转，上肢带上回旋，持枪肩关节外展、后伸，肘关节伸。与此同时，肌肉被拉长，为掷枪最后用力做准备。处于这一姿势的所有被拉长的肌肉，围绕躯干形成一条肌肉螺旋线。这些肌肉自下而上依次为：支撑腿一侧的缝匠肌、股直肌、髂腰肌和竖脊肌、腹内斜肌、对侧腹外斜肌、前锯肌，支撑腿一方的菱形肌、斜方肌、背阔肌，胸锁乳突肌。这条螺旋线由骨盆前下方斜向对侧腹壁，胸廓外侧转向后背，经脊柱又回到对侧支撑腿一方背部上方斜向头颈。当完成转体时，持枪臂肩关节处的胸大肌、三角肌前部和肱二头肌也被充分拉长。在上述各肌协同配合下被拉长的肌肉有力收缩，转体将标枪有力地掷出。

实训环节

实训三　上肢不同肌群的定位及机能分析

一、实训内容

（1）观察运动上肢各关节的肌肉位置、形态和起止点。

（2）观察上肢表浅肌肉的体表标志。

二、实训目的

（1）掌握上肢肌的组成。

（2）掌握上肢主要肌肉的位置和起止点。

（3）理解上肢主要肌肉的功能。

三、实训材料与器具

人体骨架、全身肌肉模型、上肢肌肉标本或模型、手肌标本或模型。

四、实训步骤

（一）运动上肢带肌的观察

1. 斜方肌、菱形肌和肩胛提肌的观察

斜方肌、菱形肌和肩胛提肌均位于胸部背侧，在上肢肌肉标本（或躯干肌肉标本）的胸部背侧可观察到，也可在全身肌肉模型上观察。

斜方肌位于颈部和背上部，为三角形的阔肌，两侧相合为斜方形。辨认其起、止点时，须注意该肌上、中、下3部肌纤维的方向，确定该肌收缩时的肌拉力方向，并分析其功能。

菱形肌位于斜方肌深面，在脊柱与肩胛骨内侧缘之间。辨认其起、止点时，须注意肌纤维方向，确定其收缩时肌拉力方向及其功能。

肩胛提肌位于颈部两侧，肌肉的上部位于胸锁乳突肌的深层，下部位于斜方肌的深层，将斜方肌翻开便可观察到。辨认其起、止点时，须确定其肌拉力方向及其功能。

2. **胸小肌、 前锯肌的观察**

两块肌肉位于胸部前外侧面，将胸大肌翻开便可观察到。

胸小肌位于胸廓上部的前外侧。辨认其起、止点及肌纤维方向，确定其收缩时肌拉力方向及其功能。

前锯肌位于胸廓外侧面，为一宽大的扁肌，与胸廓侧面的弯曲一致，其前上部被胸大肌所遮盖，止于肩胛骨脊柱缘。观察其起点处的肌纤维在肋骨与肩胛骨之间走行，确定该肌收缩时肌拉力方向及其功能。

（二）运动肩关节肌肉的观察（图3－95）

1. **胸大肌的观察**

胸大肌位于胸廓的前上部皮下，为扇形扁肌。注意观察此肌上、中、下3部的起点及肌纤维在止点处的交叉情况，确定收缩时肌拉力方向及其与肩关节运动轴的关系，并分析其功能。

思考：肌纤维交叉与肩关节运动幅度有何关系？

2. **三角肌的观察**

三角肌位于肩部皮下，为三角形的多羽状肌。注意观察此肌前、中、后3部的起点及肌纤维方向，确定该肌收缩时肌拉力方向及其与肩关节运动轴的关系，分析其功能。

3. **冈上肌的观察**

冈上肌位于肩胛骨的冈上窝内，斜方肌上部的深面。观察该肌的位置和起、止点，思考该肌的功能。

4. **背阔肌的观察**

背阔肌位于腰背部和胸部的后外侧皮下，为三角形扁肌。注意观察该肌肌纤维在胸廓侧面与肱骨之间穿行而止于肱骨小结节峰，在止点处，上、下肌纤维交叉，确定该肌收缩时肌拉力方向及其与肩关节运动轴的关系，分析该肌功能。

5. **大圆肌的观察**

大圆肌位于背阔肌上方，其下缘被背阔肌遮盖。该肌肌纤维走向与背阔肌相同，故该肌近固定时的功能与背阔肌相同。

6. **冈下肌和小圆肌的观察**

冈下肌位于肩胛骨背面的冈下窝内，大部分被三角肌和斜方肌遮盖；小圆肌位于大圆肌上方，部分被三角肌后部所遮盖。

将三角肌向上翻开，即可观察到冈下肌和小圆肌肌纤维从肩关节后方斜上走行于止点。思考其功能与背阔肌、大圆肌的异同。

7. **肩胛下肌的观察**

肩胛下肌位于肩胛骨的肩胛下窝内，为多羽肌。注意观察该肌纤维方向，起、止点，确定其收缩时肌拉力方向及其与肩关节运动轴的关系，思考其功能。

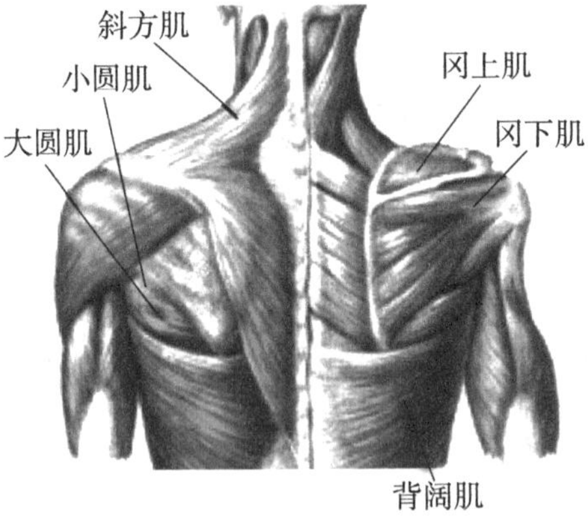

图 3－95　肩后肌群

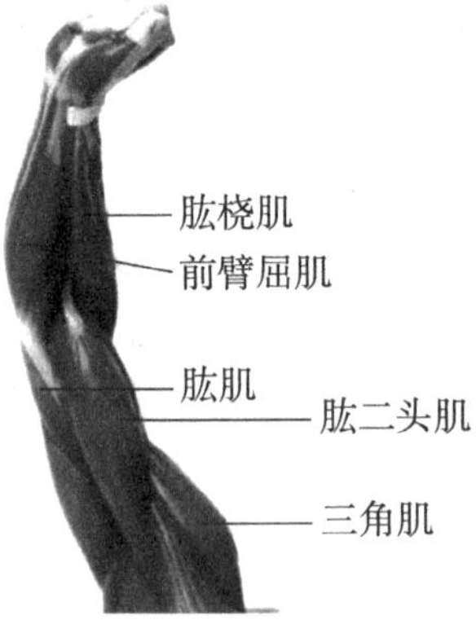

图 3－96　上肢肌肉

（三）运动肘关节和桡尺远侧关节肌肉的观察（图 3－96）

运动肘关节和桡尺远侧关节的肌肉配布于肘关节前、后和前臂前面，在上肢肌肉标本（或全身肌肉模型）上可观察到下述各群肌肉。

1. **肱二头肌、肱肌的观察**

肱二头肌位于上臂前面皮下，在上肢肌肉标本上，将三角肌向上翻开，并将胸大肌止点处翻开即可看到长、短头的起点。根据其位置和起、止点，思考其功能。

肱肌位于上臂前面下半部，肱二头肌深面。观察该肌纤维方向，起、止点，确定其收缩时肌拉力方向及其与肘关节运动轴的关系，确定其功能。

2. **肱三头肌、肘肌的观察**

肱三头肌位于上臂后面皮下，有长头、内侧头和外侧头。注意观察此肌 3 个头的起点及 3 个头合成一个肌腱的止点，并确定其功能。

3. **肱桡肌、旋前圆肌和旋后肌的观察**

在上肢肌肉标本的前臂处，还可观察到肱桡肌和旋前圆肌。它们均从肘关节前方跨过，故有屈肘关节作用。

旋后肌位于前臂近侧端背面深层，在肌肉标本中不易观察清楚，可在骨架上找出其起、止点位。

（四）运动手关节肌肉的观察

运动手关节的肌肉位于前臂。前臂肌多为具有长腱的长肌，肌腹多在前臂的上半部。前臂肌可分为前、后两群，每群又分为浅、深两层，它们的起点多在肱骨内、外上髁和前臂中、上段，在上肢肌肉标本（或全身肌肉模型）上可观察到前臂前群肌和后群肌。

1. **前臂后面及外侧肌肉的观察**

位于前臂的后面及外侧的肌肉主要为伸腕和伸指肌。后群浅层肌从桡侧向尺侧依次排列有桡侧腕长伸肌、桡侧腕短伸肌、指伸肌、小指伸肌。深层肌由上外侧往下内侧依次为拇长展肌、拇短伸肌、拇长伸肌和示指伸肌。

2. **前臂前面及内侧肌肉的观察**

位于前臂的前面及内侧的肌肉，主要为屈腕和屈指肌。前群浅层肌从桡侧向尺侧依次排列有桡侧腕屈肌、掌长肌、指浅屈肌和尺侧腕屈肌。深层肌有位于桡骨前面的拇长屈肌（图 3－97）。

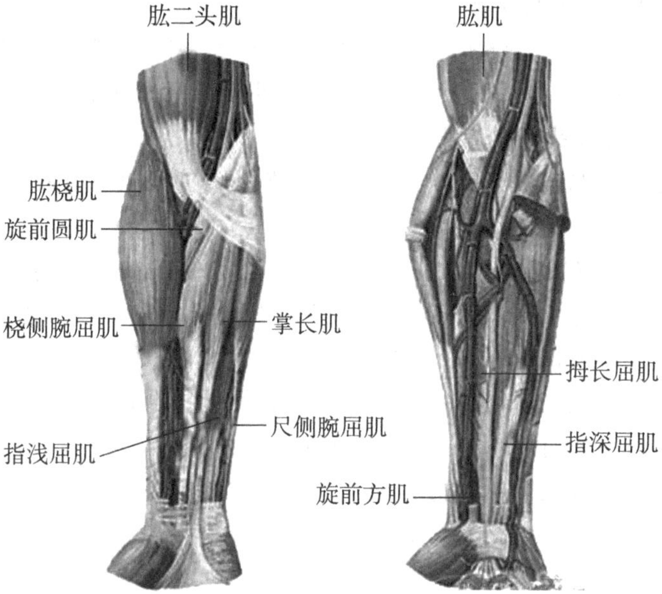

图 3－97　前臂前肌肉群

（五）手肌的观察

手肌位于手的掌面，短小而数目多，其功能是运动手指。手肌可分为 3 群，即外侧群、内侧群和中间群。在手肌标本或模型上可观察到上述 3 群肌肉。外侧群较发达，包括浅层的拇短展肌和拇短屈肌，深层的拇对掌肌和拇收肌，它们形成手掌侧的鱼际。

内侧群浅层为小指短屈肌、小指展肌，深层为小指对掌肌等，它们形成手掌内侧小鱼际。中间群浅层为蚓状肌，中间层为骨间掌侧肌，深层为骨间背侧肌。

（六）手部腱鞘的观察

在手肌标本或模型上，分辨手掌侧腱鞘和手背侧腱鞘。

手掌侧腱鞘有拇长屈肌腱鞘、指总屈肌腱鞘和指腱鞘。手背侧腱鞘有拇长展肌腱鞘、拇短伸肌腱鞘、拇长伸肌腱鞘、指总伸肌腱鞘、小指伸肌腱鞘和尺侧腕伸肌腱鞘。思考其功能。

（七）上肢表浅肌的体表标志观察及活体触扪

（1）斜方肌——将学生分为若干小组，每组五或六人，其中一学生脱下上衣，两臂悬垂维持用力扩胸动作，其他学生在其颈背部可观察到一侧斜方肌的三角形形状，两侧为斜方形。观察三角肌——令学生一臂做外展，另一手触扪外展手臂肩部外侧紧张的肌肉，此则是肩关节上部的三角肌。

（2）观察胸大肌——令学生上臂紧贴躯干侧面，用力内收，此时可在胸廓前外上方触扪到胸大肌紧张。手臂伸直放在桌面上（手掌向下贴桌面），用力做下压动作，此时可触扪到胸大肌的腹部肌纤维紧张。反之，由桌下向上用力时，则可触扪到胸大肌的锁骨部肌肉紧张。

观察肱二头肌和肱三头肌——令学生用力屈肘，可在上臂前面观察并触扪到鼓起紧张的肱二头肌。用力伸肘时，则可在上臂后面观察并触扪到肱三头肌隆起且紧张的长头、外侧头和内侧头的肌腹。

（3）观察肱桡肌——抗阻力屈肘时，可在肘关节外侧下方观察并触扪到肱桡肌肌腹。

观察前臂前群屈腕屈指肌——用力屈腕握拳时，可在腕关节掌侧正中观察并触扪到位于桡侧的腕屈肌肌腱、位于中央偏尺侧细长的掌长肌肌腱、紧贴掌长肌肌腱尺侧的指浅屈肌肌腱和尺侧的尺侧腕屈肌肌腱。

（4）观察伸拇指的肌肉——用力跷起拇指时，可在腕关节外侧背面至拇腕掌关节后面观察并触扪到外侧的拇短伸肌肌腱及内侧的拇长伸肌肌腱。

（5）观察伸指的肌肉——用力伸腕伸指，可观察并触扪到指伸肌肌腱，该肌肌腱自腕部向手指端分成四个肌腱，分别至食指、中指、无名指和小指。

（6）观察鼻烟窝——在腕背侧面，当拇指伸直外展时，自桡侧向尺侧可见拇长展肌、拇短伸肌和拇长伸肌的肌腱。在拇短伸肌肌腱和拇长伸肌肌腱之间有深的凹陷，称鼻烟窝。

（7）观察鱼际——从掌面观察，可看到手肌外侧群形成的拇指侧隆起，即鱼际。

（8）观察小鱼际——从掌面观察，可看到手肌内侧群形成的小指侧隆起，即小鱼际。

五、实训练习题

（1）试在自己身上摸认出上肢重要的肌性标志。

（2）对上肢肌肉按照功能进行分群归纳，并设计出发展相应肌肉力量和柔韧性的练习方法。

实训四 下肢不同肌群的定位及机能分析

一、实训内容

(1) 观察运动下肢各关节的肌肉位置、形态和起止点。
(2) 观察下肢表浅肌肉的体表标志。

二、实训目的

(1) 掌握下肢肌的组成。
(2) 掌握下肢主要肌肉的位置和起、止点。
(3) 理解下肢主要肌肉的功能。
(4) 掌握下肢表浅肌肉的体表标志。

三、实训材料与器具

人体骨架、全身肌肉模型、下肢肌肉标本或模型、足肌标本或模型。

四、实训步骤

(一) 运动髋关节肌肉的观察

运动髋关节的肌肉分布于髋关节前面、后面、外侧和内侧，观察下肢肌肉标本（或全身肌肉模型）。

1. 髋关节前面肌群的观察

分布于髋关节前面的肌群包括髂腰肌、缝匠肌、股直肌和阔筋膜张肌等。髂腰肌由位于髂窝内的髂肌和位于腰部脊柱两侧的腰大肌组成。观察其起、止点，确定该肌收缩时肌拉力方向，分析其功能。

缝匠肌是人体中最长的肌肉之一，位于大腿前面，上端起于髋部前方，向下延伸至内侧，跨过并止于膝关节后方。根据该肌位置和起、止点，以及肌纤维走向与髋关节和膝关节的位置关系，思考其功能。

阔筋膜张肌起于大腿前外侧，向下移行于大腿外侧的髂胫束。

股直肌为股四头肌的一个头，见“运动膝关节的肌肉”。

2. 髋关节后面肌群的观察

髋关节后面肌肉群包括臀大肌、臀中肌、臀小肌、半腱肌、半膜肌、股二头肌以及深层的梨状肌等。

(1) 臀大肌、臀中肌和臀小肌

臀大肌位于骨盆后外侧面臀部皮下，为四方形强厚的扁肌。臀中肌位于臀大肌深面，将臀大肌翻开便可观察到。臀小肌位于臀中肌深面，将臀中肌翻开便可观察到。观察上述肌肉的位置，起、止点，注意它们的肌纤维方向，确定肌肉收缩时肌拉力方向及其与髋关节运动轴的关系，并思考其功能。

（2）半腱肌、半膜肌和股二头肌

半腱肌、半膜肌和股二头肌共同起于坐骨结节（股二头肌短头起于股骨粗线）。半腱肌、半膜肌的肌腱经膝关节后面转至内侧止于胫骨粗隆的内侧。股二头肌则经膝关节后面转至外侧止于腓骨头。根据上述肌肉所跨过膝关节方位，起、止点，思考其在膝关节运动功能方面的异同。

（3）梨状肌

在下肢肌肉标本上，将臀大肌、臀中肌翻开便可观察到梨状肌。观察梨状肌的肌纤维走向，并思考其功能。

3. 髋关节内侧肌群观察

在下肢肌肉标本上，自髋关节前内侧，由上向下进行观察，髋关节内侧肌肉群依次为耻骨肌、短收肌（大部分被长收肌遮盖）、长收肌、大收肌和股薄肌。辨认每块肌肉并思考其功能。

4. 髋关节外侧肌群观察

在下肢标本中，自髋关节前外侧，由上而下进行观察，髋关节外侧肌肉群依次可见阔筋膜张肌（外侧部分）、股二头肌（外侧部分）、股四头肌（外侧部分），辨认每块肌肉，并思考其功能。

（二）运动膝关节肌肉的观察

运动膝关节的肌肉分布在膝关节前面、后面，并从内、外侧跨过。取下肢肌肉标本或全身肌肉模型进行观察。

1. 股四头肌

股四头肌位于大腿前面及外侧的皮下。股直肌起点在标本（或模型）上可直接找到，股内侧肌、股外侧肌的起点须沿其肌纤维向后查寻方可观察到。观察时注意该肌四个头合并成的肌腱及所形成的髌韧带。观察该肌的位置及起、止点，注意其肌纤维方向，确定肌肉收缩时肌拉力方向及其与膝关节运动轴的关系，并思考其功能。

2. 半腱肌、半膜肌、股二头肌、缝匠肌

上述肌肉已在运动髋关节肌肉中观察。

3. 腓肠肌

见运动足关节的肌肉。

（三）运动足关节肌肉的观察

运动足关节肌肉主要包括小腿前群肌、小腿后群肌和小腿外侧群肌。在下肢肌标本或全身肌肉模型上观察上述各群肌肉。

1. 小腿前面肌群的观察

小腿前面肌群包括胫骨前肌、踇长伸肌和趾长伸肌。在下肢肌肉标本的小腿前外侧可观察到。胫侧为胫骨前肌，腓侧为趾长伸肌，踇长伸肌位于两肌之间。

注意观察这些肌肉的肌腱方向，并思考其功能。

2. 小腿后面肌群的观察

小腿后面肌群包括小腿三头肌、踇长屈肌、胫骨后肌和趾长屈肌。

（1）小腿三头肌

小腿三头肌位于小腿后面，包括浅层的腓肠肌及深面的比目鱼肌。在下肢肌肉标本中，找出其起、止点，注意观察腓肠肌与比目鱼肌在小腿中部合并移行为强大的跟腱而止于跟骨结节，并思考其功能。

（2）踇长屈肌、胫骨后肌和趾长屈肌

这些肌肉位于小腿三头肌深面，将小腿三头肌向上翻开便可观察到。踇长屈肌位于腓侧，中间为胫骨后肌，胫侧为趾长屈肌。三块肌肉均为羽状肌，其肌腱均从距小腿关节和距跟关节后内侧跨过并转向足底。注意观察这些肌肉的位置、形态，肌腱走向，并思考其功能。

3. 小腿外侧肌群的观察

小腿外侧肌群包括腓骨长肌、腓骨短肌和第三腓骨肌，在下肢肌肉标本的小腿外侧可观察到。腓骨长肌位于最外侧，其深面为腓骨短肌，腓骨短肌的前面内侧为第三腓骨肌。注意观察这些肌肉的肌腱方向及位置关系，并思考其功能。

（四）足肌的观察

足肌分为足背肌和足底肌。足背肌较弱小，包括趾短伸肌和踇短伸肌。取足肌模型，可见足底肌与手掌肌相似，也分为内侧群、中间群和外侧群，每群肌肉均有浅层、中间层和深层。在足肌标本或模型上可观察到上述肌肉。

（五）足部腱鞘的观察

在足肌标本或模型上，分辨足背肌的腱鞘和足底肌的腱鞘。

1. 足背部的腱鞘

足背侧从内侧至外侧，有胫骨前肌腱鞘、踇长伸肌腱鞘和趾长伸肌腱鞘。

2. 足底部的腱鞘

足底部有胫骨后肌腱鞘、踇长屈肌腱鞘、趾长屈肌腱鞘、足趾腱鞘、腓骨肌总腱鞘和腓骨长肌跖侧腱鞘。

（六）下肢表浅肌的体表标志观察及活体触扪

通过对下肢浅层主要肌肉的触扪与观察，进一步确认这些肌肉在活体中的位置、形态及其功能。

（1）阔筋膜张肌——保持高抬腿姿势，此时髋关节屈，可在髋关节前外侧上方触扪到鼓起的阔筋膜张肌的肌腹。站立位，膝关节用力伸直，可在大腿外侧触扪到由阔筋膜张肌收缩被拉紧的髂胫股四头肌；保持伸膝屈髋姿势，此时在大腿前面触扪到内侧的股内肌、外侧的股外肌以及前面正中膨隆的股直肌。

（2）臀大肌——向后摆腿，然后制动，保持髋关节伸位，此时可在臀部触扪到紧张的臀大股后肌群；取单腿站立，非支撑腿屈小腿，此时可在大腿后面触扪到外侧的股二头肌和内侧的半腱肌肌腹。在腘窝的内上界，可摸到半腱肌、半膜肌的肌腱止于胫骨，其中半腱肌肌腱较窄，位置浅表略靠外；半膜肌肌腱粗而圆钝，位于半腱肌肌腱的深面和靠内。在腘窝的外上界，可摸到股二头肌的肌腱止于腓骨头。小腿三头肌——在提踵时，可在小腿后面观察并触扪到腓肠肌的内、外侧头肌腹。另外在踝关节后方可观察并触扪到强大的跟腱。胫骨前肌——在用力勾脚尖时，可在小腿前面、胫骨外侧观察并触扪到胫骨前肌肌腹。

（3）缝匠肌——在大腿前方，当大腿屈、外展和旋外时，可见此肌的轮廓。

（4）股三角肌——在小腿伸直的情况下，当大腿屈、旋外和外展时，可看到股三角肌。股三角肌的底（上界）为腹股沟韧带，内侧界为长收肌内侧缘，外侧界为缝匠肌内侧缘。

（5）长收肌——在大腿内收时，可见此肌自耻骨结节斜向外下方，构成股三角的内侧界。

（6）踇长伸肌——当用力伸踇趾时，在踝关节前方及足背可摸到踇长伸肌肌腱。

（7）趾长伸肌——当背屈时，在踝关节前方，踇长伸肌肌腱的外侧可摸到此肌腱。伸趾时在足背可清晰见到至各趾的肌腱。

五、实训练习题

（1）试在自己身上摸认出下肢重要的肌性标志。

（2）对下肢肌肉按照功能进行分群归纳，并设计出发展相应肌肉力量和柔韧性的练习方法。

实训五　躯干不同肌群的定位及机能分析

一、实训内容

（1）观察使躯干产生各种运动的肌肉位置、形态和起、止点。

（2）观察躯干表浅肌肉的体表标志。

二、实训目的

（1）掌握躯干肌的组成。

（2）掌握躯干主要肌肉的位置和起、止点。

（3）理解躯干主要肌肉的功能。

（4）掌握躯干表浅肌肉的体表标志。

三、实训材料与器具

人体骨架、全身肌肉模型、躯干肌肉标本或模型、示膈专用标本或模型。

四、实训步骤

（一）运动脊柱肌肉的观察

观察躯干肌肉标本（或全身肌肉模型）。

1. 屈脊柱肌群的观察

屈脊柱肌群包括腹直肌、腹外斜肌、腹内斜肌、髂腰肌和胸锁乳突肌等。

（1）腹直肌

腹直肌位于腹壁前方、浅层皮下，包在腹直肌鞘内，将肌鞘翻开，可见其被腹白线分割于正中线两侧，上下走向，形态上宽下窄，呈扁平状，被3～4条横行腱划分开。观察该肌的位置和起、止点，确定该肌的功能。

（2）腹外斜肌

腹外斜肌位于腹前壁外侧，浅层皮下，扁而宽阔，肌纤维由外上斜向前内下，呈倒“八”字形，与背阔肌的肌齿交错。腹外斜肌腱膜经腹直肌的前面，参与构成腹直肌鞘前壁。观察该肌的位置和起、止点，确定该肌的功能。

（3）腹内斜肌

腹内斜肌在腹外斜肌的深面，扁而阔，将腹外斜肌翻起便可看到。肌纤维由后外下斜向前内上，呈正“八”字形，同侧的腹内斜肌与对侧的腹外斜肌方向一致。腹内斜肌腱膜参与构成腹直肌鞘前、后壁。观察该肌的位置和起、止点，确定该肌的功能。

（4）髂腰肌

见运动髋关节的肌肉。观察该肌的位置和起、止点，确定该肌功能。

（5）胸锁乳突肌

胸锁乳突肌是很重要的一个肌性标志，斜列于颈部两侧。起自肋骨柄前面及锁骨胸骨端，纤维行向上后外侧方，止于颞骨乳突。活体如将面转向左侧，则右侧胸锁乳突肌在体表隆起很明显，特别是它的起点两头看得很清楚。观察该肌的位置和起、止点，确定该肌的功能。

2. 伸脊柱肌群的观察

伸脊柱肌群包括竖脊肌、斜方肌、胸锁乳突肌和臀大肌等。由于斜方肌、胸锁乳突肌和臀大肌前面已观察过，故在此重点观察竖脊肌。

竖脊肌位于脊柱两侧，纵贯颈、胸、腰段背侧，上窄小、下宽大，肌纤维粗。由棘肌（列内侧）、最长肌（列中间）和髂肋肌（列外侧）3组肌肉组成并排列于躯干背面。根据该肌的位置和起、止点，确定该肌的功能。

3. 使脊柱回旋肌群的观察

使脊柱回旋肌群包括同侧的腹内斜肌和对侧的腹内斜肌，此外还有对侧的胸锁乳突肌、斜方肌等，这些肌肉在前文均已涉及。

（二）参与呼吸运动肌肉的观察

参与呼吸运动的肌肉包括固有呼吸肌（膈肌、肋间外肌、肋间内肌、胸横肌）和辅助呼吸肌（胸大肌、胸小肌、胸锁乳突肌等为辅助吸气肌，腹直肌、腰方肌（肋肌）等为辅助呼气肌）。本实训重点观察膈肌和肋间肌。

1. **膈肌的观察**

在示膈专用标本或模型上观察，可见膈封闭胸廓下口，介于胸、腹腔之间，为圆顶形宽薄的阔肌。其周围为肌性部，起自胸廓下口内面及腰椎前面，各部肌束向中央集中移行于腱性部，称中心膈，上有3个裂孔：主动脉裂孔、食管裂孔、腔静脉裂孔。观察该肌的位置和起、止点及肌纤维走向，确定该肌的功能。

2. **肋间肌的观察**

肋间肌包括肋间外肌和肋间内肌，取躯干肌肉标本或模型进行观察。

肋间外肌填充于肋骨之间的浅层，肌纤维与腹外斜肌方向一致，呈倒“八”字形，为扁肌，共占11对肋骨。起于上位肋骨的下缘，止于下位肋骨的上缘。肋间内肌也填充于肋骨之间，在肋间外肌的深层，翻开肋间外肌可见，肌纤维与腹内斜肌方向一致，呈正“八”字形，为扁肌，共占11对肋骨。肋间内肌起于下位肋骨的上缘，止于上位肋骨的下缘。观察肋间外肌、肋间内肌的位置和肌纤维走向，确定它们的功能。

（三）躯干局部结构的观察

1. **胸腰筋膜**

胸腰筋膜包裹在竖脊肌的周围，分为浅、深两层。浅层在竖脊肌的表面，向内侧附着于棘突，较薄的上部向外附着于肋角，腰部显著增厚且与背阔肌的腱膜紧密结合。深层分隔竖脊肌和腰方肌，位于第12肋和髂峰之间，向内侧附于腰椎横突，向外侧深浅两层于竖脊肌的外侧缘会合而构成竖脊肌鞘，并向外作为腹内斜肌和腹横肌的起始部。

2. **腹直肌鞘**

腹直肌鞘为包裹腹直肌的鞘状结构，由腹外斜肌、腹内斜肌和腹横肌的腱膜构成。鞘分前后两壁，前壁由腹外斜肌腱膜与腹内斜肌腱膜的前层愈合而成；后壁由腹内斜肌腱膜的后层与腹横肌腱膜愈合而成。在脐下4～5 cm处，鞘的后壁转至腹直肌前面，参与前壁的构成，此处后壁的游离下缘呈凸向上方的弧形线称弓状线（半环线）。此线以下无后壁，腹直肌后面直接与腹横筋膜相贴。

3. **白线**

白线位于腹前壁正中线上，介于左右腹直肌鞘之间，由两侧的腹直肌鞘纤维彼此交织而成。上方起自剑突，下方止于耻骨联合。白线的上部较薄而宽，下部较厚而窄。在白线中部有一圆形腱环，称脐环，在胎儿期有脐血管通过。脐环和腹白线上部是腹前壁的薄弱部位。如腹腔脏器由此处膨出，可发生“脐疝”或“白线疝”。

4. **腹股沟管**

腹股沟管位于腹前壁下缘，为腹股沟韧带内侧半上面与各层腹肌之间的一条斜行裂隙，由外上斜向内下方，长4 ～5 cm。管内男性有精索通过，女性有子宫圆韧带通过。腹股沟管有内、外两口，以及前、后、上、下4 个壁。

5. **股管**

股管在腹股沟韧带下方，由该韧带内侧1/3、耻骨上支和股静脉围成。平时为脂肪和淋巴结所填充，病变时才形成管。此处较薄弱，体弱者在腹压过大时，腹腔脏器可以从股管突出，形成“股疝”。

（四）躯干的体表肌性标志观察

（1）斜方肌——在颈部和背上部，可见斜方肌的外上缘轮廓。

（2）背阔肌——在背下部可见背阔肌的轮廓。

（3）竖脊肌——在脊柱两旁各椎骨棘突两侧的纵行肌性隆起，为此肌的轮廓。

（4）胸大肌——胸前壁较膨隆的肌性隆起，为此肌轮廓。

（5）前锯肌——在胸部外侧壁上，可看到前锯肌和腹外斜肌的肌齿相互交错。

（6）腹直肌——在腹前正中线两侧可见纵向隆起，为此肌的轮廓。肌肉发达者可见脐以上有3 条横沟，即为腹直肌的腱划。

（7）胸锁乳突肌——当头向对侧旋转时，颈部可见到从前下方斜向上方呈长条状的隆起。

五、实训练习题

（1）试在自己身上摸认出躯干重要的肌性标志。

（2）对躯干肌肉按照功能进行归纳，并设计出相应的锻炼方法。

拓展阅读

运动后肌肉酸痛是瘦吗？这样能减肥？

很多人都有过运动后肌肉酸痛的情况，这是要瘦的节奏吗？运动后肌肉酸痛是瘦吗？这样可以减肥吗？

其实肌肉酸痛和减肥没有联系！肌肉酸痛是长期不运动后突然运动的必然结果。

这里介绍肌肉是怎样生长的。

肌肉增长的原因是超量补偿（也叫超量恢复）。在肌肉锻炼的时候有些肌纤维会断裂，锻炼后肌纤维会自我修复，修复后的肌肉体积比原来更大，因此肌肉就更大了！也就是说，要先撕裂肌肉才会恢复肌肉。在运动的时候会消耗大量糖原，糖原在氧供应不足的情况下分解为乳酸，同时快速释放能量合成ATP，以供肌肉收缩所需。糖原无氧分解的代谢产物是乳酸，肌肉酸痛就是乳酸大量堆积引起的。

乳酸是一种强酸，它在体内积聚过多会破坏体内酸碱度的稳定，从而降低机体工作能力。不少健美运动员的经验表明，肌肉酸痛的时候坚持训练，肌肉感觉不到刺激，非常难练涨。而且肌肉酸痛会让肌肉的本能反应趋向排斥肌肉运动，因此非常难集中意念来训练，更不用说建立肌肉—意志联系了。所以最好是等到肌肉酸痛现象消失后再训练。

要减肥就要进行大量的有氧运动，跑步就是最有效、最廉价的有氧运动，保持4.5 km/h 以上的速度跑35 min 以上（由于人体在进行有氧运动时最先用掉的是体内的糖原，接着才是脂肪，而体内糖原能维持30 ～35 min，因此想减肥就要坚持35 min 以上)，最好在1 小时左右，但是不能跑太久，因为太久会消耗一些肌肉组织。接下来就是最重要的——控制饮食！具体的摄入量要根据体重和体脂来计算；多吃能量低、饱腹感强的食物，如蔬菜、粗粮、水果等。水果里饱腹感最强的是苹果，因此很多人减肥都吃苹果。液体比固体更容易吸收，所以千万别喝果汁、酒精制品等！

（资料来源：“超越健身”公众号）

第二部分

人体运动的保障系统

第四章　心血管系统

学习要点

1. 心血管系统的组成和功能。
2. 体循环和肺循环。
3. 血压的正常值及血压异常。
4. 人体血管的种类及各类血管的特点。
5. 心脏的位置和结构。
6. 体育运动对心血管系统的影响。

血液循环系统是一个密闭的管道系统，包括心脏、血管和在心脏、血管内流动的血液。其主要功能是将营养物质和氧及血液运送到全身器官相应的靶器官，完成对人体的功能调节；同时将细胞和组织的代谢产物、多余的水及二氧化碳等运送到排泄器官，以维持机体的新陈代谢，维持人体内环境的动态平衡。

血液由心室流入动脉，经过毛细血管，汇入静脉，再由大静脉返回心房，便完成了一次循环。由左心室到主动脉及中、小动脉，再到毛细血管进行物质交换，由小、中静脉汇入上、下腔静脉返回右心房的循环叫大（体）循环；由右心室到肺动脉，再到肺毛细血管进行气体交换，汇入肺静脉返回左心房的循环叫小（肺）循环（图4－1）。

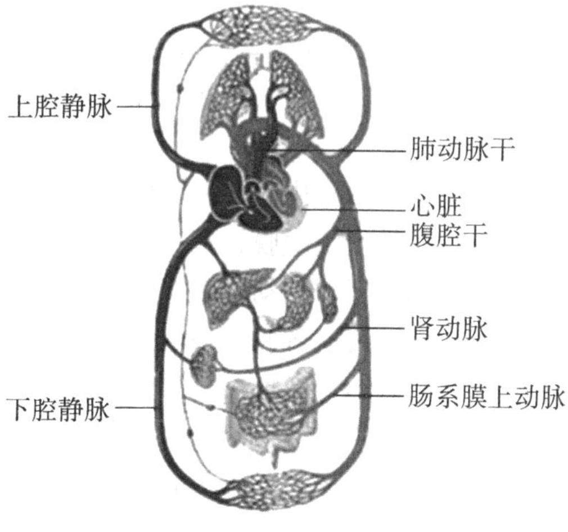

图4－1　血循环示意图

第一节　心脏的构造

一、心脏

（一）心脏的位置和形态

心脏位于胸腔内，膈肌上方，两肺之间，2/3 偏于躯体正中线左侧。心脏是中空性、肌性器官，主要由心肌组织构成，是血液循环的主要动力系统。同时，心脏还是一个重要的内分泌器官，其分泌的激素参与人体各种功能的调节。

心脏外形呈倒置的锥体形，圆锥的底朝右后上，叫心底；圆锥的尖朝左前下，叫心尖。通常在锁骨中线内侧第五肋间隙可以触及心尖搏动（图 4－2）。

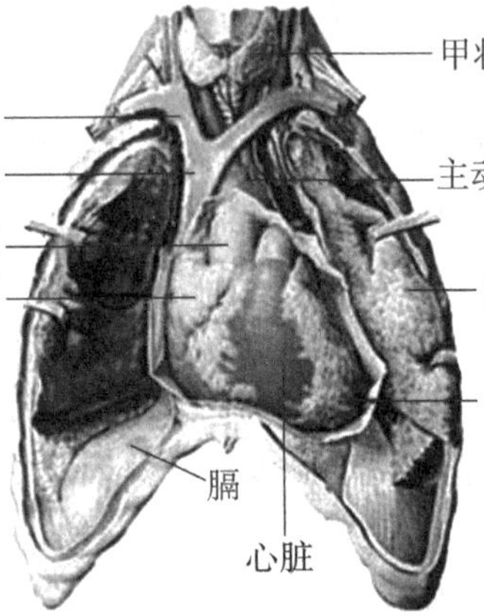

图 4－2　心脏的位置

心脏约与人体拳头大小相当，重量约 250 g，女性心脏体积通常比男性小，且重量轻于男性。心脏可分为一尖、一底、两面和三缘，表面尚有三条沟。

（二）心壁

心脏是个中空器官，它的壁由内、中、外三层构成。

内层是衬有一层光滑内皮的结缔组织膜，覆在中层心肌的内表面，并在各房室孔周围皱褶形成房室瓣、肺动脉瓣、主动脉瓣，防止血液逆流。

中层最厚，由心肌构成。由于心脏各腔承担的压力不同，其厚度也各异。心室肌比心房肌厚，左心室比右心室厚。长期进行体育锻炼可使心壁肌层增厚，尤以左心室最为显著，使心脏收缩向全身泵血的力量增强。

外层由结缔组织构成，又称心外膜。在出入心脏的大血管根部，心外膜移行为心包，其间有少量液体，起润滑作用，可减少心脏搏动时的摩擦。

（三）心脏内部结构

心脏内部被一纵隔分为左右互不相通的两半，每半又分为上下两个腔，即心脏内部共分四个腔室，其中上部的两腔叫左、右心房，下部的两腔叫左、右心室。每半的心房和心室之间借房室孔相通，每一心房和心室又与血管相通连（图4－3、图4－4）。心房与大静脉相通，接受各部回心的血液；心室与大动脉相通，将心室内血液送往全身。人体最大的静脉是上腔静脉和下腔静脉，进入右心房，静脉血经右房室孔入右心室，右心室底有肺动脉的开口。肺静脉有四条，进入左心房，再经左房室孔入左心室，左心室底部有人体最大的主动脉的开口。

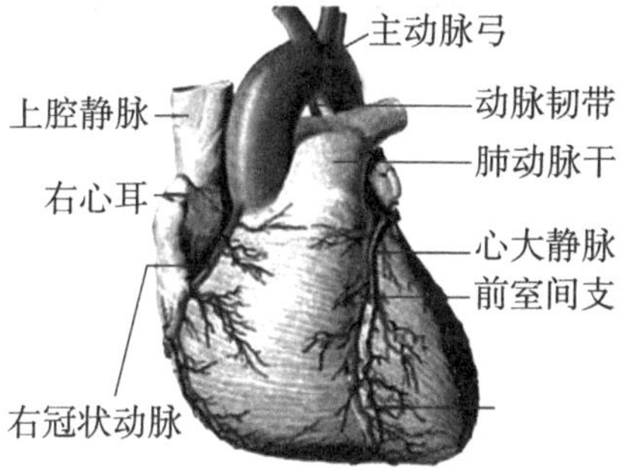

图4－3　心脏的结构和血管（前面观）

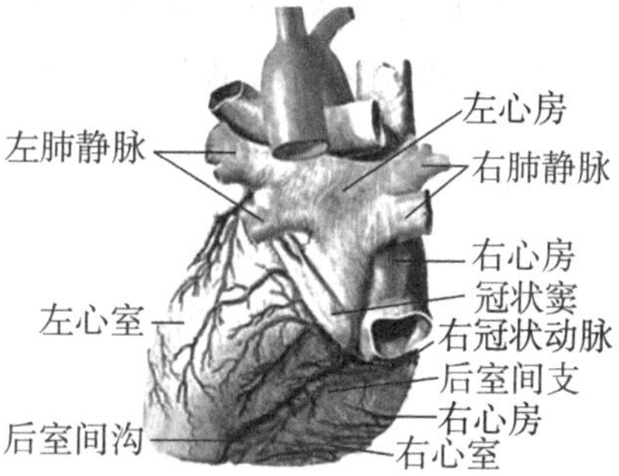

图4－4　心脏的结构和血管（后面观）

在房室孔和大动脉起始部都有瓣膜。房室孔周围有房室瓣，瓣膜的基底与心内膜相连，瓣膜尖端有腱索，腱索附着在心室壁肌层突出的乳头肌上，当心室收缩时腱索拉紧瓣膜，防止瓣膜向心房翻转。左房室孔的瓣膜为两叶，叫二尖瓣；右房室孔的瓣膜为三叶，叫三尖瓣。二尖瓣和三尖瓣的作用是防止血液由心室向心房逆流。

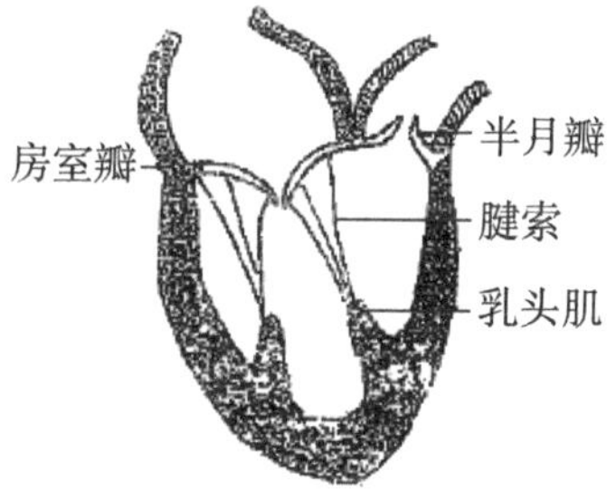

图4－5　心脏的瓣膜示意图

在大动脉与心室交界处都有三个呈新月状的袋状瓣膜，分别叫主动脉瓣和肺动脉瓣，它们的作用是防止血液由动脉向心室逆流（图4－5）。

（四）心脏的传导系统、营养血管和神经

1. **心脏的传导系统**

在心壁的肌层内，有一种特殊分化的心肌纤维，能自动产生节律性兴奋，传导冲动，引起心脏的自动节律性收缩，叫心脏的传导系统。它由窦房结、房室结、房室束、左右束支和浦肯野纤维组成（图4－6）。心脏的传导系统中以窦房结的自律性最高，为正常心脏活动的起搏点，以窦房结为起搏点的心率，称为窦性心律。

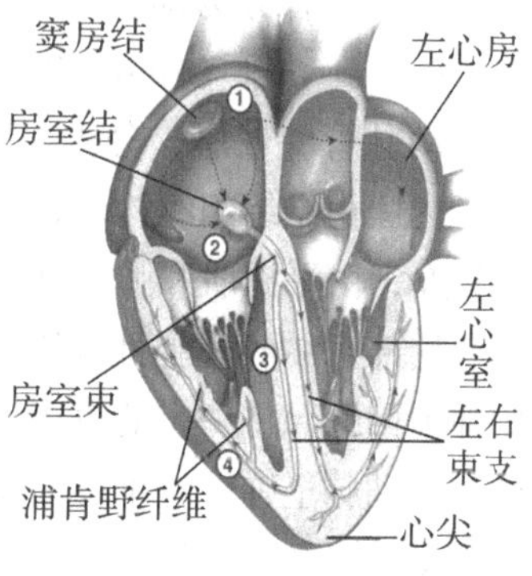

图4－6　心脏的传导系统

2. **心脏的营养血管**

冠状动脉是供给心脏营养的血管，起于主动脉的冠状动脉窦，分左右两支，行于心脏表面。心脏的静脉大多数都汇入心脏后面的冠状窦，由开口于右心房的冠状窦口流回右心房（图4－7）。

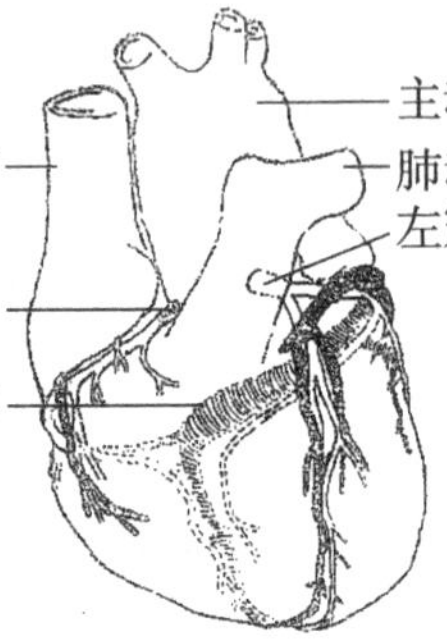

图4－7　营养心脏的血管

3. **调节心脏的神经**

心脏自动节律，接受心交感神经（使其加快）和副交感神经（使其减慢）调节，此外，心脏还有感觉神经（图4－8）。

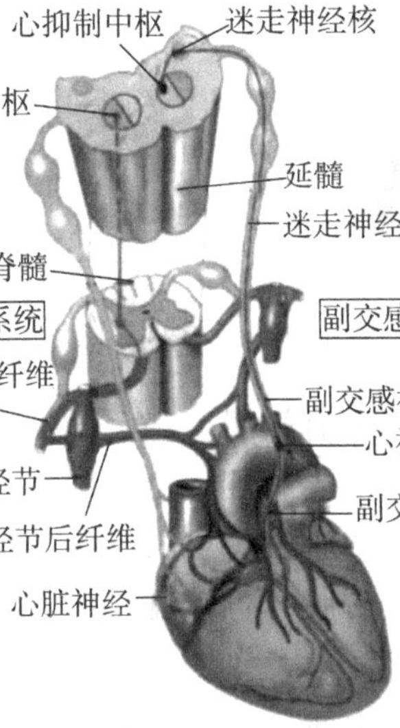

图4－8　心脏的神经

二、血管

人体血管分为动脉、静脉和毛细血管三种。

（一）动脉（图4－9）

动脉管壁较厚，分内、中、外三层，分别叫内膜、中膜和外膜。

内膜由结缔组织构成，内表面覆盖一层光滑的内皮（单层扁平上皮细胞）；中层较厚，由平滑肌和弹力纤维构成。越是接近心脏的大动脉（如主动脉和头臂大动脉起始部）中膜里弹性纤维越多，能承受心室收缩时强大的血压，当心室舒张时利用弹力回缩保持一定的血压，使血液持续流动，故将这种动脉称为弹性动脉。中动脉和小动脉里弹性纤维逐渐减少，平滑肌纤维较多。平滑肌受交感神经支配，借以调节动脉口径，分配供血量，又称肌性动脉。动脉的外膜为结缔组织。

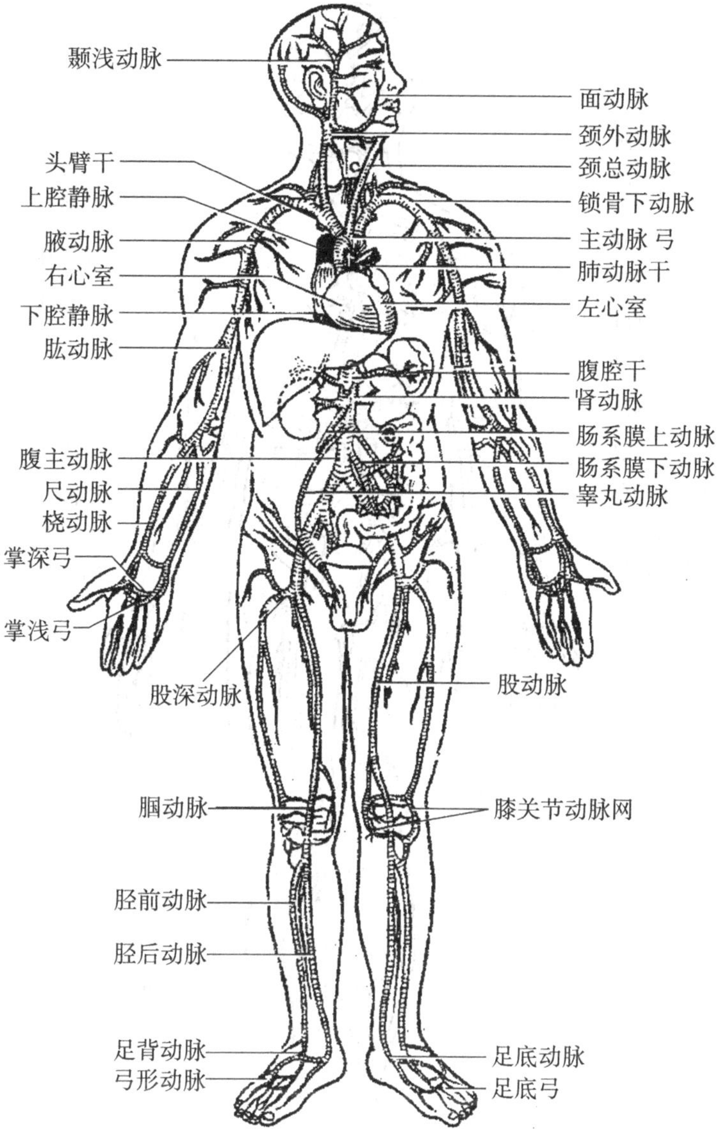

图 4－9　全身动脉模式图

（二）静脉（图 4－10）

静脉壁较薄，也分内、中、外三层，但都不发达。

静脉汇集毛细血管的血液，由小静脉逐渐汇集为中等和大静脉，分支较多，例如四肢的静脉多与动脉伴行，一条动脉旁有两条静脉相伴（借动脉搏动推动血液回流）且分深静脉和浅静脉。由于四肢（尤其是下肢）静脉血液向心回流要对抗重力作用，所以静脉内膜形成许多成对的半月形皱褶防止血液逆流，叫静脉瓣。头颈部静脉缺乏这种瓣膜，所以“手倒立”时头面潮红。

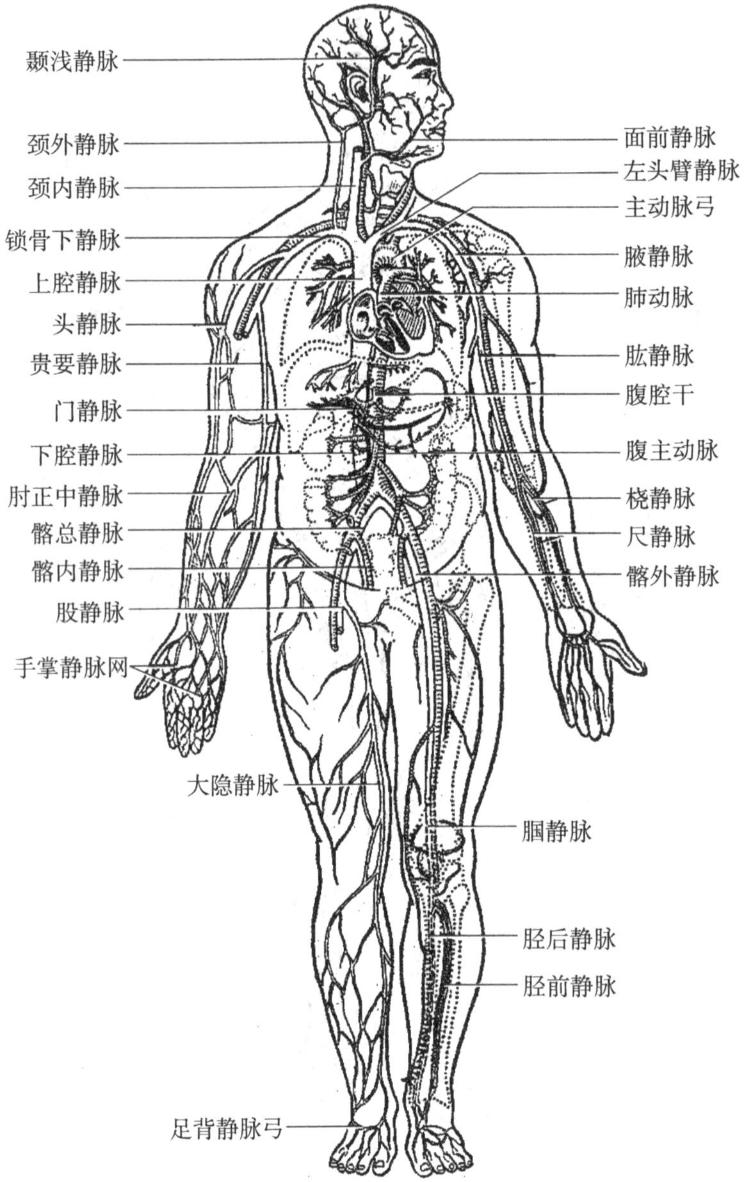

图4－10　全身静脉模式图

（三）毛细血管

毛细血管是连结于小动脉和小静脉之间的最小血管，管径小到只能通过一个红细胞，仅由一层内皮细胞组成。内皮细胞之间有间隙，便于营养物质、氧气和二氧化碳、代谢废物的输送。全身各组织器官除软骨、眼角膜和晶体、毛发、表皮等外，遍布毛细血管。毛细血管虽细，但其总面积超过全身大、小动脉和静脉面积的总和。越是代谢旺盛的器官（如骨骼肌、肝脏、肾脏等内脏、腺体等）

毛细血管分布越密集。

（四）微循环

微循环是指微动脉（口径在1/3 mm以下）和微静脉之间的血液循环，它是血液和组织液之间进行物质交换的主要场所（图4－11）。

微循环的血管并非全部开放，安静时只有20%左右开放，受局部代谢产物的多寡调节，或促血液回流，或调节体温等。

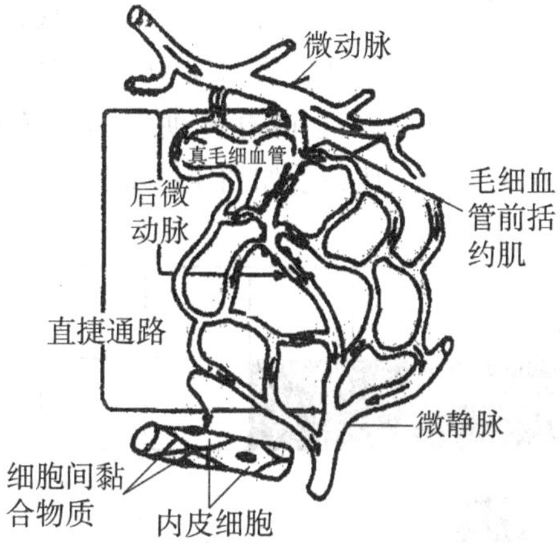

图4－11　微循环模式图

第二节　心脏的机能

一、心肌的生理特性

1. 自动节律性

自动节律性是指心肌在不受外来刺激的情况下，能自动地产生兴奋和收缩的特性。在人体内，心脏的活动受神经系统调节，如交感神经使其节律加快；副交感神经使其节律减慢。若将动物（人体同样）心脏摘出体外，心脏仍能保持节律性地收缩与舒张，这种能力称为心脏的自动节律性。心脏的自动节律性兴奋，起搏点是窦房结。

2. 兴奋性和收缩性

心肌具有兴奋性，接受刺激时可以产生兴奋，兴奋的表现是收缩。心肌的兴奋性较骨骼肌低。

3. 传导性

心肌细胞传导兴奋的能力叫传导性。心肌纤维（细胞）间都有原生质相连，故心肌是合体细胞。当心肌某一点接受刺激后，兴奋可以从该点传导到心脏的其他部分。由于心房和心室被结缔组织隔开，心房肌和心室肌不连贯，所以，房室之间的兴奋须靠心传导系统传递。心传导系统的传导途径为：窦房结→心房肌→房室结→房室束→左、右束支→浦肯野纤维→心室肌。两侧心房一起舒缩，两侧心室同步舒缩。

二、心动周期

心房或心室每收缩和舒张一次叫作一个心动周期，其长短与心率有关。若某人每分钟心跳频率是 75 次，则该人的心动周期为 0.8 秒。在每一个心动周期的 0.8 秒内，心房收缩期约占 0.1 秒，心房舒张期约占 0.7 秒；心室收缩期约占 0.3 秒，心室舒张期约占 0.5 秒。其关系如图 4－12 所示。

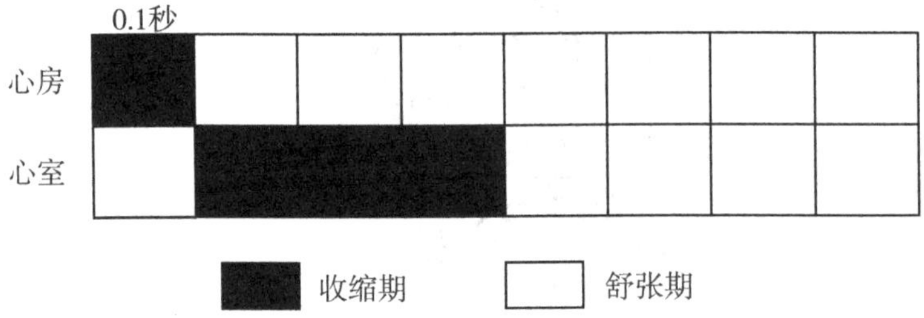

图 4－12　心房心室舒缩的时间和顺序

由图 4－12 可知，心房和心室同时舒张的时间有 0.4 秒。当窦房结的兴奋冲动传到心房肌时，心房收缩，此时心室肌仍处于舒张状态，房室瓣开放，血液由心房迅速注入心室。心房肌收缩之后即舒张，此时静脉血进入心房。当兴奋冲动传到心室时，心室肌收缩，房室瓣关闭，动脉半月瓣开放，血流自心室注入动脉（左心室注入主动脉，右心室注入肺动脉）。心室肌收缩后又开始舒张，此时动脉瓣关闭，房室瓣开放，心房和心室都处于舒张状态，血液不断由静脉流进心房和心室。待窦房结再一次冲动时，重新引起心房收缩，又开始了一个新的心动周期。

由此看出，心脏之所以能够周而复始地工作，不知疲劳，伴人终生，是因为它很会“休息”，一半时间工作，一半时间休息。

进行体育运动时，心跳加快，心动周期时间缩短，例如，运动时每分钟心跳达到 150 次，一个心动周期只有 0.4 秒。但通过长期体育锻炼，心脏机能提高了，表现在安静时心动周期延长（正常健康成人平均心跳次数，男 72 次/分，女 78 次/分，有训练的运动员可以低于 60 次/分），心脏有了更多“休息”时间。

三、心音

在一个心动周期中，心脏收缩时，瓣膜的启闭所产生的声音叫作心音。用听诊器在胸壁的心前区可以听到心音。

一个心动周期一般可产生两次心音。第一心音音调低而长，是由于心室收缩，房室瓣关闭和主（肺）动脉壁振动产生的，所以第一心音标志着心室收缩的开始。第二心音声调高而短，是由于心室舒张，主（肺）动脉瓣关闭产生的，标志着心室收缩完毕，开始舒张。

当心脏瓣膜有病变时，心音会有异常和变化，是临床诊断心血管疾病的重要指标之一。

四、心搏频率及其变化

心搏频率指人体在安静时每分钟心脏舒缩的次数。心搏频率与年龄的关系如表4－1所示。

表4－1 心搏频率与年龄的关系

年龄	新生儿	1岁	5岁	7岁	8岁	10岁	12岁	15岁	16岁	18岁	成人
频率（次/分）	125	120	100	92	90	86	82	76	74	72	70

安静时的心搏频率随年龄、性别而发生变化。成年人平均每分钟75次；新生儿每分钟120次以上（胎儿期140次/分），以后随年龄增长而减小，到15～16岁时接近成人。成年人中，女性心搏频率稍快。运动员心搏频率在安静时低于一般人，是心脏机能增强的一种良好表现。

五、心输出量

每分钟输出量一般是指心脏每分钟射入主动脉的血量。每搏输出量是指心室每次收缩时输出的血量。心输出量等于每搏输出量与每分钟心搏频率的乘积。即

心输出量＝每搏输出量（毫升）×心搏频率（次/分）

健康人的心输出量依照自身需要而自动调节。成年人安静时每搏输出量为60～80 mL，如果心搏频率为75次/分，则心输出量为4.5～6 L。当进行体力劳动或运动时，心输出量可以增加5～6倍。在生理范围内，工作的强度越大，心输出量也越多。有训练的运动员在训练和比赛时，每分钟的心输出量可以达到40 L之多。年龄与心输出量的关系如表4－2所示。

表4－2 年龄与心输出量的关系

年龄	每搏输出量（mL）	每分钟输出量（L）	年龄	每搏输出量（mL）	每分钟输出量（L）
新生儿	2.5	0.335	7岁	23.0	2.120
1岁	10.2	1.220	8岁	25.0	2.240
5岁	18.2	1.810	10岁	29.0	2.510

续上表

年龄	每搏输出量（mL）	每分钟输出量（L）	年龄	每搏输出量（mL）	每分钟输出量（L）
12 岁	33.4	2.740	18 岁	60.0	4.30
15 岁	41.4	3.150	成人	75.0	5.250
16 岁	45.0	3.330			

进行体育运动时，缺乏训练的人主要靠增加心搏频率来增加每分钟心输出量。当他们进行剧烈运动时，由于心跳频率过快，出现心舒张不完全，以致心输出量无法再加大，因此无法进行更剧烈的运动，或终止运动。有训练的运动员，由于心壁肌肉增厚，尤其是为全身提供血液的左心室壁肌肉肥厚，收缩有力，运动时主要靠加大每搏输出量来增加每分钟心输出量，而心搏频率则增加较少，心脏舒张比较完全，心肌可以得到较多休息，不显疲劳。因此，有训练的运动员的心脏表现出极高的心搏频率和极大的心输出量，能够胜任非常剧烈的运动或比赛。有、无训练的人运动时心搏频率与心输出量比较见表 4 –3。

表 4 –3　有、无训练的人运动时心搏频率与心输出量比较

	没有受过训练的人		受过训练的人	
	安静时	工作时	安静时	工作时
心搏频率（次/分）	61.0	150.0	56.0	86.0
每搏输出量（mL）	69.0	71.0	87.0	127.5
每分钟输出量（L）	4.2	10.7	4.9	11.0

第三节　血管的生理机能

一、血压

血液在血管内流动时对管壁所产生的侧压力叫作血压。血压形成的前提条件是心血管系统内有血液充盈。一般所谓的血压是指体循环中的动脉血压。

在一个心动周期中，心室收缩时动脉血压最高，叫作收缩压；心室舒张时动脉血压最低，叫作舒张压。收缩压与舒张压之差，叫作脉搏压或脉压。临床医学中动脉血压的习惯写法是“收缩压毫米汞柱/舒张压毫米汞柱”（目前也有使用“kPa”的，1 kPa = 15/2 mmHg（毫米汞柱），可以自己换算）。

正常人安静时的动脉血压变动范围较小，收缩压为 100 ～ 120 mmHg，舒张压为 60 ～ 80 mmHg，脉压为 30 ～ 40 mmHg。如果安静时血压持续高于

160/95 mmHg，即可认为是高血压，140/90 mmHg 为临界高血压，持续在 90/50 mmHg 以下者，则是低血压。动脉血压随年龄、性别而不同，见表 4－4。

表 4－4 中国人动脉血压平均值

年龄（岁）	男性		女性	
	收缩压（mmHg）	舒张压（mmHg）	收缩压（mmHg）	舒张压（mmHg）
11 ～ 15	114	72	109	70
16 ～ 20	115	73	110	70
21 ～ 25	115	73	111	71
26 ～ 30	115	75	112	73
31 ～ 35	117	76	114	74
36 ～ 40	120	80	116	77
41 ～ 45	124	81	122	78
46 ～ 50	128	82	128	79
51 ～ 55	137	84	134	80
56 ～ 60	137	84	139	82
61 ～ 65	148	86	145	83

由表 4－4 可以看出，新生儿动脉血压低，以后随年龄而增高，同龄男性高于女性，收缩压的升高比舒张压升高显著。进行运动、体力劳动以及情绪激动时，血压会暂时升高，安静下来和睡眠时血压下降。体位变动时血压常随之变动，如直立时血压较低，坐位时血压较高，卧位时血压最高。身体强壮者血压调节能力较强，体弱者调节能力较差。

受过良好身体训练的人，安静时动脉血压比一般人低，收缩压可以低至 85 ～ 105 mmHg，舒张压也低于同龄人。

另外，血管距离心脏越远，压力越低。小动脉内血压平均为 60 ～ 70 mmHg，毛细血管内血压平均为 30 ～ 40 mmHg，小静脉内血压为 10 ～ 20 mmHg，在腔静脉内甚至成为负压，即低于大气压 2 ～ 5 mmHg。由于各段血管内血压存在差异，血液才能由压力较高的动脉流向压力较低的毛细血管，再到压力更低的静脉，最后回到右心房。

二、动脉脉搏

在每个心动周期中，心脏每收缩舒张一次，就引起动脉管壁的一次搏动，叫作脉搏。脉搏频率与心搏频率是一致的。

主动脉接受左心室压出来的血液时，由于管壁有弹性，先行扩张，然后回缩。这种一张一缩的搏动像波浪一样，沿着动脉管壁逐渐向远处传播，这就是脉搏。在动脉经过较平而裸露的骨面处，例如桡骨下端的前面、肘窝上方内侧的肱骨下端、下颌角稍前的骨缘、外耳门前方颧弓根部等，以及颈部两侧大动脉经过的地方，都可以扪到脉搏。

运动实践中，常用测定脉搏来了解运动强度、运动后恢复情况和运动员的训练水平。

当人体患病时，常会引起心脏搏动发生快慢和强弱的变化，这种变化又会从脉搏上表现出来。我国古代医学家会利用腕部“切诊”来诊断疾病，现代医学中也会利用肱动脉测量血压和止血等。

第四节　血　液

血液是机体内环境的重要组成部分。人体内的液体约占总体重的60%，总称体液。体液按存在的部位分为两种，即细胞内液和细胞外液，其中细胞内液占体重的40%；细胞外液占体重的20%，包括血浆、组织液、淋巴液、脑脊液、眼房水和关节滑液等。所以，我们身体里的细胞都浸泡在体液之中。

一、内环境及其相对稳定的生理意义

（一）内环境的概念

细胞外液是细胞直接生活的环境，血浆和组织液都是细胞外液，其酸碱度、渗透压以及温度等的变化，都会影响细胞的生命活动。为了区别人体生存的外界环境，把细胞外液称为机体的内环境。人体大部分细胞与外界隔绝而生活在细胞外液中，只有通过细胞外液，人体的细胞才能与外界环境之间进行物质交换。

（二）内环境相对稳定的生理意义

人体的外界环境经常变化，而内环境变化较小，这是由于人体内有多种调节机制，使内环境中的变动不超出正常生理范围，以保持动态平衡，这一生理现象称为内环境的相对稳定性。内环境相对稳定，细胞新陈代谢才能正常进行。所以，内环境的相对稳定是机体正常生命活动的必需条件。

人体在运动时，机能活动会发生如体温升高、排汗增加、代谢产物增多等一系列的显著变化，使内环境的平衡遭到破坏。当运动停止后机能活动又逐渐使机体内环境的平衡得到恢复，达到新的平衡状态。可见，机体内环境总是在一定范围内变动的，没有绝对的稳态。当机能活动显著变化，内环境的稳态遭到破坏时，机体会通过各种机能变化使内环境恢复稳态。但当内环境变动超过一定生理限度后，就会导致各种疾病。例如，持续的过度大运动量训练会导致过度疲劳。

二、血液的组成

血液为红色、黏稠、不透明的液体，由血浆和红细胞、白细胞、血小板组

成。如果将血液抽出后添加抗凝剂，静置沉淀，可以看到血液分为两层，上层淡黄透明液为血浆，占全血的50% ～ 60%，下层暗红不透明的部分为血细胞，占全血的40% ～ 50%（女子37% ～ 48%）。

血浆中91% ～ 92%是水。剩余的8% ～ 9%的固体物质主要是血浆蛋白和少量糖、脂肪、无机盐和维生素等。

人和哺乳动物的血浆渗透压与0.89%的盐水渗透压相等，所以将0.89%的盐溶液叫血浆的等渗溶液，又叫生理盐水。血细胞置于生理盐水中（静脉打点滴注射液）形态不变（若置入高渗盐溶液中，血细胞内的水分将被吸出而皱缩；置入低渗盐溶液中，血细胞会因吸入过多水分而膨胀乃至破裂，称溶血）。

正常情况下，血液保持恒定的酸碱度，波动范围在pH 7.35 ～ 7.45之间。人体对酸碱度的耐受性为pH 6.9 ～ 7.8。如果血液的酸碱度发生显著改变，将会对机体的生理活动产生严重障碍。血液中含有数对抗酸和抗碱的物质，称为缓冲对，都由一种弱酸和这种弱酸形成的强碱弱酸盐组成，如Na-蛋白质/H-蛋白质；碳酸氢钠/碳酸；磷酸氢二钠/磷酸氢钠等。剧烈运动时，肌肉里产生大量乳酸，乳酸进入血液后，在血浆中分解出较多H^+（酸性），H^+与血浆中的碳酸氢钠形成碳酸，后者又分解成二氧化碳和水，自肺和肾排出体外。其分子式如下：（L = 乳酸）

$$HL + NaHCO_3 \rightarrow NaL + H_2CO_3$$
$$H_2CO_3 \rightarrow CO_2 + H_2O$$

（一）红细胞（RBC）

成熟红细胞呈双凹圆盘状，无细胞核，直径7 ～ 8 μm，是血细胞中数量最多的。成年男子血液中每立方毫米有450万～ 550万个红细胞，平均500万个；女子为380万～ 460万个，平均420万个；新生儿最多，可超过600万个。长期居住在高原的人血液中红细胞数多于生活在低海拔地区的人；运动时红细胞要比安静时增多。

红细胞的主要成分是血红蛋白，红细胞的运输氧和二氧化碳作用、对进入血液的酸性或碱性物质的缓冲作用，都是由血红蛋白完成的。

血红蛋白（缩写为Hb）是一种复杂的结合蛋白，其中96%为珠蛋白，4%为血红素。一般情况下，血液中红细胞数量多，血红蛋白含量也相应较高。我国成年男子每100 mL血液中血红蛋白含量为12 ～ 16 g，平均14 g；成年女性为11 ～ 15 g，平均13 g；新生儿高达20 g。通过体育锻炼，尤其是登山和高原训练，可以提高血红蛋白含量，从而提高红细胞的携氧能力。

血液中旧的红细胞不断破碎，新的红细胞不断产生。每个红细胞的寿命为100 ～ 120天。破碎的红细胞在肝、脾等处的网状内皮系统被吞噬，并作为再生原料。新的红细胞在红骨髓里产生。

（二）白细胞（WBC）

白细胞为无色、有核、比红细胞大的血细胞。白细胞可以做变形运动，伸出伪足沿血管壁运动，或者穿过毛细血管壁进入组织细胞间隙，吞噬侵入体内的细菌、病毒和异物，保护人体不受侵害。

白细胞由淋巴结、脾脏和骨髓产生，寿命较短，约为9天。

我国健康成年人在安静时，每立方毫米血液中白细胞平均为7000个，可在4000～10 000个之间变动。白细胞根据细胞内有无颗粒分为颗粒细胞和无颗粒细胞两大类。颗粒细胞依其对染料的反应分为嗜中性粒细胞、嗜酸性粒细胞和嗜碱性粒细胞三种；无颗粒细胞包括单核细胞和淋巴细胞两种。各类白细胞中，嗜中性粒细胞最多，占总数的50%～70%；淋巴细胞次之，占20%～40%；嗜酸性粒细胞占7%；单核细胞占2%～8%；嗜碱性粒细胞最少，仅占1%。

白细胞数较易变动，变动范围较红细胞大。例如，在短时间小强度运动后，每立方毫米血液中白细胞可增到10 000～12 000个，这是由大量血液从血库和淋巴进入循环血液所致。有训练的运动员在剧烈运动后，白细胞可增至16 000～18 000个；缺乏训练的人在剧烈运动后，白细胞可增至30 000～40 000个，是造血机能不全（未成熟血细胞大量涌入）的不良反应。此外，在进餐后和炎症时，白细胞也会增多。

（三）血小板

血小板比红细胞和白细胞都小，无色，形状不规则，极易破裂。当擦伤流血时，血小板随血液自伤口流出，接触到伤口的粗糙面时，血小板破裂，促使血液凝固，堵住伤口，止住流血。血液的凝固也是一种身体保护机制。

我国健康成人每立方毫米血液中含有血小板10万～30万个，平均16.6万个。血小板产自骨髓，餐后和运动后血小板数量会增加；外科手术、组织损伤及各类原因引起大量出血时，血小板也会增多。如果血小板减少到每立方毫米2万～5万个时，人体将会出现异常出血现象；反之，血小板增至每立方毫米100万个时，也会出现异常凝血现象，如血栓形成等。

三、血量

在正常人体循环系统内流动着的血液即循环血量，约占人体体重的8%。一个60 kg的人体，血量约为5 L。

正常人体血量依照性别和机体所处机能状态的不同，会发生一定的变化。通常男性＞女性；运动时，肌肉和皮肤里的血管扩张，肝、脾等血库脏器储存的血液大量涌入血液循环系统，使循环血量增加；大量饮水，也可使循环血量增加。反之，大量出汗、腹泻等使血液浓缩，循环血量会减少。

人体血量一般是比较恒定的，对维持生命活动具有重要意义。如果一次失血超过30%，会危及生命；如果不超过10%，可以促使造血器官增生，很快补足。所以一次献血300～400 mL，对人体健康是没有危害的。

四、血液的功能

(一) 维持内环境相对稳定

血液能维持水、氧和营养物质的含量，维持渗透压、酸碱度、体温和血液有形成分的相对稳定，这些因素的相对稳定会使人体的内环境相对稳定。只有在内环境相对稳定时，人体组织细胞才能完成正常生理功能。

(二) 运输作用

血液不断地将氧和营养物质运送到身体各处，供给组织细胞进行代谢；同时，又将全身各组织细胞的代谢产物如二氧化碳、水和尿素等运输到肺、肾和皮肤等器官排出体外。

(三) 调节作用

血液将内分泌的激素运输到周身，作用于相应的器官（称靶器官），改变其活动，起着体液调节作用。外部环境温度升高时，血管舒张，血液将体内深部产热器官产生的热运送到体表散发；温度降低时，血管则收缩，减少皮肤的血流量，以维持体温。所以，血液在调节体温过程中发挥重要作用。

(四) 防御和保护作用

血液有防御和净化作用，白细胞对于侵入人体的微生物和体内的坏死组织都有吞噬分解作用，称为细胞防御。血浆中有多种免疫物质，如抗毒素、溶菌素等，总称为抗体，能对抗或消灭外来的细菌和毒素（总称为抗原），从而免于传染性疾病的发生。血小板可以加速凝血和止血，对人体具有保护作用。

第五节 运动对心血管系统机能的良好影响

经常进行运动锻炼或体育训练，心血管系统会出现许多良好变化，但大都是可逆的，如果停止训练时间过长，这些良性变化便会消退。

一、窦性心动徐缓

优秀的耐力运动员，安静时心率可降低到 40 ～ 60 次/分，这是由于迷走神经作用相对加强，交感神经的作用相对减弱，这种现象叫作窦性心动徐缓。通常将运动员的窦性心动徐缓作为判断其训练水平的指标。停训多年后会恢复到接近正常值水平。

二、运动性低血压

经过长期耐力训练的运动员，安静时血压降低，叫运动性低血压。表示心脏的心肌收缩力加强，血管的舒张能力改善（外周阻力减小），是一种机能节省化现象。一般收缩压可以降到 85 ～ 105 mmHg，舒张压可以降到 40 ～ 60 mmHg，脉压不变或加大。

三、运动性心脏增大

运动可以让心脏增大、外形丰满、收缩有力，心力贮备高。心脏的重量一般不超过 500 g（病理性心脏增大是由于心肌无力，各腔室血液滞留，心重会大大超过 500 g）。不同项目运动员，心脏增大情况也有差异。例如以静力和力量性运动为主的投掷、摔跤、举重等运动员以心肌增厚为主；游泳、长跑等耐力性运动员以心室容积扩大为主。

四、心血管机能改善

经过长期运动训练的耐力运动员，安静时心率低，是因为每搏输出量增大，此时心输出量等同于常人；当完成定量负荷时，心率加快，每搏输出量增加，心输出量增大，心血管机能动员快、恢复快，机能反应小；当进行最大强度运动时，由于心力贮备高，能充分发挥心血管系统的最大潜力，运动后恢复也快。

此外，心肌与骨骼肌一样，经过长期训练，心肌纤维增粗，心肌纤维内收缩蛋白增多，线粒体增多，ATP 酶活性提高，能量释放和再合成能力改善，冠状动脉供血良好。

实训环节

实训六　心血管系统的观察

一、实训内容

（1）观察心脏的位置、形态。

（2）观察心脏各腔结构和心壁结构。

（3）观察心脏营养血管。

（4）观察全身主要动脉及其分支、分布及行程特点。

（5）观察全身主要静脉及其属支、分布及行程特点。

二、实训目的

（1）了解心的位置、外形及各心腔的形态结构。

（2）掌握心内血流途径及瓣膜的作用。

（3）掌握心传导系统的组成。

（4）掌握左、右冠状动脉的发起、行程、分布，熟悉心的静脉。

（5）掌握全身主要动、静脉血管的行程。

三、实训材料与器具

胸腔解剖标本或模型，心解剖标本或模型，人体全身血管标本或人体骨骼附动脉血管和神经模型，手部、足部血管标本或模型，各相关内容的挂图。

四、实训步骤

（一）心脏的观察

1. 心脏的位置与形态观察

（1）心脏的位置。

（2）心脏的形态。

2. 心脏血管的观察

（二）体循环血管的观察

1. 体循环的动脉血管的观察

（1）主动脉弓及其分支的观察。

（2）胸部主动脉及其分支的观察。

（3）腹部主动脉及其分支的观察。

（4）髂总动脉及其分支的观察。

2. 体循环的静脉血管的观察

体循环的静脉包括上腔静脉系、下腔静脉系（含门静脉系）和心静脉系（前已述）。上、下腔静脉系的主要静脉干多伴行相应的动脉干，在实训中重点观察上肢浅静脉和下肢浅静脉的属支。

（1）上肢浅静脉的观察。

（2）下肢浅静脉的观察。

五、实训练习题

（1）说明心脏的位置及形态特征。

（2）试述心脏各腔的结构特点、出入口。血液在心脏内如何流动？为什么能按一定方向流动？

（3）试述心脏传导系统的组成和功能。

拓展阅读

人的一生中，心跳总次数真是固定的吗？

曾有研究表明，心率和预期寿命存在某种关联。2013 年，丹麦科学家发布了一项研究报告，这一报告是长达 16 年的研究结果，涉及约 5200 名男性。其中，约在 2800 人中收集到了充分的医疗数据；而在这部分人中，大约 1/3 由于各种原因在研究结束前逝世。

研究人员将静息心率和死亡率进行对比，结果发现：静息心率和死亡率存在正相关，即静息心率越高，死亡率越高。通过研究能够看出：相较于心率低于50次/分钟的人，心率为71～80次/分钟的人的死亡率高出51%；若心率在81～90次/分钟，则风险翻倍；若心率超过90次/分钟，则风险翻三倍。

可能有人认为，这是健康状况或心血管疾病风险的原因，但研究人员已将这些因素纳入考虑范围。即便身体状况良好，心率越高死亡风险依然会越高。所以说，别拿这个借口逃避锻炼。

经常进行有规律的运动，可以使机体的静息心率降低，特别是运动员，据报道，运动员最低的静息心率为29次/分钟，称之为窦性心动徐缓。出现窦性心动徐缓是由于多年的运动，控制心脏活动的迷走神经紧张性增强，交感神经紧张性减弱。

不仅人类如此，在动物身上也如此。人类的心率平均为60～70次/分钟，能活70年左右，心跳总次数略超20亿次。鸡的心跳比较快，达275次/分钟，它们的寿命只有15年，因此心跳总次数大约也是20亿次。鲸鱼的心率约为20次/分钟，但寿命只比人类稍长一点，它们的心脏总跳动次数不到10亿次。大象的心率约为30次/分钟，平均寿命为70岁，所以心跳总次数也是10亿次左右。可怜的小仓鼠心跳极快，达450次/分钟，它们的寿命只有3年，心跳总次数不到10亿次。

当然，这条法则并非固定不变，但粗略看来，所有动物似乎都是心跳越快、寿命越短。

参考文献：

Jensen M. T., Suadicani P., Hein H. O., et al.（2013）. Elevated resting heart rate, physical fitness and all-cause mortality: a 16-year follow-up in the Copenhagen Male Study. Heart, 99 (12), 882－887.

（资料来源：运动科学论坛，2018－04－24）

管理高血压应趁早

130/80 mmHg是新的高血压临界值。你的血压目标应该是什么？什么时候应该管理血压呢？如果你在跟踪新闻，那么你会注意到美国心脏病学会/美国心脏协会（ACC/AHA）公布的新血压指南。根据这份新的、更严格的指南，将会有比此前多得多的人被诊断为高血压。据美国《纽约时报》报道，现在，年龄在45岁以下的男性被诊断为高血压者的数量是原来的3倍，女性则是原来的2倍。

目前，大多数成年人的血压目标被设定在140/90 mmHg以下。但根据新指南，其标准被降低到130/80 mmHg。

血压两个不同的数字分别代表什么呢？收缩压是两个数字中数值更高的那个，它测量的是心脏收缩（跳动）时的压力。舒张压是数值较小的那个，反映了心脏舒展（跳动间隔）时动脉壁内部的压力。两个数字的重要性相当，任何一个数值的升高都可以被诊断为高血压。

如果腔管内的血压过高，最终会磨损并破坏血管壁内部。人们的免疫系统可以“弥合补丁”，血小板、斑块和胆固醇沉积会攻击这些受伤区域以进行修复。人们需要血液把氧气携带到心脏、大脑和器官，如果血管壁内部过厚，就会阻碍血液流通。如果血液不能流动，那就麻烦了。

这正是心脏病被称为“静默杀手”的原因所在，因为你可能感觉良好，但突然有一天可能会发生心脏病或是中风。因此，越早、越认真地管理血压，随着时间发展带来的动脉损伤就越小。根据新指南，有更高心脏病风险的人需要设定更低的血压临界值，并考虑采用药物提前治疗。

那么，应该如何降低高血压呢？研究表明，有氧运动可以使收缩压降低4 ～ 9 mmHg，舒张压降低2 ～ 3 mmHg；减轻体重可以使血压降低5 ～ 20 mmHg；限制钠摄取量可以使血压降低2 ～ 8 mmHg；每日食盐摄取量应低于2400 mg，对年过六旬者来说，减轻体重和减少食盐摄取量更加有益。

简言之，控制你的体重，如果你的血压正处于临界点，那么就应该减少钠摄入量，并摄取足够的钾。同时，还应该戒烟，因为吸烟会扰乱控制血压的神经。此外，还要控制情绪，因为它会扰乱荷尔蒙的分泌和神经。

（资料来源：科学美国人／转载：科学网）

第五章 淋巴系统

学习要点

1. 淋巴如何产生，它的循环道路如何？
2. 淋巴器官结构包括哪些？淋巴系统的作用是什么？

第一节 淋巴、淋巴管和淋巴循环

血液在毛细血管里流动时，其中的大部分物质——水、葡萄糖、无机盐等（形成无色透明液）都可以透过毛细血管进入组织细胞间隙，形成组织液。组织液是血液和细胞之间进行物质交换的媒介，其在毛细血管近心端，由于压力较高而渗出；在毛细血管远心端，由于压力降低，一部分又可返回血液中。由于仍有一定的压力（大于大气压）存在，还有一部分滞留在细胞间隙里，必须有另一种方式使其回流，否则会出现组织水肿。起于盲端的毛细淋巴管就可以将滞留在细胞间隙里的组织液吸收进去，这时，进入毛细淋巴管的组织液叫作淋巴（液），也是无色透明液（图5－1）。

毛细淋巴管由单层内皮构成，但内皮的细胞间隙很大，细胞壁与组织纤维相连，牵动组织（按摩）、肌肉运动或脉搏搏动等都可使它一开一合吸入组织液。毛细淋巴管和毛细血管一样遍布全身，逐步汇合，由小变大，由细变粗，其路径是：毛细淋巴管→淋巴管→淋巴干→淋巴导管，最后汇入静脉角（在左、右锁骨下静脉与颈内静脉汇合处的交角处）。和静脉管一样，在淋巴管上也有阻止反流的瓣膜，且数目更多。

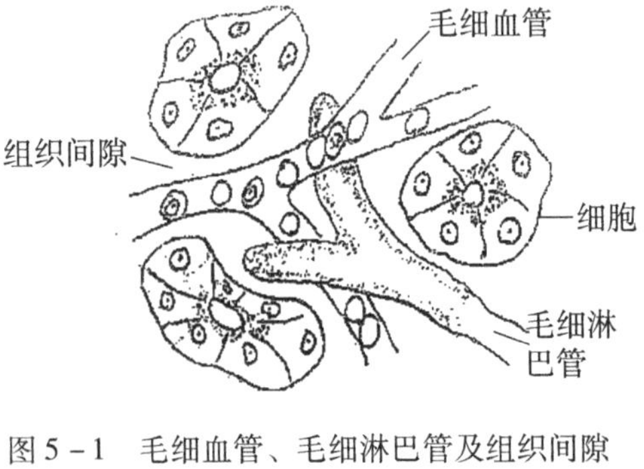

图5－1 毛细血管、毛细淋巴管及组织间隙

淋巴干按区域分为九条，如下肢、盆腔和腹腔成对脏器等汇成左、右腰干；腹腔不成对的胃、肠等器官汇成一条肠干；上肢、头颈等处汇成左、右锁骨下

干；胸腔脏器等汇成左、右支气管纵隔干。其中左、右腰干和一条肠干于第一腰椎前方汇合并成为较膨大的乳糜池，沿脊柱前方上行叫作胸导管，又接纳左侧支气管纵隔干和左锁骨下干，最后注入左侧静脉角，进入血行。另外的右锁骨下干和右支气管纵隔干合并为右淋巴导管，注入右静脉角（图5－2）。由此可见，淋巴系统实际是静脉系统的补充。

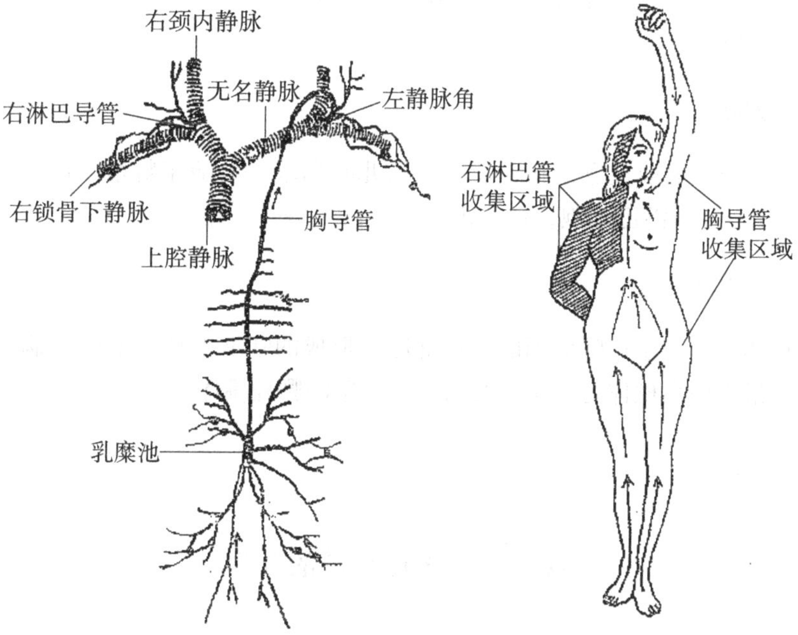

图5－2　淋巴结回流途径示意图

第二节　淋巴器官

一、淋巴结

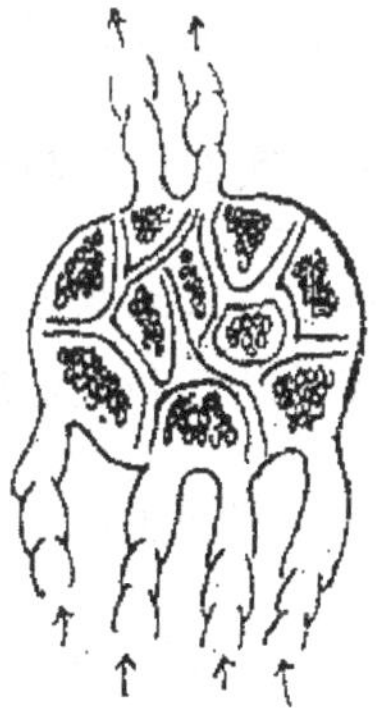

图5－3　淋巴结

在淋巴液运行途中，都要经过一个以上膨大的淋巴结（图5－3）。淋巴结对淋巴液有滤过作用，它里面的许多淋巴细胞形成的淋巴小结对侵入人体的病菌、异物有吞噬作用；淋巴结还能产生淋巴细胞。所以淋巴系统也是人体的防御系统。

淋巴结于腋窝、肘窝、腹股沟、腘窝、内脏、大血管周围成群分布，很小，平时触摸不到；当四肢由于外伤引起发炎和一些疾病时，会发生淋巴结肿大，可以在体表触及。

二、脾

脾是最大的淋巴器官，位于左上腹部第9～11肋之间。脾在胎儿期是造血器官，出生后是贮血和破血器官，表面呈暗红色，质软而脆，受暴力击打容易破裂。

脾和淋巴结一样，有制造淋巴细胞和吞噬病菌、异物的作用。脾肿大时才可于左侧肋下触及。

三、胸腺

胸腺位于纵隔前上方，胸骨后面，幼儿时期较大，随年龄增大而萎缩退化。它也可制造（T）淋巴细胞，还有内分泌（胸腺素）作用。

四、扁桃体

扁桃体是由位于口咽周围的一些淋巴结形成的咽淋巴环，把住“病从口入”第一关。最大的扁桃体是位于口腔后方两侧壁的腭扁桃体。

实训环节

实训七　淋巴系统的观察

一、实训内容

（1）观察淋巴结的形态、结构及全身主要淋巴结群。
（2）观察脾的位置、形态及结构。

二、实训目的

（1）了解淋巴结的形态、结构及主要淋巴结群的分布。
（2）了解脾的位置、形态及结构。

三、实训材料与器具

淋巴结放大模型、脾结构模型、人体半身（示胸、腹腔内脏器官）模型、人体浅层淋巴和浅静脉分布模型、各相关内容的挂图。

四、实训步骤

（一）人体淋巴结群的观察

人体的淋巴结都集聚成群分布在身体的一定部位。在人体浅层淋巴和浅静脉的分布模型上，观察以下淋巴结群：

（1）头颈部淋巴结群。

（2）肢的淋巴结群。

（3）下肢的淋巴结群。

（二）脾的观察

取人体半身模型，将腹腔内的结肠、小肠、胃、肝模型取下，可见脾位于左上腹部第 9 ～ 11 肋间，呈长椭圆形，隆凸面贴于膈，凹陷面与胃、结肠左曲、胰尾及左肾相邻；凹陷中央为脾门，有神经、血管进出。

在脾的标本上观察，可见表面覆以被膜，进出脾门的脾动脉和脾静脉均较粗大。在脾脏结构模型上观察，可见被膜伸向实质内的小梁，实质内可见由淋巴组织构成的白髓（呈白色小点）和染成红色的红髓，白髓与红髓由网状组织构成支架，还可见有血管分布。辨认红髓中的血窦和脾索。

五、实训练习题

（1）试述淋巴结的形态、结构。

（2）试述脾的位置及形态结构。

拓展阅读

释疑：饭后马上运动真会得阑尾炎？

相信很多人都听过一句“老话”：饭后不能剧烈运动，不然食物会跑到阑尾里，会发生阑尾炎！这句话真的正确吗？

答案是否定的。

要理解阑尾炎发病机制，首先要明白其位置和功能。阑尾是位于回肠和盲肠之间的一段单一开口的带状肠腔，因为肠道的不固定性，在人体内具体位置因人而异，大多数人位于右下腹。

但一定要注意，并不能单纯因为右下腹痛就判断自己发生了阑尾炎。

由于阑尾位于肠道中下段，而人们进食后，食物在胃内的时间在 4 小时以上，然后才进入肠道被吸收，由此，饭后运动导致食物进入阑尾的说法不攻自破。

此外，当食物从胃经过十二指肠、空肠、回肠后，进入盲肠靠近阑尾时，早已不是原来的有型模样，而是变成糊状，进入阑尾再阻塞肠腔的可能性微乎其微。

也就是说，对于消化不良的情况，即使不是饭后运动，平时的剧烈运动也有可能导致阑尾炎。

尽管饭后马上运动不会直接导致阑尾炎，但也并不意味着饭后马上运动是正确的。因为此时胃肠道消化食物需要大量的血液供给，运动时血液分配到四肢肌肉，导致胃肠道血供不足，可能导致消化不良或加剧消化不良的症状，主要表现之一就是腹痛，不过这种腹痛一般在休息之后就可以缓解。

导致腹痛的原因非常多，如胃肠溃疡、胆绞痛、肠易激综合征、肠系膜动脉栓塞等等，情况复杂，往往难以简单通过腹痛位置以及腹痛感觉明确判断。如果出现休息后难以缓解的腹痛，建议及早就医。

（资料来源：健康四川官微，周晓博，运动科学论坛，2018－09－03）

第六章　呼吸系统

学习要点

1. 呼吸系统的组成和功能。
2. 肺的位置、形状、结构与功能。
3. 体育运动对呼吸系统的良好作用。

在生命活动中，人体必须不断地从外界摄取氧气，再把氧化后产生的二氧化碳排出体外。这种体内、体外气体交换的过程，叫作呼吸。

呼吸系统包括呼吸道和肺，具有气体交换的功能，还有嗅觉、内分泌、发音的功能。

人体所需的氧气先吸入肺里，由肺进入血液，通过血液运到各组织，供给细胞利用。细胞代谢产生的二氧化碳也是先进入血液，由血液运到肺，再呼出体外。整个呼吸过程由三个部分组成：

一是外呼吸，又称肺呼吸，是在肺内进行气体交换的过程。

二是内呼吸，又称组织呼吸，是在血液和组织之间进行气体交换的过程。

三是气体在血液中运输的过程，即血液把氧气运到组织，再把二氧化碳运到肺的过程。

第一节　呼吸道的构造

呼吸道的构造可分为三部分：一是呼吸道的入口，即外鼻；二是气体通道，即鼻腔、咽、喉、气管和支气管；三是呼吸部，即肺内呼吸细支气管和肺泡部分（图 6－1）。通常鼻、咽、喉称上呼吸道，气管和各级支气管称下呼吸道。

一、鼻

鼻是呼吸道的起始部，又是嗅觉器官。鼻包括外鼻、鼻腔和鼻旁窦三部分（图 6－2）。

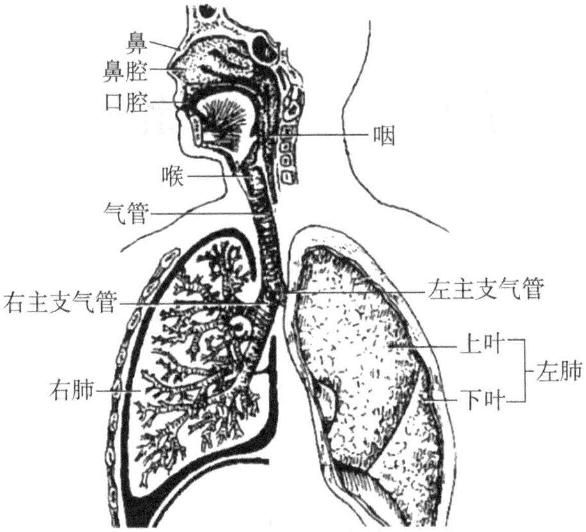

图 6-1　呼吸道构成

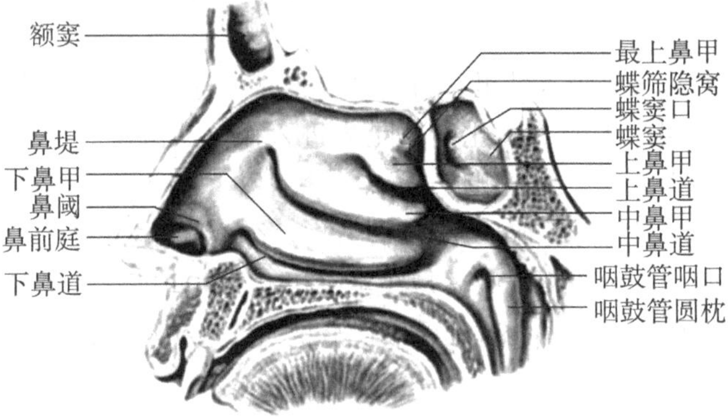

图 6-2　鼻腔结构

（一）外鼻

外鼻主要是以鼻骨和软骨为支架，外覆皮肤，皮肤向鼻内反折为鼻前庭，生有鼻毛，防止灰尘入鼻内。外鼻与额相连的狭窄部称鼻根，向下延续为鼻背，末端称鼻尖，鼻尖两侧扩大称鼻翼。外鼻下方的一对开口叫鼻孔。

（二）鼻腔

鼻腔由鼻骨和鼻软骨构成，被鼻中隔分为左右两腔，前经鼻孔通外界，后通鼻咽。两腔之外侧壁上有上、中、下三对鼻甲，将每侧鼻腔分割成上、中、下三个鼻道。整个鼻腔内面都有一层黏膜覆盖，黏膜里面含有丰富的血管，对吸入的空气起加温湿润作用；黏膜内含有很多腺体，分泌的液体可以将空气中的灰尘、细菌粘贴在前面的鼻毛上，对吸入的空气起净化作用；黏膜上还有许多神经末梢，在上鼻道顶部还有嗅觉感受器。鼻黏膜分嗅区和呼吸区两部分，嗅区位于上鼻甲、鼻中隔上部及鼻腔顶部。

（三）鼻旁窦

鼻旁窦是鼻腔周围颅骨内含气的腔，借孔与鼻腔相通，窦壁覆有黏膜。鼻旁窦有四对，即额窦、筛窦、蝶窦和上颌窦，具有加温和湿润空气的作用，并对发音产生共鸣（图6－3）。

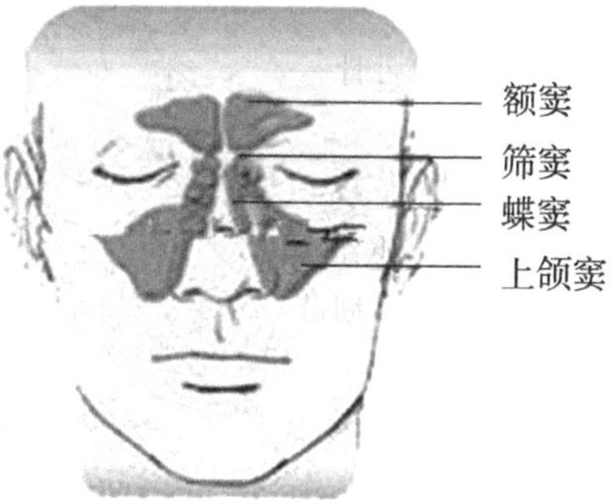

图6－3　鼻旁窦

二、咽（图6－4）

咽是呼吸和消化系统的共用器官，是一个上宽下窄的扁漏斗形的肌性器官，内覆黏膜，自上而下分为鼻咽部、口咽部和喉咽部三部分。前面通鼻腔、口腔和喉腔；后面为颈椎，下面与食管相接。

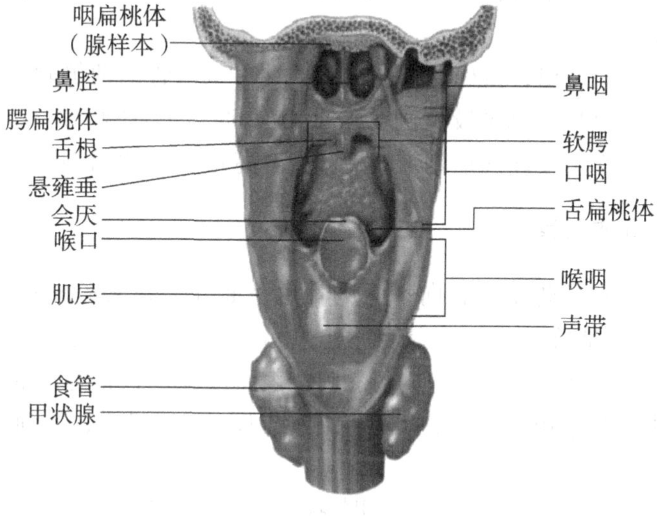

图6－4　咽喉（背面观）

三、喉（图6－5）

喉既是呼吸器官，也是发音器官，位于第3～6颈椎前方，由一块环状软骨、一块会厌软骨和三对杓状软骨等软骨和肌肉、韧带组成，腔内覆黏膜。软骨板前角上端向前突出，称为喉结，在成年男子尤为明显。在两个杓状软骨与前方的甲状软骨之间连有两条声韧带，两侧韧带之间的裂隙叫作声门裂。当两个杓状软骨在垂直轴上运动时，声韧带可被不同程度地拉紧，或开大、缩小声门裂（图6－6），甚至可以闭合声门裂。

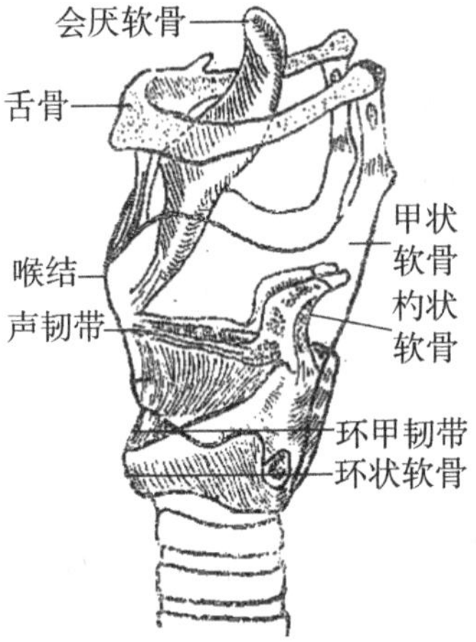

图 6-5 喉

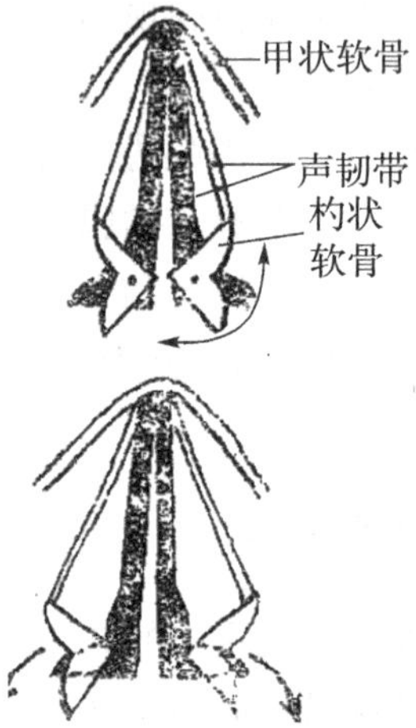

图 6-6 声带变化示意图

喉上接喉咽、下连气管，前面有颈肌覆盖，两侧有重要的内分泌腺——甲状腺和颈部大血管等。

甲状软骨向前突出，俗称喉结。由于男性甲状软骨的两侧软骨板交角较锐，向前突出明显（这样声韧带较长，发音低沉），喉结于吞咽、发音时在颈前上下移动明显；女性交角较钝（声韧带较短，发音高亢），突出不明显。

四、气管和支气管

气管起于环状软骨下缘，向下至胸骨角平面处，分叉形成左、右主支气管（图 6-7）。气管是长约 12 cm（平均 9 ～ 13 cm）的中空管道，由 15 ～ 17 个左右半环状软骨及结缔组织构成，内衬黏膜，表面覆盖纤毛上皮。黏膜分泌的黏液可吸附空气中的灰尘颗粒，纤毛摆动将黏液与灰尘异物排出，起到净化的作用。

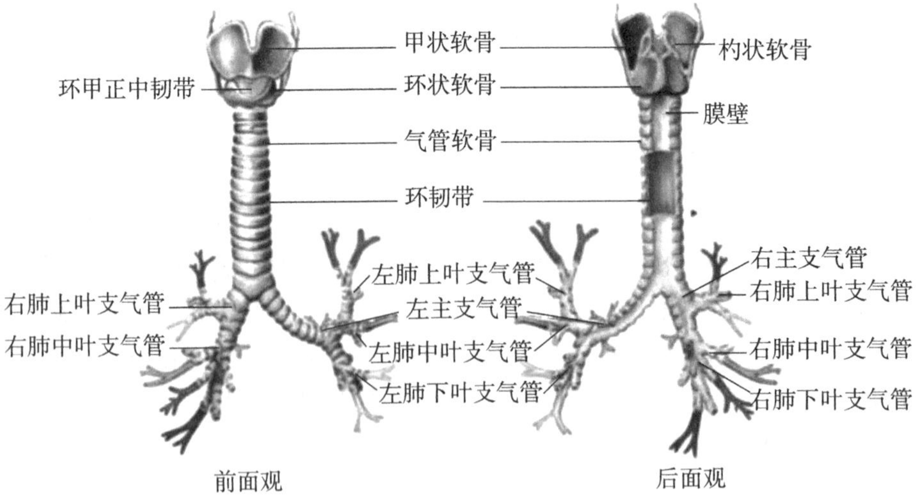

图 6-7 气管和支气管

支气管是气管分出的各级分支，其中第一级分支为左、右主支气管。主支气管再分支进入肺内，形成肺内支气管。左主支气管细而长，走向倾斜；右主支气管短而粗，走向较平。经气管落入的异物多进入右主支气管。

五、肺

肺（图6－8）位于胸腔内、膈肌上方，左右各一，是质地光滑柔软的锥形器官。上方为肺尖（高出锁骨内侧），下面底部紧邻膈肌，两肺侧面紧邻肋骨，两肺之间为纵隔。纵隔里有心脏，有出入心肺的大血管、食管、支气管、神经、淋巴导管、胸腺等。在肺的纵隔面上，大血管、支气管等进出肺的地方叫肺门。

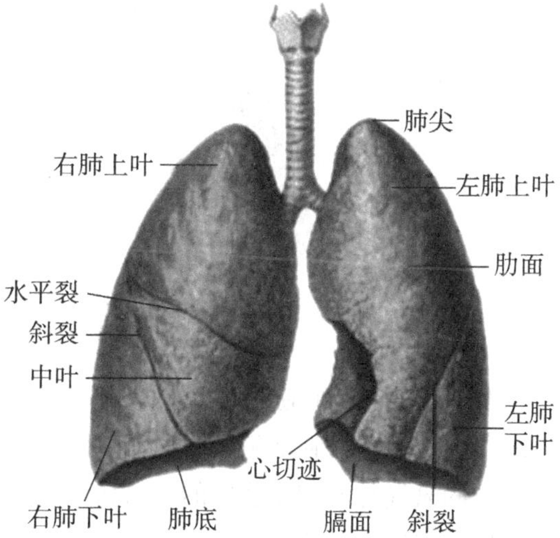

图6－8　肺结构模式图

左肺分为上、下两叶，右肺分为上、中、下三叶。

支气管自肺门入肺后，不断分支，越分越细，形成支气管树（图6－9）。当直径小到1 mm时，叫细支气管。细支气管的分支和肺泡形成肺小叶（图6－10）。肺小叶呈多边锥状，底朝向肺表面。小叶之间由结缔组织分隔开，其间有神经血管分布。

在肺小叶内，细支气管继续分支，管壁上出现肺泡，叫作呼吸细支气管，最后移行为肺泡管和肺泡（图6－11），细支气管、肺泡管和肺泡由单层呼吸上皮构成，可以进行气体交换，称为肺的呼吸部。

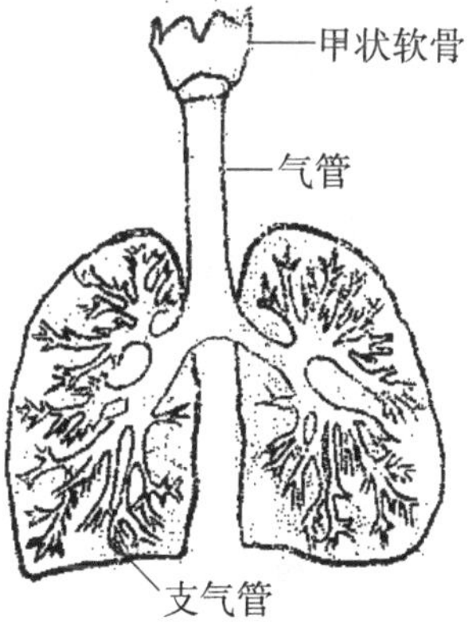

图6－9　支气管树

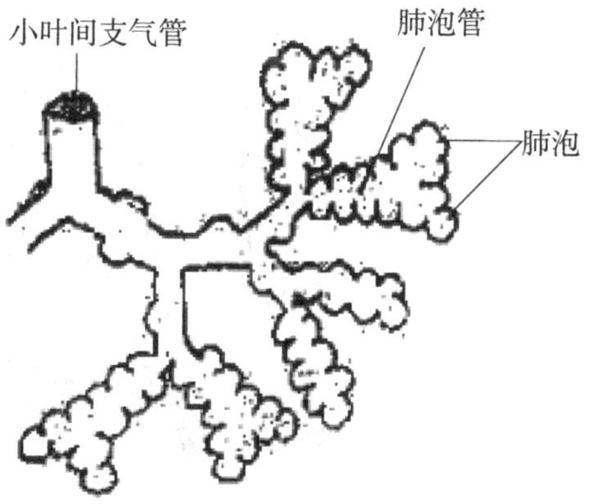

图6－10　肺小叶模式图

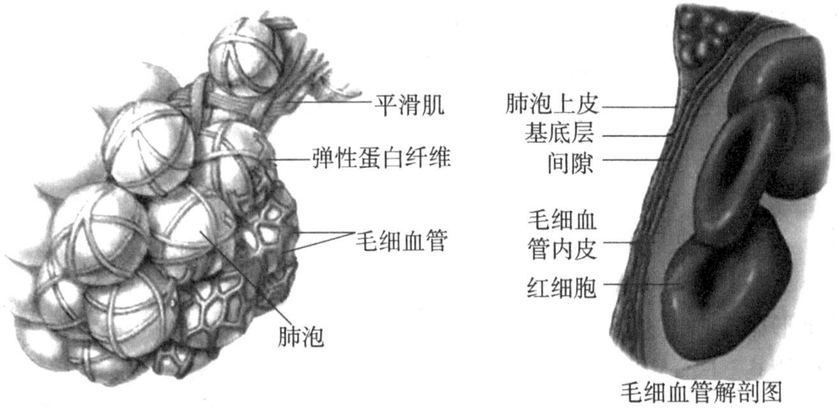

图 6－11　肺泡及其上的毛细血管

肺泡是最小的呼吸机能单位，壁上密布毛细血管和弹性纤维，后者保证呼气时肺泡不被压陷。肺泡虽小，但两肺的肺泡总面积可达 50 ～ 100 平方米，保证肺泡里的氧气与毛细血管中的二氧化碳充分交换。气体交换是通过肺泡壁上皮和毛细血管内皮进行的。

六、胸膜和胸膜腔

胸膜是衬覆于胸壁内面、膈上面、纵隔两侧面和肺表面等处的一层浆膜。覆盖于胸壁内面、纵隔两侧面和膈上面及伸至颈根部等处的胸膜部分称为壁胸膜，覆盖于肺表面的称为脏胸膜，壁、脏两层胸膜在肺根表面及下方互相移行，两层胸膜之间形成密闭、狭窄的腔隙，称为胸膜腔。

胸膜腔左右各一，互不相通，呈负压。脏胸膜与壁胸膜相互黏附在一起，腔内含少量液体，可起到润滑作用（图 6－12）。

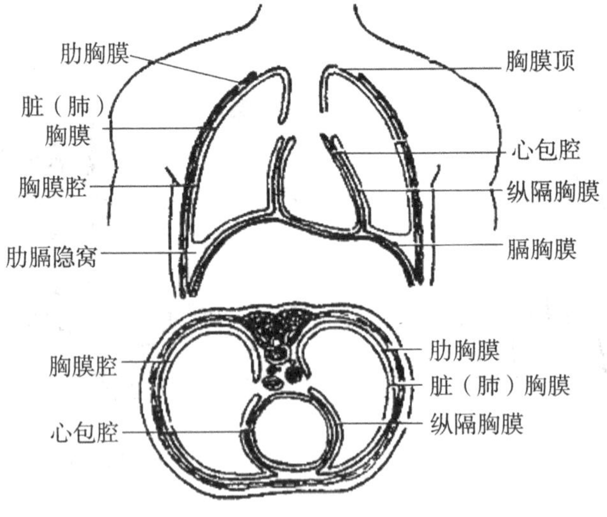

图 6－12　胸膜和胸膜腔示意图

第二节　呼吸运动

肺是与外界进行气体交换的器官，但是肺本身并没有自动扩大或缩小的机能，它只是被动地随着胸腔扩大和缩小的变化来运动的。胸腔大小的变化是靠胸廓和膈肌的运动来实现的。其中胸膜腔的负压也起着重要的作用。

一、吸气运动

当吸气中枢（在延脑，当血液中二氧化碳浓度增高时受刺激）兴奋时，通过膈神经和肋间神经引起膈肌和肋间肌收缩。膈肌收缩导致其顶部下降，使胸腔上下径加大；肋间肌收缩时，肋骨上提，使胸廓前后径和左右径加大。

由于胸腔扩大，胸内压力（即胸膜腔内的压力，呈负压）降低，吸附着肺随之扩张，这时肺内压力小于大气压，空气就由呼吸道进入肺内。

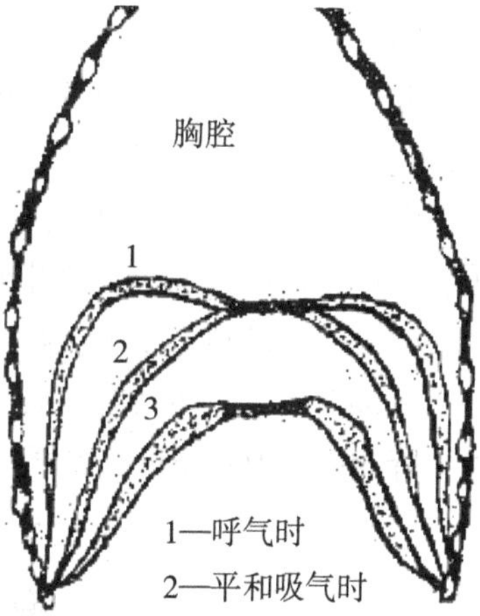

图 6－13　膈肌位置示意图

当用力吸气时，除肋间肌加强收缩，膈肌（图 6－13）更明显地下降外，辅助吸气肌也参加工作。由于众多肌肉用力收缩，使胸腔格外扩大，胸内压更加下降，肺也更加扩张，就有更多的气体进入肺内。

二、呼气运动

当吸气结束时，呼气中枢（也在延脑，当血液中氧的浓度增高时受刺激）就会兴奋，同时抑制吸气中枢。这时就不再往肋间肌和膈肌发出冲动，而是使它们舒张。肋间肌舒张时，胸廓由于本身的重量和弹性而被动下垂回位；膈肌舒张时，其顶部上升，使得胸腔缩小，肺也随之缩小，肺内压力增大，气体则从肺内逸出。

用力呼气时，辅助呼气的腹肌收缩，腹内压力增大，间接挤压膈肌，使其顶部进入胸腔；辅助呼气肌收缩使肋骨格外下降，胸腔更加缩小。

三、胸内压和肺内压

（一）胸内压

胸内压即胸膜腔内的压力，通常都是负压。随着每次呼吸运动的进行，胸内压也在发生变化。在平和吸气时，胸内压比大气压低 5 ～10 mmHg；在平和呼气时，比大气压低 3 ～5 mmHg。用力吸气时胸内压可降至 90 mmHg；若紧闭声门用力呼气（憋气），胸内压可增至 110 mmHg。

胸内压的变化对循环机能有很大影响，特别是对管壁较薄的上、下腔静脉和肺静脉的回心血流，有直接的影响。如憋气时，由于胸内压急剧增加，挤压肺静脉和腔静脉，使静脉回心血量减少，左、右心房接收的血量和每搏心输出量也减少，就暂时影响了血液循环的正常进行。

（二）肺内压

肺内的压力即肺内压，随呼吸运动而发生变化。外界空气与肺内气体进行交换，取决于肺内压与外界气压的压力差。当吸气或呼气终了时，胸腔处于静止状态，此时肺内压与外界大气压相等。胸腔扩大时，肺随之扩张，肺内压低于大气压，空气进入肺内，产生吸气。胸腔缩小时，肺也随之缩小，肺内压高于大气压，气体就由肺内逸出，产生呼气。

呼吸动作越剧烈，肺内压的变动就越大。平和呼吸，吸气时肺内压下降 2 ～3 mmHg，呼气时肺内压升高 2 ～4 mmHg。假如关闭声门用力吸气，肺内压可下降 30 ～80 mmHg，呼气时可升高 60 ～100 mmHg。

第三节 呼吸气量

一、肺活量（肺容量）

人在尽力吸气后所能呼出的气体量叫作肺活量（肺容量），其大小因性别、年龄、身材、锻炼情况等而异。正常男性平均肺活量为 5 L，女性约为 3.5 L。肺的总容量由潮气量、补吸气量、补呼气量和余气四部分组成。

1. **潮气量**

潮气量指平和呼吸时每次吸进和呼出的气量，一般为 500 mL。

2. **补吸气量**

平和吸气后再尽力吸气，所增加的吸入气量，称为补吸气量。正常成人为 1.5 ～2 L。

3. **补呼气量**

平和呼气后再用力呼气所能呼出的最大气量，称为补呼气量。正常成人为 0.9 ～1.2 L。

4. **余气**

在呼出补呼气后，胸腔容积已经达到最小，但肺内仍存留一些气体不能呼出，这部分气体即余气。正常男性余气量为 1.3 L，女性为 1 L（这也是判断死胎和溺婴的重要指标）。

肺活量等于潮气量、补吸气量和补呼气量三者气量的总和，它代表呼吸器官的最大工作能力，因此常把它作为反映机能好坏的一个指标。如经常从事体育锻炼的人，肺活量大于一般常人，尤其从事游泳、划船等运动的运动员，辅助吸气肌的胸大肌、背阔肌发达，优秀游泳运动员的肺活量可达到 7000 mL。肺活量测定如图 6－14 所示。

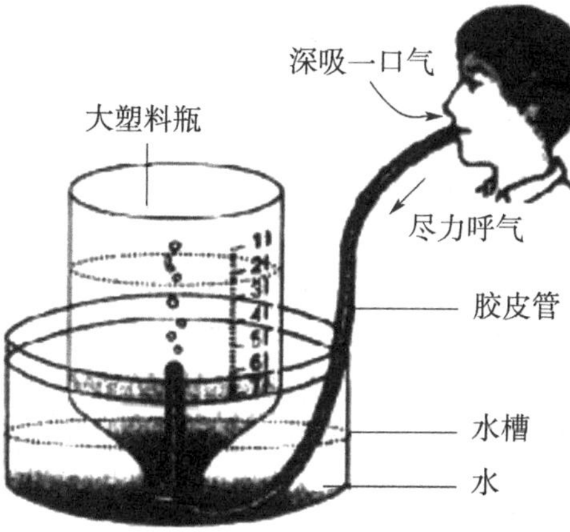

图 6－14　肺活量的测定

二、无效腔

解剖无效腔包括从口、鼻至细支气管的整个呼吸道，它既无呼吸上皮，又无肺循环血液供应，不能参与肺泡与血液之间的交换。

每次吸气时，首先进入肺泡的是上次呼气之末存在呼吸道内的肺泡气，然后才是新吸入的空气；每次呼气时，首先呼出的是上次呼气之末充盈于呼吸道内的吸入气，然后才是肺泡气。因此，每次呼吸中最后吸入的充盈于呼吸道的这部分气体，是最先呼出的、未与肺泡气混合、未参与气体交换的气体，其量为解剖无效腔的容量。成年人解剖无效腔内气体约 120 mL。

此外，人体直立时，有一部分肺泡常得不到血液供应（如肺泡顶部），以致有气体也不能起交换作用，称为肺泡无效腔，与解剖无效腔合称生理无效腔。

三、肺通气量

每分钟肺吸进和呼出的气量，叫作肺通气量。

肺通气量的大小等于每分钟呼吸次数（呼吸频率）与每次吸入或呼出的气量（即呼吸深度）的乘积。呼吸频率或呼吸深度增加时，都可以增大肺通气量。

一般成年男子安静时每分钟呼吸次数是 14 ～ 16 次，女子是 16 ～ 18 次。一般情况下，成年人每次呼吸的潮气量是 500 mL，每分钟肺通气量是 6 ～ 8 L；剧烈运动时，呼吸深度和呼吸频率剧增，每分钟肺通气量可达 70 ～ 200 L。

如果运动时呼吸频率过快（每分钟超过 50 次），呼吸变得表浅，肺通气量反而增加不多；又由于无效腔的存在，使气体交换的实效量下降，出现喘息，这种情况多发生于缺乏体育锻炼的人，是呼吸机能发展不良的表现。

第四节　气体交换与运输

一、气体扩散

血液与肺泡组织间的气体交换都是依靠气体分子扩散来实现的。

人体肺换气和组织换气的多少不仅取决于膜的通透性和各种气体的理化特性，还取决于膜两侧气体的分压差，且分压差是最关键的条件。分压差是实现气体交换的动力，分压差的大小决定着气体的扩散方向和扩散速率。身体各部的氧和二氧化碳的分压如表 6－1 所示。

表 6－1　身体各部的氧和二氧化碳分压　　单位：kPa（mmHg）

	肺泡	动脉血	静脉血	组织液
二氧化碳分压（p_{CO_2}）	5.3（40）	5.3（40）	6.1（46）	6.7（50）
氧分压（p_{O_2}）	13.9（104）	13.3（100）	5.3（40）	4.0（30）

由表 6－1 可知，肺泡里的氧分压高于静脉血；静脉血中的二氧化碳分压比肺泡高。所以当静脉血流经肺泡时，肺泡里的氧能很快扩散到静脉血中，静脉里的二氧化碳也能很快扩散到肺泡中，这种扩散作用直到细胞膜两侧分压相等时才停止，经过肺泡的静脉血便成为含氧丰富的动脉血（图 6－15）。

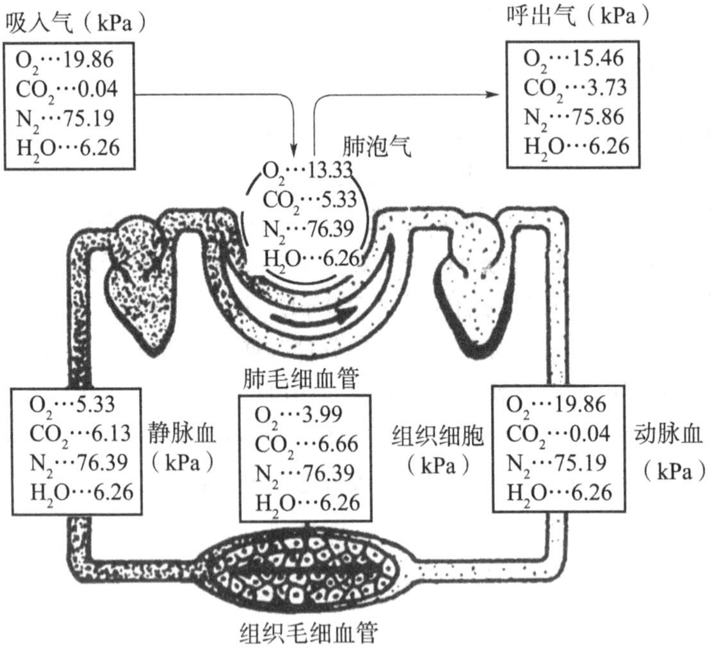

图 6－15　气体交换示意图（数字代表分压）

动脉血沿着毛细血管流经组织细胞附近时，也同样由于血液与细胞中氧和二氧化碳分压的不同而进行扩散，进行气体交换。体内外的气体交换就是这样周而复始地进行着。

二、氧的运输

血液在运输氧的过程中，极少部分（仅占1.5%）溶于血浆，绝大部分（占98.5%）是和细胞里的血红蛋白（Hb）结合而运输的。与氧结合的血红蛋白叫作氧合血红蛋白（HbO_2），它们的结合较容易。当血液流经氧分压低的地方（组织细胞）时，便很容易地把氧分离出去，氧也就很快扩散到组织细胞中。与氧分离的血红蛋白叫作还原血红蛋白（HHb）。在氧分压高的地方（肺泡），还原血红蛋白又可以和氧结合成氧合血红蛋白。

三、二氧化碳的运输

二氧化碳的结合与分离也是由该气体分压的高低来决定的。

血液运输二氧化碳的方式有两种。一是物理溶解，这部分极少（占5%），大部分是和血液进行化学结合而实现的。

化学结合方式又有两种：一种是和血液中的水、钠和钾离子结合成重碳酸盐（$NaHCO_3$、$KHCO_3$），占75%，另一种是和血红蛋白结合成氨基甲酸化合物（$HHbCO_2$），占20%。

氧和二氧化碳在血液中的运输如图6－16所示。

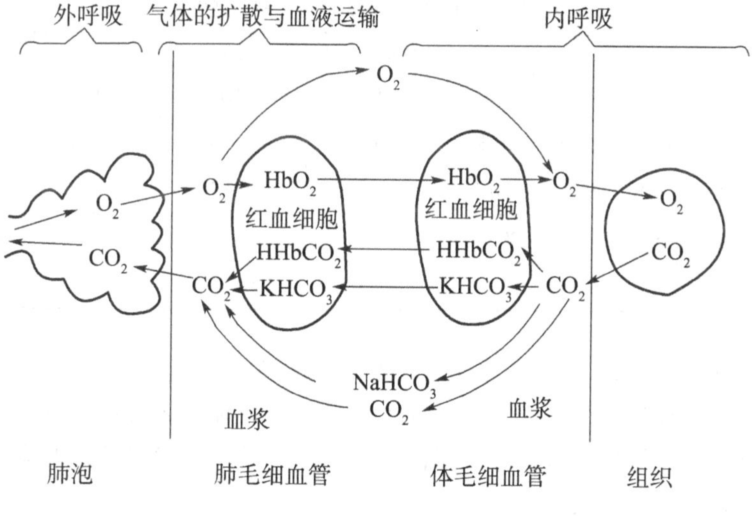

图6－16　氧和二氧化碳在血液中的运输

第五节 运动中呼吸机能的变化

肌肉收缩时需要能量供给。能量由体内物质代谢提供，运动越剧烈，体内物质代谢越高，消耗的氧也就越多。为了满足身体对氧的需要，呼吸运动就明显增强。

一、运动时呼吸的变化

在进行运动之前，由于条件反射的作用，呼吸运动就已经加强了。运动开始后，肺通气量更是急剧增加。运动结束后，在一段时间里，肺通气量仍保持较高的水平，然后逐渐恢复正常。这是因为运动时身体吸入的氧气量不能满足运动时体内物质代谢所需要的氧，欠下了“氧债”。所以在运动停止后为了偿还氧债，呼吸尚要继续保持较高的活动水平。

二、需氧量和耗氧量

完成某项运动所需要的氧量，一部分可以在运动过程中获得，另一部分则必须在运动后的恢复过程中才能得到补偿。也就是说，该项运动的总需氧量等于运动过程中和恢复过程中新吸入氧量的总和。总需氧量的多少取决于运动强度和持续的时间。如果运动时间长，强度又大，其总需氧量就多（见表6－2）。

表6－2 运动强度及持续时间与需氧量的关系

运动项目	强度（米/秒）	持续时间	每分钟需氧量（L）	总需氧量（L）	氧债绝对值（L）	氧债百分比
短跑	9.8	10秒～20秒	40	7～14	6.13～12.5	90%
中跑	8.9～6.8	50秒～100秒	8.5～25	19～20	19	8.9%～53%
长跑	6.3～5.8	5分钟～30分钟	4.5～6.5	50～150	15	5%～10%
马拉松	5	2小时以上	2～3.5	500以上	5	少许

由表6－2可知，从总需氧量的数值上不容易看出运动强度对呼吸的影响，所以在运动生理学中往往采用每分钟需氧量这一指标。从表6－2可见，短跑的运动强度最大，每分钟需氧量最高；马拉松跑的时间虽然很长，但运动强度小，所以每分钟需氧量最低。

当体内与体外进行气体交换时，吸入体内的所有氧全部用来供应体内物质代谢的消耗，所以耗氧量也就是氧吸入量。

人在安静时，每分钟的耗氧量是0.25～0.30 L，与需氧量一致。运动时耗氧量随运动的强度增加而增加，但是由于受到循环系统和呼吸系统机能的限制，每分钟耗氧量的增加有一定的限度，这个限度叫作氧极限，即最大摄氧量。一般成人氧极限为2 ～3 L，经常从事体育锻炼的人可以达到4 ～5 L，有训练的运动员可以达到6 L，甚至7 L。

三、氧债

当耗氧量不能满足需氧量时，就产生了氧债。产生氧债的原因主要有以下两点。

1. **内脏器官机能的惰性**

运动开始时，虽然骨骼肌立即进行快速而有力的收缩，但由于内脏器官（心脏、血管、呼吸器官等）本身机能的惰性，使耗氧量不能立即提升到相应水平来满足需氧量的要求，因此就会欠下一定数量的氧债。如图6－17 中“*a*”代表这一时期所欠氧债的数量，某一运动所欠的“*a*”和恢复期的耗氧量“*a*”相等（图6－17）。

运动水平较高的人，内脏器官机能惰性较小，因此参加同样运动时，产生的氧债数量比缺乏运动的人少。

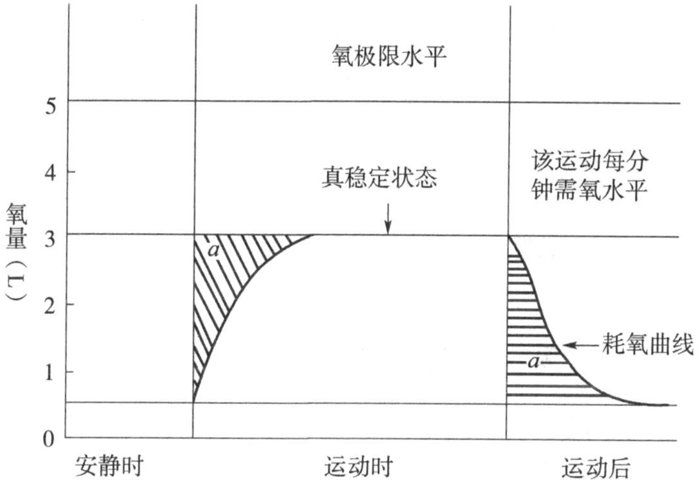

图6－17　氧债成因示意图（1）

2. **每分钟需氧量高**

运动强度越大，每分钟需氧量就越多。假如每分钟需氧量超过氧极限，就会产生氧债，且超过越多，氧债也越多。如图6－18 中“*a*＋*b*”就是氧债的数量，其中“*b*”代表每分钟需氧量超过氧极限而积累下的氧债数量。

经常运动的人，氧极限（最大摄氧量，用 VO_2 表示）水平较高；从事同样剧烈的运动，产生氧债的数量比缺乏运动的人少。

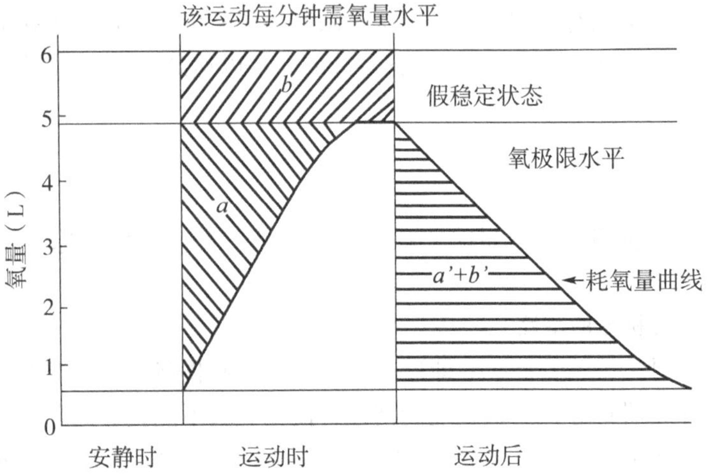

图 6－18　氧债成因示意图（2）

四、真稳定状态和假稳定状态

真稳定状态是指耗氧量在工作时一直处于一个稳定的水平。如果工作时每分钟需氧水平低于氧极限（图 6－17），运动一段时间后，耗氧量就会保持在每分钟需氧量的水平上。这时，每分钟耗氧量与每分钟需氧量相等，就叫作真稳定状态。

假若每分钟需氧量水平高于氧极限，而运动时间又较长，在运动一段时间后，耗氧量处在氧极限的水平上，虽然也能保持稳定，但这时每分钟耗氧量与每分钟需氧量并不相等，仍有氧债积累，这种状态叫作假稳定状态。

在田径运动中，超长距离跑和竞走往往出现真稳定状态；长跑往往出现假稳定状态。

五、体育运动对呼吸系统的良好作用

长期进行体育锻炼，呼吸器官的结构与机能都会发生良好变化。表现为呼吸加深加快，肺通气量增加。潮气量可从安静时的每次呼吸的 500 mL 上升到 2000 mL 以上，呼吸频率随运动强度而增加，可由每分钟 12 ～ 18 次增加到每分钟 40 ～ 60 次。结合潮气量与呼吸频率的变化，运动时的每分通气量可从安静时的每分钟 6 ～ 8 L 增加到 80 ～ 150 L，较安静时可增大 10 ～ 12 倍。随着训练水平提高，肺通气量也相应增大，运动员肺通气量可以达到 120 ～ 140 L，最大氧吸收量（氧极限）可达到 6 L 甚至以上，而不经常运动的人只有 2 ～ 3 L。

由于经常运动的人呼吸机能高度发达，呼吸与运动的协调配合良好，在定量工作时，呼吸机能表现出节省化现象，能够较长时间保持工作能力不下降，具有很大的机能贮备力，能够适应和满足强烈运动时对呼吸系统的要求。

实训环节

实训八　观察呼吸系统

一、实训内容

(1) 观察呼吸系统各器官的位置、形态和大体结构。

(2) 观察肺的内部结构。

二、实训目的

(1) 掌握呼吸系统的组成及其各器官的位置、形态和大体结构。

(2) 了解喉、气管和支气管的结构。

三、实训材料与器具

呼吸系统标本或模型，喉、气管、支气管和肺的标本或模型，动物肺组织切片，显微镜，各相关内容挂图。

四、实训步骤

(一) 呼吸系统整体的观察

取呼吸系统标本或模型观察组成呼吸系统的各个器官。

(二) 呼吸系统各器官的观察

1. **鼻腔的观察**

①固有鼻腔。

取头部正中矢状切标本或模型观察，可见外侧壁表面有三片结构，由上而下为上鼻甲、中鼻甲、下鼻甲。每鼻甲的下方有前后纵行的空隙称为鼻道，上鼻甲的下方为上鼻道，中鼻甲下方为中鼻道，下鼻甲下方为下鼻道。

②鼻前庭。

鼻前庭位于鼻腔前下方鼻翼内面，内表面为皮肤，生有粗短的鼻毛。

同时，在颅骨正中矢状切标本上观察与鼻道相同的鼻旁窦（上颌窦、额窦、蝶窦和筛窦）。

2. **喉的观察**

取喉软骨及喉肌解剖放大模型观察，可见喉由软骨构成支架。

3. **气管、支气管的观察（略）**

4. **肺的观察（略）**

五、实训练习题

(1) 呼吸系统由哪些器官组成?

(2) 试述鼻腔的主要结构。

(3) 喉由哪些软骨组成？声门裂是怎样形成的？有什么生理作用？

(4) 肺在外形上有哪些主要结构特点？

拓展阅读

心肺复苏术

一些体育运动的严重意外事故如溺水、外伤性休克等，可能出现呼吸和心跳骤停，如不及时抢救，伤员会很快死亡。人工呼吸和胸外心脏按压为现场心肺复苏急救的重要手段。

1. 人工呼吸

人工呼吸系借人工方法来维持机体的气体交换，以改善缺氧状态，并排出二氧化碳，为自主呼吸的恢复创造条件。

人工呼吸的方法甚多，现介绍口对口人工呼吸法，此法简便有效，而且可以同时进行胸外心脏按压（图 6－19）。施行时，伤员仰卧，松开伤者领口、裤带和胸腹部衣服，清除口腔内异物包括义齿。急救者一手的掌尺侧置于病人前额，使其头部后仰，用拇指和食指捏住病人鼻孔，以免气体外溢，另一手置于病人颈后，将颈向上托起，保持气道通畅；然后深吸气，张嘴去套住伤者的嘴并紧贴住向里吹气。每次吹气量为 800 ～ 1200 mL，吹气按每分钟 16 ～ 18 次的频率进行。

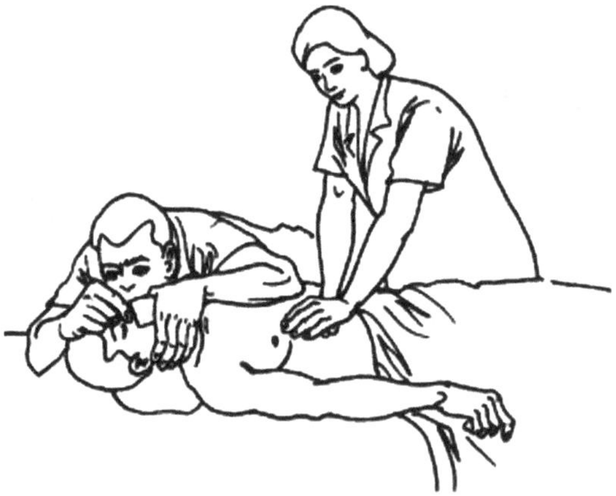

图 6－19　口对口吹气和胸外心脏按压

2. 胸外心脏按压

此法系通过按压胸骨下端而间接地压迫左右心室腔，使血流流入主动脉和肺动脉，建立有效的大小循环，为心脏自主节律的恢复创造条件。

操作时，使患者仰卧于硬板床或地上，急救者以一手掌根部置于患者胸骨的中、下三分之一交界处（注意非剑突处），另一手交叉重叠于其手背上，肘关节伸直，充分利用上半身的重量和肩、臂部肌肉的力量，有节奏而带有冲击性地垂直按压胸骨，使之下陷 3 ～ 4 cm，对儿童相应要轻些。每次按压后随即迅速抬手，使胸廓复位，以利于心脏舒张。速率为每分钟 60 ～ 80 次，儿童稍快。

操作中，如能摸到颈动脉或股动脉搏动，上肢收缩压达 60 mmHg 或以上，口唇、甲床颜色较前红润，或者呼吸逐渐恢复，瞳孔缩小，则为按压有效，应坚持操作至自主心跳出现为止。

对呼吸心跳均停止的伤员，应同时进行上述两种急救措施。如为单人操作，按压频率与吹气之比为 15∶2，反复交替进行。两人操作时，一人按压，一人吹气，每按 5 次，吹气一次，交替进行。

进行心肺复苏急救时，应沉着、冷静、迅速，急救一经开始，就要连续进行，不能间断，一直做到伤员恢复自主呼吸、心跳或确定死亡为止。在抢救的同时，应迅速派人请医生来处理。

（资料来源：《运动人体科学基础教程》，张月芳主编）

第七章　物质代谢

学习要点

1. 名词解释：新陈代谢　同化　异化　血糖
2. 糖、脂肪、蛋白质各有什么生理意义？
3. 蛋白质的基本组成单位是什么？简述其代谢过程。

人体生命活动的基本特征是新陈代谢，新陈代谢即机体与周围环境间的物质交换过程，分为同化和异化两个过程。机体从外界摄取各种营养物质经过消化吸收后，将简单的物质重新构成身体所需要的复杂物质的过程，叫作同化过程（合成代谢）；将机体内一些复杂物质经过一系列化学变化分解为简单物质，或供机体利用，或作为废物排出体外的过程，叫异化过程（分解代谢）。

合成代谢中吸收能量（耗能），分解代谢中释放能量（供能），这种伴随物质的合成和分解而发生的能量转换过程，叫作能量代谢。

第一节　糖代谢

一、糖的生理意义

糖是构成机体组织的成分之一，它更重要的是为机体生命活动提供能量。如全身各个器官，尤其是骨骼肌、大脑的活动，所需消耗的大量能量首先都是由糖提供的（占所需能量的70%）。

糖在体内的含量低于脂肪和蛋白质，有时单靠糖来提供能量还不够，必须由脂肪和蛋白质分解来提供。但是糖在氧化中需要的氧量少，所以糖是机能最经济的能源物质。

二、糖在体内的代谢过程

我们日常所食进的糖，多半是多糖（即淀粉）和双糖（蔗糖等），必须经过消化道分解为单糖（葡萄糖）才能被吸收。

单糖自小肠绒毛吸收进入血流，经过门静脉到达肝脏。在肝脏内，一部分被肝脏合成肝糖原；一部分随血液到达肌肉，合成肌糖原储存起来；还有一部分被组织直接氧化利用。大脑是葡萄糖供能的器官，当血中的葡萄糖含量不足时，会出现头昏、思维迟钝、全身无力等现象。

肝脏和骨骼肌是贮存糖原的主要场所，肝脏内贮存的糖原约有 100 克，骨骼肌肉糖原贮量 150 ～ 200 克，体内总的糖原贮量 300 ～ 350 克（在血液中葡萄糖即血糖约 5 克）。有训练的运动员及骨骼肌发达的人，体内糖贮量高于常人。

肝脏是人体代谢中最重要的器官，除分泌胆汁外，还担负着各类营养物质的转换和解毒等。肝脏在糖代谢过程中起重要作用。通过肝脏对糖的贮存与释放，调节血糖水平。正常血糖水平是每 100 mL 血液中葡萄糖保持在 80 ～ 110 mg（高于 120 ～ 180 mg/100 mL，葡萄糖则不能全部被肾小管吸收，而从尿中排出，即糖尿病；低于 80 mg/100 mL 为低血糖症）。当血中血糖浓度升高时，肝脏就将血液中过多的葡萄糖变成肝糖原；当血中血糖不足时，又将肝糖原迅速分解并释放入血中。

当食物中缺少糖类时，肝脏还能把一些非糖物质（氨基酸、脂肪酸、甘油等）先合成糖原，再转变为葡萄糖释放到血液中，供组织利用。

当剧烈运动时，肌肉产生大量乳酸，这时肝脏又将乳酸重新合成糖原，再次供能。如此，在肝脏的调节作用下，血糖保持在正常水平。糖在体内的代谢过程如图 7 - 1 所示。

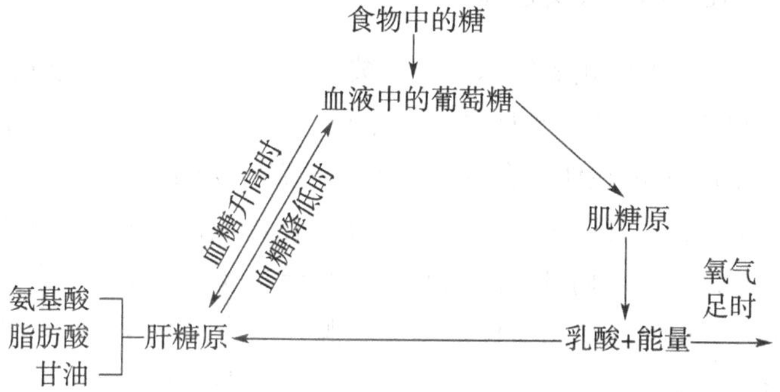

图 7 - 1　糖在体内的代谢过程

三、血糖

健康人血糖水平比较恒定，这对维持人体正常生理机能很重要。血糖过高过低都会使人体机能失调，尤其大脑皮层神经细胞对血糖水平最为敏感，血糖过低会直接导致昏迷。但血糖浓度在人体不同机能状态时仍有一些波动，应引起注意和预防。

血糖会在进食后暂时升高，运动和劳动时也可由于糖原迅速分解而升高，其波动属正常现象。但在超长距离跑时，由于长时间肌肉活动消耗了体内大量糖原，血糖会明显下降。因此，运动员除在饮食中要注意摄取含丰富糖类的食物外，在运动前和运动中途也要注意补充含糖饮料，以保持机体的工作能力。

第二节　蛋白质代谢

一、蛋白质的生理意义

蛋白质是生命的基础物质，是组成身体组织细胞的主要原料，也是供给机体活动的能源物质。体内的蛋白质不断地分解，又不断地合成新的蛋白质，即不断进行新陈代谢，所以人们的食物中必须含有一定量蛋白质。儿童和少年如果蛋白质供应不足，将会影响生长发育；运动员长时间运动时，在体内糖被消耗而未给予补充的情况下，蛋白质也要参加供能。由于蛋白质不能在体内贮存，如果机体对蛋白质摄取不足，造成蛋白质消耗超出摄取（负氮平衡），工作能力就会下降。

一般正常人每天对蛋白质的摄取最低需要量为 1 g/千克体重（可维持氮平衡）。儿童、少年、重体力劳动者和运动员由于生长发育需要和消耗量较大，必须补充较多的蛋白质才能保持正氮平衡，他们每天的蛋白质需要量为 2. 5 ～3 g/千克体重。

二、蛋白质在体内的代谢过程

食物中的蛋白质被转化成氨基酸后，被小肠绒毛吸入毛细血管，进入血液循环。氨基酸有 20 余种，其中 8 种是人体不能合成的，必须从食物中补充，称必需氨基酸；其余 12 种可在体内合成，称为非必需氨基酸。

氨基酸进入血液后有三条出路：①成为细胞组织蛋白（如血红蛋白、肌肉中的收缩蛋白、皮肤血管和韧带等的胶原蛋白与弹性蛋白等）、激素、酶类等的构成原料。②作为氧化供能供给身体活动的能源，维持体温等。③转变成糖和脂肪贮存起来（蛋白质本身不能贮存，消耗多少，补充多少）。

蛋白质在体内分解时，首先分解成氨基酸。在肝脏里，氨基酸经过去氨基作用生成氨，一部分合成尿素，由肾排出体外；另一部分经过去氨基作用的氨，再去掉氮的成分，经过复杂的化学变化（如三羧酸循环等）再合成其他能源物质（糖、脂肪），最后分解为二氧化碳和水。

蛋白质的最终代谢产物除二氧化碳和水以外，还有尿素、尿酸、肌酸酐和氨等，它们都是在肝内产生又由肾排出的，所以，若蛋白质摄入量超过机体需要量，会给肝和肾增加负担。

进行力量练习时，肌肉的收缩与舒张都要靠肌肉中的蛋白质的一系列变化来完成，其蛋白质的分解代谢过程异常强烈。运动过后，肌肉里蛋白质的合成代谢大大加强，甚至超过了运动前的水平（超量恢复），这就促进了肌肉内蛋白质含量提高，所以肌纤维增粗。经常进行力量练习的人，肌肉发展更明显。

第三节 脂肪代谢

一、脂肪的生理意义

脂肪是含能量最多的物质（1 克脂肪氧化可释放 9.45 千卡热量，而 1 克糖氧化释放能量4.10 千卡；1 克蛋白质氧化释放能量4.35 千卡），在身体里储量也最大，一般男性体内脂肪占体重的 10% ～ 20%，女性体内脂肪占体重的 18% ～ 28%（若低于 17% 可致月经迟发或闭经），所以脂肪是体内的重要能源物质。中等强度运动时，首先以糖类氧化供能，在活动 20 ～ 25 分钟以后，开始动用体内脂肪供能，所以每次运动时间在半小时以上才有减肥效果。

脂肪也是身体细胞的组成成分，是制造类固醇激素的原料；脂肪不易传热，皮下脂肪有保温作用；脂肪贮存在内脏周围和腹腔大网膜上，有保护内脏器官的作用。

二、脂肪在体内的代谢过程

食物中的脂肪经过消化变成脂肪酸和甘油，被小肠绒毛吸入毛细血管和毛细淋巴管，继而进入血液，经过肝脏的转化，再合成脂肪。其出路有四：①储存起来，形成皮下脂肪。②参与构成身体的组织。③被某些腺体用来制造特殊的分泌物，如外分泌腺产生的乳汁、皮脂；内分泌腺产生的激素。④直接氧化，生成二氧化碳和水并释放能量，或在肝脏内转化成肝糖原。

脂肪储量过多会引起肥胖或某些疾病，如过多的脂肪堆积在心脏周围，会使心脏的收缩力减弱，加重心脏负担；脂肪过多储存在大网膜、肠系膜、腹腔脏器周围，会使膈肌活动受限，造成呼吸表浅，又由于无效腔的存在，导致吸氧量减少，对身体和运动都很不利。运动员不宜多吃脂肪含量高的食物。

实训环节

实训九 血糖的测量

一、实训内容

指尖采血法测定血糖。

二、实训目的

掌握血糖的测量方法和技巧。

三、实训材料与器具

血糖仪、一次性采血针、一次性试纸、酒精、棉签。

四、实训注意事项

（1）试纸型号要与仪器相一致，并注意有效期。试纸应干燥、避光和密封保存。试纸筒盖内的干燥剂可以使试纸保持干燥，每次取出试纸后，应立刻盖紧筒盖，以免试纸受潮。

（2）测试前彻底清洗和干燥双手。

（3）消毒剂用75%的酒精，如果用碘酒，有可能会导致测试结果出现偏差。

（4）取样部位消毒后会有酒精残留，流出的第一滴血要用干棉签擦去，避免消毒液混入血液对检测造成干扰。

（5）取血时不要过分挤压，以免组织液挤出与血液相混稀释，导致血糖测试值偏低。

（6）若采血量不足，会导致检测失败或结果不准，此时应更换试纸重新测试。

（7）不要在血糖仪提示出现血滴符号之前提前采血。

（8）在手指两侧取血最好，因为这个部位血管丰富而神经末梢分布较少，不仅痛感小而且出血充分。

（9）采血部位要交替轮换，不要长期扎同一个地方，以免形成瘢痕。

（10）如果手指温度过低、血流不畅等也会影响测定结果。

血糖的测量时间：

空腹血糖：测空腹血糖最好在清晨6：00～8：00取血，采血前不服用降糖药、不吃早餐、不运动。

餐后血糖：测定餐后两小时血糖应从吃第一口饭开始计时，有些人从吃完饭开始计时，其结果就有了明显的差别。

五、实训练习题

（1）简述血糖的正常范围。

（2）试述指尖采血法测试血糖的技巧和过程。

拓展阅读

适合减肥的十种主食

提起主食，你会想到什么？米饭、面条、馒头。其实，除了这些，还有很多可以用来充当主食的食物，这些食物热量低、饱腹感强、营养丰富，特别适合作为减肥时期的主食，更重要的是还很好吃。以下介绍 10 种好吃、营养丰富又不容易长胖的主食。

第10名 玉米

玉米是一种亲民的主食。无论冬天还是夏天，都有人恨不得顿顿吃玉米。但有一点不足的是：玉米缺少色氨酸和赖氨酸，而这是两种人体必需的氨基酸。南美洲等常年以玉米为主食的地区，就因此经常发生糙皮病、癞皮病。

食用建议：煮玉米、烤玉米、玉米沙拉、棒子面粥都是不错的代替米饭的选择，可以偶尔用玉米当主食，但不要长期只吃玉米。

第 9 名 红薯、紫薯

和白米饭、面条相比，薯类的膳食纤维要丰富得多，因其体积大，所以饱腹感强，而且价格便宜，味道香甜。

食用建议：简单蒸熟、煮熟最好；烤熟含糖量容易升高；和牛奶搭配制作纯天然甜品也非常不错。如果是减肥的话，一餐吃一个拳头大小的薯，一天吃一次即可。

第 8 名 山药、芋头

大部分人把山药和芋头当蔬菜吃，其实，它们的碳水化合物含量很高，完全可以用来替代主食。山药和芋头的饱腹感很强，吃一点就饱了，热量也不会很高。

食用建议：如果山药、芋头入菜，其他主食便要减少；脆山药适合炒菜，面山药更适合蒸着吃或者煮汤、煮粥。

第 7 名 豌豆

豌豆也适合当主食吃。减肥的人非常需要 B 族维生素，但往往摄入量不够，而豌豆的 B 族维生素和膳食纤维含量都非常高，适合作为主食的补充。

食用建议：推荐搭配胡萝卜、玉米，还可以加点果仁；一餐吃一小碗即可。

第 6 名 绿豆

绿豆属于杂豆，是富含淀粉的豆类，除此之外，其中钾、镁、纤维的含量也都不错。

食用建议：搭配大米（绿豆∶大米 = 1∶2）煮绿豆饭，或者少放点大米熬绿豆粥。直接煮绿豆沙、绿豆汤也不错。烹煮前先浸泡。

第 5 名 红豆、花芸豆

从经验来看，有人吃多了绿豆会不舒服，因为绿豆的抗氧化性很强。而相比起来，红豆、花芸豆等吃起来会舒服很多。

食用建议：吃得舒服、开心最要紧。其他方面参考绿豆。

第 4 名　小米

小米养胃，不无道理。对于很多饮食无节制或喜欢暴饮暴食的人，小米是很温和的杂粮选择，不像杂豆外面有一层豆皮需要煮烂。

食用建议：和大米一起煮“黄金二米饭”，或者熬小米粥。

第 3 名　紫米、糙米

糙米外层的营养没有被磨掉，全部保存下来了，这就是没有精加工的“全谷物”。紫米的花青素很丰富，矿物质的含量也比一般浅色的粮食要高，而且外皮相对坚韧、耐嚼，可以降低吃饭速度。

食用建议：烹煮前一定要充分浸泡，不然会很硬。搭配着大米、红豆一起吃味道较好。

第 2 名　燕麦

综合来看，燕麦算是常见粗粮中 B 族维生素、矿物质、膳食纤维都比较丰富且又容易买到、价格亲民、口味理想、吃起来简单方便的食物。

食用建议：燕麦种类很多，一定要分清楚，不要错买了甜麦片、麦片谷物脆、麦片碎等，优先选择生燕麦片、燕麦米。

第 1 名　莲藕

莲藕含淀粉和碳水化合物，纤维多，饱腹感强。推荐莲藕给想减肥和需要控制血糖的朋友，可像山药那样代替主食吃，或者晚上饿的时候吃。

（资料来源：“丁香医生”公众号，《中国居民膳食指南（2016）》。）

第八章　消化系统

学习要点

1. 消化系统的组成与功能。
2. 小肠的位置、结构特点与功能。
3. 肝的位置、结构、血管和功能。

消化系统由消化管和消化腺两部分组成（图8－1），它们的基本功能是消化食物、吸收营养物质和排泄食物残渣。食物在消化道里被分解的过程叫作消化；食物经过消化，透过消化道黏膜进入血液和淋巴的过程叫作吸收。消化包括物理性消化和化学性消化。物理性消化是指消化管对食物的机械运动，包括咀嚼、吞咽及各种形式的蠕动；化学性消化是指消化腺分泌的消化液对食物进行化学分解，如将蛋白质分解为氨基酸，将多糖分解为单糖，将脂肪分解为脂肪酸和甘油，这些分解后的营养物质被吸收进入血液或直肠。食物残渣则通过消化管排出体外。

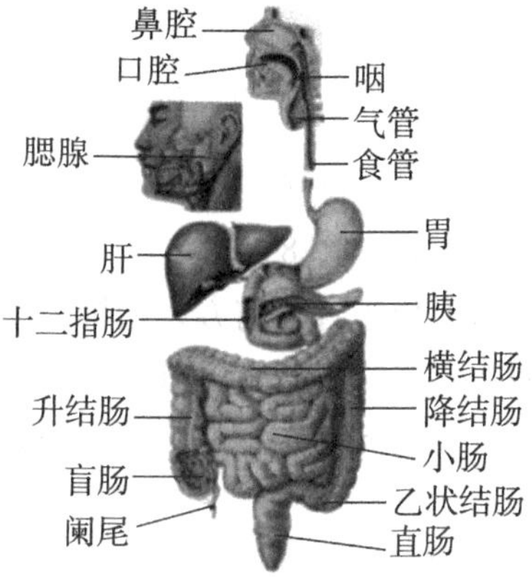

图8－1　消化系统的组成

第一节　消化系统结构与功能

一、消化管的结构与功能

（一）口腔

口腔是消化管道的起始部，具有感受味觉、咀嚼消化食物、辅助发音等功能，其上界是硬腭和软腭，下界为口腔底（肌性），两侧是面颊，前方是口裂，后经咽峡（两侧有扁桃体）通咽（咽的口咽部），内衬含腺体的黏膜（图8－2）。

口腔内有牙齿和舌，牙齿长在上、下颌骨的齿槽内，是人体最坚硬的器官，由釉质、骨质、牙质和牙髓组成。

在形态上，牙可分为牙冠、牙根和牙颈三部分（图8－3）。牙冠是露在口腔内的部分。牙根是嵌在牙槽内的部分。牙颈是牙冠与牙根之间的部分，在牙颈周围有牙龈包绕。舌位于口腔底，由横纹肌构成，表面被有黏膜，黏膜形成许多突起，叫作舌乳头。舌乳头内含有味蕾，味蕾是味觉感受器。舌的运动十分灵活，不仅在咀嚼时起搅拌作用，还有发音功能。

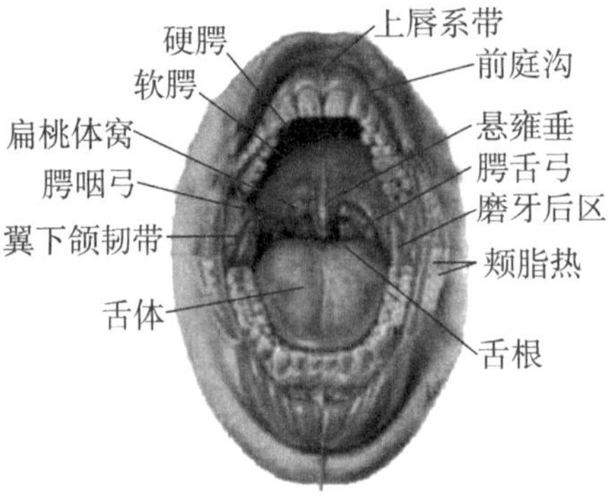

图 8－2　口腔的构造

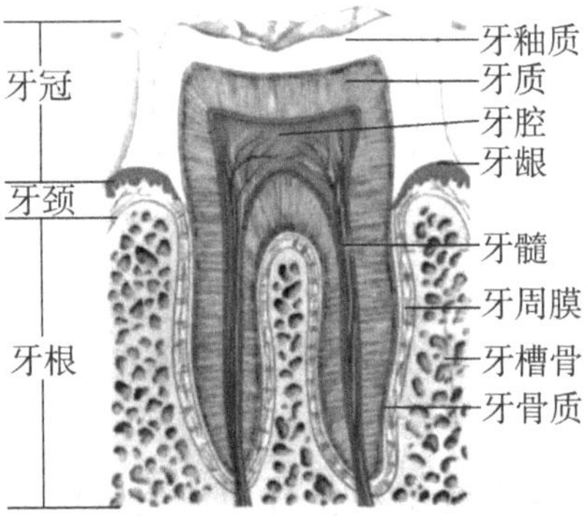

图 8－3　牙齿的构造

（二）食管

食管（图 8－4）是一个长约 25 cm 的前后扁平肌性的管道，位于脊柱前方，沿椎体前方下行，经食管裂孔穿过膈肌与胃连结。食管上有三个狭窄处，分别在上接咽处、与左支气管交叉处和穿越膈肌孔裂处，食物容易在此滞留。

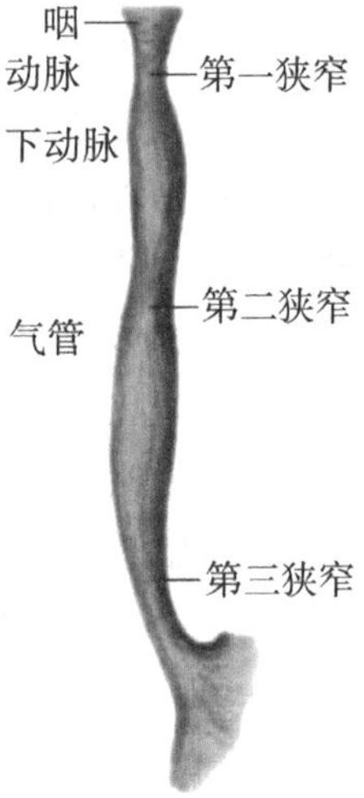

图 8－4　食管

（三）胃

胃是消化管中最膨大的部分，位于膈肌左下方，腹腔上部（图 8－5）。胃的上口接食管，叫作贲门；下口与十二指肠相连，叫作幽门；紧贴膈肌的部分叫作胃底；接近幽门的地方叫作胃幽门部；其余叫作胃体。胃体前后较扁，于上方形成胃小弯，下方叫作胃大弯。

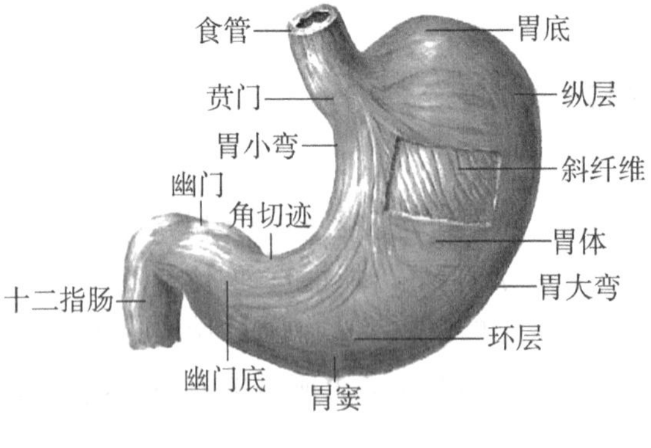

图 8－5　胃结构

胃壁分为四层，由内向外分别是黏膜层、黏膜下层、肌层（平滑肌分三层）和外膜（图 8-6）。胃能暂时容纳食物，其肌层收缩磨碎搅拌食物。胃可分泌胃液分解食物中的蛋白质，还能吸收水、无机盐、葡萄糖、酒精和某些营养物质。此外，胃还可分泌激素，有调节胃液分泌等功能。

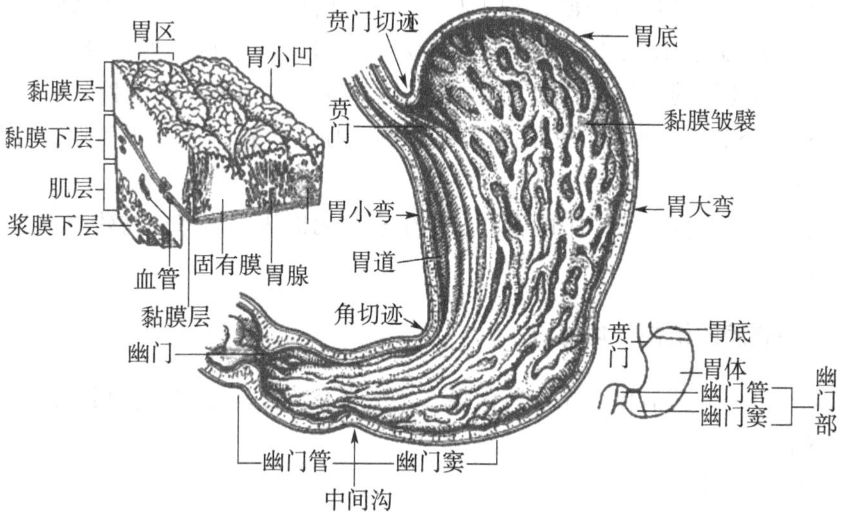

图 8-6　胃的内部结构

（四）小肠

小肠是消化管中最长的一段，长 5 ～ 7 m，分为十二指肠、空肠和回肠三部分。十二指肠最短，仅 25 cm，呈“C”形包绕胰腺头部，上端接胃的幽门，下接盲肠（图 8-7）。

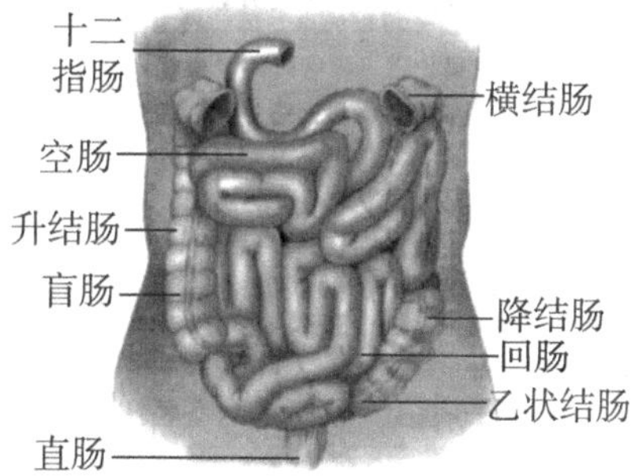

图 8-7　小肠位置和分段

十二指肠是小肠的起始部，在其弯曲部的后壁上有一胆总管和胰腺管的总开口，叫十二指肠乳头。空肠位于腹腔的左上部，占小肠上段的 2/5。回肠占小肠下段的 3/5，位于腹腔的右下部。空肠与回肠在形态结构上虽不完全一致，但二者无明显界限。

小肠壁也分四层，分别是黏膜层（形成许多凸起的小肠绒毛，增大了吸收面积）、黏膜下层、肌层（平滑肌分两层）和外膜。

（五）大肠

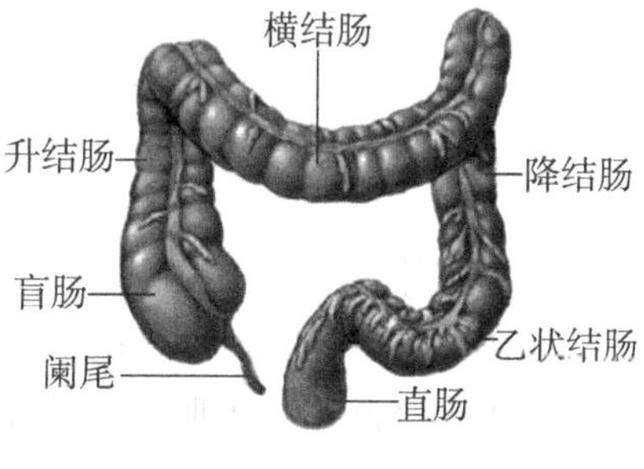

图 8-8　大肠各段名称

大肠（图 8-8）是消化管的下段，长 1.5 ～ 2 m，比小肠短而粗，分为三段，即盲肠、结肠和直肠。

盲肠是大肠起始部，是个盲囊，位于右髂窝内，长 6 ～ 8 cm，下方（回盲瓣以下部分）有一蚓状突，叫作阑尾。阑尾根部较固定，末端游离，位置不固定，管腔狭小，排空欠佳，易发阑尾炎。

结肠是大肠中最长的一段，约 130 cm，接续盲肠。结肠分为升结肠（到肝曲）、横结肠（到脾曲）、降结肠和乙状结肠（位于左髂窝内）四部分。

直肠是消化管的末段，接续乙状结肠，长 15 ～ 20 cm，位于骨盆腔内（骶尾骨前方），下方终于肛门。肛门口有两层括约肌，内括约肌是平滑肌，外括约肌是横纹肌。

大肠能够吸收食物残渣中的水分、维生素和无机盐，并将食物残渣形成粪便排出体外。

二、消化腺的结构与功能

消化腺可分为大消化腺和小消化腺。这里只介绍大消化腺，包括唾液腺、肝脏、胆囊和胰腺。

（一）唾液腺（图 8 –9）

唾液腺共有三对，即腮腺、下颌下腺和舌下腺。

腮腺位于耳前下方，导管开口于上颌第二大臼齿相对的颊黏膜上；下颌下腺位于下颌骨下缘后面；舌下腺位于口腔底黏膜下方，两者导管均开口于舌的下方。

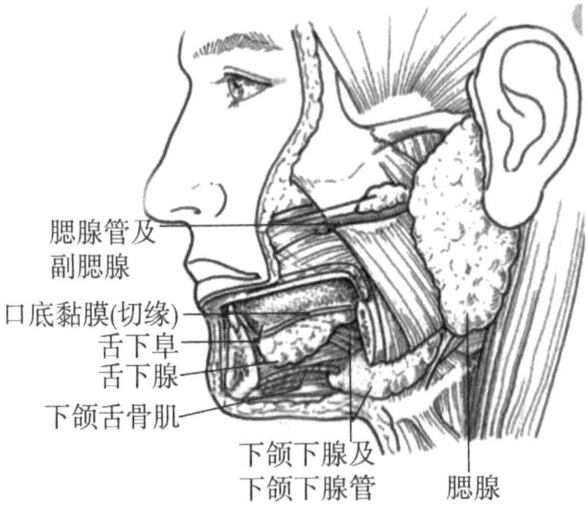

图 8 –9　唾液腺

（二）肝脏

肝脏（图 8 –10）是体内最大的腺体，也是体内最大的消化腺，位于腹腔右上部，上面隆起紧贴膈肌下面；下面较平并有凹成“H”形的沟。肝有四个叶，右叶最大，左叶次之。横凹沟内有左右肝管、神经、血管、淋巴出入，叫作肝门。右纵沟后方有下腔静脉通过，经膈肌的腔静脉孔入右心房；前方有胆囊窝，胆囊位于此处。

肝脏是个实质性器官，内由结缔组织将肝分隔为无数肝小叶，肝小叶是肝的最小机能单位。肝细胞分泌胆汁，由小叶胆管汇集成左、右肝管，出肝门后注入胆囊。

肝的功能主要有：①分泌胆汁；②参与物质代谢；③解毒；④防御；⑤胚胎期的肝是主要的造血器官。成人的肝有贮存血液、调节循环的作用。此外，肝还有内分泌的功能，肝细胞的某些产物可直接释放到血液起重要作用。

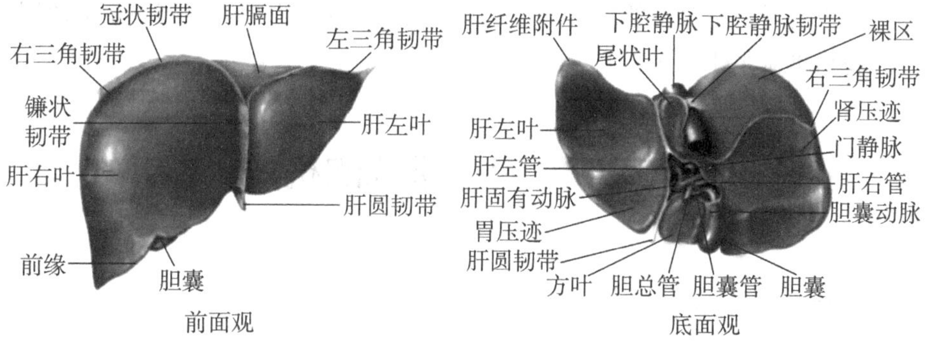

图 8－10　肝的构造

（三）胆囊

胆囊（图 8－11）是长梨形囊袋状器官，有贮存和浓缩胆汁的作用（肝脏每天可分泌胆汁 800 mL 左右，胆囊容积仅 40 ～ 79 mL）。胆囊经胆囊管开口于胆总管，胆总管与胰腺管共同开口于十二指肠乳头。

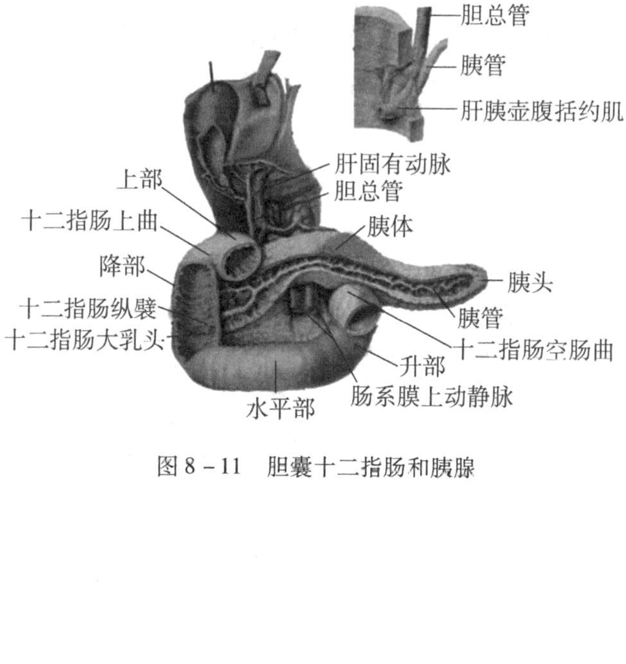

图 8－11　胆囊十二指肠和胰腺

（四）胰腺

胰腺（图8-11）是第二大消化腺，呈长条形，横卧于胃的后方，分为头、体、尾三部分。胰头被十二指肠包绕，胰尾与脾相邻。胰分成许多胰小叶，分泌物汇合成胰导管，与胆总管共同开口于十二指肠乳头。

胰腺包括外分泌腺和内分泌腺。外分泌腺占胰的绝大部分，由腺泡和导管组成。外分泌腺分泌的碱性溶液称为胰液，成年人每日分泌量为1～2 L。胰液中含有碳酸氢钠、胰蛋白酶原、脂肪酶、淀粉酶等。胰液通过胰腺管排入十二指肠，有消化蛋白质、脂肪和糖的作用。胰内分泌腺由大小不同的细胞团——胰岛所组成，没有导管，分泌的激素直接入血液循环。胰高血糖素和胰岛素的协同作用可保持血糖水平于动态平衡。

第二节 消化系统的机能

一、口腔中的消化

食物的消化自口腔起，经过口腔机械的和化学的消化，形成食团，吞咽入胃。

（一）机械消化——咀嚼

咀嚼是一种复杂的反射运动，主要由下颌和舌的运动完成。咀嚼首先是牙齿的切割和研磨，使大块的物质变小，同时舌参与食物的搅拌，使之与唾液混合成为食丸。食物在口腔咀嚼的时间为15～20秒，当食丸形成后就引起吞咽动作。

吞咽也是一个复杂的反射活动。当食团刺激舌根和咽部黏膜时，就引起舌向后推、软腭上举关闭鼻咽部、喉头上举、会厌覆盖喉上口等一系列反射，使食团顺利进入食管（吃饭时说笑，食物会自鼻孔返出和呛咳）。

食团进入食道后，食道壁产生蠕动，将食团逐步下推，经贲门入胃。由吞咽到入胃需6～7秒。

（二）化学消化

食物进入口腔，刺激唾液腺分泌唾液。唾液是无色、无味，近中性（pH 6.6～7.1）的液体。唾液里主要含有唾液淀粉酶、麦芽糖酶、溶菌酶和黏蛋白，水占99%。唾液有润湿口腔、溶解食物和杀菌作用。

唾液淀粉酶可促进淀粉变为麦芽糖，麦芽糖酶又可将麦芽糖分解成葡萄糖。

二、胃中的消化

食物入胃后，停留的时间较长，一般为3～5小时。在胃内借胃的运动，食物与胃液混合成为食糜，继续消化。

（一）胃的运动

食物入胃5分钟左右，胃开始蠕动。蠕动使食物与胃液混合，利于消化，并可推送胃内容物通过幽门，进入十二指肠。

（二）胃液及其作用

胃液是无色、呈强酸性（pH 0.9 ～1.5）的液体，其中水占99%，消化酶及黏液蛋白占0.42%～0.46%，盐酸占0.4%～0.5%。

盐酸不仅能杀菌，还能使食物中的蛋白质变性，利于消化；盐酸更能活化胃蛋白酶原，并形成胃蛋白酶所需要的酸性环境。

胃液中主要的消化酶是胃蛋白酶原，它在盐酸作用下成为具有活性的胃蛋白酶，可以把蛋白质分解为脲和胨。

胃黏液蛋白对胃黏膜有保护作用。

三、小肠中的消化

食糜从胃进入十二指肠，就开始了小肠内的消化，这也是最重要的消化阶段。

食糜在小肠里既受到小肠运动的机械作用，又接受小肠液、胰液和胆汁的化学作用。食糜通过小肠后，消化过程基本完成，“精华”由此处吸收。

食糜在小肠停留时间依食物性质而不同，一般为3 ～8 小时。

（一）小肠的运动

小肠可做以下两种运动：

1. **蠕动**（图8－12）

小肠蠕动是缓慢移动着的环状收缩，在收缩处肠腔变狭窄，狭窄处向前移动，肠内食糜也随之向前移动。

2. **分节运动**（图8－13）

分节运动是以环形肌的舒缩为主的节律性运动。由于多处环形肌同时收缩，把食糜分割成许多小段。随后收缩处舒张，舒张处收缩，每段食糜又被分割为两

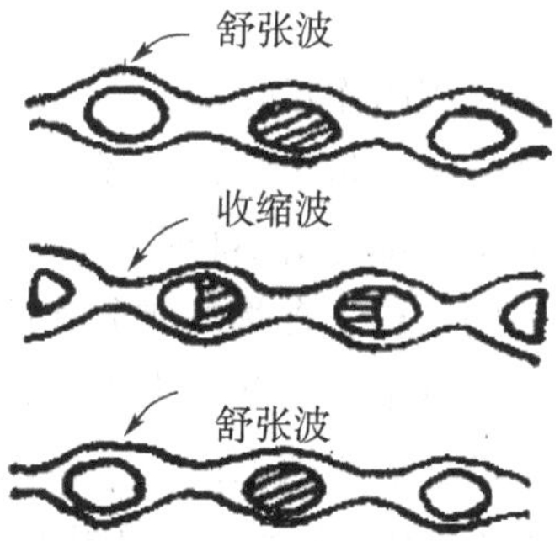

图8－12 小肠蠕动

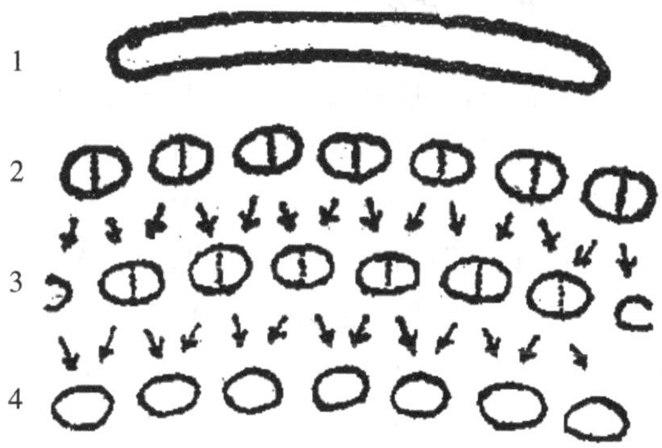

图8－13 小肠分节运动

半，相邻的两半又被合在一起，形成新的分段。这样不断交替，反复进行，使肠内食糜与消化液充分混合，并增加食糜与肠襞接触机会，有利于消化与吸收的进行。

（二）小肠液、胆汁和胰液的作用

1. **小肠液的作用**

小肠黏膜上含有许多小肠腺和单细胞腺，分泌小肠液。小肠液呈碱性，能中和胃酸。小肠液含有多种酶：①肠激酶，使无活性的胰蛋白酶原水解成为胰蛋白酶；②肽酶，使际和胨分解为肽，最终成为氨基酸；③脂肪酶，使未分解完全的脂肪分解成脂肪酸和甘油；④淀粉酶，使未消化的淀粉变成麦芽糖；⑤麦芽糖酶，将麦芽糖分解成葡萄糖。

2. **胆汁的作用**

进食时，胆囊收缩，将浓缩后的胆汁排入十二指肠。胆汁主要由胆色素和胆盐组成。胆汁主要起促进胰消化酶活性的作用，同时对脂肪起乳化作用，即将大的脂肪滴分裂为极细小的脂肪粒，增大了脂肪粒与胰脂肪酶的接触面积，使脂肪被充分地分解、吸收。

3. **胰液的作用**

胰液呈碱性，对来自胃里的酸性食糜起中和作用，为胰液中的消化酶活动创造了适宜的碱性环境。

胰液里的消化酶主要有四种：①胰蛋白酶，将蛋白质分解成氨基酸；②胰淀粉酶，将淀粉分解为麦芽糖；③麦芽糖酶，把麦芽糖分解为葡萄糖；④胰脂肪酶，将脂肪分解为脂肪酸和甘油。

四、大肠的作用

食物的消化和吸收在小肠中基本完成，大肠并无消化作用。大肠的主要作用是吸收水分，产生便意。消化吸收后的食物残渣由小肠排入大肠，其中的水分被大肠吸收，形成粪便。这时大肠产生一种叫作集团运动的强烈蠕动，波及大部分大肠，产生便意，粪便经肛门排出体外。

五、营养物质的吸收

营养物质透过消化管的黏膜上皮进入血液和淋巴的过程叫作吸收。

食物在口腔内是不能被吸收的，在胃里只能吸收酒精和少量水分，大肠主要也是吸收水分。吸收主要是在小肠内进行，即各种营养物质都是由小肠吸收的。

消化管各部吸收的速度主要取决于该部位消化管壁的结构、食物的成分和停留的时间。小肠黏膜层形成许多环形皱襞和许多叫作小肠绒毛的突起，大大地扩大了小肠的吸收面积（小肠的吸收面积达 4 ～6 平方米）。小肠绒毛内有丰富的毛细血管和毛细淋巴管（图 8 – 14）。三大营养物质在小肠已被分解为简单的、易溶解和易于吸收的物质，而且停留时间长，这都为小肠吸收创建了条件。

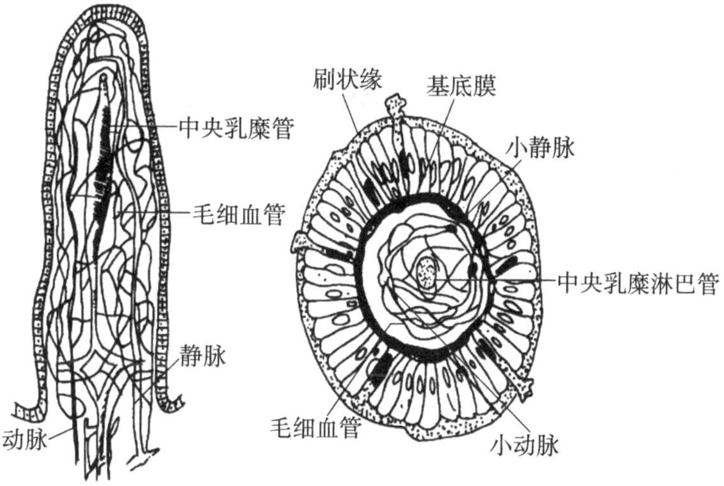

图 8－14　小肠绒毛

最终能够被吸收的营养成分各有去路：氨基酸、葡萄糖和甘油被吸进小肠绒毛的毛细血管内，毛细血管汇集成小静脉，组成肠系膜静脉，纳入门静脉（门静脉自肝门入肝）。氨基酸、葡萄糖在肝脏的肝小叶里进一步转化为蛋白质、肝糖原等，并由小叶静脉汇总成肝静脉（在肝内）注入下腔静脉。脂肪酸被吸入小肠绒毛的毛细淋巴管，由于液体呈白色，叫作乳糜管，经肠淋巴干汇入第一腰椎附近的乳糜池，经胸导管自静脉角注入上腔静脉。

六、体育运动对消化系统的影响

一般来说，进行体育运动可以促进新陈代谢，促进胃、肠蠕动和消化液的分泌，提高消化吸收能力，有利于增强体质。但要注意以下几点：

（1）进餐后不宜立刻进行体育活动，至少应该休息0.5 ～1.5 小时，待水分被胃吸收或胃内容物部分排到小肠，重量减轻后再活动，以免日久造成“胃下垂”。而且，人体血量恒定，总是被分布到最需要的地方（血液重新分配），进餐后，血液被消化系调动较多，以助消化，如果立刻运动，血液又被调出消化系而流向骨骼肌，不利于消化，久之，易患胃炎、胃溃疡等，损害健康。

（2）胃可吸收水分，在运动间歇不宜大量饮水，否则水分被吸入血液循环系统，会增加心脏负担，削弱运动能力。运动中出汗多，需补充一些水分，应该在运动结束后补充。运动中口腔干渴现象不一定是体内严重缺水造成的，与剧烈运动（尤其是球类运动）时开口呼吸、呐喊以及交感神经兴奋、口腔唾液分泌减少和变得黏稠有关，所以用少量水含漱一下即可。

实训十　消化系统的观察

一、实训内容

观察消化系统各器官的位置、形态和结构。

二、实训目的

掌握消化系统的组成及其各器官的位置、形态、结构。

三、实训材料与器具

消化系统标本或模型、放大镜、各相关内容挂图。

四、实训步骤

（一）消化系统整体的观察

取人体半身解剖模型和消化系统模型，观察消化系统组成及消化管各器官排列顺序。

（二）消化系统各器官的观察

（1）口腔的观察。

①牙。

②舌及舌背。

③口腔腺。

（2）咽的观察。

（3）食管的观察。

取人体半身解剖模型观察食管各部，注意其行程和各部的毗邻关系。

（4）胃的形态、大体结构观察。

注意观察幽门处的幽门瓣，思考幽门瓣的形成及其功能。

（5）小肠的形态、大体结构观察。

取小肠空肠段和回肠段纵剖标本或模型，在剖面上可见黏膜形成许多环形皱囊，用放大镜仔细观察还可见表面有密集的细小绒毛。比较空肠段和回肠段环状皱囊的数量和疏密度，思考小肠环状皱囊与其功能的关系。

（6）结肠的形态、大体结构观察。

在结肠标本或模型上辨认结肠带、结肠袋和肠脂垂，并与回肠进行比较。

（7）肝的形态、大体结构观察。

在人体半身解剖模型上观察，肝大部分位于右季肋区，小部分位于腹上区及左季肋区。

（8）胰的形态、大体结构观察。

取胰腺及十二指肠模型进行观察。

胰腺大部分位于腹上部，大致可分为头、体、尾三部，之间并无明显界限。胰头被十二指肠包绕；胰体占胰的大部；胰体的左端就是胰尾，较细，与脾接触。

五、实训练习题

（1）试述胃、十二指肠的位置、形态和分部。

（2）试述消化系统的组成。

（3）试述小肠的位置和结构特点。

拓展阅读

胃真的会被越撑越大，越饿越小吗？

很多人都认为胃就像一个劣质气球，经常往大了吹，就会越来越松，甚至有爆掉的危险；而如果总是不去吹它，橡胶会老化，胃也会渐渐萎缩。

胃真的会被越撑越大、越饿越小吗？

胃是一个肌性器官，意思就是它是由肌肉构成的一个房子，而且是好几层肌肉。胃壁最内层是各种胃腺体细胞，能够分泌胃酸、蛋白酶原及一些胃肠激素。胃壁里的几层平滑肌之间存在肌间神经丛，一直在周期性地进行发放电冲动，维持胃壁的收缩，使胃在平时就处于一种轻度收缩的状态。

胃在全空时略呈管状，容量约为 50 mL，在高度充盈时呈球囊状，容量可达 2 L。胃从上到下分幽门部、胃窦部、胃体部、贲门部、胃底部。进食的时候，即使吃再多的食物，大多也只是局限在胃窦部和胃体下部；其他部分是没有食物的，主要起缓解压力的作用。

进食的时候，胃会出现容受性舒张，即胃的容积变大，为容纳食物做好准备，同时胃内腺体分泌增加，排空延迟，蠕动增强，为的就是让食物在胃内充分和胃液混合，形成食糜，一定程度上消化蛋白质，为下一步在肠道的吸收做好准备。

含碳水化合物多的食物在胃内停留的时间较短，而含蛋白质和脂肪多的食物在胃内停留时间较长，一般胃排空需 4 ～ 5 小时，这也就决定了三餐的间隔。

当食物排空后，胃又恢复原来的形态，胃壁内的肌间神经丛不断发放基础性的电冲动，保持胃处于轻微收缩的状态。

所以不管是经常吃撑或者饥饿，都不存在将胃容量撑大或者缩小的问题，因为胃根据有没有食物、有多少食物来进行伸缩，具有非常良好的伸缩能力。无论吃撑或者饥饿，胃容量既不会被撑大，也不会饿到萎缩。但这并不意味着我们可以放任自己的饮食，想吃就吃，想饿就饿，经常吃撑或饥饿很伤胃。对于患有疾病的人来说，更应注意适当饮食，例如：

（1）对于患有胃炎、消化性溃疡、功能性消化不良的人，吃太撑可能会出现消化道出血、消化道穿孔等。

（2）对于有胰腺炎的人，吃太撑可能就会导致胰腺炎发作，要是重症胰腺炎，甚至可能会有生命危险。

（3）对于有冠心病、心律失常的病人，吃太撑可能会导致心脏缺血，然后发病。

总体来说，吃太撑不是一件好事，即便是一个健康小伙，经常吃撑了，没病也会生病。而本来身体就不太好的人，就更不能经常吃撑了。

长期吃撑会明显影响胃的排空功能，出现腹胀，长此以往，会导致慢性胃炎，引起消化功能下降。

如果一次性吃得太撑，还有可能出现呕吐、急性胃扩张甚至胃穿孔等问题。想象一下气球被吹到极限后的场景，就知道后果有多可怕了！

所以，我们应该尽量避免长期吃撑或饥饿，保持规律的三餐，才能保证胃的功能。

（资料来源：壹品健康）

第九章 泌尿系统

学习要点

1. 泌尿系统的组成和功能。
2. 肾的结构和机能。
3. 尿的生成过程及排泄。

人体在新陈代谢过程中会产生代谢废物。不同的代谢废物是通过不同的途径排泄的，如二氧化碳主要通过呼吸系统排出体外；食物被消化吸收后的残渣通过消化管末端排出体外；血液中的尿素、尿酸、肌酐等代谢废产物都是通过泌尿系统排出的，其种类最多、数量最大。泌尿系统是体内重要的排泄系统，其主要功能是排出机体新陈代谢中产生的废物和多余的水，保持机体内环境的稳定和平衡。

第一节 泌尿系统的结构

泌尿系统由肾脏、输尿管、膀胱和尿道组成，以男性为例，如图 9－1 所示。其中，肾是产尿器官，输尿管是输尿器官，膀胱是贮尿器官，尿道是排尿器官。

一、肾

（一）肾的结构和功能

肾脏形似蚕豆，呈红褐色，左右各一个，位于腹腔后壁，脊柱两侧（图 9－2）。

肾是实质性器官，两凹缘相对，前后稍扁，每侧肾重 120 ～ 150 g。在肾的凹缘，有肾的血管、输尿管、神经、淋巴出入，叫作肾门。

肾表面被覆结缔组织被膜，周围有脂肪起保护和固定作用。肾实质分为外层暗红色的皮质和内层淡红色的髓质。肾髓质由相间排列的锥体和肾柱组成。每个肾锥体的底朝皮质，并与之紧密相连；尖端朝里突出，形成肾乳头。每个肾有 7 ～ 12 个肾乳头，每个肾乳头被一杯状的肾小盏包围着，数个肾小盏相连又形成肾大盏，每侧肾有 2 ～ 3 个肾大盏，肾大盏彼此相连形成肾盂。肾盂是扁漏斗形的空腔，其狭窄部与输尿管相连并延续。

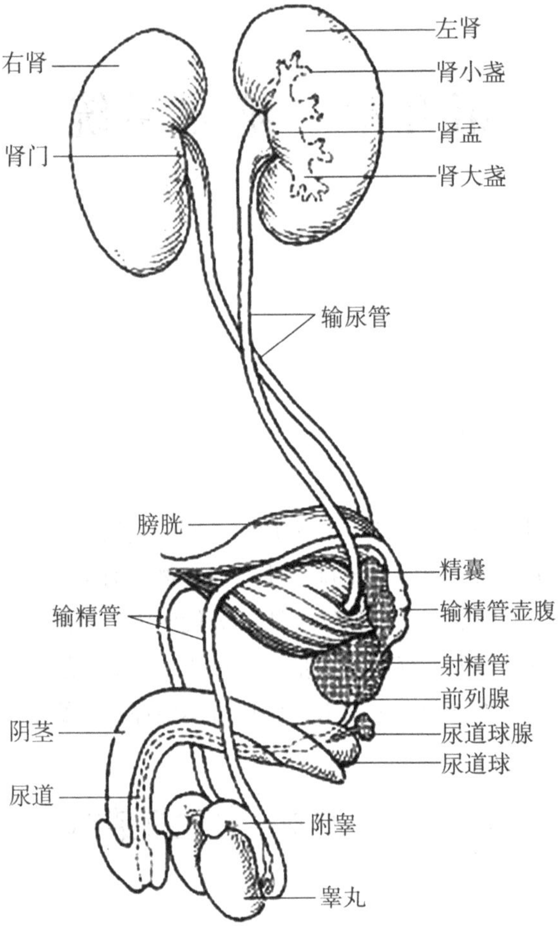

图 9－1　男性泌尿系统结构图

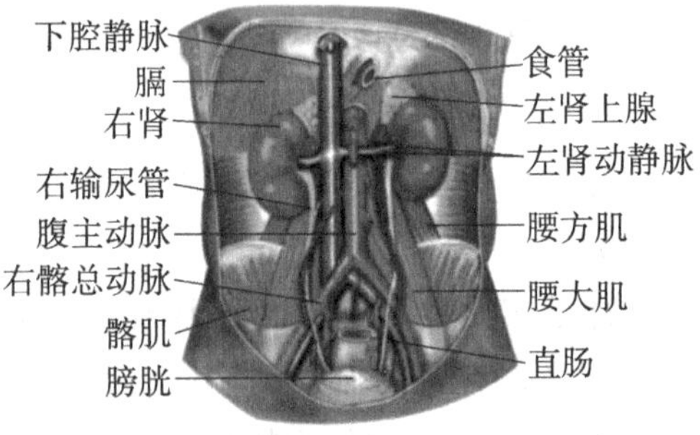

图 9－2　肾脏

将肾实质切成薄片，放在显微镜下观察，可见其细微结构。

肾的主要功能是泌尿和排尿。此外，肾还有内分泌功能，能产生促红细胞生成素、肾素以及羟胆钙化醇等物质。

（二）肾单位

肾的基本组成单位叫作肾单位（图 9－3），也就是产尿单位。每侧肾有 100 ～ 200 万个肾单位，每个肾单位由肾小体和肾小管组成。

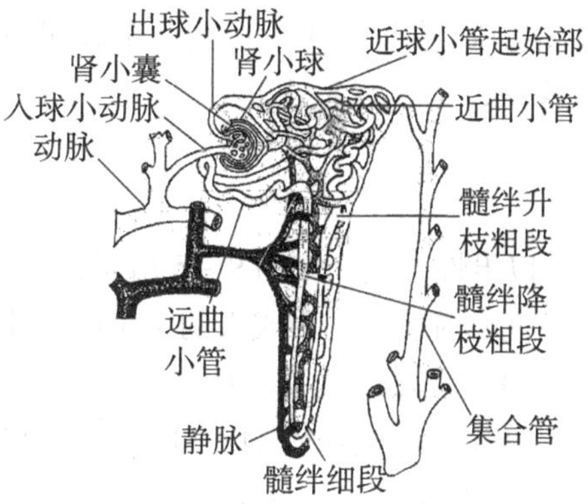

图 9－3　肾单位与集合管示意图

肾小体（图 9－4）位于肾皮质和肾柱里，每个肾小体的外面是一个由单层上皮构成的双层杯形的囊，叫作肾小囊；囊里面是由毛细血管缠绕成的血管球，叫作肾小球；肾小囊的内层壁紧贴在肾小球表面，叫作脏层。肾小囊内外两层壁之间形成囊腔，外层移行成肾小管。肾小管是肾小囊的延续，也是由单层细胞构成，依照部位分为近曲小管、髓袢和远曲小管三部分。

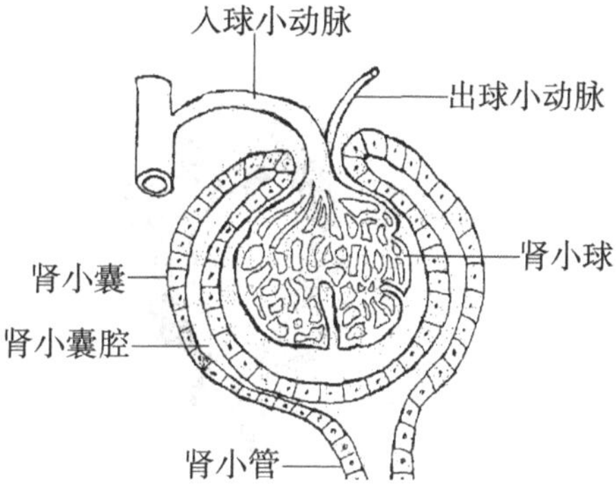

图 9－4　肾小体结构示意图

（三）肾脏血液循环特点

肾动脉自肾门入肾后，不断分枝，末端成为入球动脉（管径较粗），继而形成肾小体的毛细血管球（肾小球），肾小球末端的毛细血管又移行成出球小动脉（管径较细），出球小动脉再移行为毛细血管网，分布在肾小管周围。

尿液在肾小体和肾小管中生成。生成的尿液经远曲小管汇入肾髓质中的集合管，集合管末端开口于肾锥体尖端，流入肾小盏，再经肾大盏到肾盂，纳入输尿管内。

肾的血液循环与肾功能密切相关，其特点是：①由于肾动脉直接发自腹主动脉，短而粗，所以血流量大，流速快。此外，肾内血管走行较直，血液能很快抵达血管球。②90% 的血液供应肾皮质，且进入肾小体后被滤过。③入球小动脉比出球微动脉粗，使血管球内压较高，有利于滤过。④血液经过两次小动脉，形成两套毛细血管网。⑤U 形血管袢与髓袢伴行，有利于肾小管和集合管的重吸收和尿液浓缩。

二、输尿管

输尿管是一较细的肌性管道（图 9－1），长 25 ～ 30 cm，位于腹后壁脊柱两侧，上接肾盂，下端斜穿膀胱后壁，进入膀胱。全长可分三部分，即输尿管腹部、输尿管盆部和输尿管壁，全程有3处狭窄。

三、膀胱

膀胱位于骨盆前方，以男性为例，如图9－5所示，一般正常成年人的膀胱容量为350～500 mL，新生儿膀胱容量约为成人的1/10，女性的容量小于男性，老年人因膀胱肌张力低而容量增大。膀胱是肌性囊状器官，前上方较尖，后下方为底，底部有三个开口，后两个孔为输尿管的开口，前方的孔是尿道开口（尿道内口）。三孔之间的三角区叫作膀胱三角，无收缩性；其余部分于贮尿后收缩排尿。当膀胱里尿液蓄至350 mL左右，即产生尿意，贮满尿液的膀胱可高出耻骨联合。在膀胱底的内面，两个输尿管口和尿道内口形成的三角形区域称为膀胱三角，此处因缺少黏膜下层组织而使黏膜与肌层紧密连结，是膀胱炎症、肿瘤的好发之处。

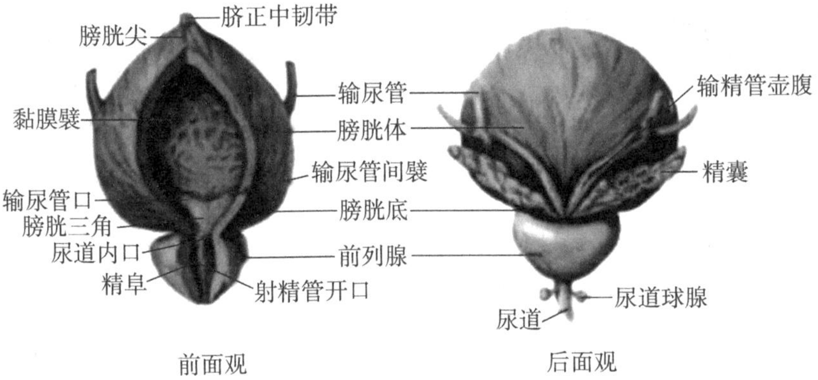

图9－5　男性膀胱

四、尿道

尿道是由膀胱通到体外的管道，男女有所不同。男性尿道兼有排尿和排精的功能，长达16～22 cm；女性尿道仅有排尿的功能，较短，长3～5 cm。

第二节　尿的生成与排泄

一、尿的生成

尿的生成过程分为以下两个阶段。

1. 肾小体的滤过

由于入球小动脉管径大于出球小动脉管径，肾小球内的血压很高，加之肾小球血管壁和肾小囊脏层的壁都很薄（两层单层上皮），液体容易透过，所以血浆中的水分和所有溶于水的晶体成分都能滤过而进入肾小囊内。

正常情况下，血液里分子较大的蛋白质是不能滤过的，所以在肾小球滤出液中不含蛋白质，但其他物质如葡萄糖、无机盐、氯化物和尿素等代谢产物均可自血液滤出，滤出成分的浓度与血浆中的相同，这种滤出液叫作原尿。

2. 肾小管的重吸收

肾虽不大，但肾动脉很粗，自主动脉流出的血液25%左右要通过肾脏，故每天从肾小体滤出的原尿量很大，有100 ～ 180 L，而每天人体排出的终尿只有1.5 L左右。从尿的成分看，原尿中除蛋白质外，组成成分与血浆无异；而终尿中的成分则与原尿大不相同，其代谢废物成分远比血浆里浓度要高（见表9－1），说明肾小体滤出的原尿流经肾小管时，其中绝大部分水分和对机体有用的成分被肾小管重新吸收，并且从周围密布的毛细血管网重新回到血液中；只有那些对机体无用的代谢废物随终尿排出体外。

肾小管除了有重吸收作用外，还有分泌机能，如分泌肌酐等。

表9－1　血浆和尿的主要成分比较

成分	血浆中的浓度/%	尿中的浓度/%	尿中为血浆中浓度的倍数	成分	血浆中的浓度/%	尿中的浓度/%	尿中为血浆浓度的倍数
水	90 ～ 93	95 ～ 97	1	钙	0.008	0.015	2
蛋白质	7 ～ 9	0	—	氯	0.37	0.6	1.8
肌酐	0.001	0.1	100	钠	0.32	0.35	1
尿素	0.03	2.0	67	葡萄糖	0.1	0	—
硫酸根	0.003	0.18	60	氨	0.0001	0.04	400
磷酸根	0.009	0.27	30	尿酸	0.002	0.05	25
钾	0.02	0.15	7				

二、尿的排泄

尿在肾单位生成后，经集合管流入肾小盏再到肾大盏，经肾盂、输尿管入膀胱，暂时贮存在膀胱。当膀胱内的尿液充满到一定程度时，则反射性地发生排尿动作，此时尿道内外括约肌松弛，膀胱和腹肌收缩，贮于膀胱的尿液被逼出体外。

第三节　体育锻炼对泌尿系统机能的影响

经常进行科学的体育锻炼，可对泌尿器官的形态结构和机能产生良好的影响。同时，在进行竞技训练中，可通过监测泌尿系统的机能及体内代谢指标的变化，来了解人体的机能能力和评定运动量的大小，从而更加科学地指导运动训练。

一般来说，在运动中泌尿系统的机能活动减弱，供血量减少。泌尿系统减少的那部分血量用于肌肉活动，以保证肌肉活动时血液的充分供应。运动时，体内代谢产生的废物多以汗的形式排出体外，因此排尿量减少。运动后，泌尿系统的机能活动和供血量逐步恢复到运动前的状态，并有加强的趋势，以便清除体内积蓄的代谢废物，维持水、盐及酸碱平衡，使人体内环境保持相对恒定。

剧烈运动后，尿中乳酸的含量增多，排出乳酸可保持血液 pH 值的恒定。剧烈运动时，由于体内组织缺氧及血中乳酸含量增多，可使肾小体毛细血管和肾小囊脏层细胞的细胞间隙增大，渗透性改变，血浆中的蛋白质甚至红细胞都可透过渗透膜出现在尿中，称之为“运动性蛋白尿”“运动性血尿”；同样原因也影响肾小管的重吸收作用，出现“运动性糖尿”。不过这都是一时的改变，当运动结束后经过适当休息，这些改变一般都会消失。因此，运动性蛋白尿、血尿和乳酸尿可以作为评定运动负荷大小的客观指标。

实训环节

实训十一　泌尿系统的观察

一、实训内容

（1）观察泌尿系统的组成及其各器官的位置、形态和大体结构。

（2）观察肾的微细结构。

二、实训目的

（1）掌握泌尿系统的组成及其各器官的位置、形态和大体结构。

（2）掌握肾的内部结构。

三、实训材料与器具

人体半身模型，男、女性泌尿系统整体标本和模型，肾模型，肾组织切片和肾内部结构模型，放大镜，各相关内容挂图。

四、实训步骤

（一）泌尿系统整体的观察

取泌尿系统整体标本或模型，可见该系统的器官包括肾、输尿管、膀胱和尿道。

（二）泌尿系统各器官的观察

（1）肾脏的观察。

（2）输尿管的观察。

（3）膀胱的观察。

（4）尿道的观察。

五、实训练习题

（1）简述泌尿系统的组成。

（2）试述肾脏的内部结构。

（3）试述尿液的形成过程。

拓展阅读

肾结石形成与调理方法

肾结石症状表现：

突然出现剧烈腰痛，有时小便会突然中断，经常出现尿频、尿急、尿痛、尿血。

发生肾结石的原因：

饮水量太少——有些人不喜欢喝水，这样从肾脏滤过的尿液太少，肾脏得不到冲洗，会使草酸盐沉积形成结石。

高蛋白饮食——含蛋白高的肉食会增加肾结石的发病率，比如鸡蛋、瘦肉等。过多地摄取这类食物，容易患肾结石。多饮啤酒会诱发肾结石。

肾结石患者应多吃豆类（熬黄豆芽汤喝效果较好），多摄取维生素 A、C、E，维生素 B 族；尤其是维生素 C 和维生素 B 族。维生素 C 是胆固醇转化成胆汁酸所不可缺少的，维生素 B 族能促进身体制造卵磷脂，刺激胆囊释放胆汁，及时促进脂肪消化，同时能降低胆固醇的含量。

经常吃菠菜（含草酸）、咸菜、精米以及不爱喝水易形成草酸结石；好生气、好喝啤酒、好吃肉的人易患尿酸肾结石。

所以结石患者应低盐饮食，少吃肉食，多喝水，多运动，多吃粗杂粮、生蔬菜。

（资料来源："嘉蔓灵修感悟"公众号）

第三部分

人体运动的调节系统

第十章 内分泌系统

学习要点

1. 掌握内分泌系统的作用。
2. 了解甲状腺、甲状旁腺、肾上腺、垂体、松果体、胰岛和性腺的位置和功能。
3. 了解发生侏儒症、巨人症、肢端肥大症、呆小症、甲亢等内分泌异常现象的原因。

内分泌系统是机体的调节系统，与神经系统相辅相成，共同维持机体的生长发育和各种代谢，以及维持内环境的平衡与稳定。机体的控制和调节是由神经系统和内分泌系统共同完成的，内分泌系统是在神经系统统一支配下工作的。神经系统功能紊乱会影响激素分泌；内分泌系统的某些功能失调，也会导致神经系统功能紊乱，例如食欲和睡眠改变、情绪变化、行为改变等。只有二者互相协调，构成所谓神经—体液调节系统，才能正常地调节机体新陈代谢、生长发育等生理活动。

内分泌系统的功能特点是体液性反馈调节。内分泌腺或内分泌组织之间在形态结构上大多无直接联系，但在功能上是密切相关的，它们之间几乎都有直接或间接的功能联系，每种激素的分泌水平受血液中代谢产物含量或其他激素浓度的调节。

一、内分泌系统概述

内分泌系统由内分泌腺、内分泌组织、内分泌细胞组成。内分泌腺是指分布于人体的一定部位、结构独立的没有分泌管的腺体，如垂体、甲状腺、甲状旁腺、肾上腺、松果体和胸腺等。内分泌组织是指依附于某些器官的内分泌细胞团，如胰腺内的胰岛、睾丸内的间质细胞和卵巢内的卵泡及黄体等。内分泌细胞是指散在于其他细胞之间能够分泌激素的细胞，如胃肠道、心、肺和血管等器官内散在的细胞。

研究表明，尚有许多器官如胃肠道、胎盘、肾脏以及神经系统等兼有内分泌功能，其中神经系统具有广泛的内分泌功能，如神经末梢分泌神经介质，丘脑下部分泌血管加压素和催产素。胃肠的黏膜也具有大量的分泌细胞，如胃幽门窦黏膜分泌促胃液素，十二指肠黏膜分泌胆囊收缩素。

内分泌系统的分泌物称激素，它们经血液循环流至全身。各种激素都具有特异性，即每一种激素只能作用于一定的器官、组织或细胞，这种激素作用的器官、组织或细胞称为靶器官、靶组织或靶细胞。靶细胞含有特异性的受体，所以它只能与特定的激素相结合而产生效应。

在机体的调节机能方面，特别是对代谢过程的控制，内分泌腺产生的激素起着很大的作用。各种激素在血液中均保持适量的浓度，如果机体内某种激素含量过多或过少，会导致机体的功能紊乱，甚至会引发严重后果。

二、人体主要的内分泌腺

人体主要的内分泌腺有脑垂体、甲状腺、甲状旁腺、肾上腺、胰岛、性腺等（图 10－1），它们产生的激素随血流到达身体远端，作用于靶器官和靶细胞。内分泌系统由一些肉眼可见的内分泌腺体和分散在某些器官内的具内分泌作用的细胞和细胞集团组成，在内分泌腺和细胞组织周围密布毛细血管网，还有淋巴和神经分布，它们的分泌物不像外分泌腺有导管直接或间接与外界相通（如口腔唾液腺、胃腺、肠腺、汗腺等），而是直接排入血液，所以又叫无管腺。内分泌腺的分泌物叫作激素，量很少，它和神经系统一道对人体生理机能起着重要的调节作用。

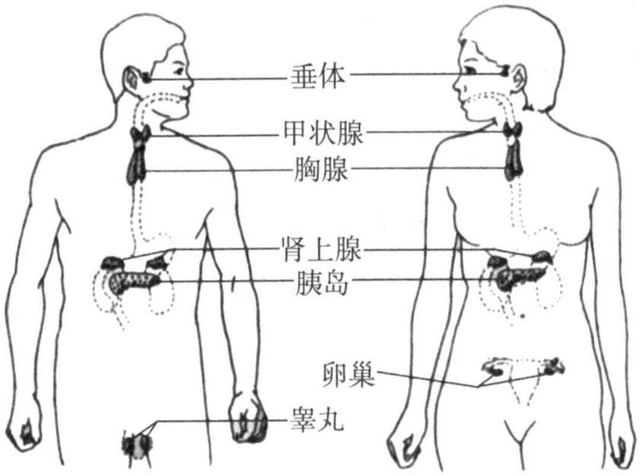

图 10－1　全身内分泌腺的分布

（一）脑垂体

脑垂体是人体最重要的内分泌腺，位于颅底蝶骨的垂体窝内，大小如豌豆，重约 0.6 g，分为腺垂体和神经垂体两部分（图 10－2）。

1. **腺垂体**

腺垂体分泌多种激素，其中主要有生长素、促甲状腺素、促肾上腺皮质激素和促性腺激素等。

生长激素可促进组织中蛋白质的合成，抑制其分解，从而促进身体生长发育。若腺垂体生肿瘤，则生长激素分泌过多。若发生在儿童期，使长骨不断增长而发展成为巨人症；若发生在成年后，长骨因骺软骨已经骨化，不再增长而是变粗大，面部骨突明显，下颌突出，肢体末端肥大。相反，若生长激素分泌不足，儿童生长缓慢，身材矮小，但不影响智力发育，称为侏儒症。

促甲状腺激素、促肾上腺激素和促性腺激素有发育和增强其相应机能的作用。

2. **神经垂体**

神经垂体由神经组织构成，分泌的主要激素有血管加压素（又称抗利尿素）和催产素（子宫收缩素）。

抗利尿素使全身小动脉收缩，微循环的毛细血管减少开放，由于外周阻力加大，使血压升高，反射性引起心跳减慢，加强肾小管重吸收水分的作用。在身体出现大出血的情况下有所表现。老年人抗利尿素分泌减少，故夜尿增多。

催产素促使子宫强烈收缩和排乳，在分娩和哺乳时发挥作用。

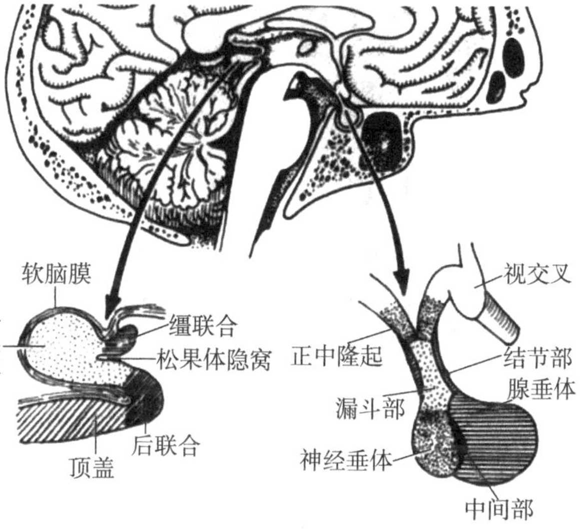

图 10-2 脑垂体

（二）甲状腺

甲状腺是最大的内分泌腺，位于气管上端、喉两侧，左右各一，总重 20 ～ 40 g（图 10-3）。它分泌的激素即甲状腺素，含碘。甲状腺素的生理机能如下：

（1）促进身体发育和脑的发育。甲状腺素含碘，缺碘地区婴儿易患“呆小症”；成人易患甲状腺肿大，叫作“地方性甲状腺肿”。

（2）调节机体物质代谢过程，促进体内糖

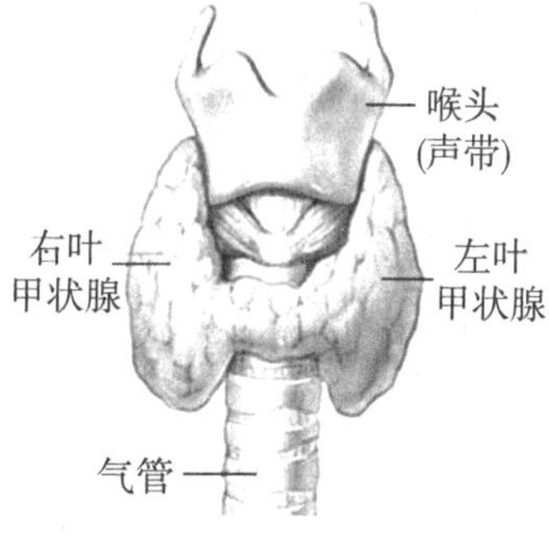

图 10-3 甲状腺

和脂肪的分解，提高能量代谢水平，增加组织耗氧量和产热量。如甲状腺素分泌过多，人会进食多、怕热、消瘦；如甲状腺素分泌过少，会患“黏液性水肿”。

(3) 提高神经系统的兴奋性。甲状腺素分泌过多，叫作甲状腺功能亢进，又叫“甲亢”，病人躁动不安、手颤抖、喜怒无常、失眠多梦等；反之，分泌过少，叫作甲状腺功能低下，病人反应迟钝、记忆力减退、表情淡漠、少动嗜睡等。

(4) 使心跳加快、加强，心输出量加大，外周血管扩张，脉压增大。

(三) 甲状旁腺

甲状旁腺位于甲状腺后面（图 10－4），上下各一对，共四个，大小如黄豆，每个重约 0.3 g。甲状旁腺分泌的激素叫甲状旁腺素，其生理机能是升血钙（有镇静作用），升血磷（有兴奋作用），调节血液中钙、磷的平衡。甲状旁腺的靶器官是骨、肾和小肠。

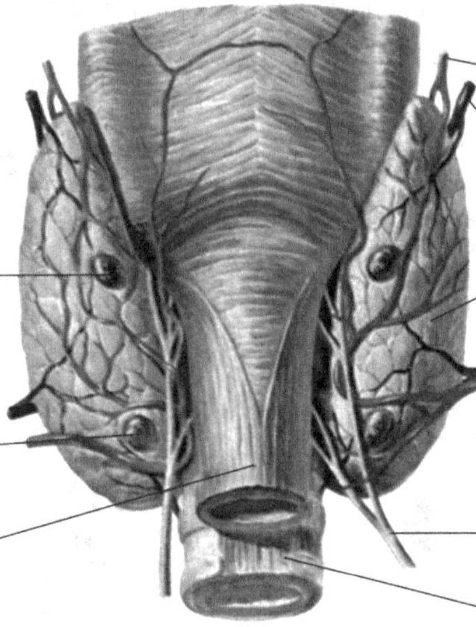

图 10－4　甲状腺与甲状旁腺

甲状旁腺素分泌过少，血钙含量降低，神经和肌肉的兴奋性升高，会出现肌肉抽搐（抽筋）现象。如果呼吸肌抽搐（只收缩不放松），会影响血液气体交换，导致大脑缺血，发生在儿童时，可导致死亡。

如果甲状旁腺素长期分泌过多，可导致骨骼脱钙变得疏松易折；降低肾小管对磷的重吸收；血液中的磷浓度下降，引起吐泻、虚脱以致死亡。

(四) 肾上腺

肾上腺位于两肾上端，左右各一（图 10－5），分为外层的皮质和内层的髓质两部分。肾上腺皮质分泌肾上腺皮质激素，肾上腺髓质分泌肾上腺素。后者的作用与交感神经作用基本相同，会使心跳加快、加强；使皮肤、黏膜、内脏等处的小动脉收缩（外周阻力加大）引起血压上升；使心脏和骨骼肌中的血管舒张，提高心脏和肌肉工作能力；促进肝糖原和肌糖原分解，氧化供能。这些变化与人体运动中的表现一致。

肾上腺皮质分泌的激素主要有糖皮质激素、盐皮质激素和少量雄性及雌性激素。主要作用如下：

（1）调节物质代谢。促进蛋白质分解和肝糖原异生（由蛋白质转化为糖原），增加糖原贮存；减少葡萄糖分解，使血糖浓度升高；促进脂肪组织中的脂肪分解，使血液中脂肪酸增加。

（2）在“应激反应”中起作用：当机体突然受到非正常刺激和剧烈运动时，血液中促肾上腺皮质激素的浓度急剧增高，糖皮质激素也相应增多，这种现象叫作应激反应。这种反应对机体抵抗有害刺激、维持生存十分必要。

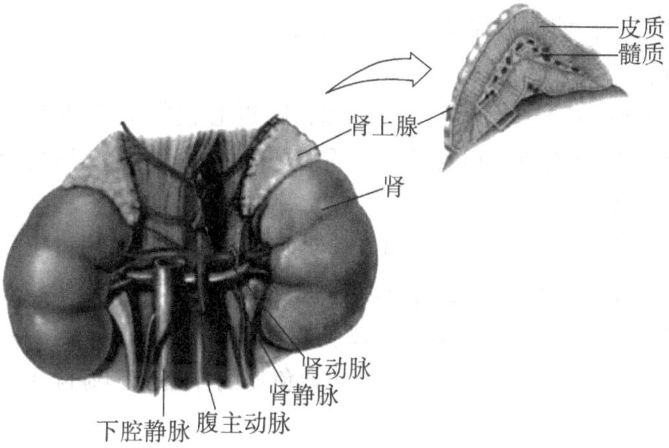

图 10－5　肾上腺

（五）胰岛

胰岛是胰腺的内分泌部，是分散在胰腺中的不规则的细胞群，由 α 细胞和 β 细胞组成。α 细胞分泌胰高血糖素；β 细胞分泌胰岛素（图 10－6）。

胰岛素的生理作用如下：

（1）促进全身组织对葡萄糖的摄取和利用，加速葡萄糖合成糖原，促进肝糖原和肌糖原的贮存并促进葡萄糖转化为脂肪，使血糖降低。若胰岛素分泌不足，血中葡萄糖升高，自尿排出，即“糖尿病”。

（2）促进脂肪的合成与贮存，抑制脂肪氧化分解。

（3）促进细胞对氨基酸的摄取和利用，促进蛋白质合成，利于生长发育。

胰高血糖素的生理作用与胰岛素相反——使血糖升高，此外，还可使心率加快，加强心肌收缩力和加大心输出量（强心作用）。

胰岛的活动主要受血糖调节。当血糖升高时，胰岛素分泌增多，并抑制胰高血糖素分泌，使血糖浓度降低；当血糖过低时，胰岛素分泌减少，胰高血糖素分

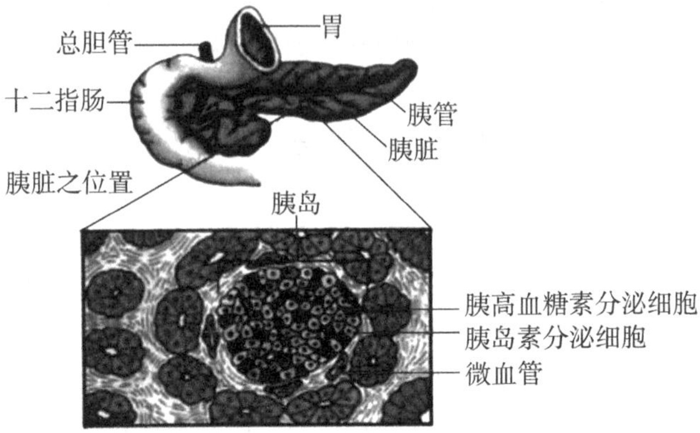

图 10－6　胰岛

泌增加，血糖升高，使血糖保持在正常范围内。

（六）胸腺

胸腺位于胸骨柄后方，上纵隔的前部，贴近心包的上方和大血管前方（图 10－7）。新生儿和幼儿胸腺相对较大，重 10 ～ 15 g；性成熟后胸腺发育至最高峰，随后逐渐萎缩。

胸腺外面包有结缔组织膜，并伸入其实质内，皮质主要由淋巴细胞和上皮性网状细胞构成。上皮性网状细胞可分泌胸腺素，具有刺激淋巴组织正常发育和促进 T 淋巴细胞生长与成熟的作用。所以胸腺素是培育形成各类 T 淋巴细胞的器官，对外来蛋白质产生相应的抗体，以达到免疫的作用。胸腺除了具有内分泌功能外，还是一个很重要的淋巴器官。

此外，胸腺素对于运动神经末梢释放和合成乙酰胆碱有抑制作用，故胸腺素过多时，会引起神经肌肉传导障碍，出现重症肌无力。

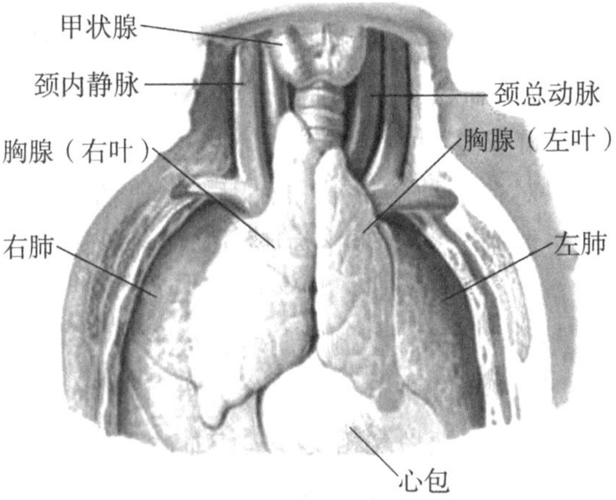

图 10－7　胸腺

（七）松果体

松果体又称脑上腺（图 10－2），位于丘脑的上后方，以柄连于第三脑室顶的后部，为椭圆形小体，颜色淡红，儿童时期较发达，一般人在 7 岁后逐渐萎缩。成年后不断有钙盐沉着，常可在 X 光片上见到。如在儿童时期松果体被破坏，则出现早熟现象或生殖器官过度发育。

（八）性腺

男性的性腺是在睾丸的间质细胞，分泌雄激素；女性的性腺在卵巢，分泌卵泡素和黄体素等。

1. 睾丸

睾丸的外分泌部是生精小管，产生精子。在盘曲的小管之间有间质细胞，属内分泌部，产生雄激素（睾酮）。其生理作用是：

（1）促进精子生长，促进精囊、前列腺、尿道球腺等性器官正常发育。

（2）维持男性的第二性征：长胡须、喉结突出、声音低沉、肌肉发达、皮下脂肪少等。

（3）促进蛋白质合成和红细胞生成等。

2. 卵巢

卵巢分泌雌激素（卵泡素）和黄体素（孕激素）。雌激素的作用：

（1）促进女性生殖器官的发育和维持正常机能。

（2）维持女性第二性征：皮下脂肪层丰满、乳房膨隆、月经出现、声音音调高。

孕激素的作用：促进子宫内膜增生，为受精卵着床做好准备。

三、体育运动和内分泌系统的关系

体育运动对内分泌系统的结构和功能有一定影响，而内分泌系统所分泌的激素亦对体育运动的功效发挥起到至关重要的作用。例如甲状腺分泌甲状腺激素，促进机体的新陈代谢，提高神经系统的兴奋性，使心搏加快加强，心输出量增大，尤其对骨骼和神经的发育起重要作用。还可加速神经与肌肉间的信息传递，有利于运动能力的提高（运动时身体代谢水平增高，甲状腺激素分泌增加，从而促进体内糖和脂肪的分解来补充运动时消耗的血糖，提高运动竞赛的成绩）。垂体分泌生长激素可加速骨和肌肉的生长发育，使骨骼健壮、肌肉发达，同样有助于运动成绩的提高。研究表明，运动后人体分泌的生长激素明显增加。所以经常参加体育运动可促进生长激素的分泌，促进骨的生长发育，使肌肉更为发达，并使机体的运动能力得以提高。

实训十二　内分泌系统的观察

一、实训内容

观察内分泌系统整体及主要内分泌腺的位置和结构。

二、实训目的

(1) 掌握内分泌系统的概念和分类。

(2) 了解垂体、甲状腺、甲状旁腺、肾上腺、松果体的形态、位置。

(3) 了解内分泌腺的结构特点和功能。

三、实训材料与器具

显示全身内分泌腺的模型，头颈部矢状切面模型（示垂体）和头颈部示甲状腺与甲状旁腺模型，腹膜后间隙器官的模型，脑干带垂体和松果体的模型，颅底内面观标本，胸腺、甲状腺、肾上腺和垂体模型，各相关内容挂图。

四、实训步骤

（一）内分泌系统整体构成的观察

首先显示全身内分泌腺的模型，结合相关内容挂图对全身内分泌腺进行观察，形成一个对全身内分泌腺的总体了解。

（二）内分泌系统各器官的观察

内分泌系统由全身各部的内分泌腺组成，按其存在的形式可分为两大类：内分泌器官，包括甲状腺、甲状旁腺、肾上腺、垂体、松果体、胸腺；内分泌组织，包括胰腺内的胰岛、睾丸内的间质细胞、卵巢内的卵泡和黄体等。

(1) 甲状腺的观察。

(2) 甲状旁腺的观察。

(3) 胸腺的观察。

(4) 垂体的观察。

(5) 松果体的观察。

(6) 肾上腺的观察。

(7) 性腺的观察。

五、实训练习题

(1) 说明内分泌系统的组成与功能。

(2) 说明垂体、甲状腺、甲状旁腺、肾上腺、松果体的位置和功能。

拓展阅读

运动锻炼与内分泌激素
——荷尔蒙的呻吟

荷尔蒙是一个外来语，是英文“Hormone”的音译，中文意思是“激素”。

激素是一系列由内分泌细胞分泌的，对人类的繁殖、生长、发育、各种生理功能、行为变化以及适应内外环境等起着重大调节、控制作用的化学物质。激素的种类很多，这里主要讨论与运动密切相关的，对运动能力起着重要作用的一类激素——性激素。性激素主要分雄性激素和雌性激素。习惯上说的男性荷尔蒙就是雄性激素，女性荷尔蒙就是雌性激素。而强化骨骼、促进肌肉合成、提高血红蛋白合成等对运动能力的提高起正面作用的激素是雄性激素，所以日常生活中所说的“荷尔蒙”，往往指男性荷尔蒙。

雄性激素和雌性激素对人体的生理作用是相反的。雄性激素在人体内主导同化作用，让脂肪分解、蛋白合成；雌性激素在人体内主导异化作用，让脂肪合成、蛋白分解。

男性分泌雄性激素的主要器官是睾丸，肾上腺皮质也能分泌一部分。女性分泌雄性激素的主要器官是卵巢和肾上腺皮质。在女性体内存在大量的芳香化酶（男性体内芳香化酶浓度很低），在芳香化酶的作用下，雄性激素转化成雌性激素，这就是女性体内雄性激素较低、雌性激素较高的原因。

在儿童期，男女之间体内的雄性激素和雌性激素是没有差异的，进入青春期，随着性发育的成熟，男女体内的激素开始发生变化，男孩体内雄性激素逐渐升高，女孩体内雌性激素逐渐升高。随着激素的升高，第二性征开始出现，男孩出现变声、喉结、遗精等生理现象；女孩出现乳房发育、盆骨发育改变、月经等生理现象。

雄性激素能促进骨骼中钙离子沉淀而强化骨骼；能促使肾脏分泌促红细胞生成素（EPO），提高造血机能，从而避免贫血；能加快肌肉蛋白质的合成，使肌肉发达、增加肌力；能增加免疫蛋白的合成，提高免疫功能；能增加兴奋性和攻击性，让人精力充沛……所有这些都利于提高运动能力，这也是很多人为了获得更好的比赛成绩不惜牺牲健康使用外源性雄性激素的原因。外源性的雄性激素是违禁药品，国际奥委会反兴奋剂委员会严厉禁止运动员使用。

总体来说，对于男性，雄性激素是利大于弊的。不过雄性激素也是一把双刃剑，过高的雄性激素也会增加心脑血管疾病和糖尿病的发病率，引发动脉硬化，高血压、冠心病、高血脂等疾病的发病率也会增加。

由于先天体质的差异很大，人与人之间雄性激素水平的差异是很大的。有些人体质强壮，荷尔蒙水平较高，有些人体质较弱，荷尔蒙水平可能就较为低下。

不参加体育锻炼的人，由于缺乏外来需求的刺激，不产生应答机制，雄性激素的产生完全依赖于自然状态，随着年龄的增加，荷尔蒙水平会慢慢下降，于是体质也逐渐下降。

经常参加体育运动，身体得到合理锻炼的人，由于存在运动的外来刺激，机体便会产生应答机制，雄性激素的合成就会加快。这些人即便到了较大的年龄，荷尔蒙水平也较高，他们的体质也会表现较好。

那些运动量、运动强度过大，锻炼超负荷的人，雄性激素的消耗会过大，即使年龄不大，由于过度消耗雄性激素也会导致荷尔蒙水平低下，会出现体质下降的现象。

综上所述，积极的体育锻炼、合理安排运动量和运动强度，避免过度疲劳，其重要性不可小觑！

有些人先天雄性激素水平不高，即使合理运动锻炼，上升也不明显。为了提高运动能力，可以通过合理的膳食、必要的中药调理提升自身的分泌功能，适当提高荷尔蒙水平。多年的经验告诉我们，这是可行的，而且安全可靠。使用外源性的雄性激素虽然“效果”很明显，能让人感到精力充沛，但却可能会抑制自身的分泌功能，长期使用会损害健康。

（资料来源：“季培运动医学”公众号）

第十一章 感官系统

感觉器官系统也称感官系统，是人体接受外界刺激产生感觉的机构。感官系统又分为视、听、触、味、嗅等系统，每种感官系统主要由三部分组成：一是接受刺激的部分，如眼、耳、舌、皮肤、肌腱、关节等；二是传入神经，又称感觉神经；三是神经中枢，特别是大脑皮层的感觉区。人受到体内外刺激时只有经过这三部分的活动才能产生感觉。人体的各种运动都是从感受器或感觉器接受内、外环境中的各种刺激，并转变为神经冲动开始的。

感受器是指接受机体内外环境的各种刺激，并将其转变为神经冲动或神经兴奋的结构，广泛分布于人体全身各部，形态结构各不相同。

感受器分为内感受器、外感受器和本体感受器。

外感受器位于眼、耳、鼻、舌和皮肤等处，感受光、声、嗅觉（鼻腔顶部的嗅黏膜）、味觉（味蕾），以及皮肤感受到的冷觉、热觉、触觉、压觉和痛觉等的刺激。构造最简单的是感受痛觉的游离神经末梢。

内感受器位于内脏、血管等处，感知物理的、化学的刺激，如血压、渗透压、血液 pH、温度和血液中化学成分变化等。如位于颈内、外动脉分叉处的颈动脉窦感知血压变化，颈动脉体感受血液化学成分的改变等。

本体感受器位于关节、肌肉、肌腱和内耳等处，如肌腱的腱梭、肌肉的肌梭和内耳位觉器——壶腹嵴和囊斑等。

在感受器里感受光觉、位觉和听觉的感受器的神经末梢周围出现了结构复杂的附属装置，叫作感觉器官，如眼叫作视器，耳叫作位听器。

第一节 视 器

一、视器的构造

视器由眼球和眼副器共同构成。眼球的功能是接受光波的刺激，将其转变为神经冲动，经视觉神经传导通路传至大脑皮质视觉中枢，产生视觉。眼副器位于眼球的周围，包括眼睑、结膜、泪器和眼球外肌等，对眼球起支持、保护和运动等作用。

（一）眼球

眼球是视器的主要部分，位于眼眶内，呈前部稍前凸的球形，前面有眼睑保护，周围借筋膜与眶壁相连，后部借视神经连于间脑的视交叉。

眼球由眼球壁和眼球的内容物构成（图 11－1）。

1. 眼球壁

眼球壁有三层结构，最外层叫作纤维膜，中间一层叫作血管膜，最内一层叫作视网膜。

（1）纤维膜

眼球纤维膜由致密结缔组织构成，具有支持和保护作用，可分为角膜和巩膜两部分。前 1/6 透明的为角膜，后 5/6 由纤维结缔组织构成的为巩膜。巩膜呈白色，不透光，构成眼球坚固的外壁。角膜无色透明，富有弹性，具有屈光作用，无血管但富有感觉神经末梢，因而感觉灵敏，其营养物质由角膜周围的毛细血管、泪液和房水供应。

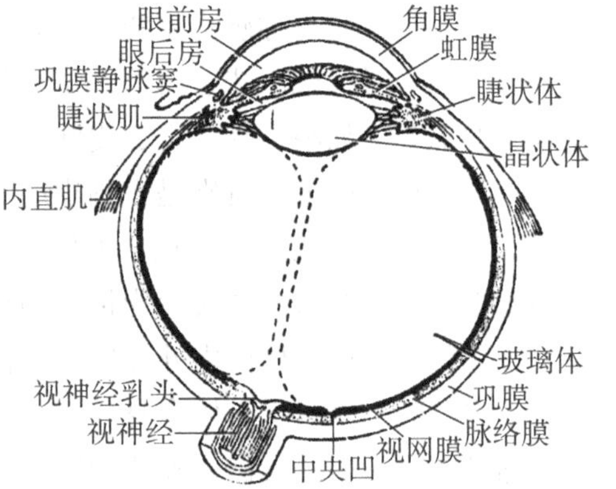

图 11－1　眼球

（2）血管膜

眼球血管膜由疏松结缔组织构成，含丰富的血管和色素，具有营养眼球内组织及遮光作用。血管膜由前向后分为虹膜、睫状体和脉络膜三部分。

虹膜位于血管膜前部，角膜后方，中央有孔，叫作瞳孔，瞳孔周围有呈放射状排列的瞳孔开大肌和呈环形排列的瞳孔缩小肌（均为平滑肌）。虹膜的颜色取决于色素的多少，可有黑、棕、蓝和灰色，有种族差异，黄种人的虹膜呈棕色。

睫状体位于巩膜与角膜的内面，其前缘与虹膜相连，后缘连接脉络膜，是血管膜最厚的部分，内含辐射状排列的平滑肌，叫睫状肌。肌肉收紧时，使连着晶状体的睫状小带放松，晶状体曲率变大，借以调节视远物与视近物。

脉络膜贴衬在巩膜内面，其主要功能是供应眼球内组织的营养和吸收眼内分散光线以免扰乱视觉。

（3）视网膜

视网膜位于血管膜内面，是眼球壁的最内层。前部贴在虹膜和睫状体的部分无感光作用，为盲部；后面贴在脉络膜的感光部分，为视觉感受器。视网膜后方中央有一黄斑，黄斑中间凹陷，叫作中央凹，看东西最清楚，为明视点。黄斑的鼻侧有一视神经穿出部位，叫作视乳头，无感光作用，眼颞侧的光线落在这里产生一个盲区（双眼视觉可弥补，单眼视觉可出现）。视网膜上含有两种感光细胞，一种为视锥细胞，感受强光、色觉；一种为视杆细胞，感受暗光、弱光。它们感受光线刺激后，产生兴奋并将之转变为神经冲动，沿视神经传入视觉中枢。

2. 眼球的内容物

眼球的内容物包括房水、晶状体和玻璃体，结构透明、无血管，具有屈光作用，它们与角膜合称为眼的屈光装置。

房水位于角膜和晶状体之间，内含透明液体，被虹膜分为前、后房，液体经瞳孔相通。在某些病理情况下，房水代谢紊乱，造成眼房内房水增加，导致眼内压增高而影响视力，临床上称之为继发性青光眼。

晶状体为双凸镜，周围被睫状小带固定，由睫状肌舒缩调节其曲率，视远物时曲率变小；视近物时曲率变大。如果长时间在光线不足或乘车、走路的情况下看书，睫状肌疲劳，晶状体变凸，可以形成近视眼。

玻璃体充满在晶状体与视网膜之间，除屈光外还具有对视网膜的托扶作用。

（二）眼副器

眼副器包括眼睑（图 11－2）、结膜、泪器（图 11－3）和眼球外肌，具有保护、运动和支持眼球等作用。

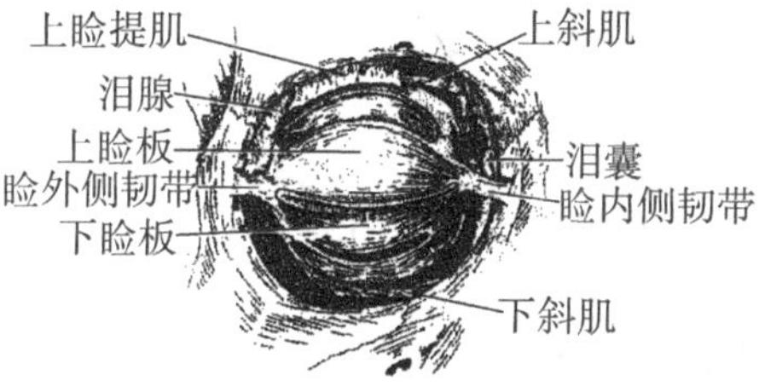

图 11－2　眼睑

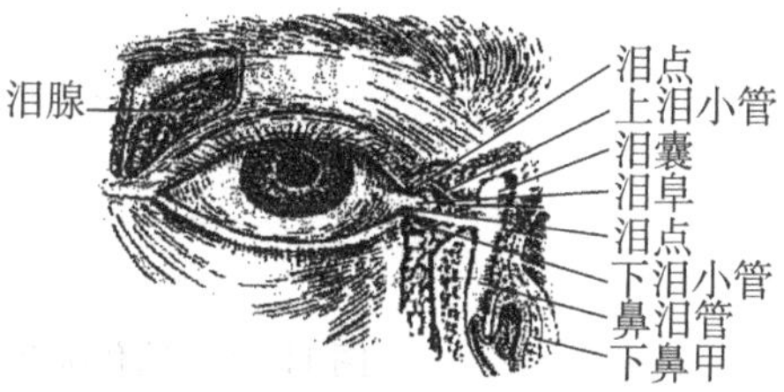

图 11－3　泪器

眼睑分上、下两部分，位于眼球前方，是眼球的保护屏障。

结膜是一层含血管的透明膜，呈囊状贴覆在眼球巩膜与眼睑之间。

泪器包括泪腺和泪道。泪腺分泌泪液，泪液对眼角膜起润滑作用，并可冲洗异物和杀菌。

眼球外肌（图 11－4）包括上提眼睑和活动眼球的三组骨骼肌。三组活动眼球的肌肉是眼上、下直肌，眼内、外直肌和眼上、下斜肌，使眼球向内、外、上、下、上内、下外转动。

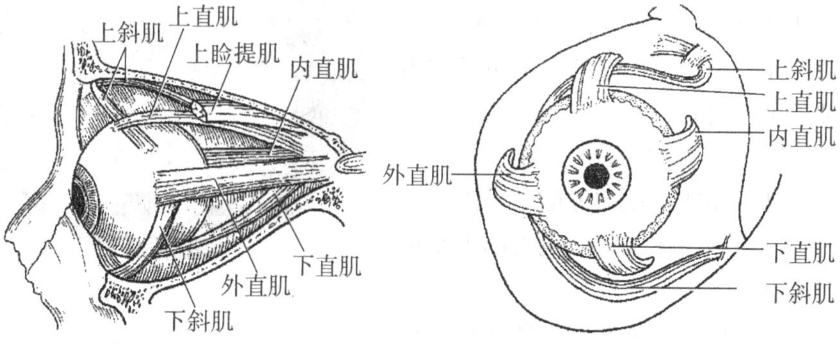

左眼外肌 (侧面)　　右眼外肌 (正面)

图 11－4　眼肌

视器的构造酷似照相机，瞳孔是光圈，纤维膜是外壳，血管膜是暗箱，视网膜是感光底片，屈光装置是一系列折光镜头，眼睑是快门，眼球外肌是移动架。

二、视觉的形成与传导

（一）视觉的形成

物体在视网膜上成像与物理中透镜成像原理一样（图 11－5）。

光线到达眼球，通过角膜、房水、晶状体和玻璃体的折射，在视网膜上形成一个缩小的倒像。视网膜的视锥细胞和视杆细胞内的感光物质发生化学变化，将光能转变为神经冲动。

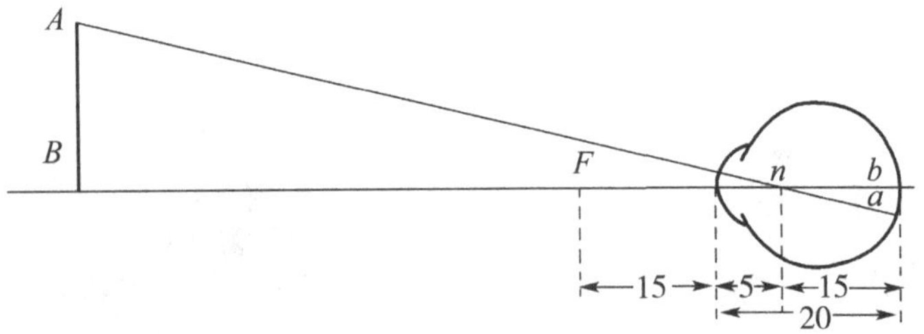

图 11－5　简化眼及其成像原理（单位：mm）

（二）视觉的传导

光线在视网膜上缩小的倒像，经两种感光细胞将光刺激转变为神经冲动，由眼球、鼻侧的视神经传入中枢相应的部位，经大脑皮层分析综合，对倒像进行矫正，变为正像。

三、空间视觉与眼肌平衡

（一）视敏度

视敏度是指眼对物体微细结构的最大分辨能力，又叫视力。

人类从外界获得的信息，其中 90% 以上依靠视力。体育运动中良好的视力更是取得优异成绩不可或缺的。

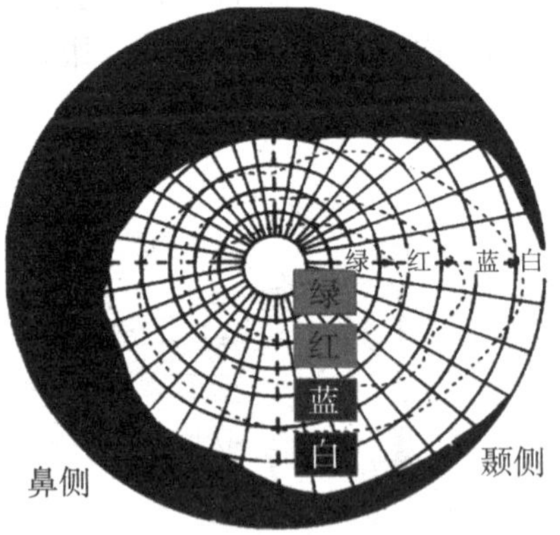

图 11－6　人右眼的视野图

（二）视野（图 11－6）

单眼一动不动地正视前方的某一点，所能看到的空间范围叫作视野。视野的大小可由视野计来测定。

一般人的白色视野最大，其他颜色的视野依次为蓝色 > 红色 > 绿色。足球运动员的绿色视野大于常人和其他项目的运动员。

（三）立体视觉

双眼看一个物体，不仅能看到物体的平面，还能看到物体的深度，形成立体视觉。立体视觉在各项体育运动中都很重要，尤其在场地小、速度快的小型球类运动中，良好的立体视觉能保证接、传、扣球和对对方动作的正确判断。单眼看物立体感差，且于颞侧有一盲点。

（四）眼肌平衡

眼睛能够正视前方，即瞳孔正对前方（使光线沿眼球轴线落在中央凹上），是由三组眼球外肌的平衡实现的，即三组肌肉的紧张度一致。若六条眼肌的某一条紧张度较大，眼睛瞳孔就会向一侧偏斜，叫作斜视眼（可以通过手术矫正）。有的人某条肌肉紧张度虽然大些，但平时看不出眼球偏斜，是因为其对抗肌加大了紧张度，做了补偿，这种情况叫作隐斜视，可以通过仪器测出。

隐斜视的人由于眼肌必须经常加强紧张性才能保持正视，所以容易疲劳。疲劳后的眼睛斜视强度增加，影响视力（影像不重叠，成为复视），这在篮球投篮、棒球或其他小球类的击球等运动时，准确性会受影响。

即使正视的运动员在疲劳后也会出现隐斜视现象，但休息 3 ～ 5 分钟可以恢复。

少儿时期如果发现有眼肌不平衡现象应及早治疗。有隐斜视的人也可通过体育锻炼（如打篮球、乒乓球等）、频向远方眺望、转动眼球等训练眼肌来改善。

总之，运动员保持眼肌平衡，对判断器材的空间方位、距离和速度等都非常重要。

四、适宜的体育运动对视器的作用

适宜的体育运动可改善假性近视者的视力。例如：球类运动中需要参加者注意力高度集中，并且眼睛始终跟随着球的运动轨迹，眼睛的这种运动促使眼部周围的血液循环加快，不仅使眼睛部位得到更多的“营养物质”，同时有利于缓解眼睛的疲劳，提高眼的调节能力，使视力得到改善。

第二节 位听器

一、位听器的构造

位听器又称前庭蜗器，俗称耳，分为外耳、中耳和内耳三部分（图 11 –7）。

外耳和中耳是收集和传导声波的装置，是前庭蜗器的附属器。听觉感受器和位觉感受器均位于内耳，二者虽功能不同，但在位置和结构上关系紧密。

（一）外耳

外耳包括耳郭和外耳道。外耳道的内壁是鼓膜，鼓膜是外耳与中耳间的隔膜，来自外界的声波首先接触并振动鼓膜。

（二）中耳

中耳包括鼓室和鼓室内的三块听小骨。鼓室呈六面体，有六个壁，外壁即鼓膜；内壁为内耳的前庭。鼓室的前下方有咽鼓管通鼻咽，在吞咽或打哈欠时，咽鼓管一开一合，可听到声音，这时中耳与外界相通，可平衡中耳与外界的气压。

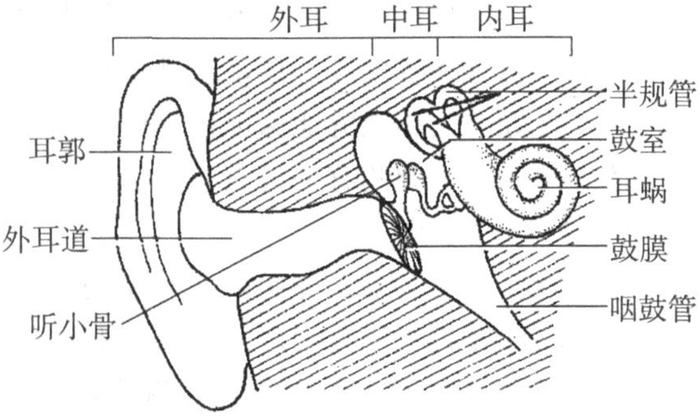

图 11－7　前庭蜗器全貌示意图

三块听小骨由外向内分别为锤骨、砧骨和镫骨，三骨互相关节构成听骨链，并有肌肉牵动。锤骨的柄连在鼓膜上；镫骨的底封在内耳的前庭窗上。当声波振动鼓膜时，通过听骨链到达前庭窗，可引起内耳淋巴流动。中耳的小肌肉牵动可减轻镫骨底对前庭窗的压力。

（三）内耳

内耳的三部分都有骨性外壳，叫作骨迷路（图 11－8）；里面套着与骨迷路外形相似的膜性管道，叫作膜迷路（图 11－9）。骨迷路与膜迷路之间有流动的液体，叫作外淋巴；膜迷路内充满内淋巴。内、外淋巴互不相通。

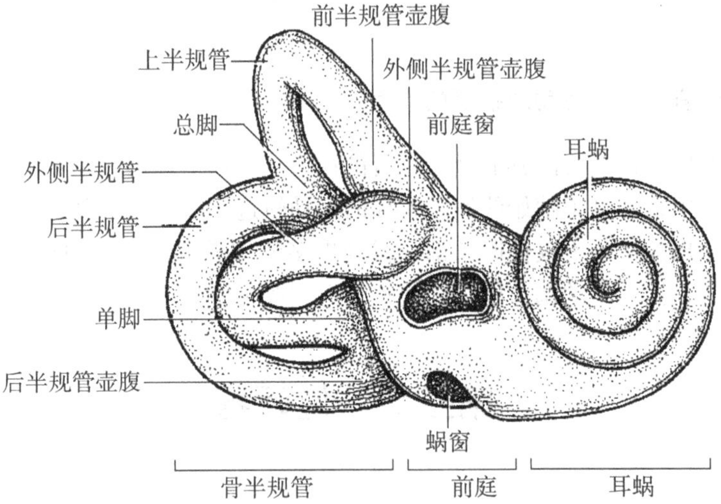

图 11－8　骨迷路

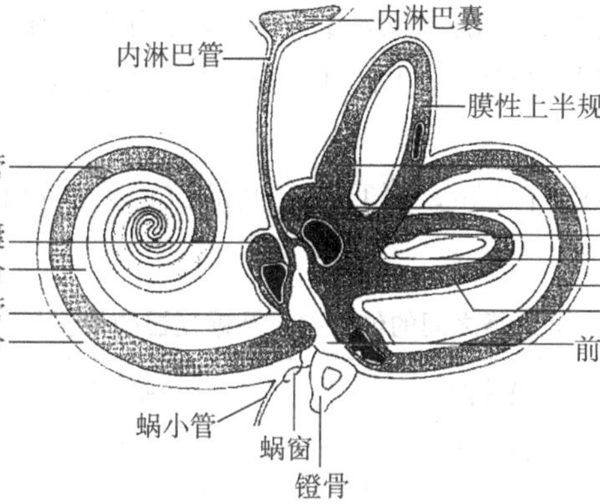

图 11－9　膜迷路

1. **耳蜗**

骨性耳蜗形似蜗牛壳，有一蜗管绕蜗轴盘旋 2.5 周，沿蜗轴纵切面可见蜗管被前庭膜和基底膜隔成三角形膜蜗管（图 11－10、图 11－11）。前庭膜以上为前庭阶，基底膜以下为鼓阶，二者自蜗顶相通，均有外淋巴。在膜蜗管基底膜上有增厚的部分，也随膜蜗管盘旋，这就是听觉感受器，叫作螺旋器。当膜蜗管内淋巴流动时，感受听觉。

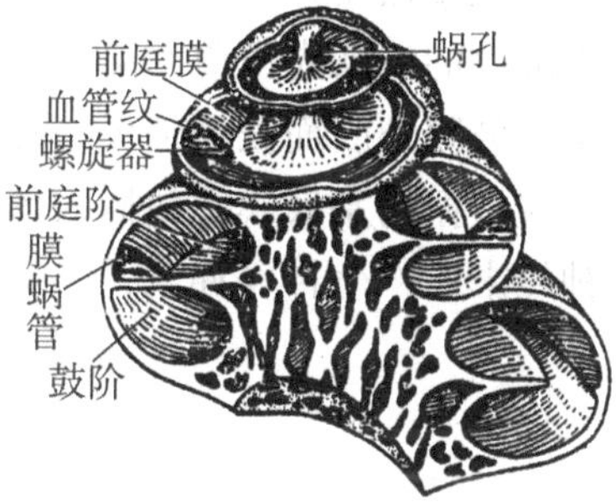

图 11－10　蜗轴的纵切面

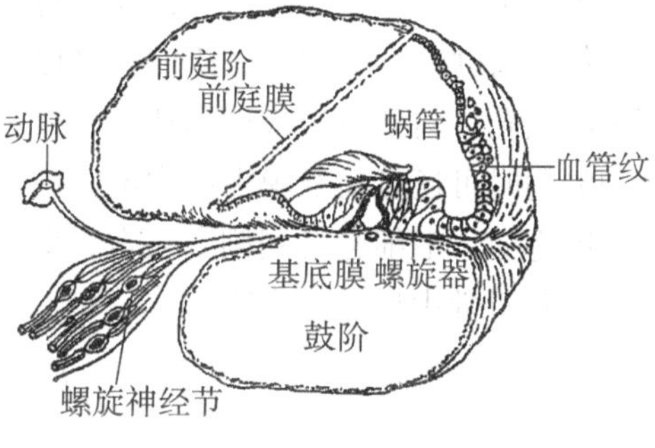

图 11－11　蜗管的切面

2. **半规管**

骨性半规管是三个相互垂直的半环状小管，管的一端膨大，叫作壶腹，另一端为单脚，里面有外淋巴流动。

每个骨性半规管内套着形状相似但较细的膜性半规管，管内充满内淋巴。在每个膜性半规管的壶腹部，有一嵴形突起，叫作壶腹嵴，它是位觉感受器，感受人体在三个基本轴上做旋转运动时的感觉。

3. **前庭**

骨性前庭是介于前面的耳蜗与后面的半规管之间的较为膨大部分，其外侧壁即鼓室的内侧壁上面有前庭窗（有镫骨底封闭）和蜗窗（被第二鼓膜封闭）。膜性前庭是位于骨性前庭内的两个膜性小囊，两者由内淋巴相通连。后面的囊与半规管内淋巴相通，叫作椭圆囊；前面的球囊与膜蜗管相通。在两囊囊壁上有增厚部分，分别叫作椭圆囊斑和球囊斑，也是位置感受器，感受人体做上下、前后、左右的直线运动觉。

为了便于理解和记忆内耳迷路，将它们之间的位置关系及感受器的位置与功能列于表 11 – 1 中。

表 11 – 1　内耳迷路之间的位置关系及感受器的位置与功能

骨迷路		膜迷路		感受器名称	感受的刺激
骨性耳蜗	外淋巴相通	膜蜗管	内淋巴相通	螺旋器	声音
骨性前庭		椭圆囊、球囊		囊斑	直线加速与减速运动
骨性半规管		膜半规管		壶腹嵴	旋转运动

二、听觉与位置觉的传导

（一）听觉的传导（图 11 – 12）

声波传入内耳的听觉感受器有两条途径：空气传导和骨传导。正常情况下以空气传导为主，但骨传导在听力检查时较为重要。

空气传导：耳郭将收集的声波经外耳道传至鼓膜，引起鼓膜振动，继而引起中耳内 3 块听小骨组成的听骨链振动，将声波转换成机械振动并加以放大，经镫骨底板传至前庭窗，引起前庭阶的外淋巴波动。外淋巴的波动先由前庭阶传向蜗孔，再经蜗孔传向鼓阶，最后到达第二鼓膜，使第二鼓膜外凸而波动消失。外淋巴波动的同时可通过前庭膜引起内淋巴波动，也可直接振动基底膜，使插入盖膜的毛细胞弯曲，毛细胞受到刺激兴奋，引起螺旋神经末梢产生神经冲动，经蜗神经传入大脑听觉中枢，产生听觉。

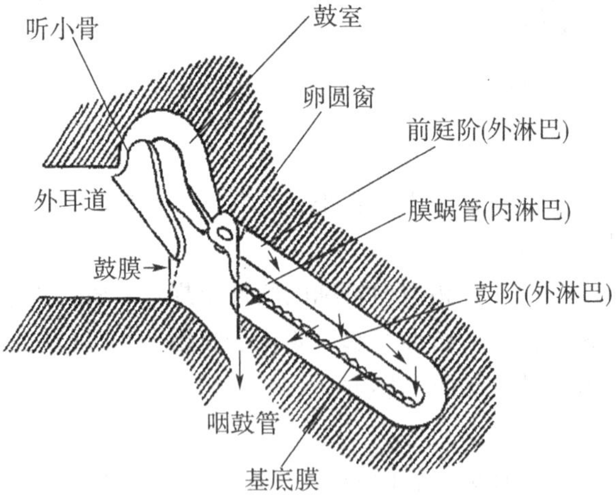

图 11 – 12　听觉器官传导模式图

如果听骨链发生障碍或鼓膜穿孔时，声波可通过中耳鼓室内的空气振动，经第二鼓膜引起鼓阶的外淋巴波动，使基底膜振动，亦可刺激螺旋器。通过此条途径，也能产生一定程度的听觉。

骨传导：骨传导是指声波经颅骨（骨迷路）传入内耳的过程。声波的冲击和鼓膜的振动可经颅骨和骨迷路传入，使耳蜗内的内淋巴流动，刺激基底膜上的螺旋器产生神经兴奋。

外耳和中耳的疾患引起的耳聋称为传导性耳聋。此时空气传导途径阻断，但骨传导还可以部分代偿，所以不会产生完全性耳聋。内耳、蜗神经、听觉传导通路及听觉中枢的疾患引起的耳聋，称为神经性耳聋，此时空气传导和骨传导的途径虽然正常，但不能引起听觉，故称为完全性耳聋。

（二）位置觉的传导

前庭及耳蜗器官（图 11－13）以及半规管是维持人体平衡，产生位觉的重要器官。

人体沿三个基本轴旋转时，三个半规管的内淋巴由于液体的惯性，向与旋转相反的方向刺激壶腹嵴，例如人体做垂直轴上的旋转时，外侧水平半规管的内淋巴流动刺激壶腹嵴；向右旋转时，先刺激左侧壶腹嵴，运动终止后又刺激右侧壶腹嵴。壶腹嵴里的感觉细胞兴奋，神经冲动沿位听神经传入脑干前庭神经核、小脑等位觉中枢，反射性引起颈部、躯干和四肢肌肉张力重新分配。

在做直线加速、减速运动（如乘车突起突停等）时，前庭里的内淋巴流动，耳石刺激囊斑内感觉细胞兴奋，转变为神经冲动，也是沿位听神经传入前庭核等位觉中枢，反射性引起躯干和四肢肌肉张力的调整，以保持身体平衡。

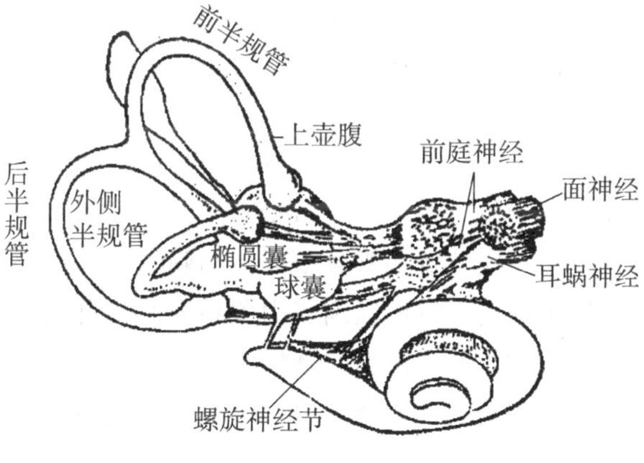

图 11－13　前庭及耳蜗器官模式图（右侧）

三、听位器对人体的影响

（一）听器

1. 听器对人体的影响

当过于强大的声音（如爆炸等）突发时，声浪可以直接造成鼓膜破裂和失听等，此时用手掩耳，同时口张大，使声浪由耳咽管入中耳，使鼓膜内外保持平衡可免损伤。当乘坐飞机升空时，由于气压变低可使鼓膜膨出；飞机降落后，由于外界气压增大可使鼓膜内陷，二者均可引起暂时失听、耳痛，通过吞咽或咀嚼口香糖可使中耳空气通过耳咽管开合，及时调整。

2. 听器与体育运动

在体育教学和运动训练中，教师或教练员要用洪亮清晰的口令、通俗易懂的语言讲解动作要领，让学生的听觉感受器接受适宜的刺激，这样才能使学生或运动员正确领会动作要领，更快更准地掌握技术要点，使动作准确到位，提高比赛的竞技能力。在精细运动项目训练时，使用优美的音乐刺激运动员的听觉感受器能提高情绪、调节生理机能、解除心理紧张、建立较好的音响韵律和节奏感，利于复杂技术动作的学习和掌握。听觉感受器对噪声刺激的感受有一定的生理限度和适应能力，生活中，强烈的噪声和吵闹的环境容易让人感到头晕眼花、心烦意乱。有研究表明，强烈噪声会导致听力损伤、位听器官功能失常、大脑皮质兴奋与抑制过程失调、自主神经功能紊乱。体育比赛中，那些缺乏在噪声环境下训练的运动员在突然遇到强烈噪声时会出现运动水平突然下降而导致竞技失败。所以，教练员在平时的体育训练中，应该安排适应噪声干扰的训练，提高运动员对强烈噪声环境的适应能力，使他们在受到强烈噪声影响时仍能正常发挥。

（二）位器

1. 位器对人体的影响

位觉器官除能反射性地引起位觉、动觉，并引起骨骼肌紧张度改变，调整姿势（又叫姿势反射）外，过强的刺激还可引起内脏反应，如头晕、恶心、呕吐、面色苍白、心率加快、血压下降、出冷汗等。有些人晕船、晕车便是位觉器官非常敏感之故。为了增强位觉器的稳定性，可以通过一定的训练加以改善（脱敏）。

2. 位器与体育运动

位觉感受器与人类的生活和体育活动息息相关。在日常生活中，有人会出现晕车、晕船现象，原因在于位觉感受器对所受刺激的强度和时间有一定的生理限度。当受到车、船的颠簸、震荡等超常频繁的运动刺激时，可产生强烈的神经冲动，传入大脑后反射性地引起全身的肌肉张力关系失调，自主神经功能紊乱，进而出现动作失调、眼球震颤、心率加速或减慢、血压升高或降低、呼吸加快、胃肠蠕动加强、恶心呕吐、面色苍白以及出冷汗和头晕等强烈生理现象，使正常的工作和生活受到影响。

某些体育运动项目如赛艇、划船、跳水、滑雪、体操、铁饼等，对运动员的位觉感受器的刺激亦很大，但却很少出现晕车与晕船等现象。其原因是多方面的，一是教练员在运动选材时注意选拔前庭器官稳定性较好的运动员参加高水平的训练；二是这些项目的运动员日常训练中已经在各种加速或减速、旋转、摇摆及震动的器械上进行了一定时间和强度的运动练习，使前庭器官的功能逐渐改善，稳定性加强，从而克服了上述问题。

因此，经常参加体育锻炼或运动训练，可对前庭器官的稳定性产生良好的影响。如果从幼年开始即接受提高前庭器官稳定性的训练，可促进动作稳定性的良好发展，挖掘巨大的运动潜力。

前庭器官的稳定性因人而异，不同的个体存在较大差异，这可作为运动员选拔的重要依据。

第三节　本体感受器

人体运动时，借助本体感受器，可以感受身体在空间的位置、姿势以及身体各部分的主动与被动运动。因此，本体感受器在感知空间、估算距离以及语言活动等方面都具有重要意义。

一、本体感受器在人体中的位置及功能

本体感受器是指位于骨骼肌的肌腹、肌腱、关节囊和韧带等处的感觉神经末梢等装置。它们能够感受肌肉张力和压力的变化，感受关节伸展程度，并将这些感受变化的刺激转化为神经冲动传入大脑皮质躯体运动中枢，以调节骨骼肌的运动，使人感受到身体在空间的位置、姿势、运动的变化等。本体感受器包括肌梭和腱梭（图 11－14）。

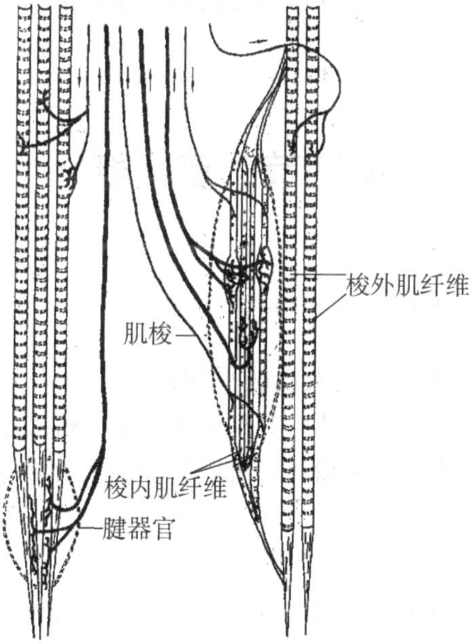

图 11－14　肌梭与腱器官模式图

（一）肌梭

肌梭是位于肌肉中的一种梭形感受器，位于肌纤维之间并与肌纤维平行排列。肌梭广泛分布于全身的骨骼肌内，四肢肌多于躯干肌，在手和足的小肌肉内最多。

肌梭的功能是感受肌肉长度的变化。当肌肉受到牵拉时，肌梭内的感觉神经纤维末梢受到刺激而兴奋，冲动经感觉神经传至中枢，反射性地引起被牵拉的肌肉收缩。

（二）腱梭

腱梭又称高尔基腱器官或腱器，分布于肌腱胶原纤维之间，与梭外肌纤维串联，是一种张力感受器。腱梭与肌梭结构相似，其构成也是感觉神经纤维末梢缠绕数条腱纤维束，外包结缔组织囊。当肌肉收缩张力增加时，腱梭因受到刺激而兴奋，冲动经感觉神经传至中枢，反射性地引起被牵拉的肌肉舒张。

二、本体感受器在人体运动中的作用

当肌肉缩短或被牵拉时，肌梭和腱梭都会接受刺激，产生兴奋并转变为神经冲动，沿着传入神经到达神经中枢，并可由中枢的低级部位传入高级部位。通过中枢神经系统的分析综合，感知身体在空间的姿势、位置及各个部位的运动状态。

本体感觉与视觉、位置觉、皮肤感觉等也有着密切的联系，共同感知人体的空间方位，使大脑皮层随着外界环境的变化随时调节肌紧张，保证身体的协调与平衡。随着训练水平的提高，运动员对肌肉的微细变化分辨力提高，动作更加精细、准确。

第四节　皮　肤

一、皮肤的构造与功能

皮肤是人体最大的器官，成人皮肤平均总面积 1.7 平方米，总重占体重的 16% 左右。皮肤由表皮和真皮构成，其深面主要是由疏松结缔组织构成的皮下组织，即浅筋膜。筋膜内有丰富的血管、淋巴管和浅淋巴结等。浅筋膜将皮肤和深部组织连结起来（图 11－15）。

（一）表皮

表皮由深层到表层分为基底层、棘层、颗粒层、透明层和角质层。基底层也叫生发层（若受破坏，表皮再生障碍，会留疤痕），内含色素，能防紫外线照射，对深层起保护作用；角质层可防止机体水分蒸发。

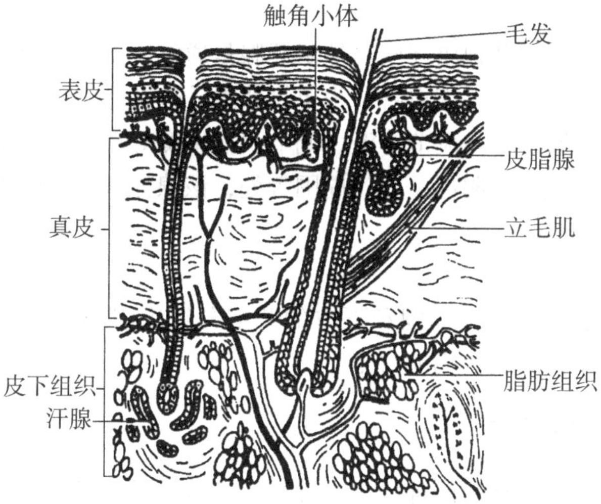

图 11－15　皮肤的构造

（二）真皮

真皮由致密结缔组织构成，内含丰富的毛细血管、淋巴、神经末梢、毛囊、汗腺和皮脂腺。毛囊根部有一斜行的平滑肌，叫作立毛肌，交感神经兴奋时可使毛杆竖起，皮肤呈鸡皮状。皮脂腺位于立毛肌与毛囊间并开口于毛根。皮脂腺有保护皮肤作用，但地处毛根，也是细菌滋生地，运动后应及时用温水清洁皮肤，不然容易使皮脂腺堵塞，生疖疮；夏季汗腺感染就叫痱子。

（三）皮肤的功能

（1）防止体内液体的丧失。

（2）防止体外物质如病原微生物、化学物质等的侵入，是机体免疫系统的第一道防线，对机体有保护作用。

（3）皮肤表面有汗腺的开口，可在排出汗液的同时排泄废物并调节体温。

（4）在皮肤内含有多种感受器，如接受痛、温、触、压等刺激的感受器。

二、皮肤的附属器

皮肤的附属器包括毛发、皮脂腺、汗腺、指（趾）甲和乳腺等。

（一）毛发

人体除了手掌和足底外均有毛发分布。毛发分为毛干、毛根和毛球三部分。毛发的粗细、长短不一，但基本结构相同。

（二）皮脂腺

皮脂腺位于立毛肌和毛囊之间，是由分泌部和导管组成的泡状腺。分泌部由一个或几个囊状的腺泡组成，其周围是一层较小的干细胞，可不断分裂产生新的腺细胞。皮脂有润滑皮肤和毛发的作用。性激素可促进皮脂生成，因此在青春期皮脂腺分泌活跃。

（三）汗腺

汗腺分为外泌汗腺和顶泌汗腺。外泌汗腺是通常所说的汗腺，分布于全身的皮肤中，周围布满丰富的毛细血管，为单管状腺，包括分泌部和导管部。汗腺有排泄废物、湿润皮肤、参与调节体温、调节水盐平衡等功能。顶泌汗腺又称大汗腺，分布在腋窝、乳晕、阴部及肛门周围等处，该腺体因受性激素的刺激而在青春期分泌较旺。

（四）指（趾）甲

指（趾）甲由甲体及其周围和下方的几部分组织组成。指（趾）甲受损或拔出后，如甲母质保留，甲仍能再生。

三、皮肤里的感受器

皮肤里有许多感受痛觉的神经末梢分布，还有感受冷觉与热觉的小体，它们的神经末梢已有了简单的被囊。与本体感受器关系最为密切的是触觉小体和压觉小体。当运动引起很轻微的皮肤刺激，都会产生兴奋，并与位觉感受器、本体感受器等共同感知身体各部分的空间位置，共同建立运动性条件反射。

实训环节

实训十三　感官系统的观察

一、实训内容

（1）观察视器——眼的构造。
（2）观察位听器——耳的构造。

二、实训目的

（1）掌握眼球壁层次、各层的形态结构和功能，在活体上能辨认眼球壁的有关结构。
（2）掌握眼球内折光装置的形态、位置及机能。
（3）通过活体观察眼，了解眼的附属结构。
（4）掌握耳的形态结构。

三、实训材料与器具

眼球标本、模型，耳放大模型，听小骨标本，内耳放大模型，感官系统幻灯片，各相关内容挂图。

四、实训步骤

（一）视器的观察

（1）眼球外形的观察。

（2）眼球壁的观察。

①纤维膜（外膜）的观察。

②血管膜（中膜）的观察。

③视网膜（内膜）的观察。

（3）眼球屈光装置的观察。

（4）眼附属结构的观察。

①相互间观察眼睑。

②将上、下眼睑翻开观察泪点与结膜。

（二）位听器的观察

（1）外耳、中耳的观察。

（2）内耳的观察。

①骨迷路的观察。

②膜迷路的观察。

五、实训练习题

（1）眼球由哪些部件组成？各有何主要特点与功能？

（2）说明睫状肌舒缩对晶状体屈光度的调节功能。

（3）视网膜视部含哪些感光细胞？为何盲部无感光作用？为何中央凹感光最敏锐？

（4）试述房水的产生与循环途径。

（5）试述位听器的组成与分部。

（6）试述声波的传导途径。

拓展阅读

中耳炎的预防与治疗

中耳炎是中耳（包括鼓室、乳突、咽鼓管和鼓膜）范围的急性和慢性炎症性病变，包括分泌性中耳炎、化脓性中耳炎、中耳胆脂瘤、特殊类型的中耳炎等。

生活中可引起中耳炎的因素如下：

（1）感冒后咽部、鼻部的炎症向咽鼓管蔓延，咽鼓管咽口及管腔黏膜出现充血、肿胀，纤毛运动发生障碍，引起中耳炎。常见的致病菌主要是肺炎球菌、流感嗜血杆菌等。

(2) 鼻涕中含有大量的病毒和细菌，如果两侧鼻孔都捏住用力擤鼻，则压力迫使鼻涕向鼻后孔挤出，到达咽鼓管，引发中耳炎。

(3) 游泳时水通过鼻咽部进入中耳引发中耳炎，应避免将水咽入口中。

(4) 婴幼儿仰卧位吃奶，由于幼儿的咽鼓管比较平直，且管腔较短，内径较宽，奶汁可经咽鼓管呛入中耳引发中耳炎。

(5) 乘坐飞机或者潜水时，身体外界的气压会发生变化。如果不能通过吞咽唾液、捏鼻鼓气等方式及时解除这种中耳压力变化有可能诱发中耳炎。

(6) 不适当地使用尖锐物体（如耳勺）挖耳有时会引发鼓膜和耳道深部外伤，甚至鼓膜穿孔，有可能继发中耳炎症。

根据中耳炎的种类不同，临床表现也有很大不同。急性化脓性中耳炎常常症状突出，表现为耳痛、听力下降或者耳闷、耳流脓，可以伴有程度不等的全身症状；而分泌性中耳炎常常急性症状不突出，没有耳痛或者耳流脓现象，仅表现为耳闷、听力下降等。这在儿童患者常常具有很大的隐蔽性。中耳炎具体症状：

(1) 全身症状。常见于急性化脓性中耳炎，可有怕冷、发热、乏力、食欲减退等症状。小儿全身症状较重，常伴呕吐、腹泻等消化道症状。鼓膜一旦穿孔，体温便逐渐下降，全身症状明显减轻。

(2) 耳痛。耳深部疼痛，如搏动性跳痛或刺痛，可向同侧头部或牙齿放射。吞咽及咳嗽时耳痛加重，耳痛剧烈者夜不能眠，烦躁不安。鼓膜穿孔流脓后，耳痛减轻。婴幼儿多无法自诉，表现为哭闹、挠头挠耳。

(3) 耳内闷胀感或闭塞感，就如耳堵棉花。

(4) 耳流脓可为黏液、黏脓或纯脓性，可有异臭味。

(5) 听力下降。轻重不一，因多是单耳发病，易被忽视。儿童多无听力下降的主诉，表现为对父母的呼唤不理睬，注意力不集中，或看电视时要求过大的音量。

(6) 耳鸣。一般不重，可为间歇性，有时在头部运动、打呵欠或擤鼻时可闻及气过水声。

中耳炎的危害：

急性化脓性中耳炎导致的耳痛、听力下降、耳闷胀和不适感会给患者带来痛苦。如果得不到正确有效的治疗，病情可能迁延不愈（长期耳流脓或者听力下降），给患者生活带来不便。一些儿童患者有可能会因为长期听力下降导致学习能力下降。部分慢性中耳炎患者还会出现难以治愈的听力下降和耳鸣，影响日常生活。个别慢性病例随着病情进展还有可能引起一系列颅内外并发症（面瘫、脑脓肿等）。

中耳炎的预防方法：

(1) 在生活中要特别注意耳卫生，如果有中耳炎症状，要及时去正规医院检查治疗。

(2) 积极治疗上呼吸道感染，如鼻炎、扁桃体炎、咽炎，在上呼吸道感染期间注意正确的擤鼻方法。

(3) 不要卧位给孩子喂奶。喂奶时将小儿抱起，喂奶后轻拍后背。

(4) 乘坐飞机或者潜水时，如感到耳内有压力变化或者耳痛，应该通过吞咽口水或者嚼口香糖缓解。如果无效，应试行捏鼻鼓气。

(5) 在生活中一旦觉得耳朵不舒服应该及时到正规医院就诊，以免耽误病情。

如果患了中耳炎，忌食辛辣、刺激性食物，忌烟、酒。

中耳炎的常见误区

一、耳痛、耳流脓症状轻，不用治疗

患者因早期症状不明显，就诊率低，治疗不当或延误治疗容易发展成慢性中耳炎，还有可能在“不知不觉”中导致不同程度的听力损害，造成更大的危害。隐匿性胆脂瘤型中耳炎还会引起面瘫、脑膜炎、脑脓肿等并发症，严重时可危及生命。所以，在当今中耳炎治疗效果已经很好的大环境下，对各种类型的中耳炎应及时治疗。

二、耳道流液就是中耳炎吗?

耳道流水、流脓原因很多，除中耳炎外，不少耳科疾病也有该症状。比如外耳道炎，有时可表现为耳道流淡黄色液体，伴细菌感染时会有流脓，其与中耳炎的主要区别是前者鼓膜完整，无穿孔。此外，外耳道毛囊疖肿破溃、外耳道肿瘤继发细菌感染时，也可有流脓的表现。

三、慢性中耳炎手术可以完全恢复听力并消除耳鸣吗?

慢性中耳炎病程多较漫长，长期的炎性刺激会影响内耳系统，患者可有不同程度的感音神经性听力损害及耳鸣。中耳炎手术虽可基本清除中耳病灶和重建听骨链，但仅能部分或大部分恢复因听骨损害、鼓膜穿孔引起的听力下降，对感音神经性听力损害基本无效，也不能直接减轻耳鸣症状。不过，病灶的清除对耳鸣的间接恢复还是有帮助的。

四、治疗中耳炎要吃抗生素吗?

中耳炎的治疗方法很多，并非简单地吃抗生素。比如，分泌性中耳炎患者主要针对病因（如鼻炎、鼻窦炎、上呼吸道感染等）进行治疗，可选用滴鼻剂、中成药、抗生素等药物；急性中耳炎患者除用抗生素外，有耳痛的患者还需要用滴鼻剂或者滴耳剂；慢性中耳乳突炎反复发作者、中耳胆脂瘤患者则应尽早手术；真菌性中耳炎则不主张使用普通抗生素。

五、小儿哭闹、抓耳挠腮就是中耳炎吗？

首先要检查宝宝是否耳朵有湿疹、痱子、过敏等现象，如果没有，就看看他（她）除了抓耳朵，还有没有其他不良反应。平时生活中，如果宝宝突然出现烦躁不安、哭闹、发热，应首先检查一下宝宝的耳朵，看有没有触痛或牵拉痛。当宝宝入睡碰到其耳朵时突然醒来哭闹，或喂奶时耳朵朝下受挤压时，啼哭不肯吃奶，则说明耳道疼痛，这种情况得中耳炎的可能性就大，这时需要及时送宝宝到医院检查。

（资料来源：好大夫在线官网，新华医院鼻咽喉头颈外科，张青）

第十二章 神经系统

学习要点

1. 试述神经系统的组成及神经系统的基本活动方式。
2. 简述大脑半球的主要沟（裂）、分叶和主要机能中枢的位置。
3. 试述条件反射的形成过程和意义，举例说明条件反射与非条件反射的区别。
4. 名词解释：阳性条件反射　阴性条件反射　非条件抑制　条件抑制
5. 联系实际说明第一信号系统和第二信号系统的区别和联系及其在体育教学中的应用。

第一节 神经系统概述

一、神经系统的基本结构和功能

神经系统由中枢神经系统和周围神经系统组成（图 12－1），中枢神经系统主要由脊髓和脑两部分组成；周围神经系统由脊髓和脑发出的神经纤维组成。神经系统最基本的活动方式是反射，反射经过的途径即反射弧（图 12－2）。其基本路径为：感受器→传入神经→中枢→传出神经→效应器。

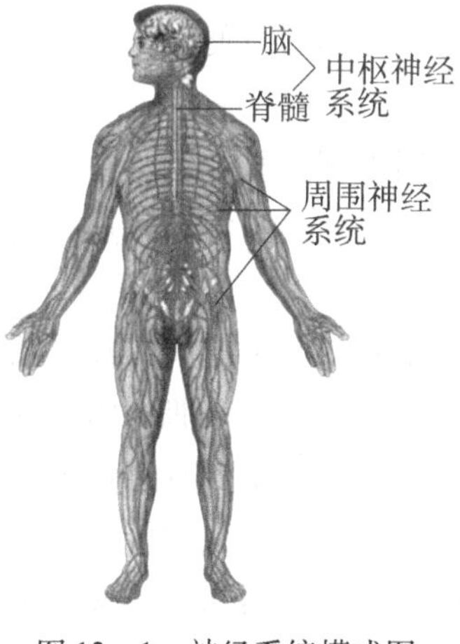

图 12－1　神经系统模式图

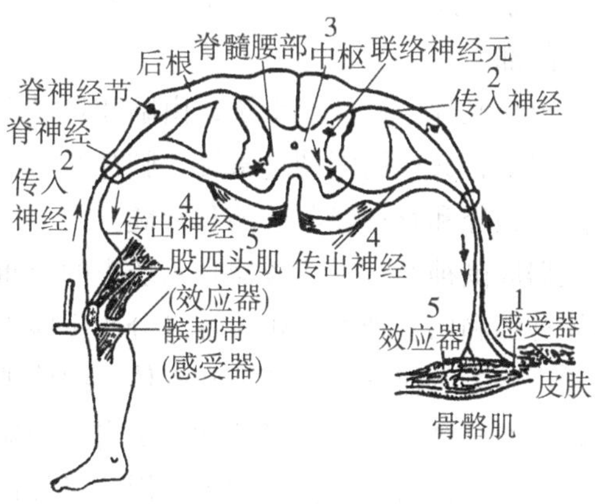

图 12－2　反射弧示意图

神经系统的结构和功能单位是神经元，也就是神经细胞（图 12－3）。神经元分为细胞体和突起两部分。细胞体内有神经核和细胞质，外有细胞膜。神经元的突起由胞体发出，分为树突和轴突两种。树突较粗，短且分枝，一个神经元可有多个树突。轴突细且长，不分枝，一个神经元只有一个轴突。

神经纤维（末梢感受器）接受刺激后有产生兴奋和传导兴奋的作用，所产生的兴奋是一股极弱的电流，沿着神经元传递；传递着的兴奋叫作神经冲动。树突接受刺激产生神经冲动，并把冲动传向胞体；轴突接受胞体传来的兴奋产生神经冲动，并把冲动传向轴突终末（传向下一个神经元或效应器）。

神经元之间的联系是由一个神经元的轴突末梢与另一个神经元的树突或胞体相接触，这个接触点叫作突触（图 12－4），其间没有细胞质的沟通。神经元传递兴奋时，只能从前一个神经元的轴突传递给后一个神经元的树突（或胞体），不能逆方向传导。

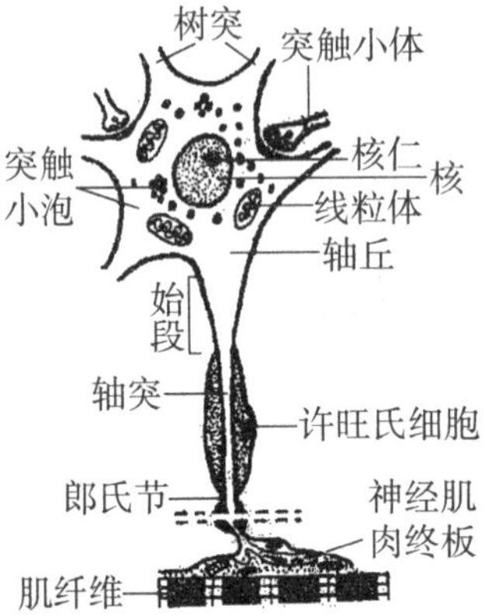

图 12－3　神经元结构示意图

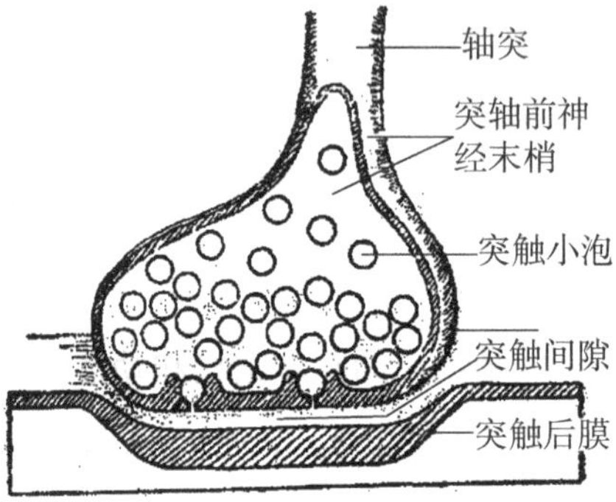

图 12－4　突触结构示意图

二、神经系统的区分

神经系统在形态和功能上是一个整体，为了叙述和学习方便，将其分为中枢部和周围部。

中枢部又称中枢神经系统，由脑和脊髓组成。周围部由脑神经、脊神经和内脏神经组成，又称周围神经系统。脑神经与脑相连，脊神经与脊髓相连，内脏神经通过脑神经和脊神经附于脑和脊髓。

根据周围神经在人体各器官系统中的分布范围不同，又可把周围神经系统分为躯体神经和内脏神经。躯体神经分布于体表、骨、关节和骨骼肌；内脏神经则分布于内脏、心血管、平滑肌和腺体。躯体神经和内脏神经中皆有感觉神经纤维和运动神经纤维，感觉神经的冲动是自感受器传向中枢，因此又称传入神经；运动神经的冲动是自中枢传向周围，因此又称传出神经。内脏运动神经又分为交感神经和副交感神经。

三、神经系统的常用术语

在中枢神经系统和周围神经系统，神经元胞体和突起在不同部位有着不同的组合构成方式，因而需用不同的术语表示。

白质和髓质：在中枢神经系统内，由许多功能不同的有髓神经纤维束聚集而成的结构。髓鞘在新鲜标本中呈白色，称为白质，如脊髓内的白质等。在大脑和小脑，白质位于皮质的深面，又称髓质。

灰质和皮质：在中枢神经系统中，由神经元胞体和树突集聚而成的结构。富含血管，在新鲜标本中呈灰暗色，称为灰质，如脊髓内的灰质等。在大脑和小脑，灰质集中于表层，又称皮质。

神经核和神经节：形态与功能相似的神经元胞体和树突聚集在一起形成的灰质团块。在中枢神经系统内称为神经核，如大脑内的豆状核、尾状核等；在周围神经系统内称为神经节，如脊神经节和自主神经节等。

第二节 中枢神经

中枢神经主要包括脑和脊髓（图 12 –5）。脑在颅腔中，脊髓在椎管里，二者于枕骨大孔处相连。

一、脑

脑分大脑、脑干和小脑三部分。

（一）大脑

1. **大脑的构造（图12 –6、图12 –7）**

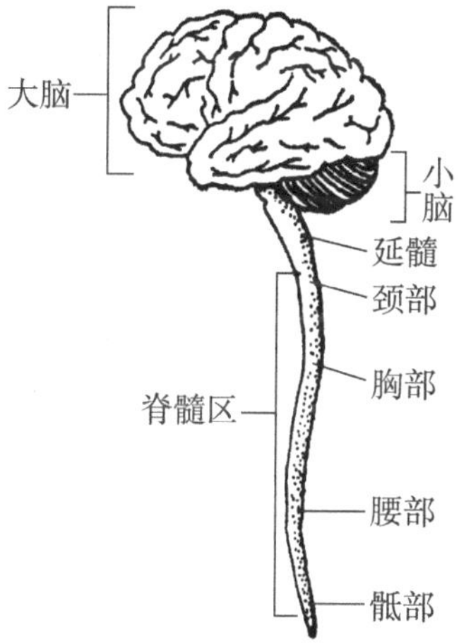

图 12 –5 脑和脊髓

人的大脑是最为发达的器官，分为左、右两半球，两半球之间由胼胝体相连结。半球表面凹凸不平，表层是灰质（神经元胞体集中分布的区域），深层为白质（神经纤维集中分布的区域），白质中有灰质团块（叫作神经核）。大脑内部有空腔，叫作脑室，内有脑脊液。

大脑表面凸起处叫作回，凹陷处叫作沟或裂。每个半球外侧面的中部有一条由后向前斜下的深沟，叫作大脑外侧裂。近顶部中央有一沟向下行至大脑外侧裂中部，叫作中央沟。在大脑半球内侧面后方有一斜向前下方的沟，叫顶枕裂。大脑半球由这三条

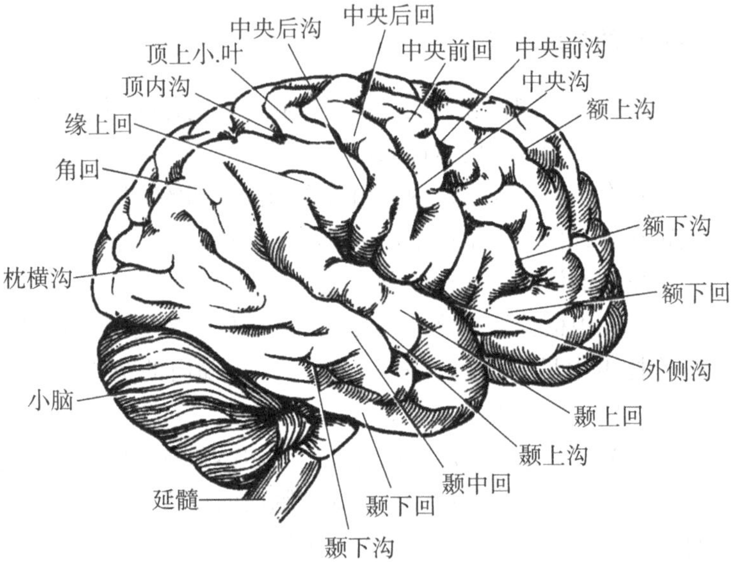

图 12－6　大脑半球外侧面

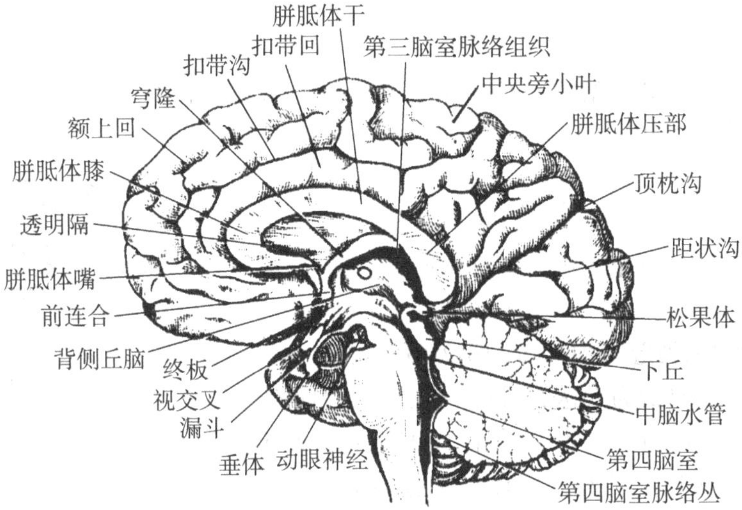

图 12－7　大脑半球内侧面

沟裂分为四个叶，中央沟以前的部分叫作额叶，中央沟与顶枕裂之间的部分叫作顶叶，顶枕裂以后的部分叫枕叶，外侧裂以下的部分叫颞叶（图 12－8）。

大脑半球表面的灰质叫作大脑皮层，是神经系统的最高级部位。大脑皮层中机能相近的神经元集中分布在一定部位，成为特定的机能区域，叫作中枢。大脑主要的皮层中枢如下（图 12－8）。

运动中枢——在额叶上的中央前回，主管身体对侧骨骼肌随意运动。

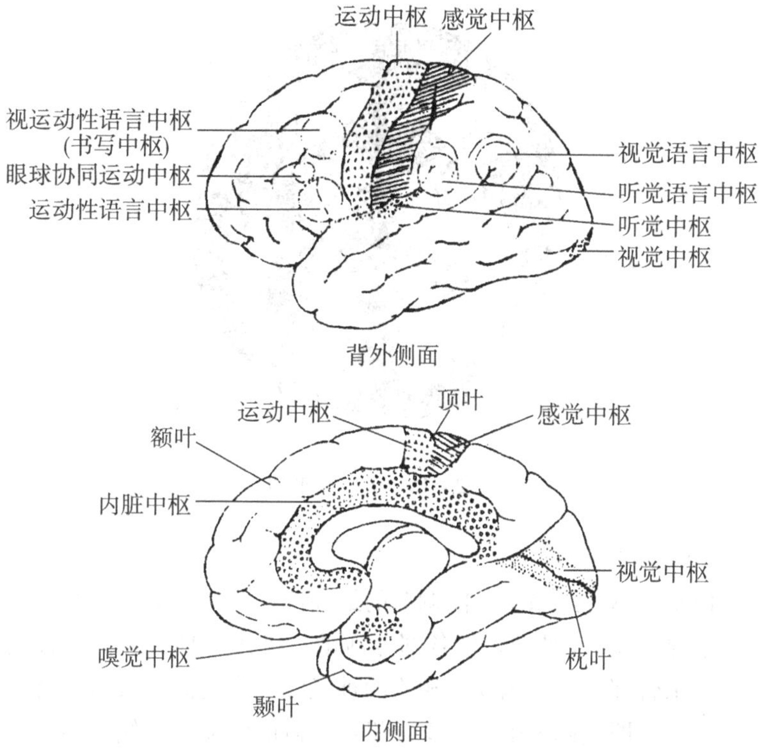

图 12－8　大脑皮层的神经中枢示意图

感觉中枢——在顶叶上的中央后回，主管对侧身体的皮肤感觉。

听觉中枢——在颞叶，主管听觉。

视觉中枢——在枕叶，主管视觉。

大脑半球的内部白质由大量神经纤维组成，这些神经纤维有的联络本半球内的脑回或机能中枢；有的联络两侧大脑半球，并形成了胼胝体；还有的与皮层下各级中枢相联络，即上、下行纤维。在大脑白质里的灰质团块中最大的是纹状体（图 12－9），上、下行的神经纤维通过纹状体和间脑之间呈“V”形，叫作内囊（图 12－10）。脑溢血时压迫内囊上、下行神经纤维，可引起对侧身体感觉或运动障碍，俗称半身不遂。

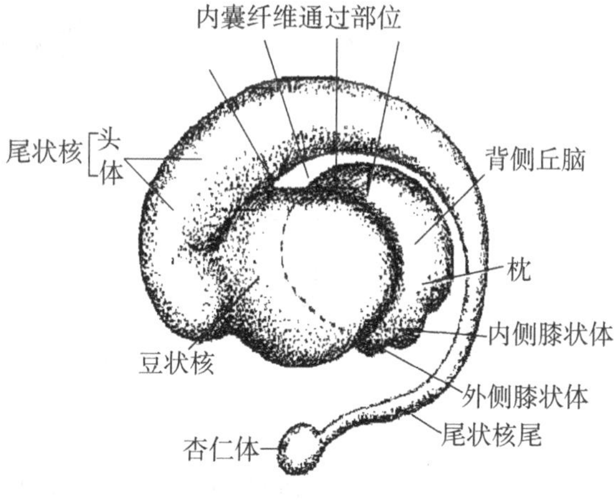

图 12－9　纹状体

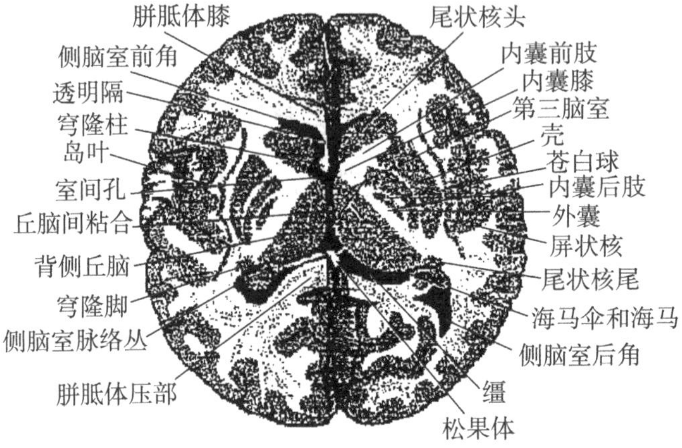

图 12－10 大脑水平切面

2. **大脑半球的机能**

大脑半球是中枢神经系统机能调节的最高部位，传入的信息在这里做最后的分析综合（思维活动），调节机体各部分活动。机体各种机能活动分别由大脑皮层的一定区域来管理。与大脑皮层相连的神经纤维在延髓交叉后下行，分别支配身体对侧的活动，即左侧大脑半球支配机体右侧的活动，右侧大脑半球支配机体左侧的活动。大脑皮层运动中枢和感觉中枢在支配区域分布上还有一个特点，即中央前、后回支配对侧躯体运动或感觉的分布区域，投影是倒置的人体，即中央下部支配头面，次为手、躯干，最上方是下肢和脚（图 12－11）。

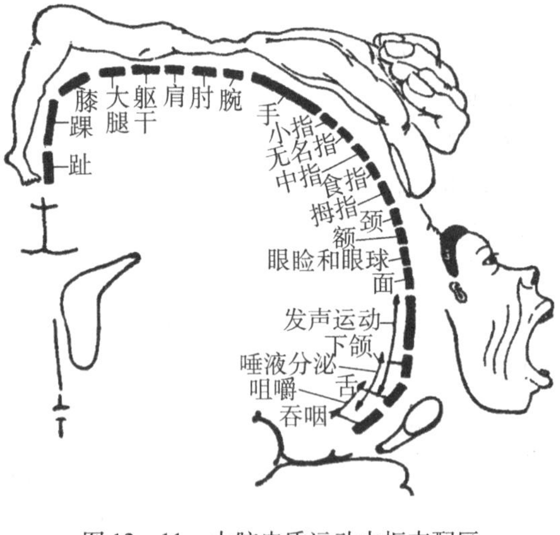

图 12－11 大脑皮质运动中枢支配区

（二）脑干

脑干自上而下包括间脑、中脑、脑桥和延髓四个部分（图 12－12）。

1. **间脑**

间脑主要分为丘脑和下丘脑，在脑干的最上方，包在两侧大脑半球之间，并与之相连。间脑是绝大多数感觉神经纤维向大脑皮层传导冲动的中转站，也是大脑皮层之下较高级的感觉中枢。丘脑的下部是一个重要的植物性机能调节中枢，能影响脂肪、糖、水、盐等的代谢活动，还可调节体温，调节排泄汗、尿及消化和循环等系统的功能。

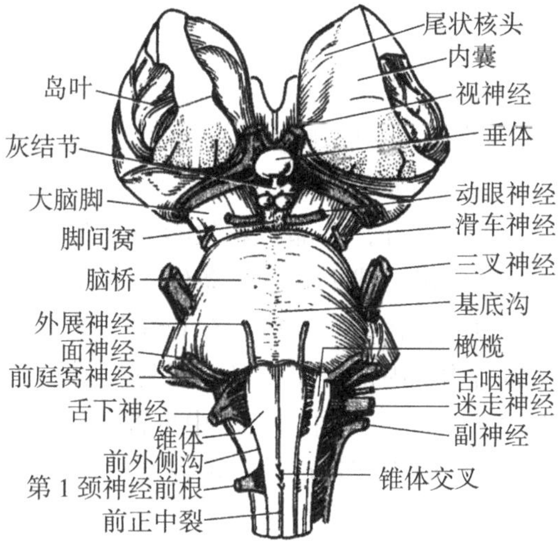

图 12－12　脑干模型（腹侧面）

2. **中脑**

中脑位于间脑和脑桥之间，后面有四叠体，前面是大脑脚，中部有调节运动反射的红核、黑质等。

3. **脑桥和延髓**

脑桥是脑干中比较膨大的部分，内含前庭神经核和蜗神经核（位听觉的低一级中枢）；延髓可看作脊髓的延续部分，于枕骨大孔处接脊髓。脑桥和延髓内部有向上、向下传导的神经纤维，是中枢神经系统高级部位与低级部位之间及与小脑之间的重要联系通道。

延髓与脑桥内部结构和实现的反射活动复杂，但都是受大脑皮层调控的较低一级中枢所在地。如呼吸和心跳等生命中枢就在延髓；延髓和脑桥也是调节许多重要内脏器官活动的较高级中枢。

在脑干广大区域中，神经细胞和神经纤维交织在一起呈网状，叫作网状结构。

（三）小脑

小脑（图 12－13）位于脑桥和延髓的后面，包括两个小脑半球和中间的蚓部。小脑与大脑皮层、中脑、脑桥、延髓和脊髓间都有神经联系。

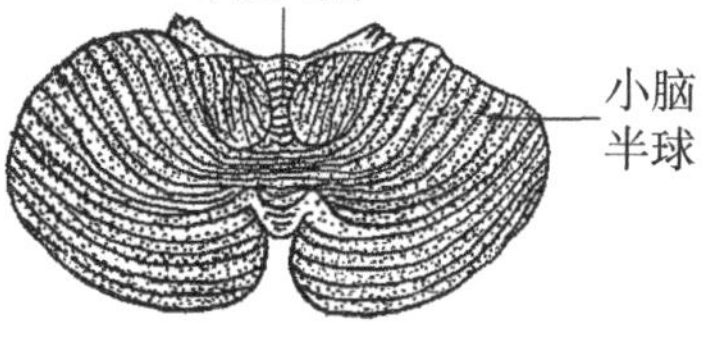

图 12－13　小脑的外形

小脑经常是在大脑皮层支配下对中枢神经低级部位进行调节，以协助大脑皮层完成各种复杂的躯体性（骨骼肌）和植物性（平滑肌和心肌）器官的活动。

小脑的主要机能有：①维持身体平衡；②调节肌紧张；③协调随意运动。如果小脑受损，人体会出现肌肉的紧张性降低、软弱无力、动作和姿势不协调（熟练骑车的人骑不了车）、走路摇摆不定、呈醉酒样、容易跌跤等现象。

二、脊髓

（一）脊髓的外形与构造

脊髓位于椎管内，呈前后稍扁的圆柱形，上部于枕骨大孔处接延髓，下部于第一、第二腰椎水平突然变细为终丝，与下位脊神经一道形成马尾（图 12－14）。

脊髓上、下各有一膨大部分，上部叫作颈膨大，下部叫作腰膨大。脊髓前、后正中线上各有一条纵沟，分别叫作前正中裂和后正中沟（图 12－14）。在脊髓的横断面上可看到它的内部结构：内层是呈“H”形的灰质区，外层为白质（图 12－15）。灰质中央有一中央管。

脊髓“H”形灰质区中间为灰质联合，两侧灰质分别向前突出——前角；向后突出——后角。出入脊髓前角与后角的神经纤维束分别叫作前根和后根。前根是运动根，由运动性纤维组成，由脊髓前角的运动神经元胞体发出；后根是感觉根，其神经纤维进入脊髓后角。前、后根于椎间孔处合并为脊神经。

脊髓根据脊神经发出的部位分为颈段、胸段、腰段和骶尾段等。在内部结构中，于脊髓的胸段和腰段的灰质两侧还有侧角，是植物性神经中枢的低中级部位。

图 12－14　脊髓的外形（背面）

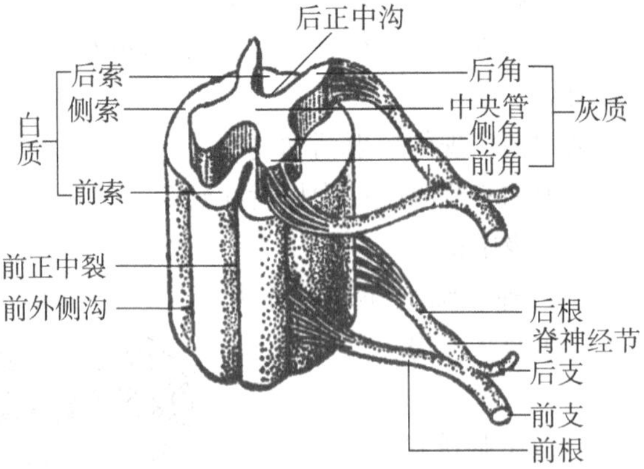

图 12－15　脊髓横切面

（二）脊髓的机能

脊髓是中枢神经系统的最低级部位，其机能是实现兴奋的传导和完成基本的反射活动。

身体里大部分传出和传入神经纤维都是自脊髓发出或进入脊髓的。来自身体绝大部分的皮肤、肌肉和内脏等感受器的兴奋冲动通过脊髓白质中的上行传入纤维传向中枢神经的高级部位。来自高级中枢的兴奋冲动，通过脊髓传出（下行）纤维传给肌肉、内脏等效应器，支配它们的活动。此外，脊髓还是一些简单的反射中枢，实现屈肌和腱反射等。

脊椎骨骨折时，如果骨折部位在腰椎以上，则与其相应部位的脊髓将受损，损伤断面以下的支配区域将瘫痪。损伤的部位越高危害越大，如颈椎骨折，脊髓受损位置较高，上肢以下区域将瘫痪，叫作“高位截瘫”。位于大脑皮层运动中枢的运动神经元受损叫上单位瘫；位于脊髓前角的运动神经元受损叫下单位瘫。

人体的主动运动主要由上下两个神经元发出的冲动（命令）实现。

第三节　周围神经

周围神经包括脊神经、脑神经和植物性神经。其中脊神经和脑神经合称躯体性神经。

一、脊神经

脊神经是与脊髓相连的神经，共 31 对，是由含运动纤维的前根和含感觉纤维的后根合并而成的（图 12－16），故脊神经是混合神经。

脊神经的感觉纤维向中枢神经传导痛觉、触压觉和冷热觉，也传导肌肉、肌腱的本体感觉（肌肉收缩、放松的感觉）。

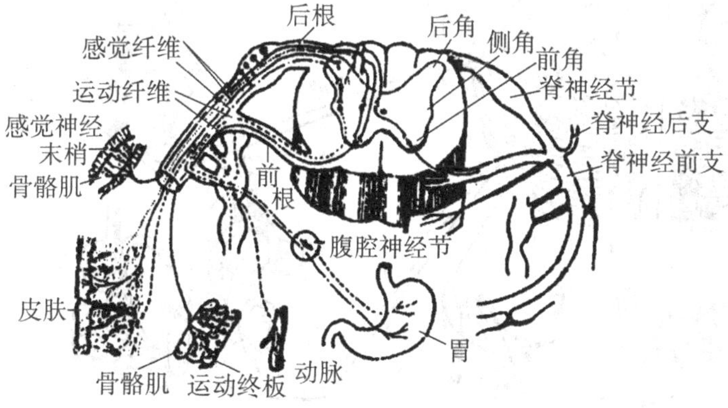

图 12－16　脊神经前根和后根的组成

脊神经的运动纤维传达各级运动中枢的“命令”，支配肌肉收缩或放松。脊神经分布于躯干和四肢的骨骼肌（图 12－17），其中分布于躯干的主要有肋间神经、膈神经；分布于上肢的主要有尺神经、正中神经和桡神经；分布于下肢的主要有股神经和坐骨神经。其中坐骨神经是人体最大的神经。

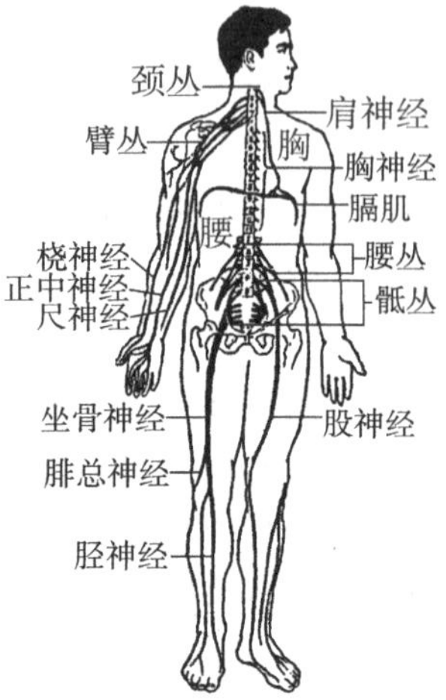

图 12－17　脊神经的分布

二、脑神经

脑神经（图 12－18）是与脑相连的神经，共 12 对。脑神经的名称和主要功能见表 12－1。

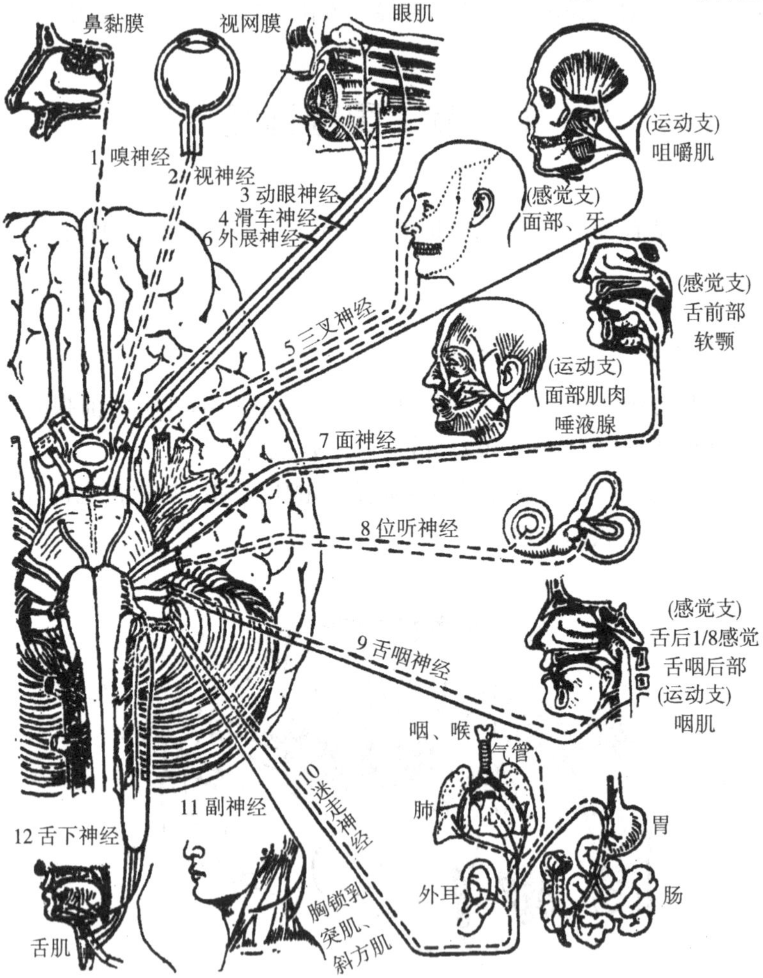

图 12－18　脑神经示意图

表 12－1 脑神经的名称和主要功能

名 称	主要功能	名 称	主要功能
嗅神经	嗅觉	面神经	面部肌肉运动、唾液分泌、舌前 2/3 味觉
视神经	视觉	位听神经	听觉、平衡觉
动眼神经	眼球运动、瞳孔活动	吞咽神经	咽肌运动、唾液分泌、舌后 1/3 味觉
滑车神经	眼球运动	迷走神经	内脏运动和感觉
三叉神经	颜面、牙齿、眼球的感觉	副神经	胸锁乳头肌和斜方肌运动
外展神经	眼球运动	舌下神经	舌肌运动

三、植物性神经

植物性神经属内脏神经的运动性神经（内脏也有感觉神经），主要分布在内脏的心肌、平滑肌和腺体。在大脑皮层的控制下，调节机体的营养、呼吸、循环、消化、排泄和分泌等一系列生理活动，保证机体新陈代谢的正常进行。

植物性神经分为交感神经和副交感神经。

（一）植物性神经的结构（图 12－19）

1. 交感神经

交感神经分中枢部和周围部。中枢部有高级和低级之分。

交感神经的高级中枢在大脑皮层，低级中枢在脊髓的胸腰段里（灰质侧角），由后者的神经细胞胞体发出的纤维组成节前纤维，终止在位于脊柱两旁和腹腔后壁的椎旁神经节。椎旁神经节有 23 ～ 25 对，彼此由纤维串连成两条交感神经链；脊柱前面也有不对称的几个椎前神经节。由这些交感神经节的胞体再发出纤维，分布到内脏器官。

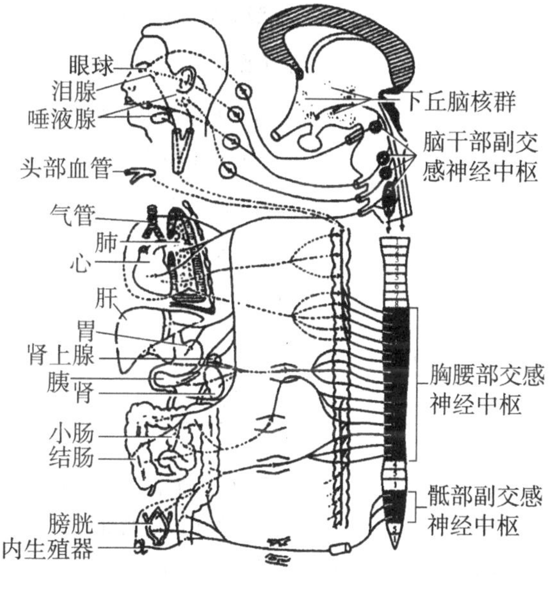

图 12－19 植物性神经元示意图

2. 副交感神经

副交感神经的中枢高级部分也在大脑皮层，低级中枢又分颅、骶两部分。

颅部在脑干，骶部在脊髓骶段。颅部神经纤维随着第 3、第 7、第 9 和第 10 对脑神经发出；骶部神经纤维随骶部神经发出。颅骶部神经纤维在到达所支配的器官附近终于副交感神经节。节后纤维很短。

（二）植物性神经的机能

一般内脏器官都接受交感神经和副交感神经的双重支配。交感神经纤维大都围绕在血管周围，随着血管分布到全身各处，所以它的分布较交感神经广泛。大多数血管、皮肤的汗腺和立毛肌都没有副交感神经分布。

交感神经和副交感神经的作用是相反、对抗的，也是矛盾的统一体。例如，交感神经使心跳加快，副交感神经使心跳减慢，在大脑皮层统一调控下，二者相互协调与配合，才能使各个器官的活动经常保持相对的平衡。又如，从事体育运动或劳动时，交感神经兴奋，使心率加快，血液循环加速，呼吸运动加强，汗腺分泌增加，骨骼肌血管扩张，腹腔内脏血管收缩、活动减弱，血液重新分配，便于肌肉更好地活动。当休息时，在副交感神经的兴奋作用下，各器官的活动又恢复正常。

交感神经和副交感神经的主要机能见表 12－2。

表 12－2　交感神经和副交感神经的主要机能

器官系统	交感神经的机能	副交感神经的机能
循环系统	心跳加快	心跳减慢
	冠状动脉血管扩张	冠状动脉血管收缩
	末梢血管收缩	末梢血管扩张
呼吸系统	支气管扩张（分泌减少）	支气管收缩（分泌增多）
消化系统	消化液分泌减少	消化液分泌增多
	胃肠运动减弱	胃肠运动增强
排泄系统	尿量减少	尿量增多
	抑制排尿	排尿
眼	瞳孔扩大	瞳孔缩小
皮肤	促进排汗	

（三）植物性神经和躯体性神经的区别

植物性神经和躯体性神经的区别如下：

（1）植物性神经从中枢到效应器的途中，要经过一个神经节交换神经元；躯体性神经自中枢直接到达效应器。

（2）植物性神经的兴奋性较低，要引起植物性神经兴奋，需要有较强的刺激。

（3）植物性神经机能活动性较低，其所支配的器官惰性较大。

（4）植物性神经纤维较细，传导速度较慢。如支配骨骼肌运动的躯体性神经传导速度每秒钟 60 ～120 m；植物性神经仅 1 ～3 m。

由此可知，运动开始后内脏器官的活动机能还不能立即动员起来以满足肌肉工作的需要，必须做好充分的准备活动，克服内脏的惰性。通过一定的训练也可以提高内脏机能的活动。

第四节　神经系统对躯体运动的调节

人维持正常的身体姿势或做某些动作，都是在神经系统的调节下，由骨骼肌收缩实现的神经反射活动。

一、牵张反射

当骨骼肌被外力牵拉时，该肌就会产生反射性收缩，这种反射叫作牵张反射。其包括两种，一种为腱反射，另一种叫肌紧张。后者已于肌总论中述及。

腱反射是由于快速牵拉肌腱时产生的。特点是反射弧简单，反射速度快。用小锤叩击股四头肌的肌腱（髌腱）时，股四头肌因受牵拉，就会发生一次快速收缩，小腿向前踢。叩击跟腱也会发生足的迅速跖屈。投掷前预先拉长投掷臂的屈肌以增大投掷力，就是利用这一反射作用。

二、姿势反射

人体在平时总会保持一定的姿势。当这种正常姿势被破坏（如一脚踩入低凹处）时，有关肌肉的肌紧张就会重新调整以维持平衡或恢复正常姿势。人和动物为了维持身体基本姿势而发生的肌肉张力重新调配的反射活动统称姿势反射（图 12－20），它们对体育运动有着重要作用。

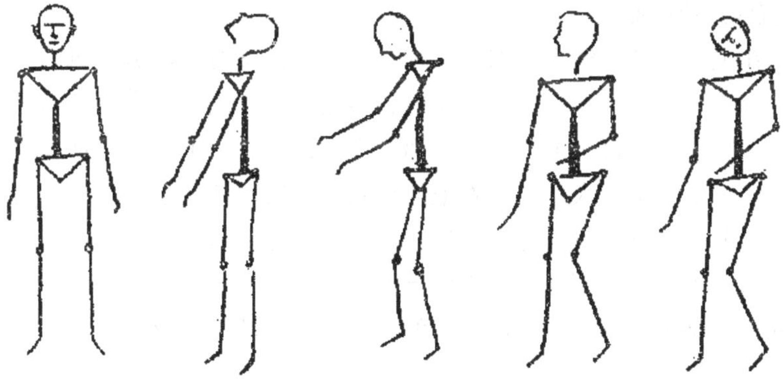

图 12－20　人体状态反射示意图

（一）状态反射

当头部位置改变时，可反射地引起四肢肌和躯干肌的张力重新调整，这种反射现象叫作状态反射。

(1) 头部向一侧倾斜或扭转时，同侧的上肢伸肌、下肢伸肌和背部伸肌紧张性都增强，对侧伸肌紧张性减弱。例如投掷标枪出手前的一刹那，为了更好地拉紧投掷臂肌肉以发挥投掷的力量，运动员的头部必须向投掷臂一侧扭转并倾斜。

(2) 头部后仰时，引起两侧上肢伸肌、下肢伸肌和背部伸肌的紧张性加强，即四肢伸直，背部挺直。例如举重运动员举起杠铃之前的瞬间，必须猛力仰头（抬头），以提高伸肘肌、肩和背部伸肌的力量，才能完成动作。体操倒立时，头部也必须后仰。

(3) 头部前倾（低头）时，上肢伸肌、下肢伸肌和背肌的紧张性减弱，而上肢屈肌、下肢屈肌和腹部肌肉紧张性加强，呈现四肢弯曲，屈体。如做后滚翻动作时，如果头后仰就难以完成动作，必须头前倾（低头）才行。又如短跑时，为了不使身体过早直立，就不应过早抬头等。

（二）翻正反射

翻正反射是指身体在发生主动或被动位移时引起的肌肉张力改变现象，又分为旋转运动反射和直线运动反射两种。

1. 旋转运动反射

旋转运动反射指人体在主动或被动做旋转运动时，或者是身体向前后和左右倾倒时，为了恢复正常体位所产生的一种反射活动。

当身体向一方倾倒时，迷路的感受器受到刺激产生兴奋，兴奋冲动到达脑干，反射性地引起全身肌肉张力的重新调整。例如向前倾倒时，反射性地引起背部肌肉紧张；后倒时引起腹部肌肉紧张；向侧方倒时，躯体对侧的外展肌张力紧张（或对侧的屈肌和伸肌紧张），内收肌张力下降，以防跌倒等。

2. 直线运动反射

人体在主动或被动做直线加速、减速运动时，反射性地引起肌肉张力重新分配，叫作直线运动反射，包括升降反射和落地反射。例如在乘电梯时，开始上升的瞬间，下腿会不由自主地弯曲；电梯停止时，下肢会不由自主地伸直，这种反射叫作升降反射。又如人从高处着地的瞬间，会反射性地下肢弯曲；将动物由高处抛下，其前肢伸直，脚趾分开，后肢弯曲，这种反射叫作落地反射。这种反射可以缓冲地面支撑反作用力，对机体起保护作用。

这些反射是先天具有，不用训练的，也是通过低级中枢实现的。

第五节　高级神经活动

通过中枢神经高级部分——大脑皮层实现的反射活动，叫作高级神经活动。条件反射是大脑皮层活动的基本活动方式。

一、条件反射

条件反射分为非条件反射和条件反射。

1. **非条件反射**

人和动物生来就有的、不需人去教育或训练的反射，叫作非条件反射。如前面所讲的状态反射就是非条件反射之一。其他还有食物反射，如吸吮反射、吞咽反射、唾液分泌等；防御反射，如探究反射（突听巨响会不由自主地朝向响动方向探究），屈肌反射（用锐物刺四肢末端会引起上肢或下肢屈肌收缩等）。

非条件反射的途径是固定的，不用通过思想，就是去除大脑皮层的动物也能实现。不过非条件反射虽然是皮层以下的低级中枢实现的，在正常成人，它还经常受着大脑皮层的控制和调节，尤其能够受精神因素的控制。比如人在外面走时，听到背后有人大声呼唤，本能地会回过身应答（探究反射），但是呼唤的声音是你不愿见的人或呼叫的是你不愿听的“小名”，你可以不回头；又如在烈火中或地震中救人，明知有危险或烧灼疼痛，但救死扶伤的责任感会驱使你挺身而出，此时防御反射消失。

非条件反射数量有限，只能保证机体与外界环境在某种程度上的平衡，对于经常变化着的外界环境，仅靠非条件反射是难以适应的。

2. **条件反射**

条件反射是在非条件反射的基础上建立的。条件反射不是先天具有的，而是个体在后天生活过程中，在特定的条件下获得并巩固的。后天学习的一切知识技能都是一种条件反射。在后天生活、学习、训练中，个人的经历和努力程度不同，所建立的条件反射也各不相同。

例如把同胎出生的小狗，一些放野，一些圈养，它们的生活能力差异就会很大。又如一条狗从未尝过肉的味道，把肉送到它嘴边也不会引起其唾液分泌；如果让它尝过一次肉味，再见到肉时就会有唾液分泌。人类后天生活中的一切活动都是条件反射，没有条件反射，人和动物都无法生存。

当条件反射失去意义或不再巩固时，就会消退，所以它的反射弧不是固定的，而是一种暂时性的神经联系。高等动物和人的条件反射必须靠大脑皮层来实现。

非条件反射和条件反射的区别和联系见表 12－3。

表 12-3　非条件反射和条件反射的区别和联系

	非条件反射	条件反射
不同点	先天的、遗传的	后天的、获得的
	种族的	个体的
	任何条件下发生的	在一定的情况下形成的
	有恒定的神经联系	是暂时的神经联系
	在皮层下部位可以实现	只在大脑皮层实现
相同点	1. 都是反射活动 2. 都服从因果论 3. 都有完整的反射弧	

（一）形成条件反射的生理过程

巴甫洛夫在研究消化的过程中，观察唾液腺和胃液分泌时发现：给狗喂食物，狗的反应是流唾液。如果这时给一个无关刺激（如灯光或铃声），并使光或声规律地出现在喂食之前，经过长时间地把光、声与吃食有规律地结合起来，那么以后只要光或声出现，即使不给狗喂任何食物，狗也会流唾液。这样，一种无意义的光或声的刺激就变得有意义了。通常把光或声的刺激叫作条件刺激物，把食物叫作非条件刺激物，狗进食流唾液叫作非条件反射，听到声或看到光就流唾液，就是条件反射。

以铃声为条件刺激物，形成食物性条件反射的神经联系如图 12-21 所示。当给狗喂食时，食物刺激狗的口腔黏膜神经末梢和舌的味觉感受器，引起兴奋。兴奋冲动沿着传入神经传到延髓唾液分泌中枢，中枢发出神经冲动，沿着传出神经到达唾液腺，引起唾液分泌（这一过程是非条件反射）。同时延髓发出另一神经冲动，沿传出纤维上行至大脑皮层的食物中枢，通过皮层中枢来调整唾液腺分泌（根据食物的优劣、饥饿程度调节分泌量）。

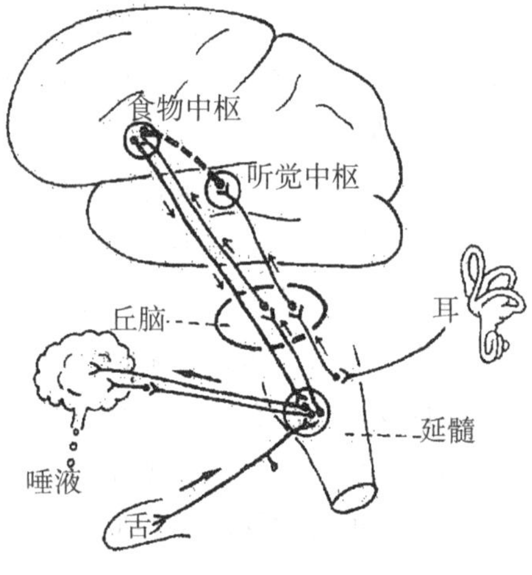

图 12-21　以声音为条件刺激形成食物性条件反射的神经联系示意图

如果在狗每次进食前的一瞬间响铃，铃声通过听觉神经传入大脑皮层，在皮层听觉中枢也产生一个兴奋灶，听觉中枢兴奋灶是弱势兴奋灶，优势兴奋灶会把弱势兴奋灶吸引过来加强自己。由于多次吸引，两个兴奋灶之间的神经通路就建立了机能联系。此后，每当听到铃声，即使不给食物，兴奋冲动也会沿着听觉中枢传到食物中枢，再由食物中枢到达唾液分泌中枢，引起唾液分泌。

当条件反射建立后，对原先与进食无关的铃声刺激已成了非条件刺激食物的信号。这样，机体不仅能对直接刺激产生反应，也能对无数信号产生反响，使机体能够有预见地适应环境的变化，无论对动物还是人类，都有着十分重要的生物学意义。

（二）建立条件反射的条件

（1）建立条件反射时，大脑皮层必须处于良性的兴奋状态。

（2）条件刺激（如铃声）要在非条件刺激（给狗食物）之前出现，并且二者必须结合一定时间。

在体育教学训练中，应该注意贯彻这两个条件。教学训练之前要做好准备活动；若学生的兴奋性过低，要设法使之提高；若兴奋性过高，也要设法使之降低（否则容易发生伤害事故），使大脑皮层兴奋处于适宜（良性）状态。教师在清楚地讲解和正确示范后，应立即让学生好好练习，不要长时间耽搁后再做练习。

二、大脑皮层的抑制

大脑皮层有兴奋过程，条件反射的建立就是两个兴奋灶的接通；同时，大脑皮层也有抑制过程，同样可以建立条件反射，这种抑制性条件反射表现为效应器活动的减弱或停止。引起兴奋的条件反射叫作阳性条件反射，引起抑制的条件反射叫作阴性条件反射。

在人类行为和动作中，有着无数的阳性和阴性条件反射，最普遍的像穿过马路时都会“红灯停、绿灯行”，前者即阴性条件反射，后者即阳性条件反射。又如排球运动，二传手将球托起，扣球手跳起扣球，即阳性条件反射；遇到对方拦网时，扣球手立即停止扣球或改换其他动作，即阴性条件反射。由此可见，兴奋和抑制是大脑皮层活动的两个基本过程，只有兴奋和抑制二者协调，才能实现人类的各种行为。

抑制可分两大类，如图 12－22 所示。

非条件抑制是先天的，不需要任何特殊条件就能产生，它是皮层和皮层下中

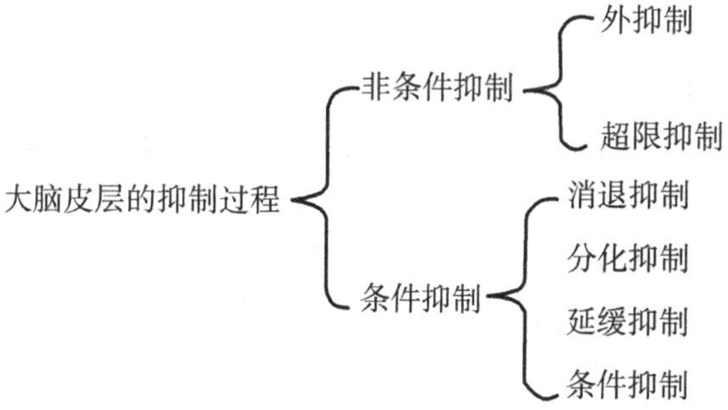

图 12－22　大脑皮层的抑制

枢所共有的抑制，包括外抑制和超限抑制两种。

条件抑制也叫作内抑制，是大脑皮层特有的，它的产生需要一定的条件。根据条件的不同，又分为消退抑制、分化抑制、延缓抑制和条件抑制。

（一）非条件抑制

1. 外抑制

当正在给予条件刺激的时候，突然给以新异刺激，原来的条件反射就被抑制。例如学生正坐在教室里听课，突然后面有人推门进来，大家便会扭头回望（探究反射），听课的停止就是一种外抑制现象。

外抑制的特点是暂时性的，当新异刺激重复出现而又没有什么意义（如外面大雨哗哗地响个不停）时，它的外抑制作用就会逐渐消失。

运动员对于新的比赛环境，有时也会因外抑制现象而影响运动成绩。由于外抑制是暂时性的，根据这一特点，如果经常参加比赛或者在接近比赛的环境中训练，就可以消除这种影响。

2. 超限抑制

如果刺激强度过大，超过了皮层神经元工作能力的限度，就会转入抑制过程。例如在对狗进行实验的过程中，突然发生强烈的爆炸声，狗就可能丧失活动能力，四肢瘫软，已经建立的条件反射也消失了。

不仅较强的刺激可以引起超限抑制，如果长期接受一些较弱的刺激，也可以产生超限抑制，例如身处频繁的噪声或马达声中也可沉沉入睡。所以超限抑制对皮层细胞具有保护性作用，使它们不致因过度兴奋而耗损。通常也把超限抑制叫作保护性抑制。

训练不足的青少年运动员初次参加重大赛事时的紧张，也往往会出现超限抑制，表现为成绩下降、精神不振；当运动员处于疲劳、疾病状态或者意志消沉时，皮层细胞工作能力下降，对原来不至于引起超限抑制的刺激也会上升为超限抑制的刺激。因此有上述情况出现时，教师、教练要特别注意关照。

（二）条件抑制

1. 消退抑制

在条件反射建立后，假如只给条件刺激而不再用非条件刺激加以强化（例如只给狗铃声，不给吃食），则会使已建立的条件反射逐渐消退，即消退抑制。消退抑制就是遗忘，在日常生活中很常见，如学过的东西日久不复习就忘了；练过的动作不常练习就不会做了等，所以常言说“书不离手，曲不离口”。体育锻炼要经常化，运动员从事训练要精益求精，就是这个道理。

另外，纠正运动员的错误动作，本质上也是消退抑制。假如错误动作已十分巩固，成了习惯，就很难纠正；只有在一经发现时去纠正才有效，如果连续纠正未果，停止一段时间不去练习，也会有较好的效果。

消退抑制对人也有积极意义。例如，因为大脑皮层对于已经失去意义的条件反射（例如对痛苦的回忆等）有消退抑制的能力，所以人能更好地适应外界环境的变化，积极地面向未来。

2. **分化抑制**

在建立条件反射的初期，不仅被强化的条件刺激可以引起阳性反应，而且与它相似的刺激，未经强化，也能引起阳性反应。例如用亮红灯与食物相结合给狗建立条件反射后，亮黄灯或橘红色的灯最初也能引起唾液分泌，这种现象叫作条件反射的泛化。泛化是在建立一切条件反射初期都会出现的现象，这是由皮层的兴奋过程向周围扩散所造成的。以后，只在每次亮红灯时，用食物去强化；亮与之相近的黄灯或橘红色灯时都不强化，重复若干次后，接受红色的视觉皮层中枢与食物中枢之间就形成了兴奋性（阳性）条件反射，产生唾液分泌；而接受黄色和橘红色的视觉皮层中枢与食物中枢间形成了抑制性（阴性）条件反射，不产生唾液。这种现象叫作分化，这种抑制过程叫作分化抑制。分化的产生是兴奋过程向条件刺激的皮层代表点集中，而邻近的不受强化的皮层点转入抑制的结果。

条件抑制达到分化阶段时，对刺激物的反应就变得十分精确，不再徒劳无益地对没有意义的信号刺激物产生反应。

学习动作的初期，由于泛化会产生许多错误的反应和多余的动作，经过一段时间的练习后，因为对错误动作每次都不给予强化（批评而非表扬），而对正确的动作每次都给以强化（称赞），就逐渐学会了正确的动作。

人们对事物的认识和鉴别也是靠分化抑制来实现的，所以分化抑制是皮层分析与综合机能的基础。

3. **延缓抑制**

建立条件反射过程中，如果在给予条件刺激后，不立即给予非条件刺激加以强化，而是间隔三两分钟再进行非条件刺激强化，就会形成延缓条件反射。在延缓条件反射中，往往在条件刺激开始后要经过一段时间才出现反应。在这个无反应的间隔时间内，皮层中的相应中枢产生了抑制过程，这个抑制过程叫作延缓抑制。

当运动员皮层中延缓抑制比较巩固时，动作完成得就更为准确了。例如打排球，当球在空中移动时，运动员做好准备动作，等球落到一定的高度或距离时，立刻跳起扣杀。过早或过晚都会使扣球失误。又如体操、武术的动作，都是第一动作完成后，等一定时间才接着做下一个动作，节奏感强，起承转合有序，这种动作特点也是靠延缓抑制来实现的。

4. **条件抑制**

在一个阳性条件反射建立并巩固后，又加入另一个附加刺激，当阳性条件刺激和附加刺激同时出现时，不用非条件刺激强化，而是只在阳性条件刺激单独作用时才给予强化。经过多次重复后，条件刺激和附加刺激相结合的复合刺激就引起抑制过程（阴性条件反射）。这种由于增加了附加刺激而对阴性条件刺激不予强化而引起的抑制，就叫作条件抑制。实质上，条件抑制也可视为分化抑制的另一种形式。

条件抑制现象在体育运动中经常遇到，尤其是在对抗性的球类运动中很常见。例如投篮运动员遇到对方阻拦时，就会改为传球，投篮动作停止。这种运动员在附加的条件下变更动作或停止动作，就是靠条件抑制实现的。

三、大脑皮层神经过程的活动规律

兴奋和抑制是中枢神经的基本神经过程，其主要活动规律是兴奋与抑制的扩散和集中，以及相互诱导。

（一）扩散与集中

兴奋和抑制过程的扩散与集中是整个中枢神经的活动规律，但在大脑皮层表现得更加明显和复杂。

在大脑皮层发生兴奋或抑制的过程中，有从发生点向周围区域扩展的特性，叫作扩散。沿着大脑皮层扩展的兴奋或抑制过程经过一定时间又向发源点回收，叫作集中。

例如，初学动作时，多余动作是兴奋扩散；经多次练习后，多余动作消失，是兴奋集中。睡眠和清醒的过程，是抑制过程的扩散与集中现象。

（二）相互诱导

兴奋和抑制两种神经过程既处于相互对抗的状态，又彼此紧密地联系着。相互诱导就是其紧密联系的表现。

兴奋过程使抑制增强时，叫作负诱导；抑制过程使兴奋增强时，叫作正诱导。

皮层某一部分的神经过程引起周围另一种神经过程增强叫作同时诱导；皮层某一部位产生某一神经过程后，引起原来部位相反的神经过程，叫作相继诱导。如图 12－23 所示（用“＋”表示兴奋，用“－”表示抑制）。

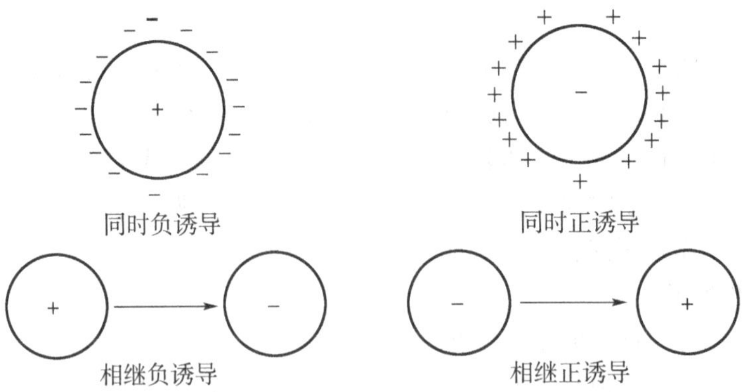

图 12－23　相互诱导模式图

例如某人专心做某件事时，会对其他事物视而不见，听而不闻，即同时负诱导。这是由于工作着的皮层中枢形成了一个集中而强烈的兴奋灶，引起周围的神经细胞抑制，当外界刺激传入这些细胞时，不能引起它们的兴奋。

又如在举重时，有意停止呼吸（憋气）可以增强肌肉的力量，这是由于呼吸中枢处于抑制状态时加强了运动中枢的兴奋，因而肌肉收缩更为有力，这种现象就是同时正诱导。

又如经过充足的睡眠后，精力充沛、精神焕发，就叫相继正诱导。而经过较强的运动训练后，感觉很疲劳，疲劳的出现就是相继负诱导。

四、大脑皮层的分析与综合能力

分析与综合是中枢神经系的基本活动。分析是将一个整体分解为其组成部分的过程；综合是将个别部分联系成为一个整体的过程。中枢神经系一方面对机体的内外环境进行精细的分析，同时又做出复杂的综合，二者是不可分割的活动。

（一）分析活动

分析活动是依靠整个皮层分析器来完成的，先是不同的刺激作用于不同的感受器，并被接受，如光线作用于视网膜，声音作用于耳蜗，肌肉运动作用于肌梭、腱梭等，这是分析的初级活动。在中枢神经的低级部分只有粗糙的分析能力，如中脑的四叠体只能辨别光、声传来的方向（引起探究反射），对光、声的性质与强弱的精细分析，则是在大脑皮层中进行的。

大脑皮层主要依靠各种条件抑制的形成来对刺激进行分析，其中最主要的是分化抑制。通过分化抑制，人类可以对刺激的性质、大小、强弱等进行十分精细的分析与鉴别。如优秀运动员能够辨别只有极微差异的肌肉感觉，书法家、绘画家也是这样，品酒、品茶专家也能品出各种不同茶叶的品质和酒精含量等。

（二）综合活动

各个感受器接受的刺激最终都要汇集到大脑皮层，大脑皮层通过它们之间的暂时性联系，把皮层中不同的活动点组成一个整体，然后做出反应。

（三）大脑皮层的动力定型

来自外界和内部的各种刺激不断传入大脑皮层，这些刺激的种类、意义、时间和强度都不相同，因而在不同的皮层中枢部位产生了兴奋或抑制。这些兴奋和抑制又受着扩散、集中、相互诱导的影响，不断地进行着分析与综合活动。可以说，大脑皮层里每一瞬间所存在的兴奋点或抑制点，在空间和时间上就像镶嵌着红、绿宝石的图案一样闪闪烁烁，这种现象叫作机能镶嵌式。

大脑皮层的机能活动虽然时刻在变动，但仍具有使活动按一定形式固定下来的能力。如果刺激物以一定的时间间隔和按一定顺序出现，多次出现以后所形成的一系列条件反射就会在皮层中成为一个系统，严格地按照固定顺序和反应形式产生效应活动，叫作动力定型。

皮层动力定型的形成使皮层的活动变得容易和自动化，更加迅速而精确，从而减轻皮层工作负担，即节省化。

通常所说的“习惯成自然”，就是一种动力定型。好的生活制度可以养成好的生活习惯，科学合理的训练可以培养出高水平的运动员。

当动力定型非常巩固以后，改变起来就比较困难，但是也可以通过消退抑制等抑制手段去改变。

五、人类高级神经活动的特征

（一）条件反射多级性

由一个无关刺激与非条件刺激相结合所建立的条件反射叫作一级条件反射。以另一个新的无关刺激和一个巩固了的条件反射相结合，又可建立起一个新的条件反射，叫作二级条件反射。在二级条件反射的基础上还可以建立三级条件反射。以此类推，可以建立四级、五级乃至更多级的条件反射。多级条件反射不是建立在非条件反射基础上的，所以这种条件反射的神经联系叫作条件—条件联系。

狗只能建立三级条件反射，人的大脑皮层高度发达，所以可以建立多级条件反射，比如人可以掌握高难度、极端复杂的动作和运动技能，可以联想等，这些都属于多级条件反射。

（二）两个信号系统

人与动物的最大区别之一在于人比动物多一个信号系统，动物只有一个信号系统，相当于人的第一信号系统，而人有两个信号系统。

动物只能对具体的刺激，诸如声、光、气味、触、痛等产生反应，只能对具体刺激建立条件反射。人类不仅能对具体的刺激起反应，还能对词语、文字等起反应。语言是人类在社会劳动中创造的，所以词成了人所特有的信号。

例如“球”并不是具体事物本身，而是那些具体的球的抽象概念。人综合了各种具体球的共同特征，然后用一个词来代表它们，于是“球”就成为具体球的抽象信号。我们把具体的球叫作第一信号，把抽象的信号“球”字，叫作第二信号。对不同信号发生反应的皮层系统，分别叫作第一信号系统和第二信号系统。

词来源于具体事物，所以第一信号系统是第二信号系统的基础。但在人类生活中，第二信号系统的活动往往起着主导作用。例如，思维是一种无声的语言活动，它是大脑皮层第二信号系统的活动。思维活动是建立在具体事物基础上的，经常不断地得到第一信号系统的纠正，但是思维活动却能影响人的一切生理过程。例如，心理、情绪可以影响人的食欲、睡眠等。运动员心里思考比赛场景，想到自己的动作时，也可以出现心跳加快、呼吸加深乃至身体潮红、发热、出汗等。

两个信号系统之间有着密切的联系，神经过程可以由一个信号系统向另一个信号系统扩散，这种扩散是有选择性的，所以叫作选择性扩散。例如教师叫学生立正并做“两臂侧平举”动作时，学生大脑皮层第二信号系统的某些皮层细胞产生兴奋，兴奋过程沿着生活过程中曾建立过的暂时性联系，向第一信号系统相应的皮层细胞扩散，后者的兴奋使学生某些肌肉收缩，遂实现两手侧平举的动作。以后，当看到其他人做上臂侧平举时，也能意识到这是“两臂侧平举”动作。这些都是第一信号系统向第二信号系统选择性扩散的结果。人类借助两种信号间的这种联系，就可以间接认识事物和获得知识。

在体育教学活动中，首先是利用词语的作用，即讲解、书本、板书、图解等第二信号，使学生明白动作要领和学习意义等；然后与身体动作的各种感觉相结合进行练习，这样才能形成正确的动作概念。所以形象的讲解和正确的示范能够促进学生更快更好地掌握动作，尤其对于青少年儿童，因为他们的第二信号系统尚未发育完善，教师更要注意使用他们容易理解的语言进行讲解。

教师、教练如果常常让学生去想动作要领，或是引导他们多谈一谈做动作后的体会，就能更好地帮助学生去掌握动作。这是通过第二信号系统的选择性扩散，促进了第一信号系统中暂时性联系的接通。

语言和文字是人类特有的第二信号刺激物，人类的许多条件反射都是借助语言和文字来强化的。如体育教学与训练中，当运动员动作做得正确时，教师、教练说“做得对”“正确”“很好”等，就是强化；而对错误动作说“错了”“不对”等，就是不强化，久而久之，通过消退性抑制，使学生改正错误、掌握正确的动作。

实训环节

实训十四　中枢神经系统的观察

一、实训内容

(1) 观察脊髓的位置、外形及与脊髓相关的脊神经、脊神经节等。

(2) 观察脊髓的内部结构。

(3) 观察脑干的组成、位置、外形及内部结构。

(4) 观察间脑的位置、分部及主要结构。

(5) 观察小脑的位置、形态及其内部结构。

(6) 观察大脑半球的外形及其表面的主要沟、回及分叶。

(7) 观察大脑皮质重要功能中枢的部位。

(8) 观察大脑内部结构。

(9) 观察躯干和四肢的一般感觉传导通路、意识性本体感觉传导通路和皮质脊髓束。

二、实训目的

(1) 了解脊髓的外形及相关的结构。

(2) 掌握脊髓内部灰质、白质的配布及主要结构。

(3) 了解脑干的位置、形态及与脑干相连的脑神经及其内部的主要神经核。

(4) 了解间脑的位置、分部及主要结构。

(5) 了解小脑的位置、形态及其内部的主要神经核。

(6) 掌握大脑半球的主要沟、回、分叶及大脑皮质重要机能中枢的所在部位。

(7) 掌握大脑内部的结构。

(8) 了解躯干和四肢的一般感觉传导通路、意识性本体感觉传导通路和锥体系。

三、实训材料与器具

人体半身模型、中枢神经系统标本或模型、脊髓横断面标本或模型、脊髓节段模型、全脑模型、脑干放大模型、透明脑干电动模型、小脑切面标本、一般感觉传导通路模型、本体感觉传导通路模型、锥体系模型、各相关内容挂图。

四、实训步骤

(一) 脊髓的观察

(1) 脊髓位置和外形的观察。

(2) 脊髓表面沟裂及脊髓相关结构的观察。

①脊髓表面沟裂的观察。

②与脊髓相关结构的观察。

(3) 脊髓内部结构的观察。

(二) 脑干、间脑和小脑的观察

(1) 脑干、间脑和小脑位置的观察。

(2) 脑干形态与结构的观察。

①脑干延髓段的观察。

②脑干脑桥段的观察。

③脑干中脑段的观察。

④与脑干相连的脑神经的观察。

⑤脑干内部结构的观察。

(3) 间脑分部与结构的观察。

①间脑分部的观察。

②间脑内部结构的观察。

(4) 小脑形态与内部结构的观察。

(三) 大脑的观察

(1) 大脑位置与外形的观察。

(2) 大脑半球主要沟、回、分叶及功能中枢部位的观察。

①大脑半球主要沟裂的观察。

②大脑半球分叶的观察。

③大脑半球主要沟、回及功能中枢部位的观察。

（3）大脑内部结构的观察。

①大脑皮质和髓质的观察。

②基底核与内囊的观察。

（四）脑室的观察

（五）神经传导通路的观察

五、实训练习题

（1）试述脊髓的内部结构，说明脊髓前、侧、后索中各纤维束的性质。

（2）说明脑干由哪几部组成以及各部的重要结构。

（3）说明大脑半球外侧面、内侧面各有哪些重要的沟、回及叶。

（4）试述大脑半球有哪些重要的皮质功能中枢。

实训十五　周围神经系统的观察

一、实训内容

（1）观察脊神经的组成、分支与分布。

（2）观察第Ⅰ至第Ⅺ对脑神经进出脑的部位及其分布。

（3）观察交感神经低级中枢的部位及交感干的位置、组成。

（4）观察副交感神经低级中枢的部位。

二、实训目的

（1）掌握脊神经的组成及颈丛、臂丛、腰丛和骶丛的组成、位置和主要分支、分布概况。

（2）掌握第Ⅰ至第Ⅸ对脑神经进出脑的部位，了解其分布概况。

（3）了解交感神经低级中枢的部位及交感干的位置、组成。

（4）了解副交感神经低级中枢的部位。

三、实训材料与器具

附有脑神经的脑标本或模型，附有脊神经的脊髓标本或模型，脑和脑干模型，附神经、血管的人体骨骼模型，脊神经模型，各相关内容挂图。

四、实训步骤

（1）脊神经的观察。

①脊神经组成的观察。

②脊神经前支分布概况的观察。

（2）脑神经的观察。

（3）自主神经（植物性神经）的观察。

①交感神经的观察。

②副交感神经的观察。

五、实训练习题

(1) 说明脊神经各丛的组成和分布区域。

(2) 分布到舌的神经有哪些？它们各执行什么功能？

(3) 分布到眼球的神经有哪些？它们各执行什么功能？

(4) 试述迷走神经的主要分布。

(5) 试述交感神经和副交感神经在结构、功能和分布上各有何区别？

拓展阅读

教育心理学十大杰出人物之巴甫洛夫

巴甫洛夫（1849—1936年）

1. 人物简介

伊万·彼得罗维奇·巴甫洛夫，俄国生理学家、心理学家、医师，高级神经活动学说创始人，高级神经活动生理学奠基人，条件反射理论建构者，也是传统心理学领域之外而对心理学发展影响最大的人物之一，曾荣获诺贝尔奖。

2. 经典条件反射学说

巴甫洛夫做了一个相当著名的实验，他利用狗看到食物或吃东西之前会流口水的现象，在每次喂食前都先发出一些信号（一开始是摇铃，后来还包括吹口哨、使用节拍器、敲击音叉、开灯……），连续了几次之后，他试了一次摇铃但不喂食，发现狗虽然没有东西可以吃，却照样流口水，而在重复训练之前，狗对于“铃声响”是不会有反应的。他从这一点推知，狗经过了连续几次的经历后，将“铃声响”视作“进食”的信号，因此引发了“进食”会产生的流口水现象，这种现象称为条件反射，这证明动物的行为是因为受到环境的刺激，将刺激的信号传到神经和大脑，神经和大脑作出反应的结果。

条件反射涉及四个事项，两个属于刺激，两个属于机体的反应。第一个刺激是中性刺激，它在条件反射形成之前，并不引起预期的、需要学习的反应，这是条件刺激（CS），在巴甫洛夫的实验中就是铃响。第二个刺激是无条件刺激（UCS），它在条件反射形成之前就能引起预期的反应，在巴甫洛夫的试验中就是狗一看到肉，就引起唾液分泌。

对于无条件刺激的唾液分泌反应叫作无条件反应（UCR），这是在形成任何程度的条件反射之前就会发生的反应。由于条件反射而开始发生的反应叫作条件反应（CR），即没有肉，只有铃响的唾液分泌反应。当两个刺激紧接着（在空间和时间上相近）反复出现，就形成条件反射。

通常，无条件刺激紧跟着条件刺激出现。条件刺激和无条件刺激相随出现数次后，条件刺激就逐渐引起唾液分泌。动物有了条件反应后，一旦中性的条件刺激（铃响）单独出现即可引起唾液分泌。

3. **高级神经活动类型说**

巴甫洛夫在心理学界的盛名首先是缘于他关于条件反射的研究，而这种研究却始于他的老本行——消化研究。正是狗的消化研究实验将他推向了心理学研究领域，虽然在这一过程中他的内心也充满了激烈的斗争，但严谨的治学态度终于使他冒着被同行责难的威胁，将生理学研究引向了当时并不那么光彩的心理学领域，而后来，该项研究的成果——条件反射理论又被行为主义学派所吸收，并成为制约行为主义的最根本原则之一。

巴甫洛夫对心理学界的第二大贡献在于他对高级神经活动类型的划分，而这同样始于他对狗的研究。他发现，有些狗对条件反射任务的反应方式和其他狗不一样，因而他开始对狗进行分类，后来又按同样的规律将人划分为 4 种类型，并和古希腊人提出的人的 4 种气质类型对应起来。巴甫洛夫认为人的气质是由人的高级神经活动类型决定的。

大脑皮层的基本神经过程有强度、均衡性和灵活性三种基本特性，根据这三种特性可以将个体的神经活动分为不同的类型。神经过程的强度是指神经系统兴奋与抑制的能力，兴奋与抑制能力强，其神经活动就是强型，兴奋与抑制能力弱，其神经活动就是弱型。均衡性是指兴奋与抑制能力的相对强弱。根据神经活动的均衡性，可以将强型又分为两类：如果兴奋与抑制的能力基本接近，就是平衡型；兴奋能力明显高于抑制能力，就是不平衡型。灵活性是指兴奋与抑制之间相互转换的速度。由此，他又向心理学领域迈进了一步。到老年的时候，巴甫洛夫对心理学的态度有了松动，他认为："只要心理学是为了探讨人的主观世界，自然就有理由存在下去。"但这并不表明他愿意把自己当作一位心理学家，直到弥留之际，他都声称自己不是心理学家。

尽管如此，鉴于他对心理学领域的重大贡献，人们还是违背了他的"遗愿"，将他归入心理学家的行列，并因他对行为主义学派的重大影响而视其为行为主义学派的先驱。

（资料来源："新课程研究"公众号）

第四部分

应　用

第十三章 运动技能的形成

学习要点

1. 运动技能形成的生理机制。
2. 运动技能的形成过程。
3. 影响运动技能形成和发展的主要因素。
4. 什么是身体素质？身体素质包括哪几项内容？
5. 根据各项身体素质发展的生理学依据，了解过早发展力量和耐力会对发展速度产生不良影响的原因。

一、运动技能形成的生理机制

一切随意运动都是反射，人类一切有意识的活动都是条件反射，故运动技能的形成机制也是条件反射。运动技能是复杂的、链锁的、本体感受性的运动性条件反射，又叫运动动力定型。它与简单的条件反射不同，表现在：

（1）参与形成运动性条件反射的中枢多，既有皮层运动中枢，又有视觉、听觉和本体感觉中枢，还有支配内脏活动的中枢参加活动。

（2）反射活动不是单一的，而是连串的，前一个动作结束就是后一个动作开始，前一个动作成为后一个动作的条件刺激物，彼此形成链锁。

（3）肌肉的肌梭、腱梭、本体感觉的传入冲动在形成运动技能过程中起着重要作用。

（4）在形成运动技能时，人的两种信号系统同时参加活动。

二、运动技能的形成过程

学习一个新动作时大致要经过以下几个阶段：

（一）泛化阶段

学习任何一个新动作，刚开始时由于大脑皮层分化抑制尚未确立，皮层的兴奋和抑制过程都呈现扩散状态，使条件反射的暂时联系不稳定，产生动作泛化现象。表现为动作僵硬、不协调，不该收缩的肌肉收缩，该放松的肌肉放松不了，出现多余动作等。这种现象是由于大脑皮层细胞的兴奋扩散造成的。

（二）分化阶段

经过不断练习，初步掌握了运动技术的内在规律，一些不协调的和多余动作慢慢消失，错误动作也得到一定程度的纠正。这时大脑皮层的兴奋和抑制过程都逐渐集中，由于抑制过程加强，特别是分化抑制得到发展，大脑皮层的活动由泛化转入分化阶段。这时，错误的、多余的动作得到纠正，能够较顺利和连贯地完成完整技术动作，初步建立动力定型，但还不够巩固。如遇到有外人参观或参加比赛，极有可能犯错，出现多余动作或错误动作。如刚学会骑车时前方遇阻不知所措等。

（三）稳定阶段

在第二阶段的基础上加强训练就可以掌握整套新动作，建立巩固的动力定型。这时大脑皮层的兴奋和抑制过程在时间和空间上都更加集中和精确，不仅动作准确而完美，而且在一些动作环节上出现自动化现象，即不必下意识去控制而完成动作，在外界环境变化（参观和比赛）时，动作结构也不会被破坏。这时内脏机能活动也能很好地配合，完成动作轻松自如。如骑自行车，可以左右环顾或与人交谈等。

运动技能形成的三个阶段是相互联系的统一过程，没有特别明显的界限，而是互相穿插的，只是由于运动员的训练水平不同，各个阶段表现的时间长短不同而已。

（四）动作自动化

1. 概念

所谓自动化，就是练习某一套技术动作时，可以在无意识的条件下完成。

2. 机制

动作技能巩固之后，在无意识的条件下完成技术动作，此时大脑皮质有关区域兴奋性较低，但动作完成仍是在大脑皮质的控制之下，必要时又可转换为有意识活动。第一信号系统的活动与第二信号系统的活动相对脱离，第二信号系统的活动可独立进行。必要时，两个系统的活动仍可成为运动动力定型的统一机能体系。动作自动化阶段仍应不断检查动作质量，以防动作变形、变质。

表现和举例：

①无意识的条件下完成动作。例如走路是人类自动化的动作，在走路时可以谈话、看报等，而不必有意识地想如何迈步、如何维持身体平衡等。②自动化动作也不是永远无意识进行的，当环境变化、外界刺激异常时，动作又会成为有意识的。例如，在悬崖上行走时，步行就成为有意识的。③人们想要体会自己动作的某环节或肢体的某部分动作时，对这些动作会产生意识。例如，受过训练的游泳运动员在加速往前游时，若注意腿的用力，这时支配腿部肌肉的运动中枢则处于最适宜的兴奋状态，腿的动作就能意识到，此时两臂的动作则成为无意识的。当快到达池边时，运动员开始注意手的动作，适宜的兴奋性就转移到支配手臂的相应皮质运动中枢，腿的动作则成为无意识动作。

三、影响运动技能发展的因素

运动技能的形成和发展受一些因素的影响，例如运动项目的复杂与难易程度、动作性质与结构，人员的身体素质、训练程度、个性特征，教学与训练方法等。

学习难度较大的动作时，尤其是在器械上做新、难动作时，首先要消除学生害怕心理。例如，踢足球定位球时，如果有足踝或脚尖受伤的经历，会出现防御反射，产生害怕心理。教学时首先要设法消除其害怕心理和防御反射。

体操要求绷直脚背，这对学习武术、跨栏等是不利的；篮球运动员改学排球往往容易犯触网的错误。

身体素质全面发展的田径运动员学习其他项目诸如网球、篮球等比较容易；有一定体操基础的运动员学习器械上新、难动作或空中翻转的跳水动作也比较容易。

教学和训练方法对运动技能的形成和发展起着至关重要的作用。

（1）要充分发挥和利用视觉与本体感觉之间的相互作用，强化正确动作，消除错误动作。典型的如对着镜子做体操的自由操和健美操等。

（2）要充分发挥和利用听觉与本体感觉之间的相互作用，建立正确的动作频率和节奏感。背景音乐常用于艺术体操、健美操、自由体操和花样滑冰等；练习长跑时尝试借鉴，不仅可以建立正确的频率与节奏感，还可减少枯燥感。

（3）要充分发挥和利用位置觉与肌肉本体感觉之间的相互作用，建立三维空间翻腾和旋转感知，培养精确分化能力，才能完成体操、跳水等复杂空中动作。降低练习高度或用保护带反复练习等可加速掌握动作。

（4）充分利用人的联想机能，想练结合。在练习或比赛后回想动作完成的质量；在比赛之前要集中精力，发挥想象力，思考比赛中可能会遇到的情况以及应对的方法和一些动作要领等。

（5）教学中要注意循序渐进，由易到难，注意加强帮助和保护，充分利用和发挥第二信号系统的作用。

实训环节

实训十六　运动技能形成的阶段特点及教学手段的设计与讨论

一、实训内容

（1）选择一项运动技术，分析此运动技能形成的四个阶段的动作表现特点。

（2）设计应对每个阶段动作表现的教学手段和教学方法。

（3）分析并讨论。

二、实训目的

（1）掌握运动技能形成的规律和特点。
（2）在运动技能形成的四个阶段能熟练运用各种教学方法和手段。
（3）培养学生的创新思维和独立思考能力。

三、实训器材

多媒体教室、笔记工具。

四、实训步骤

（1）教师讲解开展设计性实训的目的、意义、时间安排和现有的实训条件，明确选题范围，学生选题。

（2）教师提供课题的思路及目前本学科涉及的研究领域中需要解决的问题，由学生自己选定实训题目，或由学生查阅资料，自行命题，报教师审批。

（3）学生进一步查阅资料，小组内进行讨论，写出实训设计，交教师审阅、修改。

（4）以小组为单位选择一项运动技术进行阶段分析和相应教学手段选择的讲解。

（5）各小组进行交流和讨论分析。

五、实训练习题

（1）简述动作技能的概念。
（2）说明运动技能的本质。
（3）简述运动技能形成的四阶段特点。
（4）简述青少年体育教学与训练中运动技能形成的特点及教学手段和教学方法的运用。

拓展阅读

青少年体育教学和训练中如何加速运动技能的形成和发展

加速运动技能形成和发展受多种因素的影响，主要影响因素有：

1．动机

支配行为的目的就是动机。在运动技能的形成和运动能力的提高过程中，动机起着非常重要的作用。在技能教学中，重要的是善于分析孩子的心理状态，并加以鼓励和引导，从而激发孩子的兴趣，提高出勤率，加快运动技能的形成和发展。

2. **反馈**

反馈是效应器在反馈的过程中产生的信息又传回控制部分，并影响控制部分的功能。我们要重视在教学中孩子给我们的反馈信息，做出正确的判断。要抓住课程反馈中出现的主要矛盾，解决家长和孩子在练习中存在的主要问题，剩下的次要矛盾也就迎刃而解了 。

3. **练习量**

在所有运动中，运动能力和成绩的提高都有一个共性规律，即学习技术动作和运动能力的初期提高快，后期进步慢。老师和家长都要了解孩子的水平，制定合理的练习计划，充分利用孩子已经具备的技术动作，规划好上课时间和频率，循序渐进地促进运动技能的形成和发展。有量的积累才会有质的飞跃，技能的学习也是遵循由量变到质变的规律。

4. **大脑皮质的机能状态**

大脑皮质的兴奋性过高或者过低都不利于运动技能的形成和发展，技能的形成和发展也呈倒U形。在教学中会遇到活泼至极和不善于表达的孩子，教学时不仅要活跃课堂气氛，也要严肃对待，要有松有紧、有张有弛，既要调动孩子学习的积极性，也要保障课堂秩序和效率。

5. **感觉机能**

运动技能的形成与发展就是在多种感觉机能的参与下，脑皮质动觉细胞建立暂时性链接的过程。其中视觉、听觉、本体感受都是技能形成和发展中占据主导地位的主要因素。例如亲子游戏，由于教学对象大多是婴幼儿和家长，在上课过程中要多采用直观教学法，充分利用体态语，多进行模仿性练习，给予学员最直观的感受，增加示范性练习的次数以及家长和孩子模仿性练习的组数，从而促进运动技能的形成和发展。

（资料来源：百度文库）

第十四章　身体素质

身体素质是就人在运动中所表现出来的力量大小、动作快慢和反应时间长短、动作持续的时间长短而言，通常把这些表现在运动中的力量、速度、灵敏性和耐力总称为身体素质。从事任何运动训练都可以使身体素质得到发展，而良好的身体素质又是掌握运动技能、提高运动成绩的基础。

第一节　力量素质

力量素质是指以肌肉收缩力对抗阻力的能力。人体的所有运动几乎都是由对抗阻力而产生的，所以有良好的力量素质是取得优异运动成绩的重要基础。例如，跑速有赖于强大的肌力蹬地；运动持续时间的长短也有赖于肌肉力量大小；柔韧性、灵敏性、协调性、平衡性等机能也都和力量素质有密切关系。所以力量素质是人体最重要的身体素质，是其他身体素质的基础，被称为素质的素质。

力量素质可分为动力性力量和静力性力量。动力性力量的肌肉收缩形式以等张收缩为主，如跑、跳、投掷等；静力性力量的肌肉收缩形式以等长收缩为主，如举重、倒立、平衡。

一、力量素质发展的生理学基础

1. 骨骼肌的生理横断面积大小

肌肉的形状除长梭形外，还有三角形、扁形等，肌腹呈长梭形，但它的肌纤维走向有所不同，有的呈羽毛状，有的呈半羽状。肌肉收缩的力量取决于一块肌肉中所有肌纤维一起收缩时产生力量的大小。所谓生理横断面积，就是横切所有肌纤维所取得的面积，显然羽状肌的生理横断面 > 半羽肌 > 梭形肌。

2. 骨骼肌结缔组织发达程度

长期力量训练可以使肌纤维增粗，肌束膜增厚，肌腱与骨附着点的结合力增强，抗牵拉的力量增大。

3. 肌肉发力前的初长度

预先拉长肌肉（肌肉做离心收缩），肌肉的本体感受器肌梭、腱梭受到刺激引起中枢神经产生牵张反射，而使肌肉收缩时产生的力量增大。如跳前屈膝、踢球前的腿后摆等。

4. 肌纤维的类型

肌肉里有快收缩（白）肌纤维和慢收缩（红）肌纤维。白肌里含的肌原纤维和肌糖原多，前者含的收缩蛋白多，后者供能多，所以白肌比红肌收缩快而有力。对于肌纤维数目相等的肌肉来说，白肌纤维占的比例越高，肌肉收缩产生的力量越大。

5. 神经系统的调节能力

（1）中枢神经系统的兴奋性高，支配肌肉活动的运动神经元同时兴奋的数目多，使参加肌肉收缩的运动单位增多，并使每个运动单位以较大力量收缩，肌肉产生的力量增大。

（2）调节肌肉收缩活动时，不仅支配主动肌的中枢兴奋，同时需要协同肌和对抗肌的配合。中枢神经间的良好协调配合，既可以减少能量无谓消耗，又可更好地发挥主动肌的收缩功效，产生更大的力量。例如，屈肘关节提起重物动作，如果只有屈肘的肱二头肌和肱肌用力，没有肱三头肌的及时放松就不能实现。

6. 内脏的机能能力

肌肉活动时需要及时供能，如果内脏机能处于较低水平，氧气和营养物质供应不上，肌肉不但收缩无力，也不可能持久。

二、影响力量素质发展的因素

（1）重量（负荷）的大小：在一定的限度内，负荷的重量越大，越有利于力量素质的发展。

（2）动作的快慢：在规定的时间内，动作越快越能发展力量素质。

（3）年龄特点：一般来讲，十三四岁以后，力量素质才有较明显的增长。

三、发展力量素质的原则

1. 超负荷原则

超负荷指练习时所采用的阻力负荷超过本人已经适应的负荷或超过平时训练的负荷。较大的负荷才能对肌肉产生较强的刺激，进而使肌肉产生相应的适应性变化，进而使肌肉收缩时力量增强。

2. 渐增负荷原则

在力量练习过程中，随着训练水平的提高，肌肉克服的阻力要逐渐增加才能有效地发展肌力。否则，肌肉力量素质得不到发展，而是耐力练习。

3. 有效运动负荷原则

只有足够大的运动负荷（运动强度）和足够长的时间才能使机体的形态、结构和机能产生一系列良好的适应性变化。正常情况下，每次力量练习应不少于三组，接近或达到肌肉疲劳的力量练习才能使力量素质得到提高。

4. 专门性原则

专门性包括两个方面。一是与正式动作结构非常相似，二是与正式动作的发力特点非常相似。如身体姿势、动作幅度、方向、节奏和速度等方面都要与专项一致。例如，为了增加起跑蹬地力量，就不能一味采用杠铃负重深蹲练习；增强排球扣球力量可以采用助跑加扣球臂抛实心球的方法，既能发展扣球臂肌力，又能培养运动员的专项技术能力。

5. 合理练习顺序原则

合理练习顺序原则指力量练习中，应先练习大肌肉群，后练习小肌肉群；前后练习中避免使用同一肌群。这是因为大肌肉群运动中枢兴奋性高，通过兴奋扩散作用可使其他肌肉产生一定的刺激；另外，大肌肉群不易疲劳，故应从大肌肉群开始然后到小肌肉群。如果前后练习使用同一肌群，不但不能保证练习质量，还容易出现肌肉疲劳和运动损伤。

合理的练习顺序如下：①大腿和髋部；②胸和上臂；③背和大腿后部；④小腿和踝；⑤肩带和上臂后部；⑥腹部；⑦上臂前部。

6. 系统性原则

系统性原则指力量练习应进行全身系统的安排。

力量训练频率越高，肌肉力量增长越快，但停止训练后力量消退也越快；训练频率较低，训练时间较长，肌力增长较慢，但力量保持的时间较长。如果每2周训练1次，肌力可保持原来水平；每6周训练1次，可保持较长时间；不再进行训练，30周后原先增长的肌力可完全消退。

第二节　速度素质

一、速度素质的概念与分类

1. 概念

速度素质是指人体快速运动的能力或在最短时间内完成一定运动的能力。

2. 分类

速度素质可分以下几类：

（1）反应速度。人体对刺激发生反应的快慢。如短跑运动员听到枪声后起动的快慢。

（2）动作速度。机体完成单个动作的速度。如投掷运动员器械出手的速度。

（3）位移速度。人体在单位时间通过的距离或人体通过某一特定距离的快慢。如跑速、游速。

二、速度素质的生理学基础

1. 反应速度

反应速度取决于大脑皮层的兴奋性和灵活性（后者即兴奋与抑制转换的快慢）。良好的兴奋状态能够提高反应速度。运动员处于良好的赛前状态时，做出反应的时间可以缩短。

2. 动作速度

（1）白色快肌纤维越粗，占的比例越大，肌肉收缩越快。第 29 届北京奥运会上，牙买加运动员尤塞恩·博尔特快肌纤维比例达 70%，高出其他优秀短跑运动员近 10%，故创造了 100 米 9.69″和 200 米 19.30″的世界纪录。

（2）肌肉力量越大，完成动作越快（凡能影响肌力的因素都影响动作速度）。

（3）肌肉组织兴奋性越高，完成动作的速度越快。

（4）条件反射越巩固，动作时间缩短，动作速度越快。

（5）神经系统对主动肌、协同肌和对抗肌的调节能力越强，动作速度越快。

3. 位移速度

影响位移速度的因素较复杂。以跑速为例，跑速主要取决于步长和步频，其余因素与反应速度和动作速度相同。尤塞恩·博尔特身高 1.96 m，步长也有先天优势。

三、影响速度素质发展的因素

（1）力量因素。力量大者发展速度就快，因此提高力量素质有利于速度素质的发展。

（2）练习的强度。在一定限度内加大练习的强度有利于速度素质的提高。

（3）年龄特点。实践证明，年龄在 13 岁左右时，发展速度素质较快，应该抓紧这一时期对速度素质的训练。

第三节　耐力素质

一、耐力的概念与分类

1. 概念

耐力即人体进行长时间肌肉工作的能力，或者人体对抗疲劳的能力。

2. 分类

耐力分类如下：

（1）按运动后外在表现分为速度耐力、力量耐力和静力耐力。

（2）按照参与的主要器官分为呼吸循环耐力和肌肉耐力。

（3）按照参加工作的肌群数量分为全身耐力和局部耐力。

（4）按照运动能量代谢的特点分为有氧耐力和无氧耐力。

（5）按照与专项运动的关系分为一般耐力和专项耐力。

二、耐力素质的生理学基础

（一）有氧耐力（普通耐力）

（1）骨骼肌纤维中红色慢收缩肌纤维比例高，红肌中肌红蛋白、线粒体含量高，肌红蛋白储备和输氧能力高。线粒体是肌肉能源供应站，线粒体含量高有利于肌肉长时间工作。

（2）体内能量物质肝糖原、肌糖原储备多，有利于提高耐力素质。

（3）神经系统机能状态。若大脑皮层兴奋和抑制过程的均衡性、强度等都处于良性状态，有利于耐力素质的发展。

（4）内脏机能状态良好。如呼吸机能、心血管机能良好，肺通气量大、心输出量大，有利于耐力素质的发展。

（二）无氧耐力

（1）骨骼肌内无氧酵解供能的能力高，有利于耐力素质的发展。

（2）血液中缓冲乳酸的能力高，有利于耐力素质的发展。

（3）大脑皮层对血液 pH 值变化的耐受力高，有利于耐力素质的发展。

三、影响耐力素质发展的因素

（1）动作速度。在相同的条件下，加快动作速度有利于耐力的发展。

（2）中等强度的训练也是耐力素质发展的重要条件之一。

（3）年龄对耐力素质的发展也有影响，年龄小不应急于发展耐力素质，而应采用多样化的全面训练方法。

第四节　柔韧与灵敏素质

一、柔韧素质

柔韧素质即各关节的灵活性（活动范围大小）或关节运动幅度。

影响柔韧素质的因素如下：

（1）该关节的骨性结构。

（2）该关节周围组织体积的大小。

（3）该关节周围的韧带、肌腱、肌肉和皮肤的延展性。

（4）中枢神经系统对骨骼肌的调节，如关节运动的主动肌与对抗肌的协调性。对抗肌的放松程度直接影响关节运动幅度。

二、灵敏素质

灵敏素质是一种综合素质，是指人体在各种条件下迅速改变体位、转换动作和随机应变的能力，它也是机体各种运动技能和身体素质的综合表现。

灵敏性的生理学基础如下：

（1）大脑皮层的灵活性和分析综合能力。皮层神经过程的灵活性越高，机体对内外环境变化作出的反应越迅速，调整和修正动作的能力越强。

（2）感觉器官的机能状态良好，则机体动作准确、转换迅速。

（3）运动技能掌握越多、越熟练，建立的动力定型越完善，大脑皮层里暂时性神经联系间的接通就越迅速、准确。

第五节 各身体素质的相互关系

运动时，人体骨骼肌表现出一定的力量、速度、耐力和灵敏性，这些身体素质之间是相互影响的，它们之间或者产生密不可分的良好影响，或者产生互相制约的不良影响。

1. 良好影响

人体运动时，体内各器官系统在神经系统的有力协调下工作，动作才能按质量要求完成，并表现出有力、协调、轻松、完美。这是各种身体素质紧密配合，互相之间有良好影响的结果。唯有如此，运动技能才能不断提高。

2. 不良影响

依照人体发育特点，进行科学指导，全面发展各种身体素质，一般不会出现不良影响。但若违反生理规律，过早地发展力量和耐力素质，就不利于速度素质的发展。

实训环节

实训十七 发展各项身体素质自主设计与实施

一、实训内容

学生在已掌握身体素质知识、基本理论和基本实训技能的基础上，根据实训场地、器材、现有条件，完成选题、实训设计、实训准备、实训的实施和实训小结等全过程。

二、实训目的

(1) 在演示、验证实验的基础上，训练学生查阅资料、发现问题的能力，并鼓励学生充分发挥实训小组团结协作的精神，灵活运用所学知识和技能进行小组设计，完成实训，培养学生验证或解决某一实际问题的能力，以及创造性思维和创新意识。

(2) 检验运动解剖学课程的教学水平和学生的学习能力。

三、实训材料与器具

实验室现有的仪器设备，亦可自制简单的实训仪器。

四、实训步骤

将全班学生分为2～3组，以小组为单位进行选题、实训设计、实训的实施和实训小结等步骤。

(一) 选题

(1) 教师讲解开展设计性实训的目的、意义、时间安排和现有的实训条件，明确选题范围，学生选题。

(2) 教师提供课题的思路及目前本学科涉及的研究领域中需要解决的问题，由学生自己选定实训题目；或由学生查阅资料，自行命题，报教师审批。

(二) 实训设计

(1) 教师讲解设计实训的基本原理、注意事项和方法。

(2) 学生进一步查阅资料，小组内进行讨论，写出实训设计，交教师审阅、修改、完善。

(3) 设计实训内容。

①课题名称。

②实训目的。

③基本原理。

④材料和实验设备。

⑤方法与步骤及时间安排。

(三) 实训实施

(1) 进行实训准备，包括实训材料和实验仪器的准备。

(2) 按实训设计方法和步骤完成实训全过程，做好实训记录，汇报实训完成情况，教师批准后方可结束实训。

(3) 整理实训室，清理实训垃圾。

(四) 实训小结

分析讨论实训结果，处理实训数据，设计数据表格。以小论文格式书写实训报告，内容包括完成人姓名、班级、摘要、前言、器材与方法、实训结果、分析与讨论、小结或结论、参考文献等。

五、实训练习题

总结设计实训的收获、体会，并提出改进的意见和建议。

拓展阅读

长期锻炼耐力能无限增长吗？——研究发现体能消耗的极限值

在长时间持续的运动中，人体最大的持续能量消耗大约等于2.5倍的静息代谢率。越来越多的人喜欢在结束一天的学习工作之后去健身房健身或者来一段夜跑。与没有运动习惯的人群相比，坚持运动的人往往体能和耐力有显著提高；而长跑等耐力项目运动员的体力更是让常人望尘莫及。

长期锻炼真的能让人的体能和耐力无限增长吗？*Science Advances* 期刊近期发表的一篇研究为体能消耗有极限值提供了新的证据。

这项研究指出，人体耐力确有其极限，在长时间（数日、周、月）持续的运动中，人体最大的持续能量消耗大约等于2.5倍的静息代谢率，平均每天约4000千卡。（静息代谢率指维持体温和呼吸等基本生理需求时，身体所消耗的热量。）

更“神奇”的是，根据目前的研究结果，这个持续能量消耗的极限值似乎与是否坚持运动无关，即便是专业的马拉松选手也无法突破这个极限。

为了观察人体耐力的极限情况，研究团队将目标放在了世界上极限运动的耐力运动之一——横跨美国长跑接力赛上。这项赛事持续数月，运动员将沿着3000英里的赛道（约4828公里）从加利福尼亚一路接力跑到美国首都华盛顿哥伦比亚特区。通过测量运动员比赛开始和结束的尿液样本，研究团队发现，经过5个月持续的长跑赛程，运动员的能量消耗已经显著低于比赛初期：如果按所跑过路程计算理论能量消耗，实际测量的能量消耗值已经每天平均偏低600千卡。

不仅如此，研究团队在比较其他已经发表的研究数据时发现，在马拉松、游泳、极地徒步、环法自行车大赛以及早年的横跨美国长跑接力赛这些运动项目中，赛事时间越长，运动员消耗能量的速度就越低。

在持续时间较短的活动如单次马拉松长跑中，人体持续消耗能量的平均水平能达到静息代谢率的15.6倍；环法自行车大赛的23天赛程中，参赛者的能量消耗约等于其静息代谢率的4.9倍；而横跨南极的95天极地徒步，徒步者的能量消耗约等于其静息代谢率的3.5倍。随着持续时间的延长，人体长期运动的能量消耗水平将越来越趋近于2.5倍静息代谢率的极限水平。

除了各种长时间运动，研究团队还将研究范围扩展到常人“长期负重”的另一种形式——孕期。研究发现，怀孕女性的持续能量消耗约为其静息代谢率的2.2倍，略低于运动员参加长跑的数字（2.5），这一发现也佐证了研究结论：人类长期能量消耗水平确有其极限，无论是铁人三项运动员还是怀胎十月的孕妇，这一极限几乎是相同的。

究其原因，研究者发现，消化系统每天能消化食物和吸收的能量似乎是耗能极限的决定因素之一。在维持长期运动的情况下，人体除了能够智能“降档”，调低每日能量消耗，更会由于“入不敷出”而开始分解自身组织和细胞以维持最低水平的供能。在到达极限水平之后，人体虽然不会立刻崩溃，但这种燃烧自身组织和细胞的供能方式显然不可能永远持续下去。

研究团队没有发现有人能突破2.5倍静息代谢率的极限值。但论文共同撰稿人——杜克大学进化人类学助理教授Herman Pontzer指出，“科学就是在不断证伪中演进。也许有一天能有打破这一耐力天花板的人出现，向我们展现尚未发现的理论。”

参考资料

[1] Caitlin Thurber, et al.（2019）. Extreme events reveal an alimentary limit on sustained maximal human energy expenditure Science Advances. Jun 05, 2019, Vol. 5, No. 6, eaaw0341 doi: 10. 1126/sciadv. aaw0341.

[2] Scientists Just Found the Limits to Human Endurance . June 21, 2019, from https: //www. livescience. com/65663-limit-human-endurance. html.

[3] Is there a limit to human endurance? Science says yes. June 21, 2019, from https: //www. sciencedaily. com/releases/2019/06/190605142613. htm.

（资料来源：“运动科学论坛”公众号）

第十五章　运动过程中人体机能变化规律

学习要点

1. 名词解释：赛前状态　极点　积极性休息。
2. 准备活动的意义。
3. 如何消除疲劳？

第一节　赛前状态

一、赛前状态的概念

在运动开始之前，机体内会产生一系列的如同正式比赛时的机能变化，这些变化称之为赛前状态。

二、赛前状态的表现

正式比赛之前，身体内的各个器官、系统就加强了活动，如脉搏加快、血压升高；呼吸加深加快、肺通气量加大；汗腺分泌增多、尿频；物质代谢增高，表现为体温上升、血糖浓度升高；神经系统也有变化，表现为情绪紧张等一些综合性反应。

三、赛前状态产生机制

赛前状态的产生是运动员在平时训练过程中形成的运动性条件反射，在正式比赛之前通过人的第二信号系统的作用表现出来。

赛前状态的一系列表现有它好的一面，即在正式比赛之前就已充分地调动了体内潜力，有利于缩短工作适应过程，为提高成绩和尽早克服机能惰性做好充分准备。比赛之前，运动员应尽早进入赛前状态。

第二节　准备活动

一、准备活动的概念

准备活动是在正式练习之前所做的一套动作，是在赛前状态基础上进行的，而又影响赛前状态。

二、准备活动的意义

准备活动是为了提高神经系统的兴奋性，加强各器官、各系统的机能活动，及早克服生理惰性，调整赛前状态的影响，为正式练习或比赛做好准备。准备活动能使血液循环增快，骨骼肌肉毛细血管开放，关节滑液增多，既可有效地缩短工作适应过程，又可预防运动损伤。

三、如何进行准备活动

准备活动对后面的正式练习或比赛有良好影响，这是因为它与正式练习或比赛的动作结构极相似。准备活动可分为一般性准备活动、专项准备活动和混合性准备活动。

一般性准备活动是为了普遍提高身体素质和机能；专项准备活动是为了提高专项素质与机能；混合性准备活动是一般性准备活动和专项性准备活动的综合。混合性准备活动所起的作用更大、效果更好。

第三节　工作适应过程

一、工作适应过程的概念

运动训练和从事一般工作一样，不可能在一开始就立刻达到最高水平，而是运动训练开始后在一段时间内逐步提高，这个逐步提高的过程称为运动训练适应过程。

二、工作适应过程的机制

工作适应过程是由人体内脏和多个器官系统本身的惰性引起的，这种惰性包括物理方面和生理方面。

（一）物理的惰性

物理的位移是在外力作用下沿着直线前进的。开始时，产生初速度，继而产生加速度，而加速度的快慢又取决于初速度。初速度小于加速度的原因是物体本身惰性的结果。人体的移动也符合这一规律。

（二）生理规律

（1）人的一切活动都是反射，反射要通过反射弧固定的神经联系，最简单的反射弧也要经过两个以上神经元的突触联系。突触间神经递质传递需要一定的时间，而运动性条件反射是复杂的、链锁的，要通过多个神经元和突触的传递，所以需要一定的时间。

（2）运动时内脏器官的惰性大于骨骼肌的惰性，为了满足骨骼肌活动时的供能要求，必须使内脏器官有一段加强活动的时间。

（3）动作越复杂，工作适应过程就越长，内脏器官惰性反应也更大。

（4）“极点”现象。由于内脏器官的活动赶不上运动器官活动时的供能需要，在运动开始后一段时间内，人体会感到呼吸困难、肌肉无力、动作减慢，有停止运动的想法，这种现象叫作“极点”。

“极点”的产生会影响运动成绩，它产生的原因主要是身体缺氧和体内乳酸堆积。乳酸的酸性较强，血液的乳酸可直接刺激大脑皮层产生保护性抑制，使得动作结构紊乱，运动成绩下降。

当“极点”产生后，应该继续活动，不要停下来，因为这时正是内脏机能扩大的有利时机。经过多次训练后，内脏器官机能提高，缺氧和乳酸刺激会减少，身体不适感会降低，运动成绩随之提高。

“极点”是中跑以上各项赛跑中极易出现的现象，要善于利用这一现象来扩大内脏器官的机能，让它产生良好作用。

赛前状态、准备活动和工作适应过程三者是互相联系、互相影响的，因此，在训练和比赛过程中应全面考虑三者的关系，使之达到预期的良好效果。

第四节　疲劳

一、疲劳的概念

由于工作或运动训练而出现的工作能力暂时下降的现象，叫作疲劳。这是一种正常的生理现象（保护性抑制），经过一段时间休息后，疲劳可以消除，又恢复工作能力。因此，它不会影响人体的健康（应与病理性的“过度训练”或“过度疲劳”相区别）。

二、疲劳产生的原因

人的一切活动都是反射，疲劳就出现在反射弧的某一环节中。反射弧的各环节中，以中枢神经最易产生疲劳，其次是效应器——运动终板，再次是肌纤维。

三、减轻或消除疲劳的方法

（1）推迟疲劳的出现。运动训练本身就是通过各种训练手段来减轻或推迟疲劳的产生并提高运动成绩的。这是因为训练后，人体各器官、系统得到了锻炼，提高了机体的工作适应性，运动的持续时间也会更久，并能保持动作协调、省力，出现节省化现象，从而推迟疲劳的出现。

（2）要会休息。"会休息，才会工作"。要提高运动成绩，除训练手段外，会休息也是一个重要方面。合理地休息可及早消除疲劳。休息的形式有两种：一种是静止性休息，又叫作消极性休息；一种是活动性休息，又叫积极性休息。

静止性休息的主要形式是睡眠。睡眠期间，体内物质代谢的同化过程加强，有利于机体消除疲劳。成人每日需要 7 ～ 8 小时睡眠，运动员应增加 1 小时。

活动性休息是采用转换活动或训练内容来代替静止性休息。活动休息不能代替睡眠，但对大脑皮层的机能提高很有好处。

不论是日常学习、工作还是运动，大脑皮层细胞都不可能全部兴奋，而是相关的皮层中枢部位兴奋，并产生疲劳。如果转换动作方式，使原来兴奋着的皮层转为抑制，而支配另一种活动方式的皮层中枢部位转为兴奋，并产生一种负诱导作用，使原先疲劳的皮层中枢部位抑制加深，更有利于疲劳的消除。

比如上课听讲，皮层听觉语言中枢产生疲劳，下课时，有的人采用消极性休息，趴在课桌上小睡；另一部分人会到院子里做游戏、跳绳等；下节课上课时，小睡者仍处朦胧之中，而玩耍者可能精神振奋，更能集中注意力听课了。

四、测定疲劳的方法

（一）观察法

观察运动员的反应，如出现面色苍白、眼光无神、表情淡漠、哈欠连连、反应迟钝、精神不集中、运动成绩下降等现象，可初步判定有疲劳产生。

（二）生理测定法

（1）视觉阈值增大（所谓阈值如同过门槛，门槛越高，跨过门槛时腿就得抬更高）：视敏度降低。

（2）测握力、背肌力，肌力减小。

（3）肺活量、呼吸差（吸气与呼气各测得的胸围数之差）、肺通气量均减少。

（4）安静时脉搏加快、血压升高。

（5）血糖下降，血乳酸增多，血液 pH 值 <7，呈酸性，尿液中出现蛋白。

通过以上指标的测定，综合分析后，可以确定疲劳程度，应消除疲劳。平时训练中应注意调整运动量，预防疲劳，使训练达到预期效果。

实训环节

实训十八　疲劳的测定

一、实训内容

（1）用主观的评价和测定法来衡量疲劳状态与疲劳程度。

（2）用客观的评价和测定法来衡量疲劳状态与疲劳程度。

二、实训目的

掌握多种评价和测定法来测量疲劳状态与疲劳程度，学会疲劳的测定。

三、实训仪器

闪烁融合测定仪、反应时仪、眼调节力测定仪、腱反射测定仪、心率计、血压计、血液成分分析仪、尿液分析仪、汗液分析仪等。

四、实训步骤

（1）设计一份自觉症状调查表，调查受试者的自觉症状。

姓名　　性别　　年龄　　作业

你感觉自己身体各部位的自觉症状如何？

……

（2）用闪烁融合测定仪测定被试者临界闪烁融合频率有否降低的倾向。

（3）用心率计测定被试者一分钟内的脉搏数。

（4）用自动血压计测定被试者的血压。

（5）用腱反射测定仪测定被试者的腱反射。

（6）用手指弯曲仪测定被试者在负荷状态下的手指弯曲数。

（7）结果描述。

①被试者是否有明显的疲劳感觉？

②被试者的临界闪烁融合频率是否低于正常？

③被试者的心率是否低于或高于正常？

④被试者的血压是否低于或高于正常？

⑤被试者的腱反射是否有异常？

⑥被试者负荷状态下手指弯曲数是否减退？

综合上述心理、生理指标评价被试者疲劳状态及疲劳程度。

五、实训练习题

（1）为什么要用综合方法来测定疲劳？
（2）本实训的结果能否说明疲劳状态与疲劳程度？

拓展阅读

消除运动员运动性疲劳的方法及恢复措施

一、运动性疲劳产生的机制

运动性疲劳是运动本身引起的肌体工作能力暂时降低，经过适当时间休息和调整可以恢复的生理现象，是一个极其复杂的身体变化综合反应过程。根据超量恢复理论、应激理论和运动训练理论，运动员运动水平的提高就是“疲劳—恢复—再疲劳—再恢复”这样一个超量恢复的良性过程，故而一般的运动性疲劳是一种正常生理现象。如果运动性疲劳没有得到及时恢复而使疲劳累积导致疲劳过度，或者发生运动性疲劳时没有及时进行调整，继续进行原有的运动，使疲劳程度加深导致力竭，就容易导致运动损伤，对健康造成不良影响。因此，应根据疲劳的产生机制、原因，分析疲劳并进行一定的客观判断，运用一些消除运动性疲劳的方法，使肌体快速有效地恢复，以便更好地投入运动训练、工作和学习生活中，从而保持并增强人体健康，延长运动寿命。

二、运动性疲劳的判断

科学地判断运动性疲劳的出现及其程度，对合理安排体育教学和运动训练有着十分重要的意义。对运动过程中产生的运动性疲劳，通常采用以下几种判断方法：

（一）主观感觉判断

瑞典生理学家冈奈尔·鲍格研究制定了主观感觉等级表，鲍格认为：“在运动时来自肌肉、呼吸、疼痛、心血管各方面的刺激都会传到大脑，从而引起大脑感觉系统的应激。”因此，运动员在运动时的自我体力感觉，是判断疲劳的重要参考依据。

（二）观察法判断

除去运动员主观不努力的因素，在运动过程中，如果观察到运动员不断出现注意力下降，动作变形和走样，动作的稳定性和精确性下降，速度、耐力和力量下降，运动成绩下降，反应变慢，辨别能力下降，缺乏信心和战斗精神及烦躁等现象，就可以肯定运动员出现运动性疲劳了。上述现象出现越多，运动性疲劳的程度就越严重。

此外，肌力测定、神经系统功能测定、感觉器官功能测定、生物电测定等方法也可测定运动性疲劳。

三、产生的机制

因为运动有不同的强度、不同的时间、不同的方式，所以产生疲劳的机制是不同的。对疲劳的产生机制有以下几种不同的学说：

（一）衰竭学说

衰竭学说认为疲劳产生的原因是能量物质的耗竭。其依据是在长时间运动中，产生疲劳的同时常伴有血糖浓度降低，补充糖后，工作能力有一定程度的提高。衰竭学说并不能解释所有项目引发的运动性疲劳的原因。

（二）堵塞学说

堵塞学说认为疲劳的产生是由于某些代谢产物在肌肉组织中堆积，其中主要是乳酸。其依据是疲劳的肌肉中乳酸等代谢产物增多，乳酸堆积会引起肌肉机能下降。

（三）内环境稳定性失调学说

该学说认为疲劳是由于血液pH值下降、水盐代谢紊乱和血浆渗透压改变等因素引起的。有研究表明，当人体失水占体重5%时，肌肉工作能力下降20%～30%，失水量过多时，易发生中暑。

（四）保护性抑制学说

该学说认为运动性疲劳是由于大脑皮质产生的保护性抑制。运动时大量的冲动传至大脑皮质相应的神经细胞，使其长时间兴奋，导致能量消耗增多，为避免进一步消耗，当能量消耗到一定程度时神经细胞便产生了抑制作用，这对大脑皮质有保护性作用。

（五）突变理论

爱德华兹根据肌肉疲劳时能量消耗、肌力下降和兴奋性丧失三维空间关系，提出了肌肉疲劳的突变理论。他认为运动性疲劳是由运动过程中上述三维空间关系改变导致的。该学说避免了用单一指标来研究运动性疲劳的缺陷。

（六）自由基学说

自由基学说从氧自由基—脂质的氧化、内分泌调节机理下降、保护性抑制等方面对运动性疲劳进行了综合解释。

上述几种运动性疲劳产生机制的学说是从不同角度提出的观点。运动性疲劳是体内的一系列复杂变化，必须综合分析和认识，根据运动方式、强度、时间及运动者个体差异来采取有针对性的消除方法及合理的预防措施。

四、消除运动性疲劳的方法

消除运动性疲劳的方法很多，单独使用某一种方法有其局限性，必须综合应用才能有较好的效果。因为导致疲劳发生的原因很多，又有个体的运动能力等方面的差异，所以对疲劳的分析必须整体综合考虑。运用消除疲劳的方法也要因人而异，有针对性地选择。下面是通过对有关资料的研究总结出的几种消除运动性疲劳的方法，以供参考。

（一）睡眠

睡眠是人在24小时内产生的周期性需求。一定时间的睡眠对消除疲劳是必不可少的，而且必须保证足够的睡眠时间和深度。每天应保证8 ～9 小时的睡眠，特别是在大运动量训练和比赛期间，睡眠时间应适当延长，可延长到10 小时。如果全天都安排训练，中午适当午睡（1 ～2 小时）是必要的。

（二）整理活动

整理活动（包括慢跑、呼吸体操及各肌群的伸展练习等）是消除疲劳、促进体力恢复的一种良好方法。在运动后做整理活动的量不宜大，动作应尽量缓慢，使身体逐渐恢复到安静状态。整理活动可使心血管系统、呼吸系统仍保持在较高水平，有利于偿还运动时所欠的“氧债”。

（三）物理疗法

按摩是常见的一种物理疗法，它可以促进血液循环和淋巴循环，加速疲劳消除及机能的恢复，能够促进大脑皮层兴奋与抑制的转换，使因疲劳引起的神经调节紊乱消失；加强局部血液供应，促进代谢产物的排出，是加速疲劳消除的有效手段之一。目前常用的按摩方法有机械按摩（按摩椅、带式按摩机、按摩床、滚动放松机和小型按摩器）、水力按摩、气压按摩及人工按摩。按摩可在运动结束后与整理活动一并进行，也可在运动结束洗澡后或晚上临睡前进行。当运动员感觉非常疲劳时，需休息2 ～3 小时再进行按摩。

（四）心理学恢复

心理恢复主要是意念活动，通过一定的套语暗示进行导引，使肌肉放松，心情平静。例如：躺在一个舒适的地方（空气新鲜）给自己心理暗示：我放松了，没劲了，眼皮发沉，腰背放松，大、小腿放松，全身放松等。在设计暗示语时，无须考虑语言修饰和语言的逻辑性。暗示放松时间为10 分钟左右。

五、恢复的措施

恢复的措施主要有训练课上的暂时性恢复和课后的全面恢复。

（资料来源：滨州市中心医院网站）

第十六章 运动处方

学习要点

1. 运动处方的概念。
2. 制定运动处方的基本要素。
3. 运动处方的实践应用。

第一节 运动处方概述

一、运动处方概念

运动处方的概念最早由美国科学家提出。运动处方（The Exercise Prescription）是指针对个人的身体状况而制定的一种科学的、定量化的周期性锻炼计划，即根据对锻炼者所测试的实验数据，按其健康状况、体力情况及运动目的，用处方的形式制定适当的运动类型、强度、时间及频度，使锻炼者进行有计划的周期性运动的指导性方案。运动处方是随着运动生理学的发展而逐渐成熟和完善起来的。随着康复医学的发展，运动处方逐渐成为指导人们有目的、有计划、有针对性地进行科学锻炼的方法。随着人们生活水平的不断提高，对运动和锻炼的需求也日益增大，如何引导人们适当地进行锻炼，既充分利用有效时间，又避免过犹不及造成的运动损伤，成为人们关注的问题。

根据运动目的不同，可将运动处方分为健身运动处方、健美运动处方、竞技运动处方和康复运动处方等。

二、运动处方基本要素

运动处方的基本要素包括运动目的、运动类型、运动强度、运动时间、运动的时间带、运动频度和注意事项等。

1. **运动目的**

运动目的具有主观和客观的双重性，主要包括以下方面：

（1）促进健康及生长发育。

（2）防治某些疾病，塑造形体，延缓衰老。

（3）增强体质，提高工作效率。

（4）丰富文化娱乐生活，调节心理状态，促进心理健康。

（5）学习掌握运动技能和方法，提高运动竞技水平。

2. **运动类型**

运动可按不同的方法进行分类，较常用的分类方法有以下几种：

（1）按肌肉活动特征分类

按肌肉活动特征分类，运动可分为动力性运动与静力性运动。动力性运动是人体多数环节在一定时间内维持相对运动状态。例如跑步、跳跃等。静力性运动是人体多数环节在一定时间内维持相对静止的固定姿势，如支撑倒立、蹲马步和十字悬垂等。

（2）按动作结构特征分类

按技术动作结构特点，可将运动分为周期性运动、非周期性运动和混合性运动三大类。

周期性运动是按一定程序周而复始地重复相同动作的运动，如走、跑、骑自行车、滑雪、划船和游泳等。这类运动的动作结构简单，强度易于控制。周期性运动是运动处方中采用较多的运动类型。

非周期性运动是按一定顺序进行的、各个动作要素没有周期性重复的运动，如体操、武术、摔跤、跳水、打羽毛球和乒乓球等。这类运动对动作的技术要求较高，不容易掌握，但能较好地提高参与者的运动兴趣和保持运动的兴奋状态。

混合性运动是既有周期性运动成分又有非周期性运动成分的运动，如跳高、跳远、篮球、足球、手球和花样滑冰等运动项目。运动中的跑动是周期性的，而跳跃、投篮、射门和传球等动作属于非周期性运动。

（3）按肌肉工作的相对强度分类

根据完成各种动作的速度与时间之间的关系，按照肌肉工作的强度，将运动划分为极限强度、次极限强度、大强度和中等强度的运动。

极限强度（最大强度）运动是指人体以最大速度或最大力量持续 10 ～ 30 秒的运动，如 100 m 和 200 m 跑、50 m 游泳和短跑等周期性运动，以及跳高、跳远、投掷、举重和跳马等非周期性运动。

次极限强度（次最大强度）运动是指人体快速紧张工作持续 30 秒到 3 分钟的运动，如 400 m ～ 1500 m 跑、100 m ～ 200 m 游冰等周期性运动，以及自由体操、武术、散打、摔跤和拳击等非周期性运动。

大强度运动一般指人体紧张工作能持续 5 ～ 30 分钟的运动，如 10 000 m 长跑等。

中等强度运动指人体能持续 30 分钟以上的周期性运动，如马拉松跑、公路自行车、长距离游泳和越野滑雪等运动项目。

（4）按运动供能特点分类

根据肌肉收缩时的代谢特点，可将运动分为无氧供能（或无氧供能为主）运动和有氧供能（或有氧供能为主）运动两大类。

无氧供能为主的运动包括最大强度及次最大强度的运动。有氧供能为主的运动包括无氧阀强度运动、中等强度运动和低强度运动等。中等强度的有氧运动是健身运动处方中经常采用的运动，供能物质以糖和脂肪的有氧氧化为主，如竞走、超长跑、长距离游泳和滑雪等，以及群众性体育活动中的健美操、有氧舞蹈和球类运动等。低强度有氧运动主要以脂肪的有氧氧化提供能量，心肺功能指标变化不超过本人最大值的50%或60%，如步行、慢跑、保健操、太极拳和养生气功等。

3. **运动类型的选择**

健身运动处方包括以下三种主要运动类型：①有氧耐力性运动；②抗阻力量性运动；③伸展柔韧性运动。

根据运动目的和身体具体情况，选择三种类型的比例应有所不同。有氧耐力性运动主要是改善和提高人体的有氧工作能力，这类运动有步行（散步、快走、定量步行及走跑交替等）、慢跑（或健身跑）、公路自行车、跑步机上跑步、有氧舞蹈、健美操和不剧烈的球类运动等。抗阻力量性运动是以增强力量、健美形体为主的运动，如利用杠铃、弹簧和橡皮筋等负重法或阻抗法进行的力量练习。伸展柔韧性运动是以调整呼吸节律为主的运动，如慢节奏健美操、医疗体操和各种养生气功等等。

4. **运动强度**

运动强度是运动处方中决定运动量最主要的因素。运动强度是指单位时间移动的距离或速度，或肌肉单位时间所做的功。

运动强度分为绝对强度和相对强度两大类。健身运动处方中负荷强度的设定以控制在人体有氧代谢工作的范围内为原则，即按肌肉工作相对强度分类中的大强度、中等强度以下的负荷强度；或按运动供能特点分类中有氧供能为主的运动。青壮年可以进行个体乳酸阀强度以下的有氧运动，中老年则只适宜中等以下强度的有氧运动。若以心率为指标，则达到有氧工作心率范围为：一般人相当于本人最大心率的60%～85%，中老年人在本人最大心率的60%～75%较为适宜，即每分钟120～160次。

5. **运动时间**

运动时间指每次运动持续的时间，是组成运动量的重要因素。运动时间依负荷强度而发生变化。在制定运动处方时，有时采取较低的负荷强度和较长的运动时间，而有时则采取短时间高强度的重复运动。负荷强度确定后，持续该强度的运动时间就成为影响锻炼效果的重要因素。运动时间过短，对机体不能产生作用，达不到应有的效果；运动时间过长，又可能超过机体的负担能力，造成疲劳积累而损害身体。因此，应根据运动目的及负荷强度来设定能引起机体产生最佳效果的运动时间，即必要的运动时间。比如，锻炼心血管功能的健身运动处方，较适宜的运动时间在 15 分钟以上，其原因有三：

第一，人体各器官、系统的工作效率是在运动开始后一段时间内逐步提高的，人体运动 20 ～60 秒后心率即可达到必要的水平，而心输出量、吸氧量和氧脉搏在运动后 2 ～3 分钟才急剧增加，其后逐渐增加到较高水平需 4 ～7 分钟。

第二，人体通过一段时间的运动，从相对安静状态进入适宜强度的运动状态，并非达到了运动目的，只是完成了克服生理惰性、激发和动员心脏储备力的工作。研究表明，健康人心率在 150 次/分以上，持续运动 5 分钟以上才开始产生效果。

第三，在完成正式的运动以后，应逐渐降低负荷强度继续运动 5 分钟以上，使人体由较紧张的肌肉活动状态逐步过渡到相对放松状态，以利于身体的恢复。

据研究，每次运动持续 20 ～60 分钟对于提高心血管系统机能和有氧工作能力较适宜。

6. 运动的时间带

运动的时间带是指一天中进行运动的时机（即在何时进行运动）。应根据人的生物节律周期及日节律来合理安排运动的时间带。例如，高血压患者运动的时间带，白天比早晚要好，其理由是脑溢血的发病有早晚多而白天少的倾向。特别是冬天，由于气温低，血压容易升高，在早晚进行健身运动存在潜在危险。

研究表明，人体在凌晨至 8 点血液黏度显著增高。也有资料显示，人体血液流变学各项指标从 20 点至次日 6 点呈不同程度上升趋势，其中血黏度、红细胞压积和红细胞聚集指标呈线性上升，0 ～6 点升高尤其明显，可能是由于连续睡眠期间液体摄入量减少，动脉血压及纤维蛋白原改变等因素所致。

7. 运动频度

运动频度通常指每周运动的次数。运动是一个由量变到质变的过程，所以要求经常锻炼，但也不能急于求成使运动频度过高。如果一次运动后，运动对机体的良性作用完全消退后再进行第二次运动，则前一次运动的效果不能被蓄积；如果一次运动后，运动对机体的良性作用还未出现（也就是前一次运动的疲劳尚未消除）就紧接着进行第二次运动，则会造成疲劳蓄积。以上两种运动间隔形式都不能取得满意的效果，后一种形式如长期下去还将造成机体过度疲劳。所以要根据运动目的和身体情况来设定正确的运动频度。

如果以健身或康复为目的，一般人的运动频度以每周三次以上为宜，同时还应结合每次运动的强度、持续的时间、个人的身体恢复情况以及对运动的适应能力等因素综合考虑。如果每次锻炼的运动量不大（但要达到锻炼效果的最低限度）也可增加运动频度，每天运动一次甚至两次，使体育锻炼成为生活的组成部分，作为每天生活中的习惯性活动，只要没有疲劳的积累，对身心健康是有益的。

8. **注意事项**

以治疗和康复为目的的运动处方中应指出禁止参加的运动项目、健身运动中自我观察指征和停止运动的指征，重视做好准备活动和整理活动，等等。同时要让参加健身运动的人掌握和了解一些必要的体育健康知识，如运动后不要立即坐下或躺下，以免引起“重力性休克”或其他不适感，不能立即吃生冷食物，不能马上游泳或冷水浴，等等。

第二节 运动处方的制定

一、健康调查与评价

制定运动处方前，需全面了解受试者的病史、运动爱好、饮食情况、生活方式、运动目的和居住环境等情况，并进行一般体检、人体测量，对受试者的健康状况作出初步评价。可设计表 16 –1 所示的运动处方调查表。

表 16 –1 运动处方调查表

姓名	性别	年龄	职业
联系地址		处方号	
（一）临床检查			
现有病诊断		就诊日期 年 月 日	
1. 心电图检查		安静心率	血压
2. X 射线检查	肺	CT 或 B 超	
3. 化验检查	尿常规	胆固醇	甘油三酯
4. 运动试验		最大负荷时心率	
5. 体成分测试与分析			
6. 运动爱好			

注：虚构数据，仅作举例之用。

健康的评价不能仅限于躯体的健康，还应包括精神、心理状态、道德行为及社会适应能力等多方面，需要进行多指标的综合评判。

二、运动试验

根据健康调查的初步健康评价进行运动试验，其目的在于评定受试者的心血管机能，发现潜在的心血管疾病，测定最大摄氧量和最大心率等指标，为制定运动处方提供定量依据。

为了保证安全，不宜对心血管病患者进行最大摄氧量和最大心率的测定，可根据定量负荷时的心率或吸氧量间接推算最大摄氧量，用“220 - 年龄”推算最大心率。

可以通过测定握力、背力、立位体前屈、闭眼单足立、反复横跨、俯卧撑、5 分钟跑、12 分钟跑和纵跳等指标来进行体质测试及生理年龄评定。

根据以上检查结果便可制定运动处方。制定运动处方时要按照处方的内容逐项决定运动目的、运动类型、运动强度、运动时间及时间带、运动频度和注意事项等。其中负荷强度应设定出安全界限和有效界限，还应设定出必要的运动时间。

三、健身跑运动处方实例

1. 运动目的

（1）改善心肺功能，提高有氧耐力，增强体质。

（2）调节神经系统功能，尤其是调节植物性神经系统功能。

（3）改善消化系统功能。

（4）促进脂肪代谢，控制体重，减肥健美。

（5）防治高血脂、高血压和动脉硬化等心血管疾病。

2. 运动形式与方法

锻炼者健身跑的方法很多，如走跑交替、匀速跑、间歇跑、变速跑等，最重要的是循序渐进，根据身体情况和健康水平等进行选择，并持之以恒。对开始从事健身跑的人，采用走跑交替和匀速跑为好。

3. 负荷强度

健身跑的负荷强度主要通过跑步的速度来反映。在锻炼的初期，要严格控制跑速，跑步的持续时间则可逐步加长。健身跑一般采用中等强度。负荷强度是否适宜，可通过测定心率和自我感觉来掌握。通常采用的标准为：（220 - 年龄）×70% 或 80%。身体健康但未经训练的人，心率应在每分钟 140 ～ 150 次；50 ～ 60 岁的健康中年人在参加锻炼的初期，其脉搏频率一般不应超过每分钟 140 次。

4. 运动时间、频度与时间带

（1）运动时间

对于身体健康且经常锻炼者，每次持续运动时间在 20 ～ 40 分钟，至少 15 分钟。对从未参加过运动锻炼或身体较弱者，锻炼初期每次运动时间可适当减少，待身体适应后再逐渐增加每次运动的时间，直至达到要求的限度。对于以减肥为目的的健身跑，可适当延长运动时间，一般不少于 40 分钟。

（2）运动频度

可根据个人对运动的反应和适应程度确定运动频度，一般每周三次或隔日一次较好，每周运动总时间不得低于 80 分钟。

（3）运动的时间带

一天中何时锻炼较好，应因人而异。有人认为清晨空气新鲜，习惯于早起的人多喜欢清晨跑步。现在选择晚上跑步的人也日渐增多。中青年人可以根据自己的生活习惯选择方便的时间，不过每次锻炼的时间带尽量相对固定为好。中老年人运动的时间带应有所选择。人体血液流变学的日节律研究证明，血液的黏度在夜晚 22 点以后至清晨 8 点呈不同程度的增高趋势，尤其是凌晨 4 ～ 6 点升高明显。据统计，此时间带心脑血管意外的发生率亦最高。所以为避免意外，中老年人应尽量不选择清晨做较大强度的锻炼；要注意加强清晨锻炼的准备活动，不要一起床就跑步，尤其是在前一天工作较紧张、睡眠不充分，或身体感觉不适的时候不要勉强运动。

5. 注意事项

（1）做好充分的准备活动

跑步前要做好充分的准备活动，促进血液循环，加强肌肉的收缩功能，防止肌肉拉伤和剧烈运动开始时出现心肌缺血。长期在水泥地跑步的人要避免小腿胫骨劳损，尽量选择在草地或泥土地上跑步。

（2）冬天跑步要注意防寒

穿衣多少要根据天气寒冷程度、个人抗寒能力和跑步运动量来确定，以跑时不感到太冷又不大量出汗为原则。

（3）患病时要注意休息

感冒、发热和腹泻时不宜跑步，妇女在月经期间也应暂停健身跑锻炼；慢性病患者进行运动健身跑须经医生的检查许可，并做好自我检查，按时去医院复查。

实训环节

实训十九　运动处方的制定

一、实训内容

（1）针对不同人群特点制定运动处方。

（2）有氧耐力运动处方的制定。

二、实训目的

学会针对不同人群制定不同运动类型的运动处方。

三、实训材料与器具

心率计、血压计、记录纸等。

四、实训步骤

(1) 明确制定有氧耐力运动处方的目的：改善心肺功能，提高有氧耐力，增强体质。

(2) 运动项目：有氧慢跑、游泳、登山、自行车。

(3) 运动强度：30 ～ 45 岁身体健康而未经过训练的人心率在 140 ～ 150 次/分。50 ～ 60 岁的健康中年人在参加锻炼的初期心率不应超过 140 次/分。

(4) 运动时间。

①身体健康且经常参加锻炼者，每次持续运动时间为 30 ～ 40 分钟。

②从未参加运动锻炼或者身体虚弱者，锻炼初级阶段每次运动时间可以适当减少，当身体适应后再逐渐增加。

(5) 运动频率。

一般一周 3 次或者隔日一次，每周运动总时间不得低于 80 分钟。

(6) 注意事项。

①老年人要避免在 22：00 到 8：00 进行运动，因为这段时间血液黏度增加。

②要充分做好准备活动。

③掌握好呼吸节奏。

④冬天运动时要注意保暖。

⑤患病时要注意休息。

⑥运动时要注意安全，防止运动损伤。

五、实训练习题

(1) 制定运动处方的原则和依据是什么？

(2) 什么是运动处方？

拓展阅读

体力活动指南及其发展
——进行多少体力活动才最合适

体力活动是指任何由骨骼肌收缩引起的导致能量消耗的身体运动。

最早的体力活动指南是从 1970 年开始的。比如美国运动医学学院和美国心脏协会，建议进行较大强度运动（比如跑步）每次至少持续 20 分钟，每周至少 3 天。此类锻炼计划是以改善心肺适应能力为目的，但是如果应用于身体健康的年轻人，则需要一份强度较高的训练计划。

到 1990 年中期，大量对普通人群进行的流行病学研究的文献中显示：中等强度体力活动有益于健康（比如健步走），进行体力活动不必过分强调较长的持续时间，即使仅有 8 至 10 分钟也会产生健康效益。

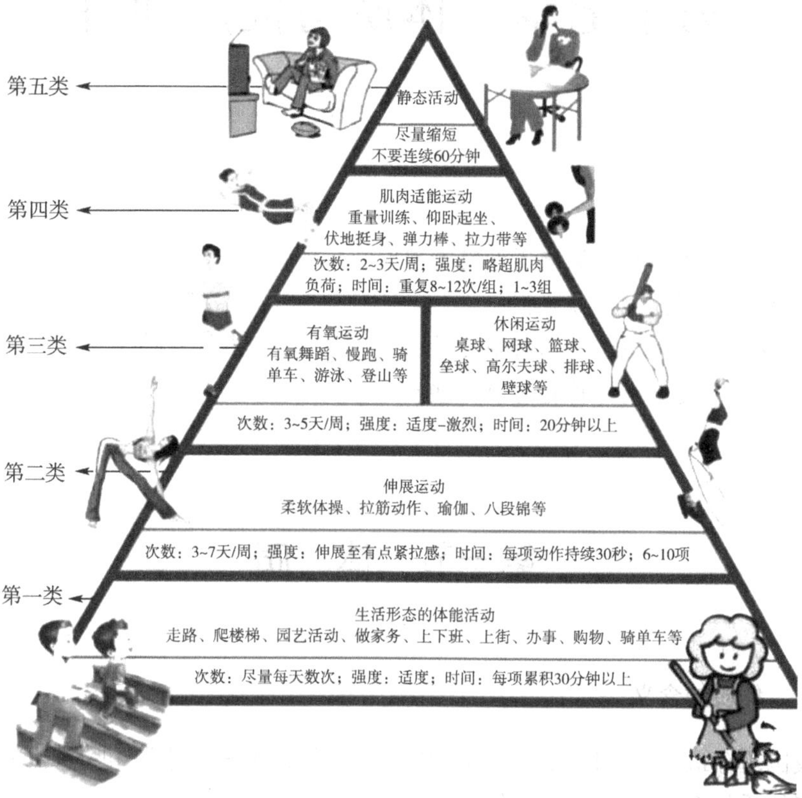

到 2008 年，美国体力活动指南建议青年人每周至少进行 150 分钟的中等强度有氧活动，或者每周至少进行 75 分钟较大强度的有氧活动，或者是两者搭配的相等能量消耗的有氧活动以获得健康效益，并加上每周两天的肌肉力量训练。指南中进一步提出了量效关系，指出更多的健康获益可通过每周 300 分钟及以上中等强度有氧活动；每周 150 分钟及以上较大强度有氧活动，或中等和较大强度有氧活动结合达到相同能量消耗水平。同时建议，进行体力活动每次至少持续 10 分钟，每周体力活动总量分散为 1 周内规律的多次活动（如 1 次 30 分钟中等强度有氧活动，每周 5 天）以降低肌肉骨骼损伤的风险。

体力活动指南仍在发展与进步，其存在的不足与最新进展需要我们共同去探究。

（资料来源：“北京体育大学运动处方研究中心”公众号）

第十七章　体质与健康评价

学习要点

1. 什么是体质？其影响因素有哪些？
2. 如何理解健康新概念？
3. 亚健康的表现和基本特征是什么？
4. 人体主要健康评价指标有哪些？

第一节　体　质

一、体质的含义

我国现存最早的中医典籍《黄帝内经》中就提出了“素”和“质”的概念，阐述了体质的全面系统分类，体质与生理、病理的广泛联系以及与寿命的关系等一系列问题，该书作者通过长期的医疗实践，认识到人的个体间存在着种种体质差异。在其后的各种中医书籍中也都有诸如“禀赋”“禀质”等关于体质的说法。清朝叶桂所著《华岫云》一书中正式提出了“体质”一词。

经过不断探索与研究，我国体育界和运动医学研究领域对体质的概念做了如下描述：体质是指人的身体质量，是个体在生命过程中，在先天遗传和后天获得的基础上表现出的形态结构、生理机能和心理状态方面综合的、相对稳定的特质。它包括健康水平、身体对疾病的抵抗能力以及对环境的适应能力。综合以上体质的概念，对体质的评价应当包括身体素质和心理素质。

根据体质的定义可知，体质的形成是先天遗传因素和后天因素共同作用的结果。体质在很大程度上由先天因素决定，如身体结构，包括身高、体型等。但后天因素影响作用也很大，如人的适应能力和心理因素与环境有关，身体素质则可以通过体育锻炼得到完善和提高。影响体质的因素很多：首先是先天因素，其次是饮食习惯、劳动、情志、疾病和锻炼等后天因素。另外，年龄、性别、生活的地理环境因素也会对体质的形成起到一定的影响作用。

了解影响体质的因素可以帮助我们找到改善体质的努力方向，从而增进身体健康。体质的构成见表 17－1。

表 17－1　体质的构成

<table>
<tr><th rowspan="6">人体</th><th colspan="2">构成</th><th>内容</th><th>评价</th></tr>
<tr><td rowspan="2">身体素质</td><td>形态结构</td><td>生长发育水平、体格、姿态等，如身高、体重、围度、身体成分</td><td>达标/正常或异常</td></tr>
<tr><td>生理机能构造系统</td><td>脑和中枢神经系统、心血管系统、呼吸系统、免疫系统、消化系统、内分泌系统、运动系统、泌尿生殖系统等，包括各自分工不同的器官、组织</td><td>机体各系统运转正常，人的身体就健康，任何一个环节不协调（机能状态失去平衡）就会生病</td></tr>
<tr><td rowspan="3">心理素质</td><td>身体对环境的适应能力</td><td>身体对自然环境的适应性和调节性、对疾病的抵抗力和免疫力</td><td>适应能力（抵抗力）强或弱</td></tr>
<tr><td>气质</td><td>个体心理特征、心理过程、心理倾向、自我意识</td><td>心理健康或心理障碍</td></tr>
<tr><td>心理对社会环境的适应能力</td><td>人体对社会环境的适应力，如在关系处理、工作胜任、对理想与现实的认知等方面表现出的心理适应力</td><td>适应力强或弱</td></tr>
</table>

二、健康

“体质”与“健康”这两个概念都是对人的生命质量和生存状态的评价，但是两者适用范围有差别。同样是健康的人，其体质却千差万别。

1948 年，在世界卫生组织（WHO）的宪章中，首先提出了健康的含义，认为“健康不仅是免于疾病和衰弱，而是保持身体上、精神上和社会适应方面的完美状态”。这标志着生物—社会—心理医学模式的三维健康观的形成。至此，人们对健康的认识拓展到生理、心理、社会学领域，甚至涉及道德和生殖健康内容。1978 年，在国际初级卫生保健大会通过的《阿拉木图宣言》中提出，“健康不仅是疾病和衰弱的匿迹，而且是身心健康、社会幸福的完美状态”。1990 年世界卫生组织明确提出“健康应包括身体健康、心理健康、社会适应良好和道德健康”。

（一）身体健康（生理健康）

身体健康指身体结构和功能正常、身体各系统无疾病的一种状态。生理健康所受到的威胁更多地强调自然界对人体生理和病理的影响，这些自然因素包括气候、季节、细菌、病毒以及环境等。

（二）心理健康

心理健康指个体心理发展比较完善，有健全的人格，个人的心理倾向和行为与现实要求之间能保持和谐正常的状态。经现代医学调查，有50%～70%的人有心理异常表现，这些人尽管尚未达到求医的程度，但一旦受到精神刺激，心理健康便受到威胁。

（三）社会适应良好

社会适应良好指个体有较强的社会适应能力，能胜任各种社会和生活角色。随着人们生活节奏加快，人际关系变得复杂，在日趋激烈的社会竞争中，伴随各种不同价值取向而产生了困惑、抑郁、孤独与失落等不良情绪。在这样的“快节奏”背景下，人们必须适应社会环境。

世界卫生组织提出的人体健康的十个标志是：

第一，有充沛的精力，能从容不迫地担负日常生活和繁重工作，而且不感到过分紧张和疲劳。

第二，处事乐观、态度积极，乐于承担责任，事无大小，不挑剔。

第三，善于休息，睡眠好。

第四，应变能力强，能适应外界环境各种变化。

第五，能抵抗一般感冒和传染病。

第六，体重适当，身体匀称，站立时，头、肩、臂位置协调。

第七，眼睛明亮，反应敏捷，眼睑不易发炎。

第八，牙齿清洁，无龋齿，不疼痛，牙龈颜色正常，无出血现象。

第九，头发有光泽，无头屑。

第十，肌肉丰满，皮肤有弹性。

（四）亚健康概述

1. 亚健康的概念

通常人们把健康称为人体的“第一状态”，把身患疾病称为“第二状态”，而把介于健康状态与疾病之间的生理状态称为“第三状态”。“第三状态”也叫疾病前状态或“亚健康”。所以，亚健康的明确定义应该是：无明确疾病（包括躯体的和心理的），但却表现为衰弱、活力下降、对外界适应能力减弱、劳动能力降低甚至丧失的状态。

2. 亚健康状态的表现

亚健康在临床上有各种各样的表现，主要是“一多三减退”，即疲乏多，活力减退、反应能力减退、适应能力减退。具体表现为精力不足、疲劳困乏、注意力不集中、头痛、肩酸痛、腰痛、背痛、双腿乏力、食欲不振、心慌、气短、月经不调、性功能减退等。

3. **亚健康的基本特征**

亚健康的基本特征是身体虽然无明显疾病，但却表现为精神状态欠佳、体力下降、适应能力减弱。“亚健康”会或短或持续地出现，但通过科学调理又可明显消失，恢复健康状态。

4. **产生亚健康状态的原因**

产生亚健康状态的原因很多，但主要是来自工作和生活方面的压力。这些压力主要表现在三个方面：

首先，来自学习方面的压力。现在成年人面对资讯爆炸、变化加速的社会，知识更新快，只有终身学习才能保持自身的竞争力。这种学习新知识、新技能的压力越来越大。

其次，来自工作方面的压力。市场经济加剧了各行各业的竞争，学生就业难、工人下岗失业、职员实行聘任制、求职难等问题波及很多人，即使有一份稳定的工作，如果不持续努力，仍然会面临下岗的威胁。为了适应充满竞争的社会，人们不得不承受沉重的工作压力。尤其是中青年人，这种压力使其疏于运动，所以，中青年呈现亚健康状态的比例逐年增加。

第三，来自生活方面的压力。快节奏的生活占据了人们大部分时间，给人们的恋爱、婚姻、家庭带来了很多不确定因素，使情感受挫机会增加；由于各种利益的冲突，使人际关系变得更加复杂，产生了一些烦恼。此外，环境污染、交通拥挤、住房紧张、家庭事务这些生活琐事也不同程度地影响着人们的健康。

来自上述三方面的压力如果一直得不到舒解，久而久之，人们的心理就容易出现偏差，行为就容易出现异常，从而引起情绪不佳、心理不安、喜怒无常，也就是人们所说的亚健康状态。

5. **亚健康的预防**

当机体处于亚健康状态时，各系统器官并不一定会出现明显的问题，此时医疗健康体检的结果可能正常，但是，体质检测则可能出现机体的活力降低和各种慢性病症。如心肺功能降低，可以表现为容易疲劳；人体成分检测可以反映营养状况；反应时检测可以测试人的综合反应能力等。所以，定期进行体质检查可以帮助人们有效地预防亚健康。

要走出亚健康状态，积极地进行自我保健是关键。积极的自我保健要注意以下“五要”。

第一，要了解生理周期。

每个人的心理状态和精神状态一天中总是不断变化的，有高潮也有低谷，因人而异。不妨连续测定一下自己每天的心理状态和灵敏反应，找出自己的精力曲线变化规律，然后合理安排一天的工作和活动。这一点对于亚健康状态者很有必要。

第二，要合理膳食。

不断补充营养是保持人体精力充沛的前提，亚健康状态者每日应保证蛋白质、脂肪、碳水化合物、维生素等必需的营养物质。要注意克服两种不良的膳食倾向：一是食物中某些营养素和热量不足；二是食物营养和热量过剩。这两种倾向都会导致身体出现亚健康状态。

第三，要采取适合自己身心状况的健身运动。

运动是走向健康的重要途径。无论是家务清洁工作、跳舞或是外出步行、参加竞技体育运动等，只要身心状况允许，都要坚持下去。运动不仅对身体有益，而且还能调节、稳定情绪，促进心理健康，从而使人保持健康的生活方式，有效地控制和预防亚健康。

第四，要保持心态平衡。

“人生不如意事十之八九”，如何去看待、评价、应对这样或那样的痛苦和烦恼，是最重要的。要通过心理调节，使自己迅速恢复和保持良好的心态，切忌情绪先行。只有调节好情绪，才能解决问题。

第五，要学会倾诉。

倾诉是缓解心理压力、排除烦恼的有效方式。当今社会，人们的压力越来越大，生活中让人烦心的事越来越多。遇到压力和频恼时，应敞开心扉，及时向朋友、亲人倾诉，以此获得精神支持。

（五）健康状况综合自测标准

以下为世界卫生组织提出的身心健康新标准，可供自我评价：

1. 躯体健康标准（五快）

（1）快食：指胃口好，不挑食，吃得迅速；说明人体内脏功能正常。

（2）快便：指大小便通畅，便时无痛苦，便后感舒服；说明人的胃肠功能良好。

（3）快眠：指人入睡快，睡眠质量高，睡醒时精神好；说明人体中枢神经系统的兴奋、抑制功能协调，内脏无病理信息干扰。

（4）快语：指说话流利，语言表达准确；表明头脑敏捷，心肺功能正常。

（5）快走：指行动自如，步伐轻捷；说明精力充沛，身体状况好。

2. 心理健康标准（三良好）

（1）良好的个性：指心地善良、乐观处世、谦和、正直无私、情绪稳定。

（2）良好的处世能力：指沉浮自如，客观观察问题，有良好的自控能力，能较好地适应复杂的环境变化。

（3）良好的人际关系：指待人接物宽和，不过分计较小事，能助人为乐、与人为善。

三、和体质相关的几个概念

1. 体能（体适能）

美国运动医学学会认为：体适能包括“健康体适能”和“技能体适能”。

健康体适能的主要内容如下：

（1）身体成分：人体内各种组成成分的百分比。身体成分保持在正常百分比范围对预防某些慢性病如糖尿病、高血压、动脉硬化等有重要意义。

（2）肌力和肌肉耐力：肌力是肌肉所能产生的最大力量，肌肉耐力是肌肉持续收缩的能力，是机体正常工作的基础。

（3）心肺耐力：又称有氧耐力，是机体持久工作的基础，被认为是健康体适能中最重要的要素。

（4）柔软素质：指在无疼痛的情况下，关节所能活动的最大范围。它对于保持人体运动能力、防止运动损伤有重要意义。

技能体适能包括灵敏、平衡、协调、速度、爆发力和反应时间等。这些要素是从事各种运动的基础，但没有证据表明它们与健康和疾病有直接关系。

体适能以体适能商的高低来评价。体适能商是健康体适能和技能体适能的综合反映，其得分是两者之和。健康体适能和技能体适能各占 50% 为记分依据，也就是身体成分、肌力和肌肉耐力、心肺耐力和柔软素质总共占 50 分，而灵敏、平衡、协调、速度、爆发力和反应时间共占 50 分。体适能商越高代表身体机能越好。

据《美国医学会杂志》（*Journal of the American Medical Association*）刊登的一项由哥伦比亚南卡罗莱纳州立大学 Steven Blair 教授牵头的研究显示，体适能商高者比体适能商低者更为长寿，体适能商高者的死亡率还未到体适能商低者的一半，且他们伴发高血压、高甘油三酯或糖尿病等心血管疾病的概率也小得多。

体适能检测的五个指标如下：

（1）心肺耐力。通过男子 1600 m、女子 800 m 跑测定。

（2）肌力。通过立定跳远测定。

（3）肌耐力。通过 1 分钟仰卧起坐测定。

（4）柔软度。通过坐姿体前屈测定。

（5）身体组成。通过身体质量指数 BMI 测定。

2. 健康素质和运动素质

为了更好地从运动的角度来研究身体素质，将身体素质分为健康素质和运动素质。这种划分有别于传统概念中的身体素质，它更全面、更完善。身体素质是人体结构、人体组成成分、机体的各种适应能力（免疫性、适应性、调节性）和运动器官能力（心肺耐力、肌肉力量耐力、柔韧性、灵活性、爆发力、速度）的综合体现。健康素质是针对大众而言的，具有共性。健康素质可从人体结构、人体组成成分、机体的各种适应能力（免疫性、适应性、调节性）和运动器官能力（心肺耐力、肌肉力量耐力、柔韧性、灵活性、爆发力、速度）等内容评价。健康素质的高低是衡量一个人体质状况的重要指标。研究表明，人体各项身体素质指标在 23 岁时是最高峰，此后逐年下降。因此，大学阶段是提高身体素质的关键时期，抓住这一时机进行全面的身体素质训练，对一生的身心健康发展具有深远意义。运动素质则是针对某类人群或从事某种特殊工作或活动的人而言的，可根据速度、力量、灵敏性、协调性、平衡力和反应等加以评价，如体操运动员应该具备高于大众的柔韧性和平衡力，而短跑运动员则在速度方面非常突出，举重运动员要求在肌肉耐力和爆发力方面有较高的水平。

四、国民体质监测概述

1. 国民体质监测的含义

国民体质监测是国家体育总局为了更好地了解全民体质情况，促进全民健身运动的开展，以达到“增强人民体质”的目标，在全民范围内广泛推行开展的一项体质监测工作。通过建立国民体质监测指标体系，开展国民体质监测工作，对国民体质状况进行动态观察和比较，以科学的方法客观评价发展体育运动的效果，从而为衡量全民健身计划实施的成果和体育事业发展的成就提供科学依据。所以，国民体质监测是全民健身工作向着科学化迈进的重要标志。成人体质监测指标见表 17－2。

表 17－2　成人体质监测指标

类别	测试指标	
	20 ～ 39 岁	40 ～ 59 岁
形态	身高　体重	身高　体重
机能	肺活量　台阶试验	肺活量　台阶试验
素质	握力	握力
	俯卧撑（男）	
	1 分钟仰卧起坐（女）	
	纵跳	
	坐位体前屈	坐位体前屈
	闭眼单脚站立	闭眼单脚站立
	选择反应时	选择反应时

2. 国民体质监测的贯彻实施

2000 年，国家体育总局会同 10 个相关行政部门对 3 ～ 69 岁的国民进行了首次全国性体质监测，获取了 20 世纪末我国国民体质的基本状况。国家体育总局主管全国的“标准”施行工作，地方各级体育行政部门主管本行政区域内的“标准”施行工作，教育部负责在全国各级各类学校施行《学生体质健康标准》工作。到目前为止，体育总局已经制定出成人、幼儿及老年的《国民体质测定标准手册》，教育部制定了《学生体质健康标准》，指导包括中小学和大学在内的全体在校学生的体质监测工作。2005 年，国家体育总局会同教育部等 10 个部门联合在全国 31 个省（区、市）进行了第二次国民体质监测工作，历时一年多，于 2006 年公布了第二次国民体质监测公报。

第二节 人体主要的健康评价指标

个体的健康状况主要通过生长发育指标来衡量。生长发育指标可从形态和功能两方面来评价。形态发育指标常用身高、体重、坐高、胸围表示；功能发育指标常用肺活量、肌力表示。具体评价方法如下。

一、形态发育的健康评价

（一）形态测量

1. **身高**

身高指人体直立时头顶至足底的净高度，其反映人体纵向骨骼生长发育的情况。身高受年龄、性别、种族、地区及体育锻炼的影响，青春期后停止生长。身高在一天内有 1 ～ 3 cm 的变化，晨起最高，傍晚最矮。这是因为经过一天的活动，在身体重力的作用下，脊柱生理弯曲加大，椎间盘被压缩，足弓变浅。

测试仪器：身高坐高计。使用前用钢尺校准，误差 <0.2%，检查立柱是否垂直，有无晃动，水平压板是否水平。

测量方法：

（1）仪器放置平稳后，身高测量者赤足背靠立柱立正站立。肩胛间、骶部和足跟紧靠立柱，眼平视，保持耳屏上缘与眼眶下缘同处于一水平线。上肢自然下垂，躯干挺直。

（2）检查者在侧方轻轻将水平压板下滑接触被测者头顶。

（3）检查者平视水平压板读数，重复测量一次后，记录测量值（单位为 cm）。

2. **体重**

体重指人体的净重量，其反映身体的营养状况。成年前随年龄的增长而增长，青春期后男重于女。体重在一天内可有 1 ～ 2 kg 的变化，因而测试时间应统一。

测试仪器：杠杆秤或弹簧秤。使用前用砝码校准，误差 <0.1%。

测量方法：

（1）秤台放置平稳，调至 0。

（2）被测者立于秤台中央，不晃动、不扶物。

（3）调整游码至平衡后或指针停稳后读数，保留一位小数。

（4）重复测量 1 次，如结果一致则记录测量值（单位为 kg）。

3. **坐高**

坐高是指人体取坐位时头顶至坐板平面的垂直距离，是反映躯干长短的指标。影响因素及变化规律与身高相同。

测试仪器：身高坐高计，坐板平面的高度：成人 40 cm，儿童 25 cm。

测量方法：

（1）被测者坐在身高坐高计的坐板上，躯干和头的位置与身高测量相同。双腿并拢，屈膝成 90°，手不支撑。

（2）检查者在侧方轻轻将水平压板下滑接触被测者头顶。

（3）检查者平视水平压板读数，重复测量 1 次后，记录测量值（单位为 cm）。

4. **皮褶**

皮褶是指皮下脂肪厚度，反映人体的胖瘦程度，可用于评定身体成分、推算体脂含量和瘦体重。

测试仪器：皮褶厚度计（使用前校准）。

测量方法：

（1）暴露被测部位，自然站立，肌肉放松。

（2）测量者左手捏起皮褶，在离手指约 1 cm 处用卡钳卡住后读数，连续测量 3 次，取平均值记录（单位为 mm）。测量部位（一般测量右侧）：

①上臂部：肩峰与尺骨鹰嘴连线中点，垂直捏起皮褶测量。

②肩胛下部（背部）：肩胛骨下角约 1 cm 处，45°角捏起皮褶测量。

③腹部：脐旁 1 cm 处，垂直捏起皮褶测量。

④髂部（腰部）：脐水平线与腋中线交界处，垂直捏起皮褶测量。

5. **胸围**

胸围是指胸廓的围度，反映胸廓及胸背肌肉发育程度，间接地反映肺活量。

测试仪器：带尺。使用前应用钢尺校准，每米误差应在 0.2 cm 内。

测量方法：

（1）被测者脱去上衣，自然站立，平静呼吸。

（2）带尺放置位置：背部带尺上缘置于肩胛骨下角下缘，胸前带尺下缘置于乳头上缘，已发育的女子带尺下缘置于第 4 胸肋关节水平面。带尺轻贴皮肤，防止测量中滑脱。

（3）被测者不能耸肩、低头、挺胸、抬臂、驼背、弯腰等。

（4）在平静呼气末测量胸围，读数并记录测量值（单位为 cm），误差 < 0.1 cm。

（二）形态发育评价

1. **形态发育评价常用指数**

形态发育评价常用的指数有身高体重指数，身高胸围指数，身高、体重、胸围指数，身高坐高指数。

（1）身高体重指数（克托莱指数）= 体重（kg）÷ 身高（cm）×1000，表示每厘米身高的体重值。该指数受身高影响较大，同年龄、同性别的人群中，身高越高，其评价准确性相对越低。参考值：男 296 ～ 403，女 271 ～ 384，欧美 350 ～ 450。

（2）身高胸围指数（帕格休指数）= 胸围（cm）÷ 身高（cm）×100%，表示胸围占身高的百分比，指数越大，胸廓发育越好。参考值：男 50%，女 49.6%，欧美 50% ～ 55%。

（3）身高、体重、胸围指数（维尔维克指数）=［体重（kg）+ 胸围（cm）］÷ 身高（cm）×100。该指数包括身体的长、围、宽和密度，能较好地反映体格状况。该指数均值从 7 岁起，随年龄的增长而增大。我国城市 7 ～ 25 岁人群该指数均值：男生在 65.2 ～ 85.4 范围内，女生在 65.0 ~81.5 范围内。

（4）身高坐高指数 = 坐高（cm）÷ 身高（cm）×100%，指数越大，表示躯干越长。参考值：男 53%，女 54%，欧美 52%。

2. **身体成分评价**

身体成分可概括地分为脂肪和非脂肪两大类。体重是由脂肪重量（体脂重）和非脂肪重量（瘦体重）组成的。瘦体重包括内脏、骨骼、肌肉等组织器官的重量。其中，除肌肉外，其余组织器官的重量变动很小，故瘦体重的变化可以反映肌肉重量的变化。体脂重的变动性较大，通常用体脂和体重的百分比（体脂含量）来表示身体成分。正常成人的体脂含量为 10% ～ 30%。

身体成分的测定和评价不仅可以作为评价身体营养状况和发育水平的指标，而且能够为合理安排训练、合理减体重等提供客观依据。

二、功能发育的健康评价

（一）哈佛台阶试验

哈佛台阶试验是一种简易的定量运动试验方法，试验时要求受试者在 50.8 cm 高（女子为 42 cm）的台阶上每分钟上下 30 次，连续运动 5 分钟。负荷后，测定第 2、3、5 分钟的前 30 秒的脉搏数，然后按以下公式求得指数。

$$指数 = \frac{登台持续时间}{2 \times 3\ 次脉搏之和 \times 100}$$

由于 50.8 cm 或 42 cm 的台阶高度对儿童、少年及老年人不合适，故又出现了许多改良的哈佛台阶试验法，如采用 30、35、40 或 45（单位：cm）高的台阶。为了节省时间，利用哈佛指数表，只需在运动负荷后 1 分钟测一次 30 秒钟的脉搏数，然后根据实际完成运动的时间直接查表得到指数（表 17 –3）。

表 17－3 哈佛台阶试验指数评价标准

台阶指数	评 价
0 ～ 54	差
55 ～ 64	下
65 ～ 79	中
80 ～ 89	良
90 以上	优

（二）5 次肺活量试验

深吸气后再深呼气，呼出的气量叫作肺活量。5 次肺活量试验是连续测量 5 次肺活量，每次间隔 15 秒钟（包括吹气时间），记录各次结果。

评定：各次肺活量数值基本相同或逐次增加者为机能良好；逐次下降，特别是最后两次明显下降者为机能不良。

（三）肌力

肌肉收缩的力量称肌力。临床上采用随意运动时肌肉收缩的最大力量来测定肌力的大小。常通过测力计进行。

1. **握力**

主要测量前臂和手部屈肌的力量。

（1）测试器材：握力计。

（2）测试方法：受试者自然站立，双臂下垂，一手握握力计，用手紧握其握柄，指针停摆之刻度即握力值。左右手各测 3 次，取其中最好的 1 次作为成绩（单位为 kg）。

（3）评定：可用握力实测值或握力指数（最大握力/体重）进行评定。一般男子握力相当于其体重的 47% ～ 58%，女子为 40% ～ 48%。

（4）注意事项：握力计在使用前应使指针回到 0 位，调整适宜之握柄长度，一般使其与被测者拇指端平齐，手持握力计时指针面朝外。手臂下垂与前平举测量握力，其数值有差异，测试时应在标准姿势下进行。不同被测者相互比较时，应取相对值（握力指数）。

2. **背力**

主要测量躯干伸肌的力量。

（1）测量器材：背力计。

（2）测量方法：被测者站在背力计底盘上，握杆高度调节至被测者自然站立时髌骨上缘处，身体稍前倾（约 30°），双手正握拉杠，至指针不再移动为止。刻度所指读数即背力值。测量 2 ～ 3 次，取最好的 1 次作为成绩（单位为 kg）。

（3）评定：取背力指数（背力实测值/体重 × 100%）或背力值进行评定。背力指数标准：男子 150% ～ 200%，女子 100% ～ 150%。

（4）注意事项：测试前应做好腰背部准备运动，向上提拉时勿用力过猛，以免造成腰肌损伤。测试时，膝、肘关节伸直，勿提踵，一次用力拉成，勿反复施力，也不得借助屈臂、屈腿和身体后倾的力量。每次测量前务必使背力计指针回到 0 位。

实训环节

实验二十　人体形态整体指标的测量

一、实训内容

在活体上测量运动中常用的人体形态指标。

二、实训目的

（1）掌握在体育运动中常用的人体形态整体指标的测量方法。

（2）了解进行人体形态整体指标测量时的注意事项。

三、实训材料与器具

身高坐高计、杠杆秤、衬有尼龙丝的塑料带尺。

四、实训步骤

将学生分为 2 ～ 3 组，每组选取数名，令其身着运动背心和短裤作为被测者，对其进行形态整体指标的测量。

（一）身高的测量

1. **仪器校定**

校准身高坐高计 0 点，并用钢尺测量基准板平面红色刻线的高度是否为 10.0 cm，误差不得大于 0.1 cm。同时应检查立柱是否垂直，连接处是否紧密、有无晃动，零件有无松脱等情况，并及时加以纠正。

2. **测量方法**

被测者赤足，立正姿势站在身高坐高计的底板上。上肢自然下垂，足跟并拢，足尖分开成 60° 角。足跟、骶骨部及两肩胛间区与立柱相接触，躯干自然挺直，头部正直，耳屏上缘与眼眶下缘呈水平位。检测人员站在被测者右侧，读数时，双眼应与压板平面等高。记录人员复诵后记录之。以厘米（cm）为单位，精确到小数点后一位，测试误差不得超过 0.5。

3. **注意事项**

(1) 身高坐高计的生产厂家应有国家计量局颁发的质量认证合格书；所用身高坐高计应有厂家出具的质量合格证明。

(2) 身高坐高计应选择平坦靠墙的地方放置，立柱的刻度尺应面向光源。

(3) 严格掌握“三点靠立柱”“两点呈水平”的测量姿势要求。检测人员读数时，两眼一定要与压板等高。两眼高于压板时要下蹲，低于压板时应提踵或在脚下垫物。

(4) 水平压板与头部接触时，松紧要适度，头发蓬松者要压实，头顶的发辫、发结要放开，饰物要取下。

(5) 读数完毕，立即将水平压板轻轻推向安全高度，以防碰坏。

(6) 测量身高前，被测者不应进行体育活动和体力劳动。

(7) 测试记录取1位小数，第2位小数按“四舍五入”原则取舍。

(二) 坐高的测量

1. **仪器校定**

测试前用三角尺校准身高坐高计0点。尺的一边平放于坐板上，尖端指向坐高标尺的0点，误差不大于0.1 cm。

2. **测量方法**

被测者坐在身高坐高计的坐板上，使骶骨部、两肩胛间区靠立柱，躯干自然挺直，头部正直，两眼平视前方，以保持耳屏的上缘与眼眶下缘呈水平位。两腿并拢，大腿与地面平行并与小腿呈直角。上肢自然下垂，双手不得支撑坐板，双足平踏在地面上。如被测者小腿较短，可适当调节踏板高度（或在足底垫若干板块）以维持正确的检测姿势。检测人员站在被测者右侧，将水平压板轻轻沿立柱下滑，轻压被测者头顶。检测人员两眼与压板呈水平位进行读数，精确到小数点后1位。测试误差不超过0.5 cm。

3. **注意事项**

(1) 测量时，被测者应先弯腰，使骶骨部紧靠立柱坐下，以保证测量姿势正确。

(2) 年龄较小的儿童应选择宽度适宜的坐板和合适的足踏板高度，以免测量时向前滑动，影响测量值的准确性。

(3) 其他注意事项与身高测量相同。

(4) 测试记录取1位小数，第2位小数按“四舍五入”原则取舍。

(三) 体重的测量

1. **仪器校定**

使用前需检验杠杆秤的准确度和灵敏度。

准确度要求误差不超过0.1%，即每100 kg误差小于0.1 kg。检验方法：以备用的10 kg、20 kg、30 kg标准砝码（或用等重的标定重物代替）分别进行称量，检查指示读数与标准砝码误差是否在允许范围。

灵敏度的检验方法：置100 g重的砝码，观察刻度尺变化。如果刻度尺抬高了3 mm，或游标向远移动0.1 kg而刻度尺仍维持水平位时，说明达到要求。

2. **测量方法**

测试时，杠杆秤应放在平坦地面上，调整0点至刻度尺呈水平位。男生只着短裤，女生着短裤、短袖衫，站立在秤台中央。检测人员放置适当砝码并移动游标至刻度尺平衡。读数以千克（kg）为单位，精确到小数点后1位，记录人员复诵后将读数填入方格内。测试误差不得超过0.1 kg。

3. **注意事项**

（1）测量体重前，应让被测者排空大小便。不要大量喝水，也不要进行剧烈的体育活动和体力劳动。

（2）被测者应站在秤台中央，上、下杠杆秤时动作要轻。

（3）每次使用杠杆秤前，均需进行校准。检测人员每次读数前都应校对砝码重量，避免出错。

（4）不得使用弹簧秤，以免产生系统误差或影响测试精度，使前后数据无法比参。

（5）测试记录取1位小数，第2位小数按“四舍五入”原则取舍。

（四）体成分的测量

1. **测试简介**

人体用体成分分析仪是采用多频生物电阻抗分析法，以其高精度的科学技术大大缩短了测量时间，可提供肌肉质量评估以及体液指标评估以及与身体成分匹配的年龄。

BMI是结合身高体重来诊断全身性肥胖的依据之一，其计算公式为：体重（kg）/身高^2（m）。根据世界卫生组织的指导原则，BMI < 18.5为体重过低，BMl值在18.5 ～23.9之间为体重正常，在24 ～27.9之间为超重，而BMl≥28即为肥胖。

2. **仪器校定**

测试前检查仪器与地面是否水平，地面应平整，保持仪器稳定。

3. **测试指标**

体重、体脂含量、体脂百分比、去脂体重、肌肉含量、身体总水分、细胞外液、细胞内液、体脂肪量、肌肉量、体脂肪率、身体质量指数、体重控制目标、蛋白质含量、无机盐含量、基础代谢率、总能量消耗、体型分析、营养评估、身体年龄……

4. **注意事项**

（1）轻装上阵：厚重衣服对测试的体重有所影响，应尽量穿轻便的衣服，或者在检查前脱去厚重衣服。

(2) 静候休息：测试前需静立5分钟左右，饭后及运动后不宜立即进行测试。

(3) 取出重物：测试时不能佩带较重物品或饰物，如手机、钥匙、手镯等。

(4) 脱掉袜子：测试时需要脱掉袜子。

(5) 湿润双手：如皮肤非常干或油性很大，有可能测试不出数据，需使用电极棉纸擦拭手脚。

(6) 双臂离身：测试时手臂不要碰到身躯。

(7) 保持安静：测试时要保持安静，不说话，不移动身体。

实训二十一　自主设计及实施的实验

一、实训内容

学生在已掌握运动人体科学基础知识、基本理论和基本实验技能的基础上，根据实验室现有条件，完成选题、实验设计、实验准备、实验的实施和实验小结等全过程。

二、实训目的

(1) 在演示、验证实验的基础上，训练学生查阅资料、发现问题的能力，并鼓励学生充分发挥实验小组团结协作的精神，灵活运用所学知识和技能，进行小组实验设计，完成实验。培养学生验证或解决某一实际问题的能力及创造性思维和创新意识。

(2) 检验运动解剖学课程的教学水平和学生的学习能力。

三、实训材料与器具

实验室现有的仪器设备，亦可自制简单的实验仪器。

四、实训步骤

将全班学生分为2～3组，以小组为单位进行选题及实验设计、实施和小结等步骤。

(一) 选题

(1) 教师介绍开展设计性实验的目的、意义、时间安排和现有的实验条件，明确选题范围，学生选题。

(2) 教师提供课题的思路及目前本学科涉及的研究领域中需要解决的问题，由学生自己选定实验题目或由学生查阅资料，自行命题，报教师审批。

(二) 实训设计

(1) 教师讲解设计实验的基本原理、注意事项和方法。

（2）学生进一步查阅资料，小组讨论，写出实验设计，交教师审阅、修改、完善。

（3）设计实训内容。

①课题名称。

②实训目的。

③基本原理。

④材料和实验设备。

⑤方法与步骤及时间安排。

（三）实训的实施

（1）进行实训准备，包括实训材料和实训器具的准备和实训试剂的配制。

（2）完成实训，按实训设计方法和步骤完成实训全过程，做好实训记录，汇报实训完成情况，教师批准后方可结束实训。

（3）整理实训室，清洗实训器皿，清理实训垃圾。

（四）实训小结

分析讨论实训结果，处理实训数据，设计数据表格。以小论文格式书写实训报告，内容包括完成人姓名、班级及摘要、前言、材料与方法、实训结果、分析与讨论、小结或结论、参考文献等。

五、实训练习题

总结设计实训的收获、体会，并提出改进的意见和建议。

拓展阅读

九种体质与健康

我国对体质分类的研究历史悠久，现存最早的医学典籍《黄帝内经》即对体质进行了较为全面、系统的阐述，初步形成了中医体质分类的理论框架，其中《灵枢·阴阳二十五人》第六十四诸篇是世界医学史上最早对体质类型进行观察、总结并做出分类的重要文献，如篇中云："先立五形金、木、水、火、土，别其五色，异其五形之人，而二十五人具矣。"

后世关于体质分类的论述散见于不同时期不同医家的著作之中。近年来，关于体质的分类方法有数十种之多，这里介绍王琦教授的"体质九分法"，有助于把握中华民族的体质特点，并可直接用于健康评估，进行生活行为指导、养生保健、医疗干预和个性化的顺势健康管理服务。

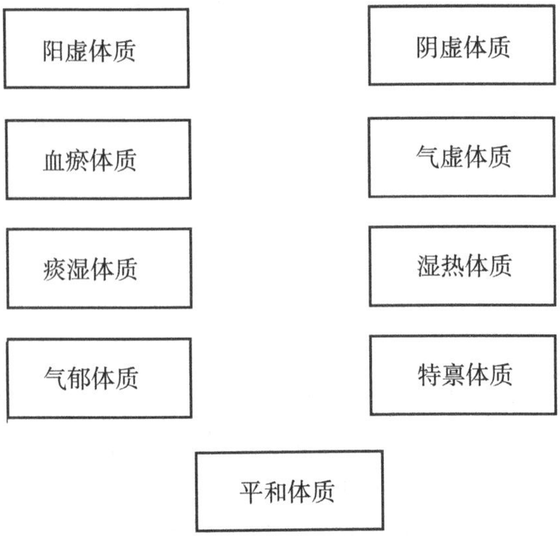

九种体质

判断九种体质方法如下：

1. 看形体：胖人多痰湿、瘦人多内热

肥胖属阴虚体质的人非常少，阴虚内热消耗多。胖人肌肉结实，则多数为平和、湿热、痰湿体质；若胖人慵懒倦怠，多数为痰湿兼阳虚或气虚。

形体消瘦，皮下脂肪少基本为虚性体质。肌肉松软、脸黄、声弱，以气虚为主；若精瘦结实、有精力，通常为阴虚内热体质；若瘦而口唇发暗、皮肤干燥、舌质紫暗，多为血瘀体质。

2. 看神气：静多偏虚、钝则痰湿

无热不生烦，如湿热、阴虚内热、阳虚上热下寒，易兴奋躁动；气虚、阳虚偏安静消沉甚至抑郁；痰湿则多反应迟钝、思维动作缓慢；气郁、血瘀，看上去不开心，会有抑郁倾向。

3. 看面色：面色暗多瘀血、白则多虚

面色萎黄无光泽，为血虚；皮肤黄而油腻为湿热；面色口唇发暗，易失眠、黑眼圈，多为血瘀；面色惨白，多为阳虚。

4. 看舌象：红则多热、苔厚则湿

舌体大而软、又淡又嫩，说明是虚性体质，阳虚气虚；舌体大、很红，是热性体质，一般食欲旺盛；舌头胀大、舌尖红赤，易咬舌头，说明热性食物吃太多。

舌体瘦小、色淡萎软，是气血虚；舌体小而红，舌苔不多，是阴虚或有内热；舌体发紫发暗或有瘀斑瘀点，是血瘀。

舌苔常厚不退，是湿热或痰湿；没有舌苔是阴虚；舌苔很厚腻时，不要进补，少吃肉；舌苔发黄时多喝水，多吃清凉的水果；舌体胖大、塞满口腔时，要注意减少饭量，少喝水少吃咸的食物；舌体边缘出现齿痕说明疲劳，需要休息，可以适当进补。

一、怕冷派——阳虚体质

症状：手脚发凉、喜欢热食、精神不振、舌淡白、脸色柔白或淡白色、容易大便稀溏，严重者吃什么拉什么、小便频繁且颜色清、不敢吹空调、头发稀疏、黑眼圈、口唇发暗。

性格多沉静内向。

疾病倾向：寒病、腹泻、阳痿等，容易抑郁。

调养方式：不损伤阳气

(1) 可多吃甘温益气的食物，比如葱、姜、蒜、花椒、韭菜炒虾、韭菜炒核桃、辣椒、胡椒、羊肉、猪肚、鸡肉、带鱼、狗肉、麻雀肉、鹿肉、黄鳝、虾、刀豆、核桃、红枣、栗子、韭菜、茴香。水果：荔枝、榴莲、樱桃、龙眼等。

(2) 少食生冷寒凉食物如黄瓜、莲藕、梨、西瓜、香蕉、柚子、柿子、枇杷、甘蔗、苦瓜、丝瓜、绿豆、螃蟹等。

(3) 自行按摩气海、足三里、涌泉等穴位，或经常灸足三里、关元。

二、缺水派——阴虚体质

症状：五心烦热、面颊潮红、眼睛干涩、皮肤干燥、口干舌燥、长口疮、容易失眠、经常大便干结、月经量少（经常靠后）。

性情急躁好动（外向好动、活泼，耐冬不耐夏）。

疾病倾向：失眠、高血压、红斑狼疮、性冷淡等。

调养方式：镇静安神

(1) 多吃甘凉滋润的食物，如瘦肉、鸭肉、银耳、枸杞、马蹄、甘蔗、生莲藕、冬瓜、绿豆、芝麻、百合、黄瓜、菠菜、糯米、豆腐、梨、乌贼、龟、鳖、海参、鲍鱼、螃蟹等，鸡不吃多，忌羊肉、韭菜、辣。少食燥烈的食物，如荔枝。

(2) 中午保持一定的午休时间，避免熬夜。

(3) 锻炼时要控制出汗量，及时补充水分，不宜洗桑拿。

三、气短派——气虚体质（类似阳虚）

症状：说话没力气、声音小，容易呼吸短促、经常疲乏无力、不喜欢动、喜欢躺着看书看电视、记忆力差、爱感冒、爱出汗、舌大有齿痕。脉弱，缓。肌肉松软不实。

性格内向，不喜欢冒险，抵抗力差，对环境变化敏感。

疾病倾向：容易感冒低烧，生病后抗病能力弱且难以痊愈，还易患内脏下垂比如胃下垂等，容易抑郁。

调养方式：补脾健脾（补中益气汤）

(1) 多吃可益气健脾的食物，如山药、黄豆、白扁豆、香菇、大枣、桂圆、蜂蜜、扁豆、菜花、胡萝卜、香芋、豆腐、马铃薯、红薯、牛肉。忌食荔枝。水果：大枣、葡萄、苹果、龙眼、橙。

(2) 以柔缓运动如散步、打太极拳等为主，平时可按摩足三里穴。

(3) 常自汗、感冒者可服玉屏风散预防。

(4) 适宜喝粥缓慢进补。

四、痰派——痰湿体质

症状：心宽体胖是其最大特点，腹部松软肥胖、口黏苔腻、皮肤出油、汗多黏、眼睛浮肿、容易困倦、胸闷头昏嗜睡、痰多、舌体胖大、舌苔厚、动作语言缓慢迟钝。

温和稳重，多善于忍耐。

疾病倾向：易患糖尿病、高血脂、脂肪肝等。

调养方式：健脾祛湿

(1) 饮食清淡，多食薏米、茯苓饼、葱、蒜、海藻、海带、冬瓜、萝卜、金橘等食物。

(2) 少食肥肉及甜、黏、油腻食物，多运动出汗。

(3) 可服用化痰祛湿方（山药冬瓜汤）

五、长痘派——湿热体质

症状：体型偏瘦、面色黄暗而油腻、牙齿黄、牙根和唇舌偏红、舌苔黄腻、容易长痤疮（红肿）、口干苦、口臭、体味大、大便燥结或黏滞很臭、小便深黄色异味大、有发热感，女性常带下色黄。

性情急躁，易怒、易焦虑；面垢油光，痤疮。

疾病倾向：前列腺炎、胆囊炎、疮疖、黄疸、阴道炎等病。

调养方式：疏肝利胆

(1) 饮食清淡，多吃甘寒、甘平的食物如鸭、海带、紫菜、黄瓜、苦瓜、冬瓜、丝瓜、芹菜、绿豆、红豆、梨、西瓜、哈密瓜、枇杷、橙子、梨、马蹄。忌银耳、雪蛤、阿胶、蜂蜜。少食辛温助热的食物。

(2) 戒除烟酒。不要熬夜、过于劳累。多饮清水排浊（泥鳅炖豆腐）。

(3) 适合中长跑、游泳、爬山及各种球类、武术等运动。

六、长斑派——血瘀体质

症状：刷牙时牙龈易出血、眼睛常有红丝、肤色晦暗、皮肤常干燥粗糙、舌质紫暗、口唇暗淡、舌头上有瘀点和瘀斑。

女性常常出现痛经，容易烦躁、健忘，性情急躁。

疾病倾向：肿瘤、心脑血管疾病、中风、胸痹等。

调养方式：疏肝活血、活血化瘀

(1) 可多食黑豆、海带、紫菜、萝卜、胡萝卜、山楂、金橘等具有活血、散结、行气、疏肝解郁作用的食物。性凉活血的有生藕、黑木耳、竹笋、紫皮茄子。

(2) 少食肥猪肉、少喝酒等，保持足够的睡眠，不要穿紧身衣。

七、过敏派——特禀体质

症状：对花粉或某食物过敏等（在中医上称为特禀体质）。

这类特殊体质的人群，有的即使不感冒也经常鼻塞、打喷嚏、流鼻涕，容易患哮喘、荨麻疹。

调养方式：

(1) 饮食清淡、均衡，粗细搭配适当，荤素配伍合理。

(2) 少食荞麦、蚕豆、白扁豆、牛肉、鹅肉、茄子等，少饮浓茶等，少食腥膻发物及含致敏物质的食物。

八、郁闷派——气郁体质

症状：食欲不振、舌淡红、舌苔薄白、多愁善感、忧郁脆弱、较瘦、烦闷不乐、善太息、大便干燥、容易心慌失眠、容易感到害怕或容易受到惊吓、月经前期常感到乳房及两胁部胀痛、咽喉部经常有堵塞感或异物感。

性格内向不稳定，敏感多虑。

疾病倾向：抑郁症、神经官能症、乳腺增生、梅核气、脏躁、百合病等，容易憋出血瘀、痰湿。

调养方式：疏肝理气

(1) 多吃小麦、葱、蒜、海带、海藻、萝卜、黄花菜、阿胶、枸杞子等具有行气、解郁、消食、醒神的食物。可少量饮酒。水果：金橘、山楂、橙子、橘子、柚子、槟榔。

(2) 睡前避免饮茶、咖啡等提神醒脑的饮料。

(3) 每晚睡前两手搓热，然后搓胁肋。

九、健康派——平和体质

平和体质者“身体倍儿棒，吃嘛嘛香”，睡眠好、性格开朗，社会和自然适应能力强。这类人体形匀称健壮，面色润泽，头发稠密有光泽，目光有神，唇色红润，不易疲劳，精力充沛，睡眠、食欲好，大小便正常，性格随和开朗。

疾病倾向：较少患病。

调养方式：

(1) 不要吃得过饱，也不能过饥，不吃过冷或过热食物。

(2) 多吃五谷杂粮、蔬菜瓜果，少食过于油腻及辛辣之物。

(3) 运动上，年轻人可选择跑步、打球，老年人则适当散步、打太极拳。

(资料来源：“全球e家富足平台”公众号)

参考文献

[1] 全国体育院校成人教育协作组，《人体解剖学》函授教材编写组．人体解剖学［M］．北京：人民体育出版社，2001.

[2] 全国体育学院教材委员会．运动解剖学［M］．北京：人民体育出版社，1988.

[3] 顾德明，缪进昌．运动解剖学图谱［M］．北京：人民体育出版社，1985.

[4] 李世昌．运动解剖学实验［M］．北京：高等教育出版社，2007.

[5] 体育运动学校《人体生理学》教材编写组．人体生理学［M］．北京：人民体育出版社，2008.

[6] 体育学院成人教育协助组《人体生理学》教材编写组．人体生理学［M］．北京：人民体育出版社，2003.

[7] 王瑞元，孙学川，熊开宇．运动生理学（全国体育院校通用教材）［M］．北京：人民体育出版社，2008.

[8] 孙飙．运动生理学实验指导（全国体育院校通用教材）［M］．北京：人民体育出版社，2005.

[9] 王安利．运动医学（全国体育院校通用教材）［M］．北京：人民体育出版社，2007.

[10] 全国体育学院教材委员会．运动医学［M］．北京：人民体育出版社，2000.

[11] 体育运动学校《体育保健学》教材编写组．体育保健学［M］．北京：人民体育出版社，1998.

[12] 成明祥．体育与健康［M］．北京：人民卫生出版社，2003.

[13] 裴海泓．体育［M］．北京：人民卫生出版社，2004.

[14] 全国体育学院教材委员会．运动医学［M］．2 版．北京：人民体育出版社，2005.

[15] 王新华．中医基础理论［M］．北京：人民卫生出版社，2001.

[16] 王琦．中医体质学［M］．北京：中国医药科技出版社，1995.

[17] 胡亦海．竞技运动训练理论与方法［M］．武汉：湖北人民出版社，2005.

[18] 中国大众体育网．http：//www.chinasfa.net/zhuye.htm.

一个人只有以他全部的力量和精神致力于某一事业时，才能成为一个真正的大师。因此，只有全力以赴才能精通。

——爱因斯坦